U0583738

财产与风险：马克思财产理论的逻辑与方法论自觉

Property and Risk: The Logic of Marx's
Property Theory and Methodological Consciousness

刘长军 著

社会科学文献出版社
SOCIAL SCIENCES ACADEMIC PRESS (CHINA)

图书在版编目（CIP）数据

财产与风险：马克思财产理论的逻辑与方法论自觉/
刘长军著. -- 北京：社会科学文献出版社，2018.11
（中国社会科学博士后文库）
ISBN 978 - 7 - 5201 - 3781 - 2

Ⅰ.①财… Ⅱ.①刘… Ⅲ.①马克思主义 - 财产 - 理
论研究 Ⅳ.①A811.66

中国版本图书馆 CIP 数据核字（2018）第 252175 号

· 中国社会科学博士后文库 ·

财产与风险：马克思财产理论的逻辑与方法论自觉

著　　者 / 刘长军

出 版 人 / 谢寿光
项目统筹 / 王小艳　祝得彬
责任编辑 / 王小艳

出　　版 / 社会科学文献出版社·当代世界出版分社（010）59367004
　　　　　 地址：北京市北三环中路甲 29 号院华龙大厦　邮编：100029
　　　　　 网址：www.ssap.com.cn
发　　行 / 市场营销中心（010）59367081　59367083
印　　装 / 三河市龙林印务有限公司

规　　格 / 开 本：787mm × 1092mm　1/16
　　　　　 印 张：20.5　字 数：346 千字
版　　次 / 2018 年 11 月第 1 版　2018 年 11 月第 1 次印刷
书　　号 / ISBN 978 - 7 - 5201 - 3781 - 2
定　　价 / 98.00 元

本书如有印装质量问题，请与读者服务中心（010 - 59367028）联系

▲ 版权所有 翻印必究

第七批《中国社会科学博士后文库》编委会及编辑部成员名单

（一）编委会

主　任： 王京清

副主任： 马　援　　张冠梓　　高京斋　　俞家栋　　夏文峰

秘书长： 邱春雷　　张国春

成　员（按姓氏笔画排序）：

卜宪群　王建朗　方　勇　邓纯东　史　丹

朱恒鹏　刘丹青　刘玉宏　刘跃进　孙壮志

孙海泉　李　平　李向阳　李国强　李新烽

杨世伟　吴白乙　何德旭　汪朝光　张　翼

张车伟　张宇燕　张星星　陈　甦　陈众议

陈星灿　卓新平　房　宁　赵天晓　赵剑英

胡　滨　袁东振　黄　平　朝戈金　谢寿光

潘家华　冀祥德　穆林霞　魏后凯

（二）编辑部（按姓氏笔画排序）：

主　任： 高京斋

副主任： 曲建君　李晓琳　陈　颖　薛万里

成　员： 王　芳　王　琪　刘　杰　孙大伟　宋　娜

陈　效　苑淑娅　姚冬梅　梅　玫　黎　元

序　言

　　博士后制度在我国落地生根已逾 30 年，已经成为国家人才体系建设中的重要一环。30 多年来，博士后制度对推动我国人事人才体制机制改革、促进科技创新和经济社会发展发挥了重要的作用，也培养了一批国家急需的高层次创新型人才。

　　自 1986 年 1 月开始招收第一名博士后研究人员起，截至目前，国家已累计招收 14 万余名博士后研究人员，已经出站的博士后大多成为各领域的科研骨干和学术带头人。这其中，已有 50 余位博士后当选两院院士；众多博士后入选各类人才计划，其中，国家百千万人才工程年入选率达 34.36%，国家杰出青年科学基金入选率平均达 21.04%，教育部"长江学者"入选率平均达 10% 左右。

　　2015 年底，国务院办公厅出台《关于改革完善博士后制度的意见》，要求各地各部门各设站单位按照党中央、国务院决策部署，牢固树立并切实贯彻创新、协调、绿色、开放、共享的发展理念，深入实施创新驱动发展战略和人才优先发展战略，完善体制机制，健全服务体系，推动博士后事业科学发展。这为我国博士后事业的进一步发展指明了方向，也为哲学社会科学领域博士后工作提出了新的研究方向。

　　习近平总书记在 2016 年 5 月 17 日全国哲学社会科学工作座谈会上发表重要讲话指出：一个国家的发展水平，既取决于自然科学发展水平，也取决于哲学社会科学发展水平。一个没有发达的自然科学的国家不可能走在世界前列，一个没有繁荣的哲学社会科学的国家也不可能走在世界前列。坚持和发展中国特色社会主义，需要不断在实践和理论上进行探索、用发展着的理论指导发展着的实践。在这个过程中，哲学社会科学具有不可替代的重要地位，哲学社会科学工作者具有不可替代的重要作用。这是党和国家领导人对包括哲学社会科学博士后在内的所有哲学社会科学领域的研究者、工作者提出的殷切希望！

中国社会科学院是中央直属的国家哲学社会科学研究机构，在哲学社会科学博士后工作领域处于领军地位。为充分调动哲学社会科学博士后研究人员科研创新积极性，展示哲学社会科学领域博士后优秀成果，提高我国哲学社会科学发展整体水平，中国社会科学院和全国博士后管理委员会于 2012 年联合推出了《中国社会科学博士后文库》（以下简称《文库》），每年在全国范围内择优出版博士后成果。经过多年的发展，《文库》已经成为集中、系统、全面反映我国哲学社会科学博士后优秀成果的高端学术平台，学术影响力和社会影响力逐年提高。

下一步，做好哲学社会科学博士后工作，做好《文库》工作，要认真学习领会习近平总书记系列重要讲话精神，自觉肩负起新的时代使命，锐意创新、发奋进取。为此，需做到：

第一，始终坚持马克思主义的指导地位。哲学社会科学研究离不开正确的世界观、方法论的指导。习近平总书记深刻指出：坚持以马克思主义为指导，是当代中国哲学社会科学区别于其他哲学社会科学的根本标志，必须旗帜鲜明加以坚持。马克思主义揭示了事物的本质、内在联系及发展规律，是"伟大的认识工具"，是人们观察世界、分析问题的有力思想武器。马克思主义尽管诞生在一个半多世纪之前，但在当今时代，马克思主义与新的时代实践结合起来，愈来愈显示出更加强大的生命力。哲学社会科学博士后研究人员应该更加自觉坚持马克思主义在科研工作中的指导地位，继续推进马克思主义中国化、时代化、大众化，继续发展21世纪马克思主义、当代中国马克思主义。要继续把《文库》建设成为马克思主义中国化最新理论成果的宣传、展示、交流的平台，为中国特色社会主义建设提供强有力的理论支撑。

第二，逐步树立智库意识和品牌意识。哲学社会科学肩负着回答时代命题、规划未来道路的使命。当前中央对哲学社会科学愈发重视，尤其是提出要发挥哲学社会科学在治国理政、提高改革决策水平、推进国家治理体系和治理能力现代化中的作用。从2015年开始，中央已启动了国家高端智库的建设，这对哲学社会科学博士后工作提出了更高的针对性要求，也为哲学社会科学博士后研究提供了更为广阔的应用空间。《文库》依托中国社会科学院，面向全国哲学社会科学领域博士后科研流动站、工作站的博士后征集优秀成果，入选出版的著作也代表了哲学社会科学博士后最高的学术研究水平。因此，要善于把中国社会科学院服务党和国家决策的大智库功能与《文库》的小智库功能结合起来，进而以智库意识推动品牌意识建设，最终树立《文库》的智库意识和品牌意识。

第三，积极推动中国特色哲学社会科学学术体系和话语体系建设。改革开放30多年来，我国在经济建设、政治建设、文化建设、社会建设、生态文明建设和党的建设各个领域都取得了举世瞩目的成就，比历史上任何时期都更接近中华民族伟大复兴的目标。但正如习近平总书记所指出的那样：在解读中国实践、构建中国理论上，我们应该最有发言权，但实际上我国哲学社会科学在国际上的声音还比较小，还处于有理说不出、说了传不开的境地。这里问题的实质，就是中国特色、中国特质的哲学社会科学学术体系和话语体系的缺失和建设问题。具有中国特色、中国特质的学术体系和话语体系必然是由具有中国特色、中国特质的概念、范畴和学科等组成。这一切不是凭空想象得来的，而是在中国化的马克思主义指导下，在参考我们民族特质、历史智慧的基础上再创造出来的。在这一过程中，积极吸纳儒、释、道、墨、名、法、农、杂、兵等各家学说的精髓，无疑是保持中国特色、中国特质的重要保证。换言之，不能站在历史、文化虚无主义立场搞研究。要通过《文库》积极引导哲学社会科学博士后研究人员：一方面，要积极吸收古今中外各种学术资源，坚持古为今用、洋为中用。另一方面，要以中国自己的实践为研究定位，围绕中国自己的问题，坚持问题导向，努力探索具备中国特色、中国特质的概念、范畴与理论体系，在体现继承性和民族性，体现原创性和时代性，体现系统性和专业性方面，不断加强和深化中国特色学术体系和话语体系建设。

新形势下，我国哲学社会科学地位更加重要、任务更加繁重。衷心希望广大哲学社会科学博士后工作者和博士后们，以《文库》系列著作的出版为契机，以习近平总书记在全国哲学社会科学座谈会上的讲话为根本遵循，将自身的研究工作与时代的需求结合起来，将自身的研究工作与国家和人民的召唤结合起来，以深厚的学识修养赢得尊重，以高尚的人格魅力引领风气，在为祖国、为人民立德立功立言中，在实现中华民族伟大复兴中国梦征程中，成就自我、实现价值。

是为序。

王京清

中国社会科学院副院长
中国社会科学院博士后管理委员会主任
2016 年 12 月 1 日

摘　要

　　古往今来，在一定意义上可以说，财产既是安定、繁荣、富强、有序、文明的晴雨表，也是暴力、革命、战乱、动荡、冲突的指示器。

　　两千多年来，传统中国财产权利是相当"贫困"的：哲学意义上财产理念不清晰、财产权界不明确，思想文化意义上重义轻利，经济学意义上物的稀缺匮乏，法学意义上权利不完整不完全、财产法律制度不健全和司法保障救济不畅，社会学意义上财产关系不稳定不协调，政治学意义上财产权利难以摆脱行政权力的频繁渗透干预侵蚀和掠夺，等等，凡此种种，不一而足。虽然，人性的塑造和道德的教化遏制了个人欲望的过度膨胀从而一定程度上缓和了稀缺匮乏，专制集权所颁布的法规政令和旧式纲常名教一定意义上调和了财产关系，但是，随着经济社会的复杂变迁和人口压力的不断增大，"贫困"的财产权利终究带来了重重风险：丛林法则盛行、暴力革命不绝于缕、王朝更替周而复始，祸乱天下恶性循环。

　　中华人民共和国成立六十多年来，对经历了曲折的认知和不一样的感怀的社会主义国家和人民来说，"财产"蕴含着特别的含义、寄托着人们复杂的感情，因而一直是民众、学界关注的热点和焦点问题。时至今日，由于种种原因，人们在财产理念、财产逻辑与社会形态（社会主义）关系上所存在的种种误读与误解，以及由此派生出来的一系列模糊的、片面的、不科学的认识，成了中国特色社会主义进一步发展的掣肘。在一定意义上可以说，国人思想观念的每一次解放、改革开放事业的每一次跨越式发展、市场在资源配置中起决定性作用的最终实现，都与超越对这一问题原有认识中的藩篱息息相关。其一，在改革开放前相当长的一段时间内，受传统计划经济思维和苏联教条主义的影响，人们往往不加辨析地把"私有财产"等同于资本主义，把"公有财产"等同于社会主义，把马克思财产理论与"消灭私有财产"画上等号，甚至把有没有财产、有多少财产作为判断人们政治上先进与落后的一个重要标准。这种理论上的重大误区，导致了我们实践中的重大失误，社会经济不能快速发展，人们的物质生活条件长期得不到有效改善。其二，在我国改革开放的今天，随着社会主义本质和根本任务的重新界定、社会主要矛盾的变化、利益关系结构的变革和财产数量的激增，一方面，人们的财产观念认识与财产占有事实都发生了巨大变化：从财产与罪恶相关到财产正当性和财产权利的复归；从几乎没有个人财产的观念到追求财产欲望的释放和创造财产意识的不断增强；从占有、支配财产到财产性收入的形成以及个人财产的急剧分化；等等。另一方面，在财产的归属、价值诉求、意义、治理路径以及最终指向方面又出现了一系列的混乱，财产的制度安排和出路等问题越来越凸显出来。

鉴于此，回到马克思原初语境，"批判与超越"既有域内外财产现实与理论，对财产问题进行深入的前提性审视和"元思考"，建构以马克思财产理论为基石、与中国特色社会主义市场经济实践有机结合的中国特色社会主义财产理论体系正当其时。"财产与风险：马克思财产理论的逻辑与方法论自觉"既是一个科学社会主义财产理论层面上的跨学科的新的重要理论课题，也是一个实践性较强的重大现实问题，其理论实质是梳理资本逻辑、市场关系、个人主义和自由主义理念所引致的现代财产问题"从何处来"和"往何处去"的逻辑，探讨现代财产权利与社会风险防控治理之间的关系，揭示现代风险防控和财产治理的一般方法论原则。无疑，这一内在逻辑与方法论原则对阐明"资本在场"、市场对资源配置起决定性作用、经济社会转型、财产权利"贫困"的传统资源以及突破一定程度上由此而来的当下中国财产治理困境，规避关于中国财产问题实质及其解释上的或被纯思辨化，或被西方化，或被错误的财产价值理念所扭曲的倾向，有效抵御绝对平均主义、全盘私有化等各种"左"和右的财产观的冲击，进而为科学社会主义财产观的树立、风险的防控和当代中国财产问题的有效治理，提供重要的方法论启示。

应当承认，在资产阶级登上政治舞台的历史进程中，在封建等级特权的废除、私有财产权制度的确立、产业革命的迅猛发展、一定意义上圈地运动的蓬勃兴起、自由放任主义财产逻辑滥觞等因素综合作用下，资本主义仿佛使用法术一样从地下唤出巨大财富，西欧实现了持续和快速的经济增长，在社会财富总量、经济结构、人均实际收入等方面发生了前所未有的显著变化。细微察之，保护和增进现代财富的自由放任主义理念，虽在一定程度上契合了社会的普遍诉求，但其反映资产阶级利益诉求、为资本主义经济保驾护航的本性，以及由此衍生出来的绝对的和失控的资本权利，致使贫困、疾病、异化与现代财富相伴，动荡、暴力、罪恶与社会秩序联姻。遗憾的是，面对19世纪上半叶西欧现代社会财产问题及其所引致的资本主义社会各种内在矛盾和冲突"从何处来"和"往何处去"，进入"终结阶段"的德国传统"思辨性"财产理论学说，沦落为资本辩护士的英国古典政治经济学，粗陋的、平均主义的法国空想社会主义财产改良学说，以及根本否定现代生产力和财产效率的浪漫主义，保护关税、拒斥"资本逻辑"的民族主义，傲慢的民粹主义，极端的国家主义，庸俗经济学、重商主义、重农主义、激进主义、复古的保守主义、自由主义等财产学说，却不能做出深刻的元思考，从而在一定程度上处于"失语""失效""错位"状态。显而易见，"财产与风险：马克思财产理论的逻辑与方法论自觉"就是对西欧财产现实"原本"与理论"副本""批判与超越"的结晶，这一"批判与超越"的有机统一直接体现在马克思财产理论的建构过程中。

从总体上看，马克思对这一重大财产现实与理论问题的"批判与超越"也是一个逐渐深化、逻辑递升、不断精确的过程。其一，对现代社会财产问题的哲学追问。马克思在《莱茵报》时期遇到要对物质利益"发表意见"的难事：物质利益问题表达机制不畅，特别是自由报刊的缺失、近代"开明立法"对贫民习惯权利的剥夺、官僚行政治理的失效等旧制度的弊端与现代国家本身的缺陷综合作用，导致了普鲁士市场化初期摩塞尔河沿岸地区"贫困状况的普遍性"，进而昭示出争取财产的历史权利（政治解放）和实现人的权利的终极价值归宿（人的解放）。马克思在《德法年鉴》时期对现代财产问题"市民社会决定国家与法"的哲学追问与解答，开辟了从政治经济学入手解剖现代社会的理论致思路径。其二，从《1844年经济学哲学手稿》到《共产党宣言》问世，马克思实现了对现代财产问题的唯物史观解答。对现代财产分化的异化劳动根源及其归宿的揭示以及在唯物史观构建过程中对现代财产问题的方法论阐释，是科学的财产理论初步创立的标志。马克思阐明了"财产"范畴与现实财产运动之间的辩证关系等方面的问题，为科学的财产理论初步创立的最终完成奠定了方法论基础。其三，马克思的财产逻辑与方法论系统的建构。在《资本论》及其手稿中，马克思运用政治经济学的方法论系统，揭示了人类社会财产运动的一般规律和现代社会财产运动的特殊规律，从内容到形式上与自己时代的现实世界接触并相互作用，全面、科学地回答了包括西欧社会财产问题在内的整个人类社会财产问题"从何处来"和"往何处去"。

在马克思的财产理论看来，只有透过现象层面物或人与物之间的关系，深入本质层面人与人间的关系，才能正确把握财产的本质；正确把握财产的属性和尺度，既可以阐明财产的有用性、稀缺性与可界定性等本质属性，又可以揭示财产尺度从劳动时间向自由时间转化及其哲学意蕴；只有全面分析财产与财富、财产权利之间的关系，才能揭示财产运动的特点、规律及其趋势。关注西欧社会财产现实，反思批判对其形形色色的理论回应，科学回答西欧现代社会财产问题"从何处来"和"往何处去"，在对财产现实"原本"和理论"副本""批判与超越"相结合的方法论原则下，马克思建构起科学的财产理论学说。在"历史向世界历史的转变"进程中，对存在"类似语境""人类共有性社会财产问题"的当代中国来说，形成高度的马克思财产理论方法论自觉，有助于正确认识、全面把握中国财产问题实质，树立科学的财产价值观、去财产理论学说上的"中心主义特别是西方中心主义"，批判性介入财产现实，"占有资本主义制度所创造的一切积极的成果"，规避中国财产问题出路探讨上的或被纯思辨化，或被西方化，或被错误的财产价值观所扭曲的倾向，进而实现对当代中国财产问题的有效治理。

显而易见，如果说批判前人类社会的私有财产，特别是批判资本主义私有财产、揭示资本主义社会财产运动的规律和特点，构成马克思财产理论学说的逻辑基点；那么，超越资本主义社会财产现实与逻辑，探讨带有其脱胎而来的旧社会的痕迹，从而必然表现为在一定程度上被限制在"资产阶级法权"框架内的刚刚从资本主义社会中产生出来的社会主义社会关于财产一般和市场经济一般等方面的界说，关注无产阶级掌握政权的国家驾驭资本逻辑、调节财产关系和对市场经济手段的运用（为发展生产力），构建广义的政治经济学，就构成了马克思财产理论学说的价值归宿。其"超越"主要有三：一是关于市场经济的二重性与社会主义发展和驾驭市场经济的界说。在马克思的原初语境中，市场经济具有生产力和生产关系双重属性：一方面，市场经济实现了资源的优化配置，促进了生产力的快速发展；另一方面，市场经济的形成和最终确立与资本主义社会形态的演变发展密切相关。市场经济的双重属性昭示，处于从资本主义向未来共产主义过渡进程中的社会主义社会既要保留、利用和大力发展市场经济，又要警惕市场经济要素的资本属性，在建设社会主义市场经济的过程中，在处理市场与政府、市场与社会的关系时，要尽可能把市场经济的规则限制在经济生活领域，限制在市场对资源配置的决定性作用方面，最大限度规避其负面效应。二是关于财产效率视域中的"人本"意蕴方面的内容，亦即财产稀缺与财产效率、财产快速增加过程中财产利益关系协调、财产效率所蕴含的重视财产源和价值归宿上的"人本"内蕴。在资本还占据统治地位的世界历史时代，包括中国在内的发展中国家要充分利用后发优势降低发展的成本，减少社会因财产急剧增加而引起的动荡。为此，不仅要发展生产、扩大流通、开拓国内外市场、鼓励平等竞争等，以扩大财产的总量，而且要特别注意财产快速增加过程中财产利益关系的协调。所以，必须把发展财产尤其是发展股份制形式的财产与遏制作为资本的财产对劳动产权利益的侵害有机统一起来，把向资本主义学习与超越资本主义有机统一起来，把人与物、人与人、人与自然环境和谐（平衡"金山银山"财富与"绿水青山"财富、财富的"人本"价值归宿之间的关系）有机统一起来，走出一条"驾驭资本逻辑"的中国特色社会主义道路。三是关于市场伦理意蕴，以及构建和完善合理的财产流通秩序方面的内容。在现代社会大工业革命进程中最终形成和发展起来的市场流通同资本关系密切，因而在一定程度上体现为资本因素，特别是体现出劳动与资本交换这一不合理的一面。但是不应该否认，"流通，就它的每个因素来说，尤其是就它的总体来说，是一定的历史产物"，因而市场流通具有一定的自然历史属性。鉴于此，我们既不能否定市场流通的资本属性的一面，从而把市场流通限定在资源配置的决定性作用方面；也不能否定市场流通的革命性作用：市场流通不仅满足了人们的某种需要，扩大了人们的视野和交往，而且推进了生产力和分工的发展，在"突破特权、等级、地域和人身束缚，瓦解古代共同体，促进世界交往的形成，扬弃以物的依赖为基础的社会和呼唤人的个性与自由全面发展的新社会"方面发挥着革命性作用。清晰界定市场流通的内在属性（自由、平等、所有权），厘清市场流通秩序的伦理意蕴（信用、契约），可有效规避虚假市场行为，从而更好地发展和驾驭中国特色社会主义市场经济。唯此，才能提出和解释"财产与风险"这一横亘在人类社会的时代课题。

毫无疑问，作为我们进一步研究的出发点和供这种研究使用的方法，马克思财产理论学说对于决胜全面建成小康社会、夺取新时代中国特色社会主义伟大胜利的当代中国，特别是在有序财产关系法治化治理、构建"以人民为中心"的社会财产创造模式、财产利益关系的有效治理等方面，具有重要的方法论启示。就步入新时代但仍处于并将长期处于社会主义初级阶段的当代中国而言，端正发展理念、健全经济体制、转变发展方式、优化经济结构、转换增长动力、化解发展不平衡不充分问题，改革中冲破既得利益集团的阻滞，有效协调财产快速增加过程中财产利益关系，构建和完善合理的财产流通秩序，从而真正实现在财产生产、占有、分配和流通方面的公平正义，是最大的现实。虽然我们取得了令世界瞩目的伟大成就，GDP总量跃升至世界第二，社会财富总量大幅度增加，但同时也存在着经济和财产良性发展的羁绊：财产法权体系不健全、不完善，财产占有、控制、交易和收益等行为还没有被纳入法治化治理轨道上来，以致存在一些侵权、权钱交易、内部人控制、权力与资本联姻等非法非正常"致富"途径，从而导致市场经济秩序和财产秩序混乱；经济快速发展、财产快速增加的方式不科学，在资源配置中政府和市场作用界定不清晰不协调，发展质量不高效益不好，绿色发展理念不强，创新能力不足，全要素生产率意识特别是人力资源要素生产率优先意识有待强化，等等；人民日益增长的美好生活需要和不平衡不充分的发展之间的问题，社会财产总量快速增加之后的财产利益关系不和谐、不协调以及由此而来的收入分配差距依然较大问题，等等。问题的提出就是对问题的解答。对存在资本在场、市场对资源配置起决定性作用的"类似语境"和"人类共有性社会财产问题"的当代中国来说，在中国化的马克思财产理论指导下，从财产权利入手解析社会风险，实现有序财产关系法治化治理，不断协调财产利益关系，构建"以人民为中心"的财产创造模式，把"新发展理念"和"以人民为中心"的发展思想贯穿于财产制度建设和财产法治治理的各个方面，才能促进人与人、人与社会、人与自然的和谐发展。

关键词：财产与风险　马克思　财产逻辑　方法论自觉当代启示

Abstract

Throughout the ages, property can be said to be the barometer of stability, prosperity, prosperity, order and civilization in a certain sense. It is also an indicator of violence, revolution, war, turmoil and conflict.

For more than 2000 years, traditional Chinese property rights have been quite "poor". In the philosophical sense property concept is not clear and the field of property rights is not clear. People value righteousness above profit in ideological and cultural significance. Material is scarce in economic significance. In legal sense rights is incomplete, legal system of property is imperfect, and judicial guarantees and relief are not smooth. Property relations are instability and uncoordination in the sense of sociology. In the political sense, it is difficult for property rights to get rid of the frequent infiltration, intervener, erosion and plundering of administrative power, etc. Although shaping of human nature and moral education have curbed the excessive expansion of personal desires and to a certain extent alleviated the scarcity, decrees and ordinances promulgated by the authoritarian centralization and old-fashioned nominal regulations in a certain sense have tempered property relations. However, with the economy and society to change intricately, with population pressure to increase property rights of "poverty" have brought great risks after all. The laws of the jungle are prevalent. Violent revolutions are endless. The dynastic change repeatedly and the vicious circle of disaster and chaos in the world is in danger.

Since the founding of the People's Republic of China more than
sixty years ago, "property" has always been a hotspot and focus issue
for the public and academic circles because it contains special meaning
and people's complex feelings for socialist countries and people who
have experienced tortuous cognition and different feelings. Today, due
to various reasons, people have misread and misunderstood the
relationship between property concept, property logic and social
formation (socialism) and a series of vague, one-sided and
unscientific knowledge constituted handicap and hinder to the further
development of China socialism. In a certain sense, it can be said that
every emancipation of the ideology of Chinese people, every leapfrog
development in the cause of reform and opening up, and the eventual
formation of the decisive role played by the market in the allocation of
resources are all related to transcending the barriers in the original
understanding of the issue. First, during the relatively long period of
time before the reform and opening up, under the influence of
traditional planned economic thinking and the dogmatism of the former
Soviet Union, people always equated " private property " with
capitalism indiscriminately, " public property " with Socialism,
Marxist theory property with " eliminating private property " . And
people even equated having or no having property or how much property
as an important criterion for judging people's political advance and
backwardness. This gross misunderstanding in theory has led to major
mistakes in our practice. Social economy cannot rapid quickly and the
material and living conditions of people cannot be effectively improved
for a long period of time. Second, in China's reform and opening up
today, with the redefinition of the essence and the fundamental tasks
of socialism, the change of major social contradictions, the
transformation of the structure of interest relations and the surge in the
number of assets, on the one hand, both the property concepts and
the property possession of people have changed dramatically: from the
evil of the property to the reversion of the property legitimacy, from

almost no personal property of concept to the formation of property income and to seek release of property desire, from the possession and dispose of the personal property to create growing awareness of the property and sharp differentiation. On the other hand, there has been a series of chaotic in the value, the home, the significance, the final point of the property, with the increasingly prominent of property system arrangements.

In view of this, returning to Marx's original context, "Critics and Transcendence" the existing reality and theory of property both inside and outside territory, and conducting an in-depth premise examination and "meta thinking" on the property issues, it is the right time to construct a theoretical system of socialist property theory based on Marx's property theory and organically combined with the practice of socialist market economy with Chinese characteristics. "Property and Risk: Logic and Methodological Consciousness of Marx's Property Theory" is not only a new and important theoretical subject of interdisciplinary science at the theoretical level of scientific socialist property, but also a major practical issue. Its theoretical essence is to sort out the logic of "where to come" and "where to go" of modern issues caused by capital logic, market relations, individualism and liberalism, explore the relationship between modern property rights and social risk prevention and control, and reveal general methodological principles for preventing, controlling modern risks and governing property. Undoubtedly, this inherent logic and methodology principle plays a decisive role in the "capital presence", the market's decisive role in resource allocation, economic and social transformation, the traditional resources of property rights poverty, and the consequences of the current Chinese property governance dilemma in China to a certain extent, to show the essence of China's property issues and its tendency to be purely speculative, or Westernized, or distorted by false property values, effectively to resist various "left" and right assets such as absolute egalitarianism and total privatization, and thus to provide an important methodological enlightenment for the establishment of a scientific socialist property concept, the prevention and control of risks, and the effective governance of property issues in contemporary China.

It should be acknowledged that in the historical process of the bourgeoisie ascending the political stage, under the combined effects of factors such as the abolition of feudal hierarchy privilege, the establishment of the private property rights system, the rapid development of the industrial revolution, the vigorous rise of the enclosure movement in a certain sense, and the laissez-faire property logic, capitalism like a sell called for enormous wealth from the ground, and Western Europe has achieved sustained and rapid economic growth, with undergoing unprecedented significant changes in total social wealth, economic structure, and real income per capita, etc. In a subtle way, the laissez-faire concept of protecting and promoting modern wealth, although to a certain extent fit the general appeal of society, but it reflected the nature of interests of the bourgeoisie, the nature of escorting the capitalist economy, and resulted absolute and uncontrolled capital rights, resulting in poverty, disease, alienation and modern wealth, turmoil, violence, sin and social order marriage. Regrettably, for the problem of modern social property in Western Europe in the first half of the 19 th century and the various internal contradictions and conflicts of the capitalist society that led to the question of " where from " and " where to ", German traditional " speculative " property theory which entered " end stage ", British classical political economics degraded into a capital apologist, the rough, egalitarian French imaginative socialist property improvement theory, and the romanticism that fundamentally denies modern productivity and property efficiency, protecting tariffs and rejecting " capital logic " of nationalism, arrogant populism, extreme nationalism, vulgar economics, mercantilism, physiocratism, radicalism, retro conservatism, liberalism, etc, couldn't make a profound " origin " thinking, and thus to a certain extent fell into the state of "aphasia", "failure", and "misplacement". Obviously, "Property and Risk : logic and methodological consciousness of Marx's property theory" is the crystallization of "original" of the Western European property reality and "copy" of the Western European property theory. The organic unity of "criticism and transcendence" is directly reflected in the construction process of Marx's property theory.

On the whole, it is a process of gradual deepening, logical advancement, and constant precision for Marx's "criticizing and transcending" on this major property reality and theoretical issue. First, it is the philosophical inquiry into modern social property issues. During the period of the "Rheinische Zeitung", Marx encountered difficulty of "commenting opinions" on material interests. The combination of the shortcomings of the old system and the defects of the modern state itself, such as the absence of free newspapers for the smooth expression mechanism of material interests, the deprivation of the poor's customary rights by "enlightened legislation" in modern times, and the invalidation of bureaucratic administrative governance, led to the "universality of poverty" along the Moselle River in the early days of Prussian marketization, which should be resolved by further fighting of the historical rights (political liberation) and realizing the ultimate value of the human right (the liberation of man). During the period of the German-French Yearbook, Marx's philosophical inquiry and solution to the modern property issue "Civil society determines the state and the law", has reached the theoretical thinking path of dissecting modern society from the perspective of political economy. Second, from "Economic and Philosophical Manuscripts of 1844" to "Communist of the Manifesto Party", Marx realized the materialist historical interpretation of modern property issues. The revealing of the origin of alienated labor and its fate of modern property differentiation and the methodological interpretation of modern property issues in the process of constructing historical materialism are the signs of the initial establishment of scientific property theory. Marx clarified the dialectical relationship between the " property " category and the real property movement, and laid the methodology foundation for the final completion of the scientific property theory. Third, it is the construction of Marx's property logic and methodology system. In Das Kapital and its manuscripts, Marx used the methodology of political economy to reveal the general laws of human social property movement and the special law of modern social property movement, contacting and interacting with the real world of their own time from content to form, comprehensively and scientifically answering the question of " where from " and " where to " for the entire human social property issue, including social property issues in Western Europe.

In the theory of Marx's property, it can be properly grasped the nature of the property only through the relationship between things or persons and things into the relationship between the people. Only to correctly grasp the attributes and scale of the property, can we clarify the usefulness, scarcity and definition of the property, and reveal the scale of the property from the labor time to free time and its philosophical implication. Only to analysis the relationship between property and wealth, property rights thoroughly, can we clear the motion, the law and its trends of property characteristics. Paying attention to the social property reality in Western Europe, reflecting and criticizing various theoretical responses to it, and scientifically answering modern social property issues of " where to come " and " where to go " in Western Europe, Under the " criticism and transcendence " methodological principle of combining " original " reality with " copy " theory, Marx constructed a scientific property theory. In the process of " the transformation form national history to world history ", for " similar context ", " human communalism social property problem " of contemporary China, to form a high degree of Marx's theory of property methodology consciously, can help to correctly understand and fully grasp the real property problems in

China, set up scientific property values, to reject property on the doctrine of "center doctrine especially western centralism", to step critically in real property, "to possess all positive achievements capitalism has created", to evade way to explore China's property or be speculative, or western, or distorted by the property of the error values orientation, thus realizing the effective governance of the property problem in contemporary China.

Obviously, it constitutes the logical basis of Marx's property theory to criticize private property of the former human society, especially criticize capitalist private property and show the law and characteristics of the capitalist social property movement. Then, it constitutes the value doctrine of Marx's property theory to transcend the reality and logic of capitalist social property, to explore theory of property generally and market economy generally, focusing on the logic of the capital of the proletariat, controlling relationship of the property, use of market economic means for the development of productive forces, and building a broad political economy which shows the traces of the old society with its birth and inevitably manifests itself as a "socialist society that has just emerged from the capitalist society" to a certain extent within the framework of "bourgeois legal rights". Its "transcendences" mainly includes three aspects. First is the definition of the duality of the market economy and noncapitalism developing and the controlling of the Market Economy. In Marx's original context, the market economy has dual properties productive forces and production relations: on the one hand, the market economy to achieve the optimal allocation of resources, and promote the rapid development of productive forces; on the other hand, the market economy and capital formation and eventually established closely related to the evolution of society morphology. Clear dual attributes of the market economy, socialism from capitalism to communism transition process in the future of socialism with Chinese characteristics is necessary to retain, use and develop the market economy, but also wary of capital property market economic factors in construction with Chinese characteristics a market economy, in dealing with the relationship between markets and government, market and society, to the extent possible, the rules of the market economy in the areas of economic life limit, restrict decisive role in the allocation of resources, the avoidance of negative effects to the maximum extent. Secondly, it is the content of the "humanity intrinsic" meaning in the field of property efficiency, that is, the property scarcity and property efficiency, the coordination of property interests in the process of rapid improvement, and the emphasis on "humanity intrinsic" of property sources and value in the property efficiency. In the era of history Capital also dominates the world, developing countries including China should make full use of the advantage to reduce the cost of property development, reduce the social turmoil caused by the dramatic increase in property. Therefore, to expand the total amount of property, we must develop production, expand circulation, develop domestic and foreign markets, and encourage fair competition. Besides, we must pay special attention to the coordination of property interests in the process of enhancing property. In one word, we must unify developing property especially a joint-stock form of property and curbing the property of capital against labor proprietary interest, unify learning capitalism and overstepping capitalism organically, and unify people, society and the natural environment to balance the relationship between "Jinshan Yinshan" wealth and the "green-green" wealth and the "human-centered" value of wealth to constitute a path of Chinese characteristic socialism of "managing capital logic". The third is about the ethical implications of the market and the construction and improvement of a reasonable order of property circulation. The market circulation finally formed and developed in the process of the modern industrial revolution is closely related to capital. Thus to some extent it is reflected as a factor of capital, especially the irrational aspect of labor and capital exchange. But it should not be denied that "circulation is a certain historical product in terms of each of its factors, especially in terms of its entirety", and thus market circulation has a certain natural historical attribute. In view of this, we can neither deny the side of the capital attribute of market circulation, thus limiting market circulation to the decisive role of resource allocation, nor can we deny the revolutionary role of market circulation. Market circulation "not only has met people's needs, expanded people's vision and communication, and promoted the development of productivity and division of labor". Market circulation " has broken through privilege, hierarchy, region and personal restraint, disintegrated ancient communities, promoted the formation of world interactions, and sublated society based on material dependence, and called for the free and all-round development of people's personality and new society. In one word market circulation plays a revolutionary role. Therefore we should clearly define the intrinsic attributes of market circulation, such as freedom, equality, ownership, etc. We should clarify the ethical implications of the market circulation order, such as credit, contract. We should effectively avoid falsehoods market behavior, so as to better develop and control the socialist market economy with Chinese characteristics. Only in this way can we propose and explain the issue of " property and risk", which is an epoch-making topic of cross-cutting human society.

Undoubtedly, as the starting point of our further research and the methods used for such research, it is an important methodological enlightenment for Marx's property theory in the new era which has been winning the great victory of building a well-off society in an all-round way and winning the great victory of socialism with Chinese characteristics, especially to such aspects as govern orderly property relations, govern property creation model of a " people-centered " social property creation model, effectively govern the relationship of property interests. Today, in the new era but still in and will be in the primary stage of socialism for a long time in China, it is the greatest reality to correct development concept, improve the economic system, transform the development mode, optimize the economic structure, transform the growth momentum, resolve the problem of insufficient and imbalance development, break through the blockade of vested interests in the reform, effectively coordinate the relationship among property interests in the process of rapid property development, construct and perfect a reasonable order of property circulation so as to truly realize fairness and justice in production, possession, distribution and circulation. We have made great achievements that have attracted the world's attention. The total GDP has jumped to the second in the world, and the total amount of social property has greatly increased. However, there are also fetters hindering economic and property benign development. The property rights legal system is not perfect and imperfect, the behavior of the property to possess, to control, to trade, to revenue has not yet been brought into the orbit of the rule of law, resulting in some illegal and abnormal ways of "getting rich" such as infringement, power and money transaction, insider control, power and capital union, which leads to the disorder of market economic order and property order. The way of economic developing rapidly and the property enhancing quickly is nonscientific. The definition of government and market is unclear and uncoordinated in resource allocation, the development quality is not high, the benefits are not good, the green development concept is not strong, and the ability of innovation is insufficient. Besides, the awareness of total factor productivity, especially the priority of human resources factor productivity needs to be strengthened, the growing needs for a better life for the people and the imbalance of social property development is inadequate, and property interests after the rapid increase of the total social property is disharmonious, lack of coordination, leading to the income gap the continuous expansion tendency, and so on. The question is raised as the answer to the question. In contemporary China where capital is present and the market plays a decisive role in the allocation of resources, "similar context" and "human common social property issues", under the guidance of Marxist property theory in China, social risks are analyzed from the perspective of property rights, orderly property relations are governed by law, property interests are constantly coordinated, a "people-centered" property creation model is constructed, and "new development concept" and "people-centered" development ideas run through all aspects of property system construction and property governance by law to promote the harmonious development of man and man, man and society, man and nature.

Keywords: Property and Risk; Marx; The Logic of Marx's Property Theory; Methodological consciousness; Contemporary inspiration

目　录

Content

导　论

在改革开放前相当长的一段时间内，受传统计划经济思维和苏联教条主义的影响，人们对马克思财产理论，往往不加辨析地将其与"消灭私有财产"画上等号，把"私有财产"等同于资本主义，把"公有财产"等同于社会主义，甚至把有没有财产、有多少财产作为判断人们政治上先进与落后的一个重要标准①。这种理论上的重大误区，导致了我们实践中的重大失误，社会经济不能快速发展，人们的物质生活条件长期得不到有效改善，甚至在一定程度上导致了现实社会主义的贫穷、落后和愚昧。正如我们可以从《资本论》中获得有益启示一样，我们同样也可以从马克思的财产理论中获得关于当代中国社会主义建设的有益启示。由此可见，我们决不能过于偏狭地理解马克思的"财产概念"和"财产理论"：其既有批判私有财产的内容，也存在着超越现代社会财产逻辑，特别是存在着关于财产一般和市场经济一般等方面的界说。

随着改革开放和中国特色社会主义市场经济体制的逐步确立，人们开始拥有财产并形成财产收益。财产关系的变化给人们带来实惠的现实，使得人们对财产的看法发生了极大的变化，财产开始向其本来意义复归，并逐步获得了经济和法律的地位。但是，现实中仍然存在着与财产有关的一些问题，如对财产与个人财产扩大化的观念认同问题、财产的有效界定与

---

① "阶级"一词大体上侧重于经济意涵：1950年《中央人民政府政务院关于划分农村阶级成分的决定》规定，"占有土地，自己不劳动，或只有附带的劳动（指一年内劳动不满四个月。——引者注），而靠剥削为生的，叫做地主"；1988年《中华人民共和国私营企业暂行条例》规定，"私营企业是指企业资产属于私人所有，雇工八人以上的营利性经济组织"。这表明，在社会主义社会历史上，"土地""资产""雇工"是划分"阶级"成分的主要依据；"四个月""八人"等可量化、很直观的物态化规定，从法规上规定了"剥削""有产阶级"的界限。

保护问题、财产利益关系的协调问题等。很显然，如果理论界与政策决策层对这些问题没有清晰正确的认识，必然会导致社会实践中的重大偏差，从而影响社会的和谐安定，甚至也会影响改革开放和现代化事业的深入发展。

鉴于此，回到马克思的原初语境，梳理马克思财产理论所包含的适用于非资本主义社会的界说，对财产问题进行深入的前提性审视和"元思考"，"批判与超越"既有域内外财产现实与理论，形成高度的马克思财产理论方法论自觉，建构以马克思财产理论为基石、与中国特色社会主义市场经济实践有机结合的中国特色社会主义财产理论体系正当其时。

一、选题意义

（一）理论意义

系统探讨"财产与风险：马克思财产理论的逻辑与方法论自觉"，有助于澄清当前人们在财产认识上的种种误区，特别是在财产理念、财产逻辑与社会形态（社会主义）关系上所存在的种种误读与误解，树立科学的社会主义财产观，深化对中国特色社会主义的认识。随着我国社会主义市场经济体制的确立，打破了公有经济大一统的局面，在经济成分多元化的驱动之下，利益和权利再调整再配置中社会风险剧增，财产问题逐渐成为人们讨论的核心问题之一。目前，学界和民众对财产问题存在着许多不同看法：一部分人对财产与个人财产的扩大化等现象持疑虑、不解、争议与否定态度，而另一部分人则认为个人财产的扩大化恰恰是实现最终对"私有制"扬弃的必由之路。这种争论突出表现在对"马克思'私有财产'与'私有制'——消灭还是扬弃"、民营企业家"原罪说"、部分民众的仇富心理、《物权法》保护私有财产等问题的认识上。笔者以为，以马克思的财产观为指导搞清楚这方面的理论问题，是理论界对于新时代中国特色社会主义建设实践困惑的及时回应。

当代中国财产问题的实质就是在"资本逻辑"、市场化、工业化、信息化、城镇化、全球化语境下，中国所遇到和积累起来的深层次的、各方面的社会财产问题是如何形成的，其化解的具体路径和发展的方向在哪里。但对当代中国财产问题"从何处来"和"往何处去"，我们在实践上尚未走出一条成熟的"中国道路"（尚处于"摸着石头过河"阶段），在理论上没有科学回答这一问题可供直接借鉴的资源，这就常常导致中国财产问题科学诠释和有效应对上或被纯思辨化，或被西方化，或被错误的价值观所扭曲的倾向。因此，本课题从研究内容和研究视角上有助于启发我们对当代中国社会财产问题进行深入的、富有规律性的再思考和再研究，丰富和推进当代中国财产治理问题的理论研究，进而有助于树立科学的社会主义财产观、调整财富的生产格局和利益分配格局、深化产权制度改革、丰富财产流通的市场秩序建设理论等。

（二）实践价值

首先，深入探究"财产与风险：马克思财产理论的逻辑与方法论自觉"，揭示其对于当代中国财产问题"从何处来"和"往何处去"的方法论启示，既是"四化同步推进"发展战略机遇期的客观要求，也是实现共同富裕和全面建成小康社会的必然选择。在"资本逻辑"、市场化、工业化、信息化和城镇化的转型语境下，当代中国财产的有效治理面临着诸多困境，致使其与快速发展的经济现实、良性发展的社会状况并不对称。借助马克思科学诠释西欧社会财产问题的逻辑与方法论原则，破除这些困境，进而实现当代中国财产问题的有效治理，就成为化解发展不平衡不充分问题、贯彻新发展理念、全面建成小康社会进程中亟待解决的重大现实问题。

其次，系统探讨"财产与风险：马克思财产理论的逻辑与方法论自觉"，有助于我们正确认识我国社会的整体现实，正确把握改革中的问题。例如，马克思财产理论中关于"通过财产关系的有效界定以促进经济发展和财产增长"的观点，对建立健全财产法权保障体系，保护人们的财产权利，调动人们创造社会财富的积极性，就具有重要启示意义。当下中国仍旧处于发展中国家行列的现实，必然要求加快经济增长，提高劳动生产力水平，增加社会财富总量，以改善人们的物质生活条件。在马克思那里，技术变迁与财产关系的变化之间存在着一定的逻辑关系，即财产关系的有效界定，影响着人类的行为并激励着人们积极从事财富生产。

最后，系统探讨"财产与风险：马克思财产理论的逻辑与方法论自觉"，有助于协调财产利益关系，妥善处理收入差距过大所产生的社会矛盾，深入贯彻"以人民为中心"的发展思想，不断促进人的全面发展、全体人民的共同富裕。马克思赞同威廉·配第"土地是财富之母，劳动是财富之父"的思想，认为自然界同劳动一样也是物质财富的源泉。所以，在按劳分配之外也要按参与的要素进行分配，是马克思财产理论的应有之义。同时，让人们拥有财产性收入，也是马克思关于未来社会的一个非常重要的制度构想。因此，我们可以从对马克思财产理论及其当代价值的系统探讨中获得这样的重要启示："创造条件让更多群众拥有财产性收入"，让人们都参与到享受改革成果——新创造的社会财富中来，进而缩小收入差距。这一重要启示有助于我们增强全体人民共同富裕、小康路上一个都不能掉队的自觉。

二、国内外研究现状

（一）国外研究现状

1. 马克思"财产"范畴界定

派普斯指出，在马克思那里，"财产是物质性物体的所有权"，是"体现在物上的人与人之间的关系"。泰勒提出，作为社会关系产物的财产是公共认可的产物，否则就无财产可言。伊里指出，财产的本质是人与物的关系而引起的人与人的关系，换言之，财产是权利，而不是权利延伸的对象。

2. 马克思财产理论逻辑

在回应自由主义价值理念和资本逻辑所导致的西欧社会财产问题上，胡萨米指出，马克思对资本主义剥削进行了严厉谴责，认为资本家对剩余价值的占有是侵占、掠夺、偷盗和诈骗；而伍德则认为马克思将一种历史的维度引入了关于资本主义剥削正义性问题上，从而得出每一种生产方式都有一种与它对应的分配方式及平等形式的结论，因而一项经济交换或经济制度是否正义取决于占统治地位的生产方式。伯尔基认为，马克思坚持一种深刻的现代性内在自我批判，建构起资产、财富分配不平等导致现代不平等、压迫、剥削以及由此而来的社会弊病重重；马克思所关切的是专制的统治者和匮乏的专制主义之间的密切关系以及由此导致的在经济生活中依赖特权、凭借不平等的财产权所获取的生产资料，它是对欧洲工业资本主义所导致的财富和经济权力集中的一种反抗。

3. 关于财产价值取向问题的研究（经济伦理学视野中的马克思财产理论）

在市场自由主义和个人主义价值理念下，西方"自由主义"和"福利主义"学者一定程度上有效诠释了马克思财产理论的当代价值：布坎南、鲍尔斯、贝克等认为，马克思建构了一个工业资本主义模型中的私有财产批判理论，只有限制资本、驾驭资本，最终才能超越资本逻辑，这一模型为寻求对生产力的发展建立人类支配权的一切人提供了指南；对于财产问题的解决来说，实行更加深入的财产再分配，保证更加平等地分配生活的收益和负担，制约和限制绝对私人权利和政府权力，允许更加广泛地运用市场和其他竞争过程来将原则置于政府和经济行为者身上，或许不失为一种可行的措施。马克思坚持一种深刻的现代性内在自我批判：现代社会不平等的原因和主要表现是资产、财富分配不均，从而导致权力被用于压迫和剥削穷人；由此产生了资产平等分配的要求，而这只是一个离财产社会化不远的阶段，即社会主义。[①] 威廉姆·肖认为，马克思在财产问题上的价值取向具有历史性：涉及财产权和所有权的交易，只要是与生产方式相适应、相一致的就是正义的，反之就是非正义的。[②] 在派普斯看来，财产所获得的评价毁誉参半：有时将它与繁荣和自由相提并论，有时它被等同于道德败坏、社会不公和战争。鲍尔斯指出，马克思所关切的是专制的统治者和匮乏的专制主义之间的密切关系以及由此导致的在经济生活中依赖特权、凭借不平等的财产权所获取的生产资料，它是对由欧洲工业资本主义的巩固所导致的财富和经济权利的集中的一种反应。

4. 关于马克思财产创造源泉、创造机制、财产效率思想研究（政治经济学视野中的马克思财产理论）

新制度经济学家高度评价马克思的财产效率思想，认为在马克思的财产理论框架中，财产权利的清晰界定为新技术的发明和变革提供了激励作用。诺思（又译"诺斯"。——笔者注）高度评价马克思的财产效率思想："在马克思主义模型中，技术变革是现存经济组织内在潜力得以实现的生产技术的先导。结果促使新阶级推翻现存制度，并发展出使该阶级得以实现新技术潜力的一组所有权。……马克思所强调的所有权在有效率的

---

① ［英］伯尔基：《马克思主义的起源》，伍庆、王文扬译，华东师范大学出版社2007年版，第57页。

② 威廉姆·肖的这一论说契合马克思的精神："在资本主义生产方式的基础上，奴隶制是非正义的；在商品质量上弄虚作假也是非正义的。"（《马克思恩格斯全集》第25卷，人民出版社1974年版，第379页）

经济组织中的重要作用以及现存所有权体系与新技术的生产潜力之间紧张关系在发展的观点，堪称一项重大的贡献。"① 诺斯说："马克思最早阐述的生产力（它常常被马克思用来指技术状态）与生产关系（意指人类组织和具体的产权方面）的相互关系，是将技术限制与制约同人类组织的局限性结合起来所做的先驱性努力。"② 在平乔维奇看来，马克思开创性地把财产权利作为内生变量引入经济学分析的同时，得出了对于产权的规范是因为人们要解决他们所面临的资源稀缺问题，财产权利结构会以其特定而可预见的方式来影响经济行为的重要结论。③ 康芒斯指出，马克思的理论根据是在工业资本主义早期阶段，工业资本主义的财富增长主要通过较高的效率和较长的时间来实现：较高的效率可以从新的机械化或者增加工人的劳动强度中取得，这会扩张那代表劳动力的直线；可是较大的数量可以从较长的时间中取得，这会扩张那横线。④

5. 马克思财产分配思想的研究

（1）在西方左翼看来，财产是导致收入差距的主要原因。财产性收入分配的不平等是社会问题的一个根源（收入分配极不平等的终极原因在于极不平等和高度集中的资产所有权模式）。（2）关于财产收入的调控。阿尔都塞指出，在马克思那里，分配涉及两个方面，不仅涉及收入的分配——可以归结为生产关系，而且涉及生产过程中所生产出来的使用价值的分配。胡萨米指出，在财产与收入分配问题上，马克思提出了与生产方式相对应的分配类型：生产工具或生产资料在社会成员间的分配；社会年产品或年收入在社会成员间的分配；因而可以得出合理的结论：生产资

---

① ［美］诺思：《经济史中的结构与变迁》，陈郁等译，上海三联书店1991年版，第61—62页。

② ［美］诺斯：《制度、制度变迁与经济绩效》，刘守英译，上海人民出版社、上海三联书店1994年版，第177页。

③ ［南］斯韦托扎尔·平乔维奇：《产权经济学——一种关于比较体制的理论》，蒋琳琦译，经济科学出版社1999年版，第23页。

④ 马克思建构了一种效率和怎样分享效率的利益的公式。马克思给现代的效率学说提供了一种基础：把财富转化为一种客观的因而可以计量的使用价值；明确了劳动力的两个方面——劳动强度、力量或能力以及它运用的时间，这种和劳动时间量成比例的使用价值出量是衡量效率的尺度。由此可见，马克思准备了创立一种效率学说所需要的一切概念。可是，他给予"生产力"这个名词双重的意义：使用价值（财富）的生产和价值的生产，这种价值以劳动量为尺度；前者他认为属于工艺学的范围，后者是政治经济学的研究对象；一个是使用价值的生产，用于增加供给；另一个是对立的稀少性价值的"生产"，由于自然的阻力而限制供给（参见康芒斯《制度经济学》上册，于树生译，商务印书馆2009年版，第445页）。

料和收入分配是相互作用、互为因果的辩证关系。（3）对于分配与正义的探讨，存在两种观点：伍德指出，在马克思看来，一项经济交换或经济制度是否正义取决于占统治地位之生产方式，如果一项经济交易与生产方式相协调，则正义，反之则不正义；塔克尔也持类似观点：唯一正确的、正义的合理标准内在于现行经济体系之中，每一种生产方式都有一种与它对应的分配方式及平等形式，用其他的观点来评价这种分配方式是毫无意义的。而在胡萨米等人看来，马克思在其著作中对资本主义的分配方式进行了严厉谴责，认为资本家对剩余价值的占有是侵占、掠夺、偷盗和诈骗，因而资本主义的财产分配与收入分配是非正义的。

6. 财产与人、社会、制度、历史问题的研究（哲学视野中的马克思财产理论）

（1）约翰·格雷《自由主义》认为，马克思论证了私有财产本身就是对自由的一种制约。杜兹纳、郭春发的《人权的终结》认为，马克思社会公共财产理论的主张，扬弃了资本剥削和压迫的前提条件，那么财产自由转化为人的权利。托马斯在《政治哲学导论》中写道，马克思认为在一个存在财富差别的社会里，只能产生空洞的或形式的权利和自由，单纯讨论权利问题，是天真可笑的。斯威夫特在《政治哲学导论》中写道，马克思认为，私有财产和市场经济只是体现了人类的异化，真正的自由、平等权利只存在于对它们的拒绝当中。（2）芒泽提出，马克思论证了私有财产与异化、剥削的关系，因此，他主张限制甚至取消私有财产。布坎南认为，马克思建构了一个工业资本主义模型中的私有财产理论，在这一模型中，工人无法获得财产权，因此，马克思主张改造这一模型。凯利提出，马克思论述的私有财产具有特定的含义，即私有财产分配和积累模式具有自身的历史使命，只有在完成自身使命后，这种私有财产——基于剥削的财产——才会被共产主义抛弃。

7. 关于财产问题的治理研究

芒泽指出，正如对财产制度的不满在法国革命和俄国革命中起了重要推动作用一样，少数人拥有巨额财产而其他人却正为最稀缺的物质资源挣扎奋斗，在这样的时代，探寻财产的正当性并构建更好的财产制度就并非一种任意的智识性努力而是一种实践性任务。詹姆斯·贝克指出，马克思的政治经济学为寻求对生产力的发展建立人类支配权的一切人提供了指南，这对于社会现实财产问题的治理具有重要的方法论启示。

8. 关于马克思财产理论的意义和贡献

（1）平乔维奇提出，马克思继承和发展了李嘉图的劳动价值论，任何商品的价值都与生产商品所需的平均劳动时间成正比，因此，只有劳动才能创造价值，资本对商品价值的贡献与其损耗相等，这样马克思就揭露了资本性私有财产利润的秘密。（2）吉登斯认为，马克思为我们分析财产提供了一个框架。首先，财产具有具体内容，财产即某物。在资本主义社会，私有财产的主要形式是工厂、生产资料等，大部分人所拥有的唯一财产存在于其市场销售能力中。其次，财产意味着权利，一种控制物质资源的规范性权利，雇主拥有资本财产，而被雇用者仅拥有在市场上交换货币工资的"劳动力财产"，资本财产形成了对劳动力财产的剥削压迫。劳动力财产除具有一般商品的属性外，还具有不同于一般商品的属性，即劳动力商品的载体是有需要、有感情和有抱负的活生生的人，他们反对把自己与自己所生产的物质产品同样对待。吉登斯认为，马克思以历史唯物主义为指导，考察了私有财产居于首要地位的社会组织——资本主义社会，得出结论：在资本主义社会，一个阶级拥有生产工具，另一个阶级则是无产阶级，前者使用其财产所有权，以占有剩余产品的方式剥削另一个阶级的劳动。（3）阿尔都塞认为，从马克思对政治经济学的批判中可以看出，一方面政治经济学只是发财致富的经济学，掩盖了物化社会这一非正义的社会事实；另一方面政治经济学只是关注从事生产、劳动的工人，而不是关注现实存在的人，是非人性的经济学，因此发财致富的政治经济学没有存在的权利。（4）芒泽认为：一方面，马克思以异化和私有财产作为批判性和建构性的工具，强调，人本应是"主语"和中心，人占有或拥有的财产本应是"谓语"，人与财产本应是一种决定与被决定的关系，但在资本主义社会，财产拥有了人的属性，人被财产所支配。另一方面，马克思以异化与私有财产作为建构未来社会的工具，指出，异化源于生产而不是源于财产的分配不公，在包含不同生产方式的新社会制度中，资产阶级的私有财产制度将被废除，财产不再支配人类，物的对象化将表达人的品性①。（5）平乔维奇、诺思、埃格特森等

---

① 我们从芒泽的分析中可以得到一些启示：马克思从财产的逻辑合理性与道德正当性两个层面批判资本社会，在国民经济学——发财致富的经济学——的伦理缺失之处，建构起劳动价值论意义上的财产理论，实现了对古典财产理论的道德重塑。

新制度经济学派认为，马克思从资本主义社会不能有效实现技术变革的角度提出了"通过财产关系的有效界定以促进经济发展和财产增长"的思想。

综上所述，西方学界对马克思财产理论进行了多方面的探讨，并取得了一定的研究成果，但还存在以下问题和不足之处。

首先，对马克思的"财产"概念，以及财产理论存在一定的误读或曲解现象。例如，芒泽提出，马克思有时认为私有财产引起了异化，但有时又论证私有财产是异化的结果，因此，马克思关于私有财产与外化、异化的逻辑关系不是很清晰。显然，芒泽没有真正把握这三个范畴的真实意蕴①及其逻辑关系。在马克思那里，外化、私有财产、异化之间具有一定的逻辑关系，正是劳动的对象化、外化，才会有私有财产的产生，而异化劳动只是私有财产发展到一定阶段的产物，即在资本主义社会，私有财产才成为异化的结果，异化劳动是（资本）私有财产的主体性本质。再如，芒泽认为，马克思未曾解释没有分工、消灭私有财产的社会如何生存，那么他对共产主义社会的设想，不可避免地成为一种乌托邦主义。芒泽的这一笼统解读值得商榷。在马克思那里，私有财产有不同的种类，对何种私有财产导致异化与剥削现象，应该取消何种私有财产，应该何时取消私有财产，以及取消全部私有财产的意蕴等问题，都需要深入研究。又如，诺斯《制度、制度变迁与经济绩效》提出，在马克思那里，通过革命这一根本性的变化，就可以消灭私有财产。这一解读违背了马克思的本意。马克思在《资本论》第一卷的出版序言中提醒读者："一个社会即使探索到了本身运动的自然规律，……它还是既不能跳过也不能用法令取消自然的发展阶段。"

其次，对马克思财产理论缺乏整体性的理解。由于马克思在西方的非主流地位的原因，再加上马克思论及财产问题时批判有余、正面阐释相对较少等，其结果，正如德霍斯所指出的那样，西方学者看到了马克思批判

---

① 芒泽误读了马克思"外化"这个概念，"外化是指客体产生之物的丧失；异化是指客体产生之物变得跟人类相异以及以敌视的方式支配人类"（［美］芒泽：《财产理论》，彭诚信译，北京大学出版社 2006 年版，第 136 页）。在马克思那里，"外化"是在类似于人的本质力量对象化的意义上加以使用，自然外化之物与人类相异，但是外化是必需的，是维持人的生命存在的必要方式，外化未必就丧失了客体产生之物，外化未必就异化，异化则一定是外化，异化只是特定历史阶段的产物，未来社会异化会消失，外化仍旧会存在，马克思只是对异化持批判态度。

财产的一面，但是普遍忽视了其建设性的一面，即马克思财产理论体系的目标之一是"试图解释和理解财产在社会发展过程中的作用"①。因此，西方学者比较重视马克思财产批判理论的研究，甚至把私有财产理论等同于马克思财产理论的全部内容，导致了对马克思财产理论的整体性的理解还不够，鲜有专门研究马克思财产理论的著述，相关论述散见在其他财产理论研究以及相关的法哲学、政治哲学、经济学（尤其是新制度经济学）等著述中，还没有形成整体性的认识。

（二）国内研究现状

20 世纪 80 年代②，国内学术界对于财产问题的研究逐渐从政治性和意识形态性转向学术性和客观性研究，这拓展了马克思财产理论研究。其后随着我国改革开放的进行，特别是建立社会主义市场经济体制目标的提出，一系列关涉财产问题的国家法律、法规与政策开始颁布实施③，马克思财产理论的基础性和应用性研究、意识形态性和学术性研究、产权比较研究、关于财产关系历史变迁的思想等多角度研究逐渐引起一些学者的重视，并取得了一定的成果。从本课题相关度来看，大致有以下几个方面的理论研究指向。

1. 财产范畴的界定

（1）从内容（物质内容）和形式（社会形式）两个方面来定义的马克思财产范畴：从内容上来看，财产就是使用价值意义上的物质财富

---

① ［澳］彼得·德霍斯：《知识财产法哲学》，周林译，商务印书馆 2008 年版，第 107 页。

② 国内发表的有关马克思财产理论的文章，最早的是：张实《国家职能与财产关系——马克思恩格斯和现代产权理论》，《马克思主义研究》1989 年第 3 期。当然，如果将马克思所有制理论——关于财产经济内容的理论——看作另一种形式的马克思财产理论，那可能就另当别论。例如魏小萍在《"所有制"与"财产"：关系概念与实体概念的不同》中将所有制定义为关系概念，是非实体性的事物与事物之间的普遍关系；财产定义为实体性概念，是实体性的事物、东西、物。笔者认为，在现代经济学定义中，财产的客体性、物的概念与主体性关系、权利的概念，被魏文分解为由财产与所有制来承担。

③ 我国颁布实施的一系列反映改革开放实践成果的标志性的法律、法规与政策有：党的十四届三中全会《关于建立社会主义市场经济体制若干问题的决定》提出建构"产权清晰、权责明确、政企分开、管理科学"的现代企业制度；党的十六届三中全会《关于完善社会主义市场经济体制若干问题的决定》提出建构"归属清晰、权责明确、保护严格、流转顺畅"的现代产权制度；2004 年中华人民共和国宪法修正案第二十二条规定："公民的合法的私有财产不受侵犯"，"国家依照法律规定保护公民的私有财产权和继承权"；2007 年 10 月 1 日正式生效的《中华人民共和国物权法》规定，"保障一切市场主体的平等法律地位和发展权利"；2007 年 10 月 15 日，党的十七大报告进一步提出"创造条件让更多群众拥有财产性收入"。

（当然随着社会经济的发展，除了物质形态的财产之外，各种非物质形态的财产大量出现并在人们生活中起着巨大作用，如知识财产、证券财产等），亦即存在于人自身之外，能够为人们所支配，并满足人们某种需要、具有稀缺性的客观对象。从形式（社会形式）上来看，财产表现为从事劳动的生命的外化、物化、人的本质力量的对象化，是以使用价值为物质承担者的价值（交换价值）。财产的社会形式是一个历史范畴，有其自身产生、发展的历史过程：从财产的自然形式——最初的自然存在的剩余或过剩的形式，发展为财产的商品形式——剩余产品变成可以交换的商品，最终演化为财产的货币形式和资本形式①。（2）刘荣军从时间角度定义了马克思财产范畴：财产就是可供支配的时间，就是一定劳动时间的物化。（3）从生产力与生产关系角度定义的马克思财产范畴：哲学中的生产力范畴大致相当于这个经济学上的财产范畴。财产在经济学上被定义为物，定义为具有使用价值的物。在这一范畴内，学界较多地讨论了财产的创造、财产的源泉，或是研究财产的使用范围，其内涵一般是指使用价值。哲学上的生产关系范畴转化为财产的社会形式，即经济学上的生产方式以及与其相适应的生产关系和交换关系，即关系范畴，在这一意义上，财产被定义为人与物的关系和人与人的关系。（4）从关系和实体的角度来界定的马克思财产范畴：财产可以指称物质实体性的事物，指称东西、物。财产也可以指称非实体性的事物，指称事物与事物、人与人之间的关系，指称人与物之间的占有、所属的关系。例如资本是关系，当然资本也是财产②。（5）从人的角度来定义的马克思财产范畴。薛德合指出，财产是人的本质力量的凝结，是对劳动本身占有的结果。刘荣军指出，在马克思那里，作为人的生产活动的"物化""对象化"的财富，本身就是对人的劳动本质的确证；同时，作为人的劳动所创造的另一个"物的世界"的财富，本身就映衬着人的自我发展、自我更新的程度，是人的发展的积极表现。因此，从这个意义上可以说，马克思的财富概念背后体现的是人的对象性本质与主体性本质的内在统一，进而可以得出"人本身实际上就是一种特殊的财富"即"创造财富的财富"结论，亦即"真正的财富

---

① 参见姚开建《马克思的财富理论》，《当代经济研究》2008 年第 9 期；李国本《财产形式的历史发展》，《成人高教学刊》2002 年第 1 期。

② 参见魏小萍《"所有制"与"财产"：关系概念与实体概念的不同》，《哲学动态》2007 年第 10 期。

就是所有个人的发达的生产力"。（6）从历史的角度来看马克思财产范畴，人类历史上占主导地位的财产观主要有三种形态——土地财产观（物质财产观）、货币财产观（价值形态的财产观）和能力财产观（生成形态的能力财产观），分别对应了农业社会、工业社会和后现代社会。（7）马克思财产性质、实体与分类研究。白暴力指出，财产具有四个基本性质：人类有用性或效用性、劳动或稀缺性、物质性和社会历史性；财产具有自然物质和对象化劳动这两个实体，其中对象化劳动是财产的社会实体，构成经济学的研究对象；按照不同的标准，财产可划分为：有形财产与无形财产、物质财富与精神财富等。

2. 关于财产观、财产道德认识和财产价值取向上的研究（伦理学视野中的马克思财产理论）

张辉明指出，马克思经济学所要解决的就是人的主体地位、自由状态如何在财产体系中得到实现的问题，从而把人是生产的目的、资本是生产的工具这一点鲜明地提出来，建构起以劳动主体为价值取向的人本财产观。荣剑认为，马克思所开创的、以价值理性为尺度的财产本质传统，探讨财产形成的社会关系，特别是不平等的关系，揭示了资本与劳动的二元对立，体现的是以价值理性为导向的批判叙事系统；马克思并不是一般地批判和否定财产，否定财产的正当性与合法性，而是批判和否定那种"不劳而获""死劳动统治或支配活劳动"的"私有财产神圣不可侵犯"的财产私有制度。李芳指出，财产公有体现社会正义原则。李振指出，当财富从单纯的交换媒介进而转化为财富存在的最重要或唯一形式，当财富逻辑一旦集中归整为"资本化"之后，必然出现财富本身的巨大"贫困"，而反思财富巨大涌流时代的财富贫困难题，试图构建新的财富文明路向，是马克思的最终目的。受"重义轻利"传统思想和"私有财产是万恶之源"近世影响，曾瑞明等学者更多地关注到财产（私有财产）和异化劳动之间的逻辑关系，关注到劳动价值论的正当性和剩余价值的非正义性，在"物欲横流、道德败坏"的当下借助马克思的剩余价值理论肯定劳动创造财富的合理性与合法性，贬低、否定甚至大力批判财富创造过程中资本的道德合法性，必然走向"反对财产"甚至"消灭财产"的道德之路。

就财产与正义（分配和获取财产的正义性）、责任（社会责任）的关系来看，高兆明指出，在资本面前，道德和社会责任并不具有价值的有限性，反而财产和利润具有逻辑上的优先性；资本对于社会生活中道德法则与社会责任的态度，取决于资本运行的社会背景。陈进华认为，只有私人资本转化为社会资本、私人利益与国家利益一体化的时候，它才具有承担相应社会责任的基础，才会承担与履行"社会公民"的义务与责任。就财产与信用的关系来看，李建立指出，在马克思那里，现代社会就是信用经济社会，信用本身也是一种财产。詹小琦指出，马克思的信用财产理论启示我们，建立健全现代市场经济的社会信用体系，有利于人们树立积极健康的现代财产观，形成一个人人积极创造和积累财富的正常社会氛围，才会涌现出越来越多诚实并且富有社会责任感的现代富人。就财产与幸福的关系来看，王辉耀认为，财产与幸福具有同一性，财产的增加可以改善生活质量、增加幸福感。任群罗提出了财产的相对幸福论：经济活动的目的是维护生命和追求幸福，而不是财产的最大化。丰子义认为，财产存在劳动和人的发展两种尺度，要克服"幸福悖论"，必须树立新的发展观、新的代价意识和新的劳动观念。就财产的历史合理性和终极人道性的关系来看，段忠桥认为，在马克思看来，财产问题特别是无偿占有他人劳动产品的问题具有其自身的历史正当性，这既是因为此乃历史发展的必然，是人类社会发展到一定阶段必然要出现的现象，也是因为它的每一形式在一定历史时期都是"历史发展的杠杆"，都起着推动人类社会发展的作用，还因为人类社会的发展在一定历史时期只能以一部分人的牺牲为代价；换言之，从道义上讲，马克思对财产问题特别是无偿占有他人劳动产品的现象予以谴责，但从人类历史发展的观点来看，这种财产不均衡和财产剥削现象又具有历史正当性，感情是不能代替科学的。李振、白暴力等指出，马克思所要解决的是人的主体地位、自由状态如何在财产体系中得到实现的问题，从而把人是生产的目的、资本是生产的工具这一点鲜明地提出来，建构起以劳动主体为价值取向的人本财产观。

3. "资本逻辑"与西欧社会财产问题之间的关系

周一良、张一贤等指出，自由主义思潮、圈地运动、工业革命、私有财产权制度的确立等因素，一方面摧毁了农业中的小生产传统，引致19世纪上半叶西欧社会经济发展突飞猛进，财富大量涌流；另一方面导致了人在经济社会发展中不同程度的扭曲、危害深重的经济危机频繁爆发、社会经济矛盾和冲突日趋尖锐等。

4. 关于财产创造、财产创造源泉、财产衡量尺度、财产创造机制动力机制的研究（政治经济学视野中的马克思财产理论）①

财产的源泉和衡量尺度是学界探讨的焦点和中心。丰子义等认为，财富生产不同于价值创造，只有在劳动与劳动资料、劳动对象结合的条件下才能创造出财富，因此财富是劳动、资本、土地、技术等各种生产要素综合作用的结果；当然，财富创造过程中人与物的作用不是完全相同的；既然财富是劳动、资本、技术和管理等各种要素综合作用的结果，那么就要确立尊重财富创造源泉的社会机制：制定行之有效的法律以切实有力地保障财富创造要素的成果、权益；财产增进机制或者说制度安排就在于"财产形式"的安排，从而激发劳动、土地等财产创造要素的活力，使所有要素的生产力得到充分发挥（财产分析的目标就是解决各个要素所有者为增进财富而提供生产要素的动力）。李芳指出，马克思从劳动过程或生产过程来探索财产的起源和价值。刘荣军指出，现代社会财富得以大量生产与创造的根本动力（动力机制），就在于从传统社会的土地与劳动结合下的使用价值的生产实惠，转化为现代社会劳动（雇佣劳动）与资本结合为基础的交换价值的生产偏好，特别是转化为资本推动下的技术创新、知识创新和管理等真正的财富源泉。洪银兴等指出，以《资本论》为代表的政治经济学提供了包括"财富创造源泉"的分析、财富占有的分析，以及两重关系基础上的"分享剩余"的分析等财富创造理论，探索了增进国民财富各种积极性力量的分析（财富理论着眼于解决创造国民财富的各种源泉充分涌流问题）；从创造源泉上来看，自然界同劳动一样是物质财富的源泉，因而劳动不能孤立地创造财富，财富的创造要素包括劳动、资本、土地、技术和管理等。需要特别指出的一点是，技术进步对财富创造逐渐起着决定性作用。随着科技的进步和社会的发展，自然界或自然富源在财富创造过程中的作用越来越低，甚至自然富源影响着财富的大量涌流——过于富裕的自然使人离不开自然的手，像小孩子离不开引带一样。安铁通认为，科技进步会使大部分脑力劳动和几乎全部体力劳动被替代，科技劳动必将成为财富创造的主要动力。丰子义、刘荣军等人对马克思财产尺度问题得出结论：在马克思那里，衡量财产的尺度有三个：

---

① "财产"与"财富"范畴辨析：在一般意义上，二者作同解。故在此不作严格区分。另见第三章第一节详析。

劳动（劳动时间）的尺度、自由时间（人）的尺度、技术的尺度。当然，从人类历史发展的角度来看，财产尺度具有不断从劳动时间向自由时间转化的趋势。

5. 关于马克思财产分配问题（财产占有、使用和分享剩余）的研究

传统的观点认为，马克思秉持生产决定分配、财产的创造源泉决定分配的原则，因而社会财产的分配根源于财产的创造，马克思的学说全面系统地分析了财产增长与公平分配的关系，阐释了财产的源泉与其价值源泉的内在一致性。但是，学界最近的研究也表明不能否定马克思在财产分配问题上的态度。（1）把马克思的财产分配理论评判为"以人的能力和公平为基石"的生成性财富观指出，在私人占有和公平分配中，马克思把公平作为分配财富的价值取向；在先天给予和后天作为、外在名分与内在实力的关系中，马克思把后天作为、内在实力作为创造财富与分配财富的价值取向，认为拥有能力比拥有物质财富本身更重要。（2）马克思注重劳动的作用，在此逻辑延伸和支配下，马克思在分配领域主张社会财产观和平均主义原则。（3）深受西方自由主义传统的影响，虽然马克思被视为底层劳动人民的代表，但是在平均分配财富和均衡分配财富问题上，马克思主张"各尽所能，按劳分配"的原则。

6. 财产与人、社会、历史、制度、文明的关系（哲学视野中的马克思财产理论）

（1）财产与社会的关系。李振指出，财产是社会发展和文明进步的重要推动力量。文明与财富紧密结合在一起，马克思所向往的文明社会就是物质财富充分涌流的社会。赵峰指出，马克思的财产思想是揭示人的发展以及以其为目的的社会发展的一个基本维度。（2）财产与人的关系。学界达成共识的一点是，财产是人的本质力量的体现。刘荣军指出，财产在普遍交换中促成了人的需要、才能、享用，财产是人对自然力统治的充分发展，以及财产是人的创造天赋的绝对发挥。丰子义认为，财产并不是独立于人之外的东西，而是人的本质力量的对象化，是人的价值的具体展现，因而财产的发展与人的发展是一致的，因为现实的生产是现实的人"本身不停顿的运动过程，他们在这个过程中更新他们所创造的财富世界，同样地也更新他们自身"①。（3）财产与历史的关系。在袁明刚看来，

---

① 《马克思恩格斯全集》第46卷下，人民出版社1980年版，第226页。

财产概念是把握马克思唯物史观的逻辑起点，因而只有从马克思对"国民经济学"的批判来把握唯物史观的逻辑起点，从斯密对财产本质的发现以及由此而来的对劳动的抽象出发，才可能理解与把握马克思哲学及其超越传统哲学的特性。杨端茹认为，财产的发展表露出历史的发展：财产促进了人和社会的双重发展，历史发展的现实进程就是财产生产之可能性与现实性的辩证运动过程，历史发展的最终目的就是建构以自由个性和自由人联合体为表征的社会新形态，而人和社会的这种自由建构恰恰就是以财产生产和历史发展的现实可能性为前提的。

7. 关于马克思私有财产、私有制和公有财产、公有制（个人所有制、社会所有制）在起源、历史规律，在社会主义社会和共产主义社会里的地位和作用，以及辩证关系等方面的研究

在学界看来，毫无疑问，私有财产（绝对的私有财产和神圣不可侵犯的私有财产）和私有制必然会导致贫富分化、导致社会矛盾尖锐，因而在这一意义上公有财产和公有制在理论上和逻辑上被赋予拯救弱势群体、平衡社会利益失衡的神圣使命。但在实践中公有财产的效率低下从而使得这种拯救和平衡使命难以奏效。公有财产（联合起来的劳动者对已经社会化了的生产资料实行共同占有）和公有制（社会所有制）在应然（应指）和实然（实指）层面的关系，既是一个重要的理论问题，也是一个富有价值的现实问题：理论层面，包括个人所有制、公有制、社会所有制以及股份制这种从私有财产向社会财产转化的路径，一直是学界探讨的热点问题。但同时，社会抽象化以及由此而来的公有财产和社会所有制的"法人虚位"问题也凸显出来，并因其最易导致公有财产实质上私有化的问题而备受指责，也一直找不到合适的出路。有学者指出，应指与实指层面存在的问题，是中国财产问题乱象丛生的根源之一。除此之外，历史的原因和制度的原因，以及传统意义上对马克思财产理论的误解、误读也是现实财产问题产生的原因。

8. 关于马克思的财产权利清晰界定及其积极作用的研究

（1）在学界看来，财产权利清晰界定的重要性不言而喻：对于激发和有效利用财产，以及财产流转、交易（财产的确权）特别重要。这一问题是由马克思首先提出，然后由新制度经济学予以体系化的。袁庆明指出："马克思重视制度分析并把制度分析作为社会经济发展的一种内生变量对新制度经济学产生了深刻影响。""马克思揭示的生产关系一定要适

合生产力规律能够有效地揭示人类社会经济发展的变迁过程。"① 改革开放进程中对国企产权的界定——财产所有权与经营权的分离以及由此而来的权责明确、政企分开——极大地解放了国企生产力。改革目前农村土地产权的模糊状态极有必要以此作为契机和理论指导。（2）财产权利边界界定方式上，存在强力界定说、政府暴力比较优势说。以何种方式为主导力量的产权界定，对财产与所有者的影响，以及对剩余权利和收益会产生极大的不同影响。（3）对影响财产效率的流通费用、交际费用等交易成本问题的研究。财产交易过程中存在流通费用、交际费用（"奢侈被列入资本的交际费用"②）现象，必然限制经济活动的效率。交易费用多少问题是交易活动效率的重要衡量尺度。这一理论对于我国社会主义市场经济中市场对资源的决定性支配作用、政府调节市场的失灵、减少流通环节等具有重要指导作用。

9. 马克思财产理论的当代启示

（1）当代中国财产问题。丁学良指出："如果要使中国的发展模式更新换代，从小众市场经济迈向大众市场经济，要把中国财富的创造、财富的分配、财富的运用，从构成社会基础越来越狭小的那部分人和他们的亲友手里减退出来一大块，增加国民财富全过程的透明度和公平合理的竞争，使得中国经济增长的动力源泉和享受群体在社会的更多方面、更多阶层、更多地区越来越普及蔓延开来，我们面对的阻碍会是来自怎样的'特殊利益集团'？"因此，"如果要实现……结构性转变，就必须让中国公民能够有更多的创业、发财、控制国民财富的机会，从'国富民穷'、'官富民穷'、'城富民穷'的长期不平衡走出来，迈向'民富国强'的公平和可持续的发展"。叶险明等指出，对于有着浓厚的封建底蕴而又跨越资本主义从而存在着占主导地位的社会主义因素与资本主义因素、前资本主义的腐朽落后因素间关系及演变趋势的中国特色社会主义来说，在发展带有"资本因素"的市场经济道路上，我国既存在着等级、特权和官本位现象，以及公共权力与私人资本联姻、公共政治与私人经济结盟现象，也存在资本主义国家未能解决也不可能解决的形式自由、形式平等问题。韩庆祥指出，在当代中国社会，在财产问题上的一个值得关注的现象，就

① 袁庆明：《新制度经济学》，中国发展出版社 2005 年版，第 14 页。
② 《马克思恩格斯全集》第 23 卷，人民出版社 1972 年版，第 651 页。

是劳动者创造的财富反而不被劳动者所享有，权力与资本相结合且侵占着公共财富；土地、资本、劳动力的优化组合，是中国能够保持三十多年高增长的重要因素。但与此同时，双轨制（市场经济不健全和不完善）等"后发劣势"日渐彰显，各种特殊利益集团逐渐形成，农民财产权利日渐式微等，成为我国经济进一步发展的严重障碍。

（2）当代中国财产治理。在丁学良看来，"中国目前改革的主要任务就是要明确产权，充分发挥财产关系对生产发展的极大推动作用"。"无限制的财产自由和市场的原理是否在任何具体的情况下都会产生更多的财富，并因此促进公共利益。或者反过来说，诸如土地、生产企业或服务企业等重要资产是否应当直接加以控制，以防止所有权权力的滥用。在考虑问题产生的具体语境之前，这类问题不会有抽象的答案。"在韩庆祥、魏杰等人看来，中国特色社会主义需要警惕无限制的财产自由和市场原理所引致的财富创造与社会公共利益维护之间的二元悖论；需要通过立法、行政、司法等手段建构反映市场经济资源配置要求的财产制度，促使财产制度适应效率原则和公平原则。在法经济学家看来，中国计划经济向市场经济的转变，在一定意义上可以说是从身份到契约的转变，对于财产关系来说，这一转变，对于私人领域的治理结构来说就是市场经济，就是看不见的手的运作，对于公共领域来说，就是形成一种正式的财产制度；在此转变进程中，财产的公有和私有、财产的社会意义和个人利益的权衡和平衡问题凸显。魏杰指出，中国特色社会主义要求通过各种方式使财产制度适应效率原则，因而必须建构反映市场经济资源配置要求的财产制度，即市场化的财产制度。吴旅燕指出，始于 20 世纪 70 年代末期的中国改革开放，在促进财产数量和形式迅速增长的同时，我国在法律制度层面上对于财产问题一直缺乏明确的定义和足够的保护条款，这一方面导致政府可以凭借公权力通过立法、行政、司法等途径对公民财产进行强制征收、征用，甚至违法侵犯和剥夺，以及造成公有财产转制进程中的流失；另一方面，法律保护的缺失在一定程度上造成公民对自身拥有的财产产生不安全感，增加了财产所有权人维护自身财产安全的成本，以至于民营企业家不敢公开财产或不敢把企业做大或移民海外造成资本外逃。

此外，学界对以下主题，如关于"财产""所有权""所有制""产权""财富"等范畴的辨析和界定；关于现代社会财富与贫困悖论的研究：现代社会的财富基因及其发展悖论，亦即现代社会财富一般形式

（商品和货币）的极致化追求，以及可能性与现实性；财产观念、财产理论和财产制度（与变迁、历史演进）等，进行了研究。总的说来，国内学界对马克思财产理论的研究取得了较为丰硕的成果，但还存在着以下问题。

首先，关于马克思财产理论的论文著作数量偏少。据笔者查阅，迄今为止，没有以"马克思财产理论"直接命名的硕士学位论文、博士学位论文，以及公开出版的著作。以"马克思财产理论"为研究对象的论文也比较少。在中国知网上输入"马克思财产"，共搜索到 23 篇论文，其中有 12 篇论文是研究《巴黎手稿》中的私有财产问题或者私有财产与异化劳动之间的关系，另外的 11 篇文章仅涉及马克思财产理论的某个点或者某个方面（如马克思财产、私有财产的概念；私有财产主体本质、起源、历史作用及其批判；马克思的股份制财产；私有财产的法律保护；异化劳动与私有财产的关系；私有财产与人类解放等）。论文数量偏少，从一个侧面说明还需要重视并加强对马克思财产理论的研究；从另一个侧面来说，在马克思财产理论意识形态、价值取向上依旧存在误读误判现象。

其次，对马克思财产理论研究质量参差不齐，同时存在不少有争议的地方。比如林岗、张宇、曹钢等认为，侧重于研究社会宏观整体、社会所有制、社会历史衍迁等问题的马克思所有制理论，实际上就是马克思财产理论。这种把所有制理论等同于财产理论的观点值得商榷。再如，对于财产、私有财产、私有制等重要范畴和语句，中文翻译上存在一些失误，背离了马克思的本意。马克思所使用的英文单词 property 和德文单词 das Eigentum，含有财产、所有制等多种含义，我国《马克思恩格斯全集》在实际翻译过程中并没有进行具体的鉴定，基本上将其翻译为所有制①，那么由此产生了许多问题，需要进行认真辨析。德文版《共产党宣言》中，马克思提出"Aufhebung 私有制""Aufhebung 私有财产"，中文版将"Aufhebung"翻译为消灭是有误的，消灭的德文是"Abschafung"或"Annulirung"，但是马克思德语原文中"Aufhebung"这个词的意思是扬弃，是辩证的否定，即除了否定，还要保留其有用的方面②。消灭与扬弃

---

① 参见魏小萍《"所有制"与"财产"：关系概念与实体概念的不同》，《哲学动态》2007 年第 10 期。
② 参见［俄］鲍·斯拉文《被无知侮辱的思想——马克思社会理想的当代解读》，杨百朋译，中央编译出版社 2006 年版，第 128 页。当然，对这一问题，学界存在不同的意见，参见杨金海《马克思主义中国化源头一瞥——从〈共产党宣言〉重要语句的中文翻译说开去》，《党的文献》2011 年第 6 期。

之间无疑存在着较大的出入。这种翻译上的问题，使很多学者不能全面把握马克思的"Aufhebung 私有财产"，故在整体上曲解了马克思财产理论。可见，马克思文本的准确翻译对我们相关理论研究的正确性至关重要。还有，王连平、陈建兵等认为，按照现代西方新制度经济学的话语体系、逻辑范式、产权标准来考察，也可以得出马克思政治经济学是包含财产理论的。吴易风、刘桂芝等则认为，早在现代西方新制度经济学产生的 100 多年前，就存在着系统、科学完整的马克思产权理论。

最后，对马克思财产理论缺乏整体性理解和建设性研究。目前学界对马克思财产理论仍只限于分门别类的研究，还没有达到系统性地步。比如，对马克思财产理论的形成和发展过程、马克思财产理论的基本原则和方法等都缺乏系统研究。与此同时，依旧把马克思等同于"消灭私有财产""批判私有制"的符号，这严重影响着严肃学术研究的深入拓展。

究其缘由，其中特别突出的有以下四点。第一，囿于时代条件（既存在对包括马克思财产理论在内的马克思学说的"无用论""过时论"和"局限性论"等误读与误解，也有改革开放以来特别是市场经济建设以来引进西方财产理论所引起的思想迷茫①，还有经济学、法学和哲学学科对作为整体的马克思财产理论的割裂式研究），学术界对当下财产问题的研究更多侧重于对策层面，对财产问题的理论层面特别是哲学层面研究的深度和广度不够；对马克思财产理论特别是当代视域中的马克思财产理论的专门性、系统性的学术研究尚未充分展开，到目前为止还没有形成一个完整的理论框架，对于马克思理论视域中的财产正当性价值诉求、财产增长的内在动力机制还缺乏更加细致和深入的理论分析，对当代中国财产问题的治理以及传统中国财产治理路径及其影响还缺乏全面的概括和总结，而这些方面就成为本选题的理论增长点和主要的研究内容。第二，对马克思的"财产""私有财产"等重要概念理解片面，以及对马克思财产理论的

---

① 这里既存在理论因素——在马克思财产理论与西方财产理论关系问题上可以说，没有"马"（马克思财产理论），则"西"（西方财产理论）盲，没有"西"（西方财产理论），则"马"（马克思财产理论）空，毕竟马克思财产理论是一家之言，不能言尽天下事，而只能发挥提纲挈领式的引导作用；也存在现实因素，在存在资本和市场的现实生活中，如何坚持批判资本和市场的马克思财产理论的指导地位，确实是摆在我们面前的一个难题（中国传统财产理论，特别是中国的财产现实构成了马克思财产理论与西方财产理论的根、源——现实实践的源头活水，没有中，则"马"和"西"不接地气）。

理解还不够，存在着对马克思财产理论的误解与曲解现象。第三，国内外学者相关研究比较零散，鲜有从财产的哲学意蕴的视角对马克思财产理论进行系统研究的著述（包括核心范畴、理论发展主线、基本原则、基本方法等）。第四，学界看到了马克思批判财产的一面，但是普遍忽视了其建设性的一面：既忽视了马克思财产理论体系的目标之一是试图解释和理解财产在社会发展进程中的重要作用，也忽视了马克思财产理论中所蕴含的促进财产增加以及协调由此产生的财产利益矛盾的一面。

当前对域内外财产问题的探究方兴未艾，但"财产与风险：马克思财产理论的逻辑与方法论自觉"这一重要课题仍尚未在理论研究的整体上明确起来，因而在揭示中国财产问题的实质、树立科学的社会主义财产观上，进而在科学诠释和有效应对、治理当代中国财产问题上难以有效抵御包括传统绝对平均主义、全盘私有化等各种"左"的和右的财产观冲击。其原因有二：其一，"财产与风险：马克思财产理论的逻辑与方法论自觉"是由两个相互联系的部分构成，即"构建"和"批判"。所谓"构建"是指形成一整套马克思变革财产理论的逻辑与方法，反之，脱离"构建"的"批判"，其科学性、深刻性和彻底性是"存疑"的。其二，由于没有把"构建"和"批判"的立足点置于当代中国转型社会进程中的财产问题的基础上，因而学界已有的"构建"和"批判"就缺失了其生存的土壤。可见，没有在对马克思财产理论的坚持、丰富和发展基础上的"构建"和"批判"的统一，没有"财产与风险：马克思财产理论的逻辑与方法论自觉"当代构建，就不可能规避当代中国财产问题诠释和有效应对上的或被纯思辨化，或被西方化，或被错误的价值观所扭曲的倾向，进而抵御全盘私有化、绝对平均主义等各种"左"的和右的财产观倾向。

三、主要内容、基本观点和研究方法

（一）主要内容和基本观点

1. 西欧财产现实与财产理论的"双重批判"

在对财产现实"原本"批判（西欧财富与贫困联姻、发展与秩序失衡的现实）和理论"副本"批判（西欧各种社会思潮不能做出深刻的元思考，从而处于"失语""失效""错位"状态）相结合的方法论原则下，马克思财产理论的逻辑与方法论应运而生。

2. 马克思财产理论的历史逻辑

显而易见，"财产与风险：马克思财产理论的逻辑与方法论自觉"对西欧财产现实"原本"与理论"副本""批判与超越"的有机统一直接体现在马克思财产理论的建构过程中：其一，马克思对现代社会财产问题的哲学追问。其二，从《1844 年经济学哲学手稿》（又称《巴黎手稿》）到《共产党宣言》问世，马克思实现了对现代财产问题的唯物史观解答。其三，在《资本论》及其手稿中，马克思运用政治经济学的方法论系统，揭示了人类社会财产运动的一般规律和现代社会财产运动的特殊规律，从内容到形式上与自己所处时代的现实世界接触并相互作用，全面、科学地回答了包括西欧社会财产问题在内的整个人类社会财产问题"从何处来"和"往何处去"。

3. 马克思财产理论的内在逻辑

在马克思的财产理论看来，只有透过物或人与物之间的关系，进入人与人间的关系，才能正确把握财产的本质；正确把握财产的属性和尺度，既可以阐明财产的有用性、稀缺性与可界定性等本质属性，又可以揭示财产尺度从劳动时间向自由时间转化及其哲学意蕴；只有全面分析财产与财富、财产权利之间的关系，才能揭示财产运动的特点、规律及其趋势。顺应历史发展潮流，科学回答西欧社会财产问题"从何处来"和"往何处去"，批判性地反思社会科学对时代问题的理论回应，是马克思财产理论的基础；通过改造黑格尔意志财产理论，赋予其新的特性，是马克思财产理论的历史起点和逻辑起点；借助古典经济学劳动财产理论和空想社会主义财产理论的重要成果和某些术语，从内容和形式上扬弃意志财产理论，是科学的财产理论生成的重要转折点；运用政治经济学的方法论系统，详细研究现代社会财产运动规律，从内容和形式两个方面对初步创立的科学的财产理论进行了系统阐述和全面发挥，标示着科学的财产理论的最终完成。以上就是马克思财产理论的逻辑。在"历史向世界历史的转变"进程中，对存在"类似语境""人类共有性社会财产问题"的当代中国来说，形成高度的马克思财产理论方法论自觉，有助于正确认识、全面把握中国财产问题实质，树立科学的财产价值观、去财产理论学说上的"中心主义特别是西方中心主义"，批判性介入财产现实，"占有资本主义制度所创造的一切积极的成果"，规避中国财产问题出路探讨上的或被纯思辨化，或被西方化，或被错误的财产价值观所扭曲的倾向，进而实现当代中国财产问题的有效治理。

4. 马克思财产理论的哲学意蕴

显而易见，"批判"前人类社会的私有财产，特别是批判资本主义私有财产、昭示资本主义社会财产运动的规律和特点，构成马克思财产理论学说的逻辑基点；"超越"资本主义社会财产现实与逻辑，探讨带有其脱胎而来的旧社会的痕迹，从而必然表现为在一定程度上被限制在"资产阶级法权"框架内的刚刚从资本主义社会中产生出来的社会主义社会关于财产一般和市场经济一般等方面的界说，关注无产阶级掌握政权的国家驾驭资本逻辑、调节财产关系和对市场经济手段的运用（为发展生产力），构建广义的政治经济学，就构成了马克思财产理论学说的价值归宿。其内容主要有五：一是基于辩证否定观审视"资本""劳动"视阈中的财产。二是马克思原初语境中市场经济的二重属性与社会主义发展和驾驭市场经济。三是关于财产的匮乏与财产的效率及二者之间关系方面的内容，亦即关于财产快速增加过程中财产利益关系协调方面的内容。四是关于构建和完善合理的财产流通秩序方面的内容。五是马克思"自然人道"财产权利界说。

5. 马克思财产理论的当代启示

在"资本逻辑"、市场化、工业化、信息化和全球化的拟态语境下，当代中国既被发达资本主义国家早已解决的财产问题（如"权力和资本的结合"问题）所严重困扰，也被发达资本主义国家没有解决也不可能解决的财产问题（经济发展与环境污染问题、财富增长与利益关系的协调问题）所严重困扰。对于当代中国财产问题"从何处来"和"往何处去"（目前我国如何走出发展的瓶颈，化解经济发展过程中所积累的社会矛盾、财富利益冲突、人与自然困境等问题，即发展的具体路径和方向在哪里）的问题，马克思科学诠释西欧社会财产问题的逻辑与方法论原则具有重要的方法论启示：其一，超越传统思辨哲学的束缚，增强批判性介入现实财产的问题意识，建构科学社会主义财产理论与中国特色社会主义财产实践有机结合的治理"新常态"。其二，超越中国财产问题科学诠释和有效应对上的西方中心论（包括任何形式的中心论），树立财产问题治理上的"世界历史"视野。其三，确立在中国财产问题认识方面的正确价值观，特别是确立"经常变化和改革的社会"的科学社会主义理念，坚持把不断深化改革视为中国社会经济发展的唯一出路。鉴于此，在社会主义初级阶段的历史定位中，社会财产总量快速增加、经济改革取得巨大成就的同时，面对财产快速增加的方式不科学，财产利益关系的不和谐、不协调，所导致的市场经济混乱、收入出现差距和差距不断扩大化等问题，我们应在马克思财产理论指导下，树立科学的社会主义财产观，构建中国化的马克思主义财产理论，打造"以人民为中心"的财产创造模式，并不断协调财产利益关系，把"新发展理念"贯穿于财产制度建设和财产法治治理的各个方面，以促进人与人、人与社会、人与自然的和谐发展。

（二）研究方法

在整体研究上，以发展着的科学社会主义财产理论为指导，并批判地汲取域内外财产理论的合理因素。在具体研究上主要采用以下方法。

（1）文本分析的研究方法。立足《马克思恩格斯全集》历史考证版MEGA2，充分占有资料，充分利用和转换国内外学术界从不同视角和学科领域出发对有关问题的研究成果，构建文本的初始语境，在其思想发生发展的逻辑进程中把握其精神实质。

（2）历史与逻辑相统一的方法。对马克思财产理论的形成和发展过程作历史考察，以再现科学的财产理论的形成和发展的内在逻辑，昭示马克思财产理论中所包含的适用于非资本主义社会的界说。

（3）比较研究的方法。在诠释、批判与继承西方财产理论与现实过程中建构起来的马克思财产理论，只有与域内外财产理论与实践进行交流和对话、碰撞与融合，对当下财产现实与财产理论进行积极的回应，才能永葆活力。

（4）科学的分析与价值的批评相结合的方法。以《资本论》及其手稿为代表的马克思财产理论著述存在一个显著特点，那就是科学分析与价值评价相结合。在财产问题上，马克思从来就是"不戴玫瑰色眼镜"看问题，但又自觉站在社会贫困民众的立场之上，站在社会正义、公平的立场上对现代社会的财产问题进行评判的。

四、重点、难点和创新之处

（一）课题研究的重点、难点

本项目力求突破的关键问题主要有三：其一，马克思科学诠释"资本逻辑"和"市场逻辑"所导致的西欧社会财产问题"从何处来"和"往何处去"的理论逻辑与方法论原则；其二，"资本逻辑"、市场化、工业化、信息化、城镇化、全球化语境下中国所遇到和积累起来的社会财产问题的实质和治理路径；其三，科学诠释和有效应对当代中国财产问题的方法论原则。

（二）创新之处

（1）选题具有一定的前沿性。梳理资本逻辑、市场关系、个人主义和自由主义价值理念所引致的现代财产问题"从何处来"和"往何处去"的逻辑，探讨现代财产权利与社会风险防控治理之间的逻辑关系，揭示现代风险防控和财产治理的一般方法论。这对于存在"资本逻辑"、市场化、工业化、信息化和城镇化的拟态语境下的当代中国而言，揭示中国社会财产问题实质，规避当代中国财产问题诠释上的或被纯思辨化，或被西方化，或被错误的价值观所扭曲的倾向，对于有效抵御绝对平均主义、全盘私有化等各种"左"的和右的财产观的冲击，进而树立科学的财产观，实现社会风险的防控和当代中国财产问题的有效治理具有重要的方法论启示。

（2）方法具有一定的新颖性。科学的财产理论的建构逻辑凸显了两种相互联系的方法论原则。本体论方法：当代中国社会财产问题的实质。在认识论方法上应该注意以下三方面：其一，批判性介入现实财产的问题意识；其二，财产问题治理上的"世界历史"视野；其三，树立科学的财产价值观。马克思科学诠释西欧社会财产问题的方法论原则对于当代中国财产问题的有效治理具有重要的方法论启示。

（3）结论具有一定的前瞻性。作为我们进一步研究的出发点和供这种研究使用的方法，马克思财产理论学说对于我们决胜全面建成小康社会、夺取新时代中国特色社会主义伟大胜利，树立科学社会主义财产观和实现当代中国财产问题的有效治理等具有重要的方法论启示。本研究着眼于资本在场、市场对资源配置起决定性作用的"类似语境"和存在"人类共有性社会财产问题"的当代中国，从财产权利入手解析社会风险，实现有序财产关系法治化治理，不断协调财产利益关系，构建"以人民为中心"的财产创造模式；提出把"新发展理念"和"以人民为中心"的发展思想贯穿于财产制度建设和财产法治治理的各个方面，才能促进人与人、人与社会、人与自然的和谐发展。

第一章　西欧社会财产现实与
理论诠释的失效

在资产阶级登上政治舞台的历史进程中，西欧实现了持续和快速的经济增长，在社会财富总量、经济结构、人均实际收入等方面发生了前所未有的显著变化。现代社会经济之所以快速发展，原因就在于封建等级特权的废除、私有财产权制度的确立、圈地运动的蓬勃兴起和产业革命的迅猛发展，以及自由放任主义财产逻辑滥觞并流行开来。细微察之，保护和增加现代财富的自由放任主义理念，虽在一定程度上契合了社会的普遍诉求，但其反映资产阶级利益诉求、为资本主义经济保驾护航的本性，以及由此衍生出来的绝对的和失控的资本权利，致使贫困、疾病、犯罪与现代生活相伴，动荡、暴力与社会秩序联姻。遗憾的是，面对 19 世纪上半叶西欧现代社会财产问题及其所引致的资本主义社会各种内在矛盾和冲突"从何处来"和"往何处去"，进入"终结阶段"的德国传统"思辨性"财产理论学说，沦落为资本辩护士的英国古典政治经济学，粗陋的、平均主义的法国空想社会主义改良方案，以及根本否定现代生产力和财产效率的浪漫主义，保护关税、拒斥"资本逻辑"的民族主义，傲慢的民粹主义，极端的国家主义，庸俗经济学、重商主义、重农主义、激进主义、复古的保守主义、自由主义等财产学说，却不能做出深刻的"元"思考，从而在一定程度上处于"失语""失效""错位"状态。

"一切划时代的体系的真正的内容都是由于产生这些体系的那个时期的需要而形成起来的。所有这些体系都是以本国过去的整个发展为基础的，是以阶级关系的历史形式及其政治的、道德的、哲学的以及其他的后果为基础的。"[1] 显而易见，"财产与风险：马克思财产理论的逻辑与方法

---

① 《马克思恩格斯全集》第 3 卷，人民出版社 1960 年版，第 544 页。

论自觉"就是对西欧财产现实"原本"与理论"副本"批判与超越的结晶。

第一节　关于西欧现代财产问题的元思考

在 19 世纪上半叶西欧特别是英国工业革命普遍展开①、资本主义生产方式基本确立、市场化高歌猛进，以及由此而来的经济持续和快速的增长、社会财产总量迅速增加过程中，现代财富和社会伦理秩序之间表现出一定的矛盾张力：社会财富的激增以及由此而来的利益关系不协调、人在经济社会发展中不同程度的扭曲、危害深重的经济危机爆发并逐渐周期化、社会经济矛盾日趋尖锐等，该矛盾张力必然引致人们的相互排斥、敌视和斗争。其中，工人阶级和资产阶级在财产关系方面的矛盾和冲突日趋加剧是整个日益严峻的社会问题的核心。工人阶级为了维护自身的切身利益和应有的财产权利、争取更加公平的财产分配而积极抗争，甚至进行暴力革命。在马克思看来，现代财产效率逻辑及其所引致的社会弊病，具有自然历史性，具有不可避免的现代社会经济运动规律性。这昭示着我们要努力探索现代社会的经济运动规律，从经济运动入手分析财产效率逻辑所引致的社会病痛（"我们……不仅苦于资本主义生产的发展，而且苦于资本主义生产的不发展。除了现代的灾难而外，压迫着我们的还有许多遗留下来的灾难"②，汲取"暴力"革命教训、寻求"和平的合法的"手段，"缩短和减轻经济社会转轨所带来的灾难和痛苦"）。这对于我们正确、全面地认识和把握当代中国财产问题及其出路，使得人民大众共享改革开放的成果具有重要的方法论启示。

自由放任主义财产理念得以滥觞并流行开来的原因主要有三：一是圈地运动；二是产业革命的迅猛发展有力地推动了社会生产力的提高；三是

---

① 就发达程度来看，英国最先完成工业革命，进而促进了资本主义经济的快速发展并成为最发达的资本主义国家，法德等西欧其他资本主义国家在完成时间上晚于和在发达程度上落后于英国；就马克思讨论的对象来看，他主要以英国为典型国家，以为包括德国在内的落后国家提供可供借鉴的经验。简便起见，我们主要以英国的经济发展状况为研究马克思财产理论的时代背景。
② 《马克思恩格斯全集》第 23 卷，人民出版社 1972 年版，第 8—11 页。

财产权制度的确立。自由放任主义财产理念虽在一定程度上契合了社会的普遍诉求，但更多地反映了资产阶级的利益要求。废除封建等级特权、主张保护和增加私有财产的自由放任主义，其目的是为资本主义经济保驾护航。在工业革命推动现代西方经济社会快速发展的历史进程中，绝对的和失控的资本权力造成了沉重的恶果，贫困、疾病、犯罪成为城市生活的主旋律，社会从此陷入动荡不安的局面。面对自由放任主义财产理念所带来的现代财产灾难，无产阶级和资产阶级选择了不同的化解路径，前者诉诸暴力革命，后者采取有计划的社会变革。①

一、问题的提出

自由放任主义为财产效率逻辑提供了合理性解释，为资产阶级利益提供了合法性证明，从而使得 19 世纪上半叶摆脱了封建专制、特权束缚的英国经济获得了持续、快速增长。但是，作为一种合理解释资产阶级利益和目标的"新意识形态"，自由放任主义坚持资本逐利逻辑，本质上只是为了增进资产阶级利益、实现资产阶级的权益，从而埋下了社会危机的伏笔。在率先完成工业革命的英国，资本主义经济快速发展，社会财富大量增长，但与之相伴随的是财富与贫困差距日趋严重、人性在经济社会发展中不同程度地扭曲等严重的社会弊病。由是观之，呈现在世人面前的是截然对立的两幅图景："大不列颠已经达到了这样一种创造发明的尖端；经济地位也发展到了国民生产力和国家财富为古往今来任何国家不能比拟的高度。"② "英国人啊，为什么要替领主们力耕而他们却置你们于死命？又为什么辛苦而小心地织造给你们的暴君穿着的锦袍？"③

事实上，对于"资本主义究竟是导致和谐还是导致冲突的一种社会制度"④ "财富分配在工业革命期间问题分歧重重，是所有阶级都在不同

---

① 发展市场经济的非资本主义国家在取得重大成就的同时，也产生了带有自身特点的财产问题即贫富差距我们既要充分看到这一问题因内蕴于商品和资本主义生产而成为时代必然，同时也要借鉴西方国家化解财产灾难的经验教训，在马克思主义财产理论指导下努力探索现代社会的经济运动规律，从经济运动入手破解财产效率逻辑所引致的社会问题。

② ［英］克拉潘：《现代英国经济史》上卷，姚曾廙译，商务印书馆 1986 年版，第 15 页。

③ ［美］斯坦利·L. 布鲁等：《经济思想史》，邸晓燕等译，北京大学出版社 2008 年版，第 15 页。

④ ［美］亨特：《经济思想史》，颜鹏飞总译校，上海财经大学出版社 2007 年版，第 2 页。

程度地获益，还是少数人获得了巨大财富，多数人却在遭受无情的剥削，其生活水平不断下降"① 等问题一直有所争议。在西方学界，存在两种根本对立的观点：一方认为，英国人口在工业革命早期剧增的同时，人民生活水平得到明显的持续的改善，社会福利得到整体增进，如在斯塔夫里阿诺斯看来，"英国人口在工业革命早期剧增——这一事实与普遍的、未得到缓和的、造成衰弱的苦难情景是不相符的"②。另一种观点认为，不管是在资本原始积累时期（国内的圈地运动和国外的殖民运动），还是在产业革命早期，残酷的竞争和自由放任的经济政策，必然会造成财富增长与贫困增加同时存在的悖论。在这一根本分歧面前，大多数经济学家采取非此即彼的态度，由此决定了他们不同的分析方法、角度、结论。

事实上，如同一枚硬币的两面，自由放任主义在促进现代经济快速增长的同时，自然意味着传统生产方式、生活方式的改变，意味着阶级矛盾尖锐、社会政治经济危机。这既存在于资本形成阶段（如延伸至19世纪的以圈地运动为代表的资本原始积累），也伴随着资本主义经济快速发展的全过程。追根溯源，这一问题是自由放任主义理念扩展至整个社会领域，进而使得经济的快速发展与社会保障措施的缺失、社会财富分配严重不均所导致的必然结果。在马克思看来，现代财产效率逻辑及其所引致的社会弊病，深受现代经济社会运动规律的制约，具有历史必然性。本书拟对自由放任主义滥觞缘由及现代财产效率进行分析，揭示自由放任主义带来的经济社会问题，检视西方国家化解现代财产灾难的路径。

二、自由放任主义的财产哲学批判

（一）自由放任主义的现代财产效率内蕴

历史地看，"制造业和商业总是在教会和国王干涉最少的地方最繁荣"③。为了摆脱日渐增加的赋税和限制商业发展的种种封建特权，为了

---

① ［美］斯塔夫里阿诺斯：《全球通史》，董书慧等译，北京大学出版社 2005 年版，第 496 页。
② ［美］斯塔夫里阿诺斯：《全球通史》，董书慧等译，北京大学出版社 2005 年版，第 496 页。
③ ［美］斯塔夫里阿诺斯：《全球通史》，董书慧等译，北京大学出版社 2005 年版，第 476 页。

获得所渴望的财产利益和权利，资产阶级举起了自由放任主义旗帜：
"古典自由主义——为资产阶级的利益和目标提供合理解释的新的意识
形态"①。借助"天赋自由"、"放任主义"和"自由贸易"等理念，资
产阶级把个人从封建人身束缚中解放出来，"把个人从阶级、社团或政府
的约束中解放出来"②，把经济从行政干预中解放出来，以便为资本主义
经济的快速发展保驾护航。自由放任主义有其特定的表现形式：在经济领
域中，体现为尊崇"看不见的手"这一自然法则，认为自我利益的最大
化就能自动增加公共利益；在社会领域中，提出"守夜人"概念，认为
政府的使命仅在于保护生命、财产和安全。在资产阶级看来，每个人有能
力去劲头十足地、富于理性地行动，去负责地找到工作、自我照顾，并去
为老年和困难的日子而筹划储置；而对经济问题和社会问题的任何人为限
制、修正和干预，在自由放任主义者看来，都是对自然法则的粗暴干涉，
都是有害的、无效的。

显然，自由放任主义不仅废除了封建等级、特权，解除了严重束缚资
本主义经济发展的桎梏，促进了私有财产的快速增加，而且引起了英国社
会全方位的变革：启蒙运动与宗教改革掀起了思想和社会解放的浪潮；地
理大发现和海外殖民地的拓展带来了廉价的原材料、开拓出广阔的海外市
场；资本原始积累的完成，既为机器大工业提供了巨额货币财富，又促进
了自由劳动力大军的形成；特权和等级制的摧毁、经济自由主义政策的实
施，结束了对重商主义、货币主义的限制；在产业革命进程中形成和发展
起来的发达的交通运输和快捷的通信系统，为经济发展提供了重要的技术
支撑……在促进资本主义生产方式确立并飞速发展的诸因素中，笔者重点
分析自由放任主义滥觞和流行开来的以下三点。

其一，圈地运动。在圈地运动中，资产阶级化的大地主把田地、草
场、牧场中混合性的和不完整的土地所有权转化为专属的土地所有权，把
分散的小块土地转化为规模经营、机械化耕作的集中的大块土地，逐步
实现了生产资料所有权和使用权的分离，为资本原始积累进而为资本主
义经济快速发展创造了条件。经济活动与经济效益之间的关联逻辑关系，
鼓励着人们以一种经济上的理性手段去开发土地，激励着个人最大限度

---

① ［美］斯塔夫里阿诺斯：《全球通史》，董书慧等译，北京大学出版社 2005 年版，第 509 页。
② ［美］斯塔夫里阿诺斯：《全球通史》，董书慧等译，北京大学出版社 2005 年版，第 530 页。

地参与经济活动并创造财富，为资本主义经济发展提供原始积累①和廉价劳动力。

其二，产业革命的迅速发展有力地推动了社会生产力的提高。从18世纪后半叶开始，西欧各国国内市场的形成、海外殖民地的拓展以及随之而来的市场的骤然扩大，必然要求与之相适应的生产力的快速发展和作为财富原子形式的商品的大量创造。在此大背景下，西欧各主要资本主义国家相继发生了工业革命，资本主义经济进入机器大工业时代。工业革命（或者称之为产业革命），从内容上来看，主要表现为一系列新技术的发明及其在现代工艺上的有效应用。它以机器生产代替手工劳动，以机器化大工厂代替工场手工业，最终促成自驱动机械化工厂体系的形成，使得较大幅度地节约燃料、减少浪费、降低成本和增加产量成为现实。从结果上来看，以科技革命为杠杆的工业革命，在日新月异的技术应用中，有力地促进了劳动生产率的极大提高和经济的快速增长，把资本主义雇佣劳动制度推进到一个新阶段。

其三，财产权制度的确立。科学技术革命之所以发生在这一时期，一个重要原因就是：在工业革命之前，英国已经建立起一套有效保护包括知识产权在内的财产法律制度，最终为创新活动提供了一个适宜的环境和重要的制度保障。自此以后，创新性活动被随意模仿、创新代价高昂和成本不能回收的风险就消除了。对财产权利的清晰界定和有力保护，创设出个人收益率与社会收益率相等同的经济环境或外部场景、情形，激励人们积极参与到技术创新和财富创造活动中，最终实现社会整体利益的增加。

总之，资本原始积累的顺利完成、财产权利的清晰界定和有力保护、工业革命的逐步推开等因素，把英国资本主义经济推上了快车道，"始于1750年至1830年之间的持久的经济增长……国民收入在随后来到的80年代便以空前未有的速度增长了"②。

一是在财富总量的大幅增加、经济规模的显著变化、经济增长的持续

---

① 资本的原始积累在资本主义国家内部主要表现为剥夺民众财产的圈地运动，在资本主义国家外部表现为海外原材料采供地和销售市场的开拓以及血腥的殖民统治（由于论题所限，我们撇开了其他因素，而着重阐述英国国内圈地运动）。

② ［美］道格拉斯·C.诺思：《经济史上的结构和变革》，厉以平译，商务印书馆2007年版，第180—182页。

性上，19 世纪上半叶与 18 世纪相比有了质的飞跃。"大不列颠的资本从 1750 年的 5 亿英镑增长到 1800 年的 15 亿英镑、1833 年的 25 亿英镑、1865 年的 60 亿英镑。"[1] "英国 1820—1870 年间 GDP 的平均增长率为 2.05%"[2]，"1830—1870 年间 GNP 的平均增长率为 2.32%。"[3] 从经济规模的变化上来看，"在 1810—1850 年物价下跌时期，英国的国民总收入和人均收入一直保持着增长势头，分别为 2.8% 和 1.7%。英格兰其土地和劳动力现在的年产出无疑远远大于复辟时期"[4]。而在过去，经济增长都是时断时续的，往往表现为一系列的经济飞跃和停滞，甚至倒退。"制造品的产量在 18 世纪下半期大概增长一倍，19 世纪初期增长更快。1801 年，接近 30% 的英国工人从事制造业和采矿业；到了 1831 年，则增长至超过 40%。因此，工业革命将英国变成了由巨大的城市制造业中心组成的、并且工厂体系已占主导地位的国家，其结果是生产力迅速增长，英国一举成为 19 世纪最大的经济和政治强国。"[5]

二是在经济结构转型上，从事农业生产的劳动者逐渐向相对高产出的工业转移，农业劳动力的绝对数量占全部劳动力的比例都大大下降，表明英国逐渐转变为工业化程度较高的国家。"这个过程（机器大工业生产。——引者注）的实质是全面采用工业体制，这意味着经济功能的专业化和全面市场的一体化，当一个社会的经济发展起来时，其劳动者中从事农业生产的人数倾向下降"[6]。以英国为例，在 17 世纪上半叶，只有五分之一的家庭可以明确地归入非农业职业集团，然而到 19 世纪上半叶，这个比例大致翻了三番。

三是人口数量和人均实际收入水平的快速增长和大幅度提升。"大不列颠的人口数量从 1800 年的 1090 万增长到 1850 年的 2090 万，几乎翻了

① ［美］斯塔夫里阿诺斯：《全球通史》，董书慧等译，北京大学出版社 2005 年版，第 495 页。
② ［英］麦迪森：《世界经济千年史》，伍晓鹰译，北京大学出版社 2003 年版，表 B–19。
③ ［英］B.R. 米切尔编《帕尔格雷夫世界历史统计》，贺力平译，经济科学出版社 2002 年版，第 967 页。
④ ［英］M.M. 波斯坦主编《剑桥欧洲经济史》第 6 卷，王春法等译，经济科学出版社 2002 年版，第 10—11 页。
⑤ ［美］亨特：《经济思想史》，颜鹏飞总译校，上海财经大学出版社 2007 年版，第 33 页。
⑥ ［英］M.M. 波斯坦主编《剑桥欧洲经济史》第 6 卷，王春法等译，经济科学出版社 2002 年版，第 41 页。

一番。"① 但是在人口翻了一番的情况下，"就英国来看，在 19 世纪的 100 年当中，人口增加了 3 倍，人均实际收入增加了 4 倍"②。这表明人口的几何级数增长同生产的算术级数增长之间不可避免的矛盾在一定程度上被克服了。

显而易见，这些经济规模、经济结构、人均实际收入水平等方面的显著变化及其成就激发了社会对资本主义生产方式与自由放任主义的认同，甚至有经济学家如此乐观地评价道："自由企业制度对一切人的经济许诺并没有落空；群众的生活水平依然很低，却几乎一直在不断地提高着；日益增长的人口被吸收到工作中，而实际工资亦在不断增长；英国自由贸易派的'早餐实物免税'，在政治家们所创造的口号中也许是最不骗人的一个。"③

（二）自由放任主义的内在限度

1. 自由放任主义本质：现代资产阶级利益的辩护士

自由放任主义是一个历史范畴。近代以降，在封建等级特权专制夹缝中萌芽、兴起并逐渐登上历史舞台的资产阶级，为了突破封建桎梏、维持商业社会的有效运转、诠释自身的合法性，需要从哲学观念、思想方法、价值理念等层面来创新异于传统的思想文化体系。在此历史语境下，自由放任主义应运而生，进而侵染至社会生活的方方面面。

细微察之，在封建主义向资本主义过渡进程中诞生的自由放任主义，重新定位政府"守夜人"角色和市场"看不见的手"角色，主张废除封建等级特权、保护和增加私有财产，反对政府干预，放任"自然理性"和"市场机制"对经济、社会、政治、文化的全面调节，进而把资本主义生产方式和资本主义经济制度看作自然的和永恒的。就此而论，自由放任主义实质上是为资本主义经济发展保驾护航，"自由主义本质上只是促进资产阶级利益的实现"④。这就不难理解，虽然农业革命、工业革命、商业革命等不同形式的经济革命，总体上带来英国各阶层收入增长和一定程度上的经济繁荣，但相对于资产阶级财富量的快速增长来说，工人阶级

---

① ［意大利］卡洛·M. 奇波拉主编《欧洲经济史》第 3 卷，王春法等译，商务印书馆 1989 年版，第 21 页。

② 张世贤：《西方经济思想史》，经济管理出版社 2009 年版，第 208 页。

③ ［美］约瑟夫·熊彼特：《经济分析史》第 2 卷，杨敬年译，商务印书馆 2001 年版，第 208 页。

④ 斯塔夫里阿诺斯：《全球通史》，董书慧等译，北京大学出版社 2005 年版，第 530 页。

却在生活上饱受失业、疾病、伤残和老年所引起的贫困和不安全的折磨，在公民权利和政治权利上备受财产条件的限制。一句话，贫苦民众的苦难遭遇与自由放任主义的美好设想相去甚远。

撇开自由放任主义与资产阶级的崛起及其利益诉求之间深厚渊源不说，就个人天赋和能力之间存在差异而言，等量劳动时间必然会创造出不等量的社会财富，因而任由市场"看不见的手"自发调节，势必会产生贫穷困苦者。更甚之，伴随着市民社会的兴起以及由此而来的"以财富论英雄"价值理念，自由放任主义逐渐从经济领域扩散至政治领域和社会领域，囿于财产条件的匮乏，占人口多数的贫困民众最终被排除在享受平等的政治权利和社会权利之外。换言之，即使贫困民众享受到自由权和选举权，他们也并不能就此免受疲惫、饥饿、疾病、失业、伤残、衰老的痛苦折磨。显而易见，自由放任主义（古典自由主义）蜕变为"有产者"的辩护士。"19 世纪上半叶的干预和改革是不充分的或是被令人愤慨地拖延了的，比如说规定工人最低待遇或最长工作时限的法律，或对土地所有制——它使得单一作物的歉收（比如爱尔兰的土豆歉收）造成了大饥荒——的改革，又或及时救助贫病交加的人的措施。抵制干预和改革的不仅是冷漠无情和贪婪的品性，而且还有这样一种信念：正如任何其他形式的私人契约关系一样，雇主和工人，地主和农民的关系不受国家干涉。上述立场被当时的经济理论所巩固，……自由市场的力量应不受任何阻挡，国际贸易和国内经济关系领域概莫能外，无论个人或群体的处境暂时多么艰难，但是从长远来看，这种力量可能会最大限度地促进经济增长，取得最令人满意的总体收益；进而言之，斯密理论隐含了对立法者的指导，因此通过了边沁对国家的所有管理活动设定的检验标准。"[①] 约翰·莫里斯·凯利的这一论点充分揭示了自由放任主义的内在限度：唯效率论的自由放任主义在促进经济快速发展的同时，忽视了社会保障与社会公平，最终陷入"资产阶级辩护士"的泥淖。

2. 自由放任主义现象：放任资本逐利逻辑、引致社会弊病重重

一部资产阶级财产发家史实际上就是一部所谓"文明"掠夺史。

---

① ［爱尔兰］约翰·莫里斯·凯利：《西方法律思想简史》，王笑红译，法律出版社 2010 年版，第 260 页。

"在工业化早期尤其是资本原始积累时期——圈地运动以及类似的剥夺财产的过程中，社会存在大量的剥削和社会分裂。"① 资本原始积累阶段，在圈地运动②的私有化、规模化、工业化经营进程中，消除地权中公有或共有成分即剥夺了贫困民众的传统习惯权利。由此一来，贫苦民众被迫出卖土地、迁居城市、流离失所，进而被迫改变生活方式，成为一无所有的自由劳动者，成为纯粹的工厂雇佣劳动工人。圈地运动，从起初的零星行为，逐渐获得英国议会法律批准而公开化与合法化③，"法律本身成了掠夺农民土地的工具"④。资产阶级的"文明立法"剥夺了农民传统习惯权利及其所赋予的人道援助。"圈地运动，1714—1820 年间共有超过 600 万英亩英国土地被圈占意味着严重的迁居问题，它给底层人民带来了严重的苦难；贫穷农民失去了部分甚至全部土地，被迫租种土地或打散工，……圈地运动所带来的不安、不快、贫困和痛苦"⑤。为了提高经济效率、促进财富的快速增加，资产阶级和资产阶级化的大地主，把佃农逐出家园，用竞争的手段淘汰织布工和其他手工业者等，从而不断地把相似的遭遇推及社会其他群体身上，不断地对其他社会成员进行盘剥和掠夺。"这些人与其他遭遇相似的人们一样都面临着同样严峻的考验：不得不迁居到城市、寻找工作、适应不熟悉的环境及陌生的生活方式和工作方式。他们没有土地、房屋、工具和资本，完全依靠雇主。总之，他们成为纯粹的雇佣劳动者，除了自己的劳动力外一无所有。"⑥

19 世纪上半叶，随着工业革命的普遍展开和资本主义生产方式的基本确立，英国进入资本主义经济发展的一个特定阶段——机器大工业的社

---

① ［美］斯塔夫里阿诺斯：《全球通史》，董书慧等译，北京大学出版社 2005 年版，第 496 页。

② 这里要澄清一点：所谓资本原始积累构成资本初期，亦即资本原始积累与资本主义生产方式占统治地位时期，从逻辑上看自然是一个先后承继过程，因而资本原始积累构成资本的初始形成阶段；但是从历史上来看，却是一个相互交织的过程，资本原始积累阶段横亘 14—19 世纪全过程，只不过有时候激烈，有时候缓和罢了。圈地运动作为资本原始积累的重要形式构成了资本形成阶段的重要一环。鉴于此，我们主要以圈地运动为例，揭示资本原始积累给居民带来的贫困、痛苦和不快。

③ 在拿破仑战争期间（1793—1815 年），议会通过了 1934 项圈地令和裁决书，涉及英格兰 600 万英亩土地，而当时英格兰全部可耕地为 2100 英亩，从中可以看出圈地运动对英国的影响极大。

④ 《世界全史》，光明日报出版社 2001 年版，第 8—9 页。

⑤ ［美］斯塔夫里阿诺斯：《全球通史》，董书慧等译，北京大学出版社 2005 年版，第 488 页。

⑥ ［美］斯塔夫里阿诺斯：《全球通史》，董书慧等译，北京大学出版社 2005 年版，第 496 页。

会化大生产阶段。这不仅使生产技术发生了质的飞跃，而且也引起了社会关系的重大变革，催生出了全新的生产方式、生活方式。工人虽然成为能够自由出卖劳动力产品的"自由人"，却被抛入单调机械而乏味的机器生产系统中，成为机器的附庸——在监工的严格监视下，跟着机器的运转节奏，每天高强度劳动超过 16 个小时。机器化生产使得劳动工作日益简单化，工资低廉、性格温顺的妇女和儿童也被卷入机器生产体系，这必然压低社会整体薪酬水平。温情脉脉的人际关系烟消云散，取而代之的是冷酷无情的市场交易和金钱至上，人生来好像就是为了使资本增殖，人们全部的精神生活和价值追求被单一化为建立在金钱之上的物质满足。工人阶级生活水平并未大幅上升，部分穷人的生活水平急剧恶化，在死亡的边缘徘徊。在资本主义机器化大工业生产所造就的藏污纳垢的城市中，在工业化所造就的工厂和人口集中的城市中，城市化水平与公共服务设施的不相协调导致了一系列问题：城市工厂区和住宅区拥挤、肮脏而危险，形成大量贫民窟；人们遭受着空气污染引起的呼吸道疾病、水污染引起的肠道疾病和霍乱充斥的折磨。不需用过多的文学语言描述，我们就可以得出一个悲观的结论：19 世纪资本主义工业化造就了非人性化的城市。在最大限度追逐利润的动力驱使下，资本给工人带来的是恶劣的工作环境、苛刻的契约管束、高强度的劳动、超长的工作时限和低廉的薪酬。大多数工人生活在肮脏破烂的贫民窟中，时时受到生产过剩而导致的失业威胁。这就是19 世纪上半叶资本主义工业化以及由此而来的经济快速发展时期社会和工人阶级的真实生活写照。

需要特别指出的一点是，在 19 世纪上半叶，不仅资产阶级与无产阶级之间利益尖锐对立，而且不同阶级之间的矛盾也日益尖锐。资本主义生产方式的确立，摧毁了传统的工场手工业和传统的农业生产方式，造成了工场手工业的消失和农业从属于工业。这不仅导致中间阶层下坠为无产阶级，也导致地主阶级和工业资产阶级之间的矛盾日益尖锐。在英国，资本主义生产方式取代封建生产方式，以《谷物法》的颁布实施与废除为标志，资本家阶级与土地所有者阶级之间展开了激烈斗争，在政治上表现为争取国会控制权的斗争，在经济上（本质上）表现为相对自给自足的农业经济与工业生产等不同利益主体之间的激烈冲突，因而进一步加剧了社会经济矛盾。

总而言之，在工业革命推动现代西方经济快速发展的历史进程中，在

"放任资本逐利逻辑"的自由放任主义理念下，绝对的和失控了的资本权力造成了沉重的恶果：现代机器大工业生产消灭了传统农业、农村、手工业经济，摧毁了传统的生产方式、生活方式和思维方式，把数以万计的"自由劳动者"抛到劳动力市场中去，带来贫困、疾病、犯罪和悲惨的城市工厂工作条件，导致了社会政治、经济动荡不安的局面，创造物质财富的工人阶级异化为资本家增加利润的劳动工具，承受了由此带来的悲惨和痛苦。对于西欧现代化进程所造成的财富与贫困、发展与动荡悲剧，经济思想史不厌其烦地写道："工人传统生活方式的彻底毁灭、严苛的新工厂系统的规则，伴随贫困、疾病和悲惨的城市生活条件，产生了社会经济和政治动荡不安的局面。"① "随着大工厂的出现，工业革命毁灭了传统的农业·乡村·手工业经济的安全。这些工厂周围涌现了拥挤的贫民窟，在那里恶行、犯罪、疾病、饥饿与不幸成为一种生活方式。工业中的意外事故对于那些在事故中致残或死亡的工人家庭没有给予补偿或补偿不足。以工资为生的人没有政治权利，而且工会是非法的。每一次减少生产与就业的伤痛的风行，都会加重工人的悲惨境遇；每一次工业化的新的胜利——尽管最终创造的新工作要多于它破坏的工作——都会将数以万计的手工业工人抛到劳动力市场中去。随着巨额财富的增加，民众的贫困似乎愈益沉重。"②

三、化解现代财产灾难的路径思考

（一）无产阶级暴力革命

19 世纪上半叶，英国自由放任主义理念与附着其上的资本大工业生产，引致了贫富两极分化，损害着贫苦民众的切身经济利益，导致了日益尖锐的矛盾、对立、冲突，逐渐引发社会危机和社会革命。"英国工业革命后不久，1815—1845 年，英国社会的不满情绪就空前高涨，工人运动风起云涌，社会矛盾一触即发。"③ 对于现代财产灾难，工人阶级曾经以"暴力革命"作出回应。

---

① ［美］亨特：《经济思想史》，颜鹏飞总译校，上海财经大学出版社 2007 年版，第 55 页。
② ［美］斯坦利·L. 布鲁：《经济思想史》，邸晓燕等译，北京大学出版社 2008 年版，第 120 页。
③ 萧国亮等：《世界经济史》，北京大学出版社 2007 年版，第 6 页。

从"暴力革命"的角度来看，工人运动是对资本主义工业化带来的社会财产分配不均、利益逐步分化的一种自然反应。"资产阶级对工人阶级的剥削和压迫，使工人阶级意识觉醒并使争取自身权利的工人运动兴起。"① 这些"普遍的骚乱乃至公开的叛乱"②，既是指联合起来的工人毁掉机器和工厂，自发地反对置其于困境的新工厂系统，也包括争取提高工资、缩短劳动时间、改善劳动条件而采取的罢工运动。其中最具代表性的是 19 世纪三四十年代在欧洲爆发的三大工人起义，既表明自由竞争资本主义在一定程度上已经成熟和发展起来，也表明内蕴于其中的基本矛盾即资产阶级与无产阶级的矛盾凸显并已然成为社会主要矛盾。

工人"暴力革命"这一斗争方式经历了一个由自发到自觉的发展过程。起初，面对低廉的薪酬、过度的劳动和痛苦的生活，工人们把他们的苦难归咎于机器的采用和雇主的奴役，因而工人奋起反抗的方式就是"捣毁机器、焚烧厂房、殴打厂主等原始形式"③。但是，破坏机器的运动不仅遭到政府和资本家的残酷镇压，而且带来的是技术的提升、机器更加广泛地采用和工人更少地被雇用。这就使得工人阶级在斗争实践中日益成熟，他们逐渐意识到：不是机器本身的罪恶，而是机器的资本主义利用方式，"不是机器，而是资本主义利润最大化的生产方式造成工人的贫困的蔓延和经济的无保障"④。工人阶级在斗争实践中逐渐成熟并走向了觉醒："工人的境况是经济、法律、社会以及政治制度造成的结果。因此，对贫民处境的任何实质性改善，都需要对现有制度的改革。工人阶级必须看清剥削的制度基础，组织起来去创造一个更好的社会。"⑤ 这启示着我们：对于处于自然历史发展进程中的现代经济运动来说，个别的、自在的、简单的"暴力革命"是盲目的、无效的；工人阶级只有联合起来，从法律、经济基础入手变革社会政治制度，才能更好地维护自己的切身利益和权利。

---

① 高德步主编《世界经济通史》中卷，高等教育出版社 2005 年版，第 289 页。
② ［美］道格拉斯·C. 诺思：《经济史上的结构和变革》，厉以平译，商务印书 2007 年版，第 215 页。
③ 黄达强等主编《共产主义理论与实践》，北京出版社 1987 年版，第 5 页。
④ ［美］亨特：《经济思想史》，颜鹏飞总译校，上海财经大学出版社 2007 年版，第 128 页。
⑤ ［美］亨特：《经济思想史》，颜鹏飞总译校，上海财经大学出版社 2007 年版，第 128 页。

（二）资产阶级有计划的社会变革（"和平的和合法的"手段）

现代化弊病是一个逐渐显现的过程。随着资本主义生产方式的发展，现代弊病愈发严重："到1798年，工业革命和城市化进程的一些负面效应开始呈现。失业和贫困越来越成为令人瞩目的问题，需要得到补救。"① 面对英国工人阶级一浪高过一浪的争取财产权利和经济利益的激烈斗争，面对破坏力巨大的经济危机，英国资产阶级逐步认识到经济危机与工人阶级购买力不足之间的必然联系。在恐惧和不安中，在"暴力革命"威胁面前，英国资产阶级逐渐放弃了自由放任主义理念，稍稍放松了压榨工人血汗的锁链，颁布实施了一系列法律规范来调整阶级关系、缓和利益矛盾。

客观上，这一转变是对自由放任的资本生产及其理念的扬弃。自由主义认为社会是自然法则的产物，否认通过人为立法增进人类幸福的可能性。因此，自由主义在促进财富增长和经济发展的同时，也带来了一系列社会问题尤其是社会利益分化和阶级矛盾尖锐。面对接踵而至的批评，英国资产阶级和政府也在一定程度上认识到，如果建立一个目的在于增加集体福利而不是增加个人利益，在于促进合作的社会态度和行为方式而不是促进竞争的社会态度和行为方式的社会，那么在一定程度上可以消除当代弊病。②

面对无产阶级要求调整工资、缩短工作时间的经济诉求，面对劳工组织的迅速发展及社会运动、冲突的不断爆发，面对自由放任主义所引致的社会治理失效，英国社会上层阶级深感恐惧和不安。资产阶级认识到，"单个工人是软弱无力的，只要储备了大量失业劳动力，任何'傲慢'或不听话的工人都可以轻易地被迅速取代。这种取代效应使留下来的工人们更加感到没有保障，因而更加顺从听话。然而，当工人集体进行谈判的时候，就显示出强大得多的力量。"③ 英国资产阶级政府开始重视社会利益和集体福利，实施有计划的社会变革，颁布实施了一系列法律规范，如《1799年联合法案》的出台，1820年颁布《学徒健康及道德条例》，1824年废除"禁止结社法"，1825年《联合法案》、1832年新《工厂法案》的制定，1834年实施《新济贫法》等。这些法律规范在一定程度上保障了工人权利，避免了对工人身心的过度损害，但又对工人组织及其活动加以

---

① ［美］斯坦利·L. 布鲁等：《经济思想史》，邸晓燕等译，北京大学出版社2008年版，第68页。
② 参见［美］斯塔夫里阿诺斯《全球通史》，董书慧等译，北京大学出版社2005年版，第531页。
③ ［美］亨特：《经济思想史》，颜鹏飞总译校，上海财经大学出版社2007年版，第127页。

限制，禁止工人结社、罢工、游行和示威。这样，资产阶级从立法的角度认可了社会干预和经济控制的作用，一定程度上完善了社会福利和社会保障制度，缓和了利益对立和矛盾尖锐的社会现实。

当然，我们也要清醒地看到，这些立法，不是从工人利益出发，而是从资产阶级利益出发，不是要维护工人权益，根本上还是为了维护资产阶级的利益。例如，1834年《新济贫法》的颁布实施，客观上虽扩大了社会下层民众的贫困救济范围，保障了他们的最低生活水准，从而避免了饥饿、营养不良等致死现象，但促使其颁布实施的根本原因在于，原有济贫方式存在限制劳动力自由流动、济贫开支过大、济贫工作混乱等一系列弊病，影响了资产阶级的利益，因而有必要予以完善，对济贫问题作出更加详细的规定，以为机器大工业生产提供更合格的、更具有流动性的劳动力。再如在《谷物法》的存废问题上，也可以看出各阶层利益既激烈冲突又互相妥协、退让甚至联合的一面。1815年，土地贵族控制国会颁布实施了新《谷物法》（谷物税）。新《谷物法》的颁布实施，不仅损害了工业资产阶级的利益，也使广大劳动人民陷入困境。对于工人阶级来说，国内谷物价格的上涨，导致工人名义工资上涨和实际购买力的下降；对于资产阶级来说，谷物价格维持在较高水平会导致工资支出增多，进而导致资本家的利润转化为地主的地租。只有废除这一《谷物法》，才能获得比较低廉的原料和低薪的劳动力，才能使高效率的英国工业在世界市场保持出超地位和竞争优势，才能维持资产阶级的利益。通过出让给工人阶级一部分利益的方式，英国资产阶级获得了工人阶级的支持，在1846年废除了1815年的《谷物法》。1846年《谷物法》的废除标志着资产阶级自由贸易保护政策的胜利，占经济发展优势地位的资产阶级最终扩展到政治领域，是资产阶级（联合工人阶级）取得的对地主和贵族的胜利。出于自身利益考量，资产阶级政府颁布了一系列法律（如《结社法》），禁止工人结社①、罢

---

① 在近代英国农民转变为工人、封建主义农业社会转变为资本主义工业社会的道路上，《非法结社法》（1799年）、《惩治破坏机器的法律》（1812年）、《盗窃法》（1916年）等一系列法律奠定了前提性基础，为资本主义及其生产方式登上历史舞台保驾护航。基于这一本质规定，为限制工人结社而制定的《结社法》，为防范工人抱团维权而制定的"禁止结社法"，即便迫于工人压力不得不废除，从而把工人脖子上的锁链稍稍放松，但其严惩工人抗拒资本主义的敌视态度的本质并没有根本性变化（同理，对于资本家"垄断""买空卖空""不正当竞争"等表示抗拒或敌视资本主义的非道德行径，资本主义法律也同样给予严惩）。

工、游行和示威，通过立法的形式对工人组织及其活动加以限制。

由此可见，英国的劳动立法活动有其自身的历史局限性。从保护的对象和范围来看，劳动立法活动仅限于保护妇女、儿童和特殊行业。从出台背景来看，劳动立法的出台往往是"倒逼"的结果，是资产阶级在工人阶级的激烈抗争下被迫妥协的产物。一句话，以保护资产阶级利益为核心的英国劳动立法，并未从根本上克服经济社会矛盾和阶级对立。例如，"'济贫法修正案'是在1834年通过的，它既大大改善了济贫工作的行政机构，并制止了即使在那时也会认为是虐待的许多做法，又采用了某些经济原则，从而把济贫工作限制在济贫院中维持生活，并在原则上禁止户外救济，着眼点是，陷于困境的有劳动能力的失业者，诚然不应当让他挨饿，但是应当将其维持在一种半属处罚的状态中"①。

综上所述，面对尖锐的社会经济矛盾以及由此产生的剧烈阶级斗争，资产阶级尽管采取了一些措施，并在一定程度上缓和了社会矛盾，但是从根本上来说，孕育在资本主义生产方式内部的根源性矛盾是资产阶级自身无法克服的。资本主义生产方式所造成的经济快速发展与社会矛盾日益尖锐以及由此引发的严峻的阶级斗争，迫切需要科学的财产理论来对资本主义财产问题作出合理的说明。同时，资本主义生产方式内部矛盾的充分暴露以及无产阶级斗争实践的逐渐成熟，也从各方面为科学的财产理论的产生提供了必要条件，使得人们有可能认清资本主义财产制度的本质，得出科学的结论。马克思的财产理论应运而生。

第二节　西欧各类社会思潮诠释财产现实的失效

马克思财产理论，和"任何新的学说一样，必须首先从已有的思想材料出发，虽然它的根源深藏在物质的经济的事实中"②。伴随着近代市民社会的兴起、资本主义经济的高歌猛进以及资本主义弊病的日益显露，

---

① ［美］约瑟夫·熊彼特：《经济分析史》第2卷，杨敬年译，商务印书馆2001年版，第39—40页。

② ［美］约瑟夫·熊彼特：《经济分析史》第2卷，杨敬年译，商务印书馆2001年版，第39—40页。

资产阶级财产理论和空想社会主义财产理论应时而生。尽管这些理论不可避免地带有历史局限性和阶级局限性，但是它们都在不同程度上反映了社会经济、政治、思想矛盾的发展，从不同方面反映了现实社会财产问题，提出了许多合理的新思想，为马克思财产理论的产生提供了思想材料和理论来源。马克思财产理论就是对人类在 19 世纪上半叶所创造的相关优秀成果——古典经济学的劳动财产理论、黑格尔的意志财产理论以及空想社会主义的财产理论——的批判与继承。这种"批判与继承"有机统一在马克思财产理论的建构过程中，构成了马克思创立科学的财产理论不可或缺的重要逻辑环节。

一、古典经济学的劳动财产理论

19 世纪上半叶古典经济学的劳动财产理论从发展生产、创造财富等角度（虽然也对其中的一些矛盾如现代贫困问题进行了分析）考察资本主义历史时代现实方面的合理成分，给予马克思以重大启迪，因而这些学说构成了马克思创立科学的财产理论不可或缺的逻辑环节。

（一）财产的本质

对于财产及其本质问题，在亚当·斯密之前欧洲有着长达数世纪的争论。

在货币主义者（和重商主义者）看来，财富完全是客观的东西，是外在于人身、存在于货币中的物。因此，作为贸易差额或货币差额结果的贵金属货币（金银），才是唯一的财富实体和衡量国家富裕的标准。货币主义者（和重商主义者）的这种货币财富观，"表征了一种人与外部世界依存关系的重大改变，直指出来，就是人类生存的直接物质条件从自然经济（以农业为主导的生产模式）中的自然物质向商品经济（以工业为主导的生产模式）中的社会物质条件的转变"①。由此可见，货币主义者（和重商主义者）关于财产的对象性本质的观念虽然是荒谬的，却昭示着以交换价值为基础的新型的资本主义生产方式，以及财富一般（货币财富）的出场。

但是在重农学派看来，财富的源泉不是交换（贸易）而是劳动，不是贸易的结果（贸易差额）而是生产的结果，是劳动的产物。由此，重

---

① 张一兵：《回到马克思》，江苏人民出版社 2003 年版，第 48 页。

农学派就把财富的创造源泉从流通领域转向生产领域，把财产的对象性本质转化为财产的特殊主体本质（农业劳动）。重农学派对财产本质的第一次科学抽象，可以说向古典经济学财产的主体本质（一般劳动）迈进了一大步。正如马克思对重农学派作如是高度评价："真正的现代经济科学，只是当理论研究从流通过程转向生产过程的时候才开始。"① 但重农学派的财产理论存在重大弊病。当重农学派把财富的本质归结为劳动，归结为劳动特殊——农业劳动——的时候，在他们看来，财富实质上只是土地产品、农业产品，而工业和商业并不创造任何物质财富，只是变更或组合已存在的物质财富的形态。重农学派体系的矛盾性（"封建主义外貌"和"资产阶级实质"② 的矛盾集合体，标示着重农学派是同刚刚从封建主义社会中孵化出来的资产阶级社会相适应的）以及重视农业和轻视城市产业的理念，实际上妨害了资本主义生产方式的确立。因此，随着资本主义经济的进一步发展，重农学派必然被历史所抛弃。

古典经济学的伟大代表斯密（和李嘉图），在继承和发展重商主义与重农学派论点的基础上，正确回答了财产的本质和源泉问题。在综合把握重商主义和重农学派论点的基础上，斯密"社会财富来自一般劳动"③ 这一命题，直指现代财产的主体本质，揭示劳动一般与财产一般的逻辑关联。马克思对斯密作如下评价："他（指斯密。——引者注）抛开了创造财富的活动的一切规定性，——干脆就是劳动，既不是工业劳动、又不是商业劳动、也不是农业劳动，而既是这种劳动，又是那种劳动。有了创造财富的活动的抽象一般性，也就有了被规定为财富的对象的一般性，这就是产品一般，或者说又是劳动一般。"④

（二）促进财产的快速增长

马克思曾深刻指出："发展生产力的要求是李嘉图评价经济现象的基本原则。"⑤ 在方法论上，这一中肯评价也适用于以"富国裕民""提升财产效率"为目标的斯密的《国富论》。

---

① 《马克思恩格斯全集》第 25 卷，人民出版社 1974 年版，第 376 页。

② 《马克思恩格斯全集》第 26 卷 I，人民出版社 1972 年版，第 23 页。

③ ［英］亚当·斯密：《国民财富的性质和原因的研究》（下卷），郭大力等译，商务印书馆 1972 年版，第 1 页。

④ 《马克思恩格斯全集》第 46 卷上，人民出版社 1979 年版，第 41 页。

⑤ 《马克思恩格斯全集》第 26 卷 II，人民出版社 1973 年版，第 124 页。

首先，古典经济学探讨了促进财富增长的制度因素。在斯密和李嘉图看来，只有资本主义生产方式才是最有利于生产、最有利于财产创造的生产方式。正如马克思所作的评价："《国富论》中最本质的东西，那就是：认为资本主义生产方式是最生产的"①；"李嘉图把资本主义生产方式看作最有利于生产、最有利于创造财富的生产方式"②。古典经济学旨在消除封建主义生产方式或者带有封建主义外貌的重农学派，建立以"经济人"和"看不见的手"为基石的现代自由竞争的市场机制，最终在资本主义生产方式中实现所谓"富国裕民"的目的。"《国富论》的主题是建立这样一种社会制度。在这个制度中，每个人追求自己的私利必然会对社会总利益作出贡献。"③

其次，古典经济学探讨了财富增加的劳动途径。既然劳动是财富的本质和源泉，那么显而易见，"任何社会的土地和劳动的年生产物，都只能由两种方法来增加。其一，改进社会上实际雇用的有用劳动的生产力；其二，增加社会上实际雇用的有用劳动量"④。在斯密和李嘉图所处的时代，影响生产率的主要因素是分工和专业化的程度。分工可以提高劳动者操作的熟练程度，强化劳动者技巧，增强劳动者的判断力，等等，总之一句话：分工可以促进劳动生产力的提高。"劳动分工是新的财富，经济增长从而也是经济利益的源泉和衡量标准"⑤，"18世纪英国工业革命所产生的高度的生产力，就是同劳动分工推动着技术改造和采用机器生产直接联系的"⑥。在李嘉图看来，"国家财富和人口的增长"⑦ 是一回事，因而人口的增长特别是从事生产劳动的工人数量的增长，是财富增加的主要原因。斯密则进一步指出，只有提供"充足的劳动报酬"⑧，保障劳动"这

① 《马克思恩格斯全集》第26卷Ⅰ，人民出版社1972年版，第195—196页。
② 《马克思恩格斯全集》第26卷Ⅱ，人民出版社1973年版，第124页。
③ 赫策尔等：《回到亚当·斯密的西方经济思潮》，《国外社会科学》1981年第4期。
④ ［英］亚当·斯密：《国民财富的性质和原因的研究》（下卷），郭大力等译，商务印书馆1972年版，第243页。
⑤ ［英］亚当·斯密：《国民财富的性质和原因的研究》（下卷），郭大力等译，商务印书馆1972年版，第144—145页。
⑥ 黄楠森等主编《马克思主义哲学史》第一卷，北京出版社1989年版，第31页。
⑦ 《马克思恩格斯全集》第26卷Ⅱ，人民出版社1973年版，第133页。
⑧ ［英］亚当·斯密：《国民财富的性质和原因的研究》（下卷），郭大力等译，商务印书馆1972年版，第75页。

种最神圣的财产"①，才能形成勤劳致富的社会风气，促进财富的快速增加。

最后，古典经济学十分重视资本对财富增长的推动作用。劳动生产力的提高和劳动者数量的增加与否，最终都取决于资本，取决于资本的数量和规模。因此，资本的积累对财富的快速增长具有特别的意义。这就要求把传统社会消费性财产观转变为资本主义生产性财产观，不是求得眼前的享乐，不是把资财用于消费，而是把相当一部分资财积累起来，实现钱生钱。马克思对斯密的这一观点作了深刻评价："（1）资本（从而也就是资本家，资本的人格化）只被看做促使生产力和生产发展的当事人；（2）这里表现了上升的资本主义社会的观点，对这种社会具有意义的不是使用价值，而是交换价值，不是享受，而是财富。"②

由上可见，代表新兴资产阶级利益的古典经济学，考察了财富快速增长的制度因素、劳动因素和资本因素，给出了资本主义生产方式有利于财产快速增进的结论，昭示"社会劳动生产力的发展是资本的历史任务和权利"③ 这一逻辑。

（三）古典经济学劳动财产理论的历史局限性

从总体上看，处于资产阶级上升时期的古典经济学劳动财产理论，其历史使命在于论证资本主义制度是最有利于增加物质财富的制度，是合乎自然的和永恒的社会制度。为了完善乃至美化资本主义社会现实这一主旨，古典经济学财产理论的着眼点在于对财产的本质和创造源泉以及促进财富快速增长的方式的考察上，也就是要追问和探究财富从哪里来，以及财富如何快速增加的问题，探究如何富裕起来和资财如何积累起来的问题。但是，由于资产阶级立场和时代条件的制约，古典经济学的财产理论必然是自相矛盾的：斯密他们虽然发现了财产的劳动本质和源泉，但并没有赋予劳动以应有的地位——产出不被视为劳动应得报酬等。在马克思看来，虽然古典经济学几乎接触到事实的真实状况，但是没有自觉地把它表述出来。因此这一历史任务——物质内容与社会形式相统一的财富创造任务，只能由马克思在批判地继承古典经济学劳动财产理论的基础上来

---

① ［英］亚当·斯密：《国民财富的性质和原因的研究》，郭大力等译，商务印书馆1972年版，第115页。

② 《马克思恩格斯全集》第26卷Ⅰ，人民出版社1972年版，第279页。

③ 《马克思恩格斯全集》第48卷，人民出版社1985年版，第304页。

完成。

古典经济学虽然得出了劳动是财产的本质和源泉的科学结论，但又时常背弃这一合理的认识。当古典经济学的代表人物斯密指出"全世界的财富最初都是通过劳动得到的"时，实质上他已经揭示出财富的主体（人、劳动）本质；进而斯密提出"富国裕民"的目标："第一，给人民提供充足的收入或生计，或者更确切地说，使人民能给自己提供这样的收入或生计；第二，给国家或社会提供充分的收入，使公务得以进行。"①鉴于此，马克思（和恩格斯）把斯密称赞为"国民经济学的路德"②。但是，进入斯密理论思维视野中的作为财产本质的"劳动"，不是家仆的劳动，不是小私有者的劳动，也不是从物质规定性出发所界定的所有社会形态中的劳动，而是"直接同资本交换的劳动"③、能够创造出超出自己生活费的价值而给资本家提供剩余价值的劳动，因而是特定社会关系——资本主义生产关系——中的劳动。因此，在财产"雇佣劳动"本质观的指引下，社会创造出大量财富的同时，也产生大量贫困，就不足为奇了。斯密"富国裕民"中的"裕民"目标，即普及最下层人民，实现社会各阶级普遍富裕的目标，必然是一句空话。正如马克思评价的那样："亚当·斯密和李嘉图……的使命只是表明在资产阶级生产关系下如何获得财富，只是将这些关系表述为范畴和规律并证明这些规律和范畴比封建社会的规律和范畴更便于进行财富的生产"④。在财产问题上，李嘉图毫不掩饰"为生产而生产"的目的，从而把"重物轻人""见物不见人"的财产观推向极致。"李嘉图已经没有斯密那种对生产工人的温情和幻想了。成为生产工人，这是一种不幸。生产工人是生产别人的财富的工人。只有在他充当生产别人财富的生产工具时，他的生存才有意义。"⑤

究其深层根源，古典经济学派只是从人与物的角度研究财产如何快速增加的问题，而不去探讨人与物之后围绕财产问题所产生的人与人之间的关系。他们把资本看作物，而忽视资本之后的人与人之间的关系。他

---

① ［英］亚当·斯密：《国民财富的性质和原因的研究》（上卷），郭大力等译，商务印书馆1972年版，第1页。

② 《马克思恩格斯全集》第42卷，人民出版社1979年版，第112页。

③ 《马克思恩格斯全集》第26卷Ⅰ，人民出版社1972年版，第148页。

④ 《马克思恩格斯全集》第4卷，人民出版社1958年版，第156页。

⑤ 《马克思恩格斯全集》第26卷Ⅰ，人民出版社1972年版，第227页。

们只是追求社会物质财富的创造和增长，既不关注财富的分配问题，也不关注财产利益关系是否协调的问题。正如马克思所指出的："同封建社会的残余进行斗争、力图清洗经济关系上的封建残污、扩大生产力、使工商业具有新的规模的资产阶级。从他们的观点看来，参加这一斗争并专心致力于这一狂热活动的无产阶级只是经受着暂时的偶然的苦难，并且它自己也把这些苦难当做暂时的。"① 总之，古典经济学割裂了财产的物质内容与社会形式的有机统一，必然导致其理论集"最深刻的见解"和"最荒谬的观念"相混杂的结果，导致其对资本主义社会的财产问题无力作出科学的说明。这一历史任务只能由马克思创立的科学的财产理论来完成。

从分析问题的方法论来看，古典经济学把对财产现象的表面描述与对内部联系的分析混同起来，把经济现象的一般与特殊形式混同起来，自然不能把科学的结论贯彻到底。马克思曾经深刻指出："斯密起初是从事物的内部联系考察事物，后来却从它们在竞争中表现出来的颠倒了的形式去考察事物。"② 李嘉图的错误在于"他把表现形式理解为普遍规律的直接的、真正的证实或表现；他根本没有揭示这种形式的发展"③。如此一来，对斯密和李嘉图的正确理论与错误观念交织在一起的现象也就不难理解了。

当然，马克思也不否认在古典经济学客观的表述中所揭示出来的事实的真实状况，而科学的财产理论正是在批判与继承古典经济学财产理论的基础之上产生的。例如，古典经济学特别是李嘉图的财产思想，客观地描述了资本主义社会内部矛盾，描述了财产的社会关系与财产的物质内容、财富的增长与人的牺牲、生产关系促使生产力和财富不受拘束地发展与受到一定条件的限制之间的矛盾。因此，当李嘉图把他的经济学研究的目标定位在促进财富快速增长上的时候，无意中就"揭示并说明了阶级之间的经济对立——正如内在联系所表明的那样，——这样一来，在政治经济学中，历史斗争和历史发展进程的根源被抓住了，并且被揭示出来了"④。

---

① 《马克思恩格斯全集》第 4 卷，人民出版社 1958 年版，第 156 页。
② 《马克思恩格斯全集》第 26 卷 Ⅱ，人民出版社 1973 年版，第 111 页。
③ 《马克思恩格斯全集》第 26 卷 Ⅱ，人民出版社 1973 年版，第 112 页。
④ 《马克思恩格斯全集》第 26 卷 Ⅱ，人民出版社 1973 年版，第 183 页。

二、黑格尔的意志财产理论

黑格尔的意志财产理论[①]同样是马克思财产理论的直接理论来源。如果说在英法，古典经济学表述了新兴资产阶级的经济利益诉求，那么在德国，德国古典哲学特别是黑格尔的意志财产理论则是德国资产阶级利益和愿望的理论表现。在黑格尔看来，个人享受财富、满足自己的需要和偏好，就是在促使一切人都得到享受，个人为获得财产而劳动，就是在为一切人劳动，反之亦然。换句话说，黑格尔哲学是法国资产阶级大革命在德国的理论反映，从而为德国资本主义经济的发展、德国资产阶级的利益和愿望提供了理论支撑。当然，黑格尔也看到了现代市民社会进程中贫困和贱民产生的必然性并试图提出自己的解决之道。

（一）财产范畴

黑格尔是从人（意志）与物（定在）的关系入手切入财产问题的。在黑格尔看来，财产就是人（人格、自由）在现实世界中自我实现的方式，"财产是自由的最初定在"[②]，"人把他的意志体现在物内，这就是所有权的概念"[③]。人（人格、自由）最初只是精神性的、意志性的存在，因而只是纯粹抽象性的存在。为了扬弃纯粹抽象性，意志（人、人格）力求把自身强加于外部世界、拥有存在于世的一些更为具体的形式亦即对物的占有，在内在意志外在化或现象学化的过程中就产生了财产所有权。

在黑格尔看来，"财产在本质上是作用于客体的个人意志的产物"[④]。人把其意志体现于外在物中，外在物就具有了自由、人格和权利。通过意志对外在物的投射，无主之物转化为为我之物或主体的财产。由此可见，意志之所以要投射到外在物中，是因为不仅要满足人的需要，而且要实现

---

① 学界匿名评审专家也曾对笔者恳切指出"何以使用意志财产理论"这一术语而不是"唯心主义财产理论学说"？在笔者看来，在传统教科书上，一般把黑格尔界定为唯心主义者，在一定意义上，"唯心"和"意志"相类似相同，甚至就"意志体现在物中形成所有权概念"来看，"意志"比"唯心"更能形象、准确地概括出黑格尔的特色。故此笔者使用了"意志财产理论"这一略显新颖的用语。

② ［德］黑格尔：《法哲学原理》，贺麟等译，商务印书馆1961年版，第54页。

③ ［德］黑格尔：《法哲学原理》，贺麟等译，商务印书馆1961年版，第59页。

④ ［爱尔兰］约翰·莫里斯·凯利：《西方法律思想简史》，王笑红译，法律出版社2010年版，第283页。

人格的实体性存在（扬弃人格的纯粹主观抽象性）。

但意志对外在物的投射、贯穿或体现，所产生的还只是抽象层面的财产权利。自由的、完整的财产所有权需要"拥有意志、占有行为和社会承认三个要素共同起作用"①。财产还必须取得便于社会承认的更为具体的形式，因而有意志体现于内的财产还要进一步现象学化和具体化。"自由意志不能仅仅停留在所有权的概念中，而必须通过取得占有，以外在的形式表现出来。"② 由此，黑格尔就引出"占用"（劳动）和"转让"范畴：通过劳动，通过有形的控制、对其塑造与标记占有等方式引起外部物的变化，并因此对它们主张请求权，表明有意志体现于其中的外在物是我的财产。

由上可见，通过意志对外部物的渗透产生了所有权，通过劳动等方式作用于外部物产生了占用权，完整的财产所有权就是这两种财产权能的统一。但是在黑格尔的财产理论中，意志和劳动被赋予的作用是不一样的。财产本质上是意志的产物。因此，意志在黑格尔财产理论中被赋予基础性和本质性作用。"把物成为他的这种所有人意志才是首要的实体性的普遍基础。"③ 劳动在黑格尔财产理论中被赋予了辅助性或补充性作用。这种抓紧握牢或吃掉消化掉的物理意义上的占用关系，是对所有关系的进一步规定，次于上述基础性和本质性的意志关系。

综上所述，黑格尔从意志（人格）着手分析财产问题，人把他的意志体现到外在物中，在人与物之间形成财产所有权或自我所有权。但财产的意志说终究没有完全摆脱财产的抽象性，财产毕竟需要社会的承认以及具有便于社会承认的形式。因此在财产的意志说之外，黑格尔又赋予劳动以辅助性作用。

（二）财产的作用

众所周知，对于黑格尔生活的时代来说，建立一个统一开放、竞争有序的市场以适应资本主义经济快速发展的需要，是德国面临的一个时代重任。因此，黑格尔不仅阐述了财产正当性何在的问题，而且解释了财产的功能。

---

① 萧诗美：《黑格尔所有权理论的哲学诠释》，《学术研究》2009 年第 7 期。

② ［德］黑格尔：《法哲学原理》，贺麟等译，商务印书馆 1961 年版，第 59 页。

③ ［德］黑格尔：《法哲学原理》，贺麟等译，商务印书馆 1961 年版，第 67 页。

在黑格尔看来，财产对个人来说具有重要作用。它在满足个体生物性存在的同时，也满足个体社会性存在。个人对财产的占有和使用，意味着他获得了社会活动的舞台，意味着主观自由在现实世界的实现。但是财产的作用还不仅仅如此，更为关键的是，财产本身就是一种社会制度安排。并且相对于个人身体的把握和标注而言，财产的这种社会背景是根本的和基础性的。"正是这种社会的、基于规则的承认，把财产拥有转化为所有权，而不是对于物体的物理关系。"① 人们通过自己的意志来获得财产，也可以通过他人意志同意来转让或让渡财产，从而取得自己渴望的但已经成为他人的财产。黑格尔的意志财产学说，为实物性财产转化为权利性（法权性）财产提供了理论支撑。从这个意义上可以说，黑格尔的财产范畴（财产意志说、财产人格化），构成现代市民社会契约的主题内容。

既然财产是正当的和必要的，那么国家就有保护财产的重要任务。黑格尔是在财产与市民社会、国家相结合的关系中来论述财产的功能性作用的。作为私利领域的私有财产，是脆弱的，因此很容易发生侵害私人财产的不法行为。"国家的作用在于制定承认和保护个人对其财产要求的法律"②。同时，私有财产又是危险的，因为个人主观意志是带有偏见和任性的，其对财产的过度追求必然威胁到普遍利益，甚至会对普遍利益产生毁灭性打击。因此，需要限制私人财产保护普遍利益。总之，市民社会领域中的私人财产既是脆弱的又是危险的，这就需要国家来保护和限制私有财产。

（三）现代社会贫困问题的必然性与解决的可能性

作为时代的良心，黑格尔关注贫困问题并提出了深刻见解："怎样解决贫困，是推动现代社会并使它感到苦恼的一个重要问题。"③

1. 现代社会贫困问题的必然性

贫困问题是现代社会发展进程中不可避免的现象。从财产获取的可能性上来说，意志"几乎可以把所有的东西都纳入物的范畴"④，因而每个

---

① ［英］彼得·甘西：《反思财产：从古代到革命时代》，陈高华译，北京大学出版社 2011 年版，第 172 页。
② ［澳］彼得·德霍斯：《知识财产法哲学》，周林译，商务印书馆 2008 年版，第 95 页。
③ ［德］黑格尔：《法哲学原理》，贺麟等译，商务印书馆 1961 年版，第 245 页。
④ ［澳］彼得·德霍斯：《知识财产法哲学》，周林译，商务印书馆 2008 年版，第 89 页。

人都具有无限富有的可能性。但从财产获取的现实性上来看，既然市民社会是一切人反对一切人的私利的战场，既然存在着先天的自然禀赋和体质差异、后天的技能和资本的制约等各种因素，那么这些不均衡的禀赋都可能在一定程度上拉开贫富差距，从而使得一部分人变得富有另一部分人陷入贫困。就此而论，"荒淫和贫困""奢侈""依赖性和贫困无限增长"①，就成为现代社会发展进程中不可避免的现象。

对于这种财产不平均（分配）现象，一方面，黑格尔指出，所谓平等，是抽象的人本身的平等，是每个人必须拥有财产意义上的平等，而不是平均占有财产意义上的平等，因而市民社会中以劳动和勤劳为衡量尺度的财产占有多少的问题不在这一正义范围之内。另一方面，黑格尔也看到市民社会的"需要并不是直接从具有需要的人那里产生出来的，它倒是那些企图从中获得利润的人所制造出来的"②，并且这种人为制造的、任性的需要和偏好有无穷尽的细致化、精致化和多样化趋势，从而不断产生奢侈、加重现代社会的贫困程度。总之，现代社会的贫困是一种人造贫富，并且这种贫富差距有不断扩大的趋势。

2. 现代社会贫困问题解决的可能性

在黑格尔看来，自利的市民社会中的"荒淫和贫困"，甚至没有尺度的"匮乏和贫困"现象的解决比较困难。这是因为，市民社会生产的财富是有限的，有限的财富对于贫困的杜绝和贱民的救济来说无能为力。同时，社会领域中的财富本身是劳动的产物和结果，需要意志的同意才能进行让渡，在绝对顽强的和无限的抵抗的外在物（人格化的财产）面前，财富和贫困本身是对立的。当然，当黑格尔指出市民社会的贫困问题不是自然的而是人为现象的时候，现代社会贫困问题的解决就具有可能性。

首先，黑格尔从本质上拒斥"私有财产神圣不可侵犯的绝对财产理念"。在黑格尔看来，作为"无限的""构成我的人格的最隐秘的财富和我的自我意识的普遍本质的福利"③的生命权利，是最神圣的和无限的。而通过劳动获得的财产则是辅助性的和补充性的，并且它的位置处于法哲

---

① ［德］黑格尔：《法哲学原理》，贺麟等译，商务印书馆1961年版，第199、208页。
② ［德］黑格尔：《法哲学原理》，贺麟等译，商务印书馆1961年版，第207页。
③ ［德］黑格尔：《法哲学原理》，贺麟等译，商务印书馆1961年版，第73页。

学原理的最低层面。由此可见，财产权只是自由的定在，是有限定的，而生命则是自由的无限人格，有限没有对抗无限的权利，作为无限的自在自为自由的绝对的意志（自由、生命），对有限的、相对的、非独立的、外在的物具有优越性，因而人可以以生命的名义对抗财产权。因此，财产只具有工具性存在的作用，它服从于自由、幸福等终极性目标，因而便存在着一个"权力的困窘"，"贫困者有权获得其生存所必需的那些资源，黑格尔对财产的绝对权力和无限权力，持保留态度和批判态度"①。

其次，在市民社会状态中，"快要饿死的人"的不幸通过很少量的财产就可以解除，如果无视这种贫困和匮乏现象，那么失去财产权利的人自然没有相应的义务来遵守保护财产的法律，不法现象就会随时发生。为了规避不法现象的发生，也有必要对贫困进行必要的救济。

最后，黑格尔对贫困问题提出了具有原则高度的解决路径。黑格尔不赞成慈善行为，因为它在违背市民社会的劳动原则和个人独立自尊的情感的同时，鼓励了懒惰和浪费，造成了廉耻和自尊心的丧失。在黑格尔看来，市民社会对私利的渴望和追求是无节制的、无穷尽的和无止境的，欲望的扩张必然导致贫困的扩张，财富的积累必然与劳动的匮乏同步增长。因此，贫困问题是关注一己私利的市民社会的必然产物，这一问题的解决必须依靠国家，依靠注重公共性政治诉求、代表普遍利益的国家。因而就财富分配不均造成的贫困问题来说，根本途径在于"国家的普遍行动"——以超越特殊利益的普遍理性的国家来拯救市民社会。

（四）黑格尔意志财产理论的历史局限性

黑格尔意志财产理论总体上的局限性，就在于其资产阶级的立场和观点，在于其发展资本主义经济和维护资产阶级利益的出发点。其资产阶级的立场和观点决定了，黑格尔尽管看到了市民社会的私利冲动以及由此导致的社会贫困问题，但其本源性考虑不是为了社会贫困问题的解决，而是为了给资本主义经济的发展和财产的增长提供理论支撑。因此，黑格尔诉诸国家，诉诸作为普遍利益代表的国家来克服市民社会贫困问题的理论，必然是无能为力的。

黑格尔意志财产理论的历史局限性，也突出地表现在其唯心主义方法论上。马克思曾经指出："德国只是用抽象的思维活动伴随了现代各国的

---

① ［澳］彼得·德霍斯：《知识财产法哲学》，周林译，商务印书馆 2008 年版，第 91 页。

发展，而没有积极参加这种发展的实际斗争。"① 这在黑格尔的财产意志说中表现得尤为典型。亦即在黑格尔看来，财产本质上是意志的产物，而劳动在财产理论中只起辅助性作用。在建构科学的财产理论的过程中，马克思汲取了黑格尔财产理论内容方面的现实性，而批判了其形式方面的唯心性，批判了其重视抽象的精神的劳动而忽视现实劳动与财富之间的真实关系。

三、空想社会主义财产理论

19 世纪上半叶空想社会主义的财产理论是马克思财产理论又一重要的思想来源。作为一种否定和批判私有财产及其观念、主张公有或共有财产的理论主张，空想社会主义财产理论———一种乌托邦思想，其滥觞可以追溯至古希腊柏拉图，追溯至柏拉图在《理想国》中所表达的集体拥有财产的共产主义观念。就空想社会主义自身的历史发展来看，大致来说，早期空想社会主义对应着资本原始积累时期、平均共产主义对应着工场手工业时期、批判的空想社会主义和共产主义对应着产业革命时期。②

在 19 世纪上半叶资本主义机器大工业刚刚建立、资本主义私有制罪恶初步显现的时候，以圣西门、傅立叶和欧文为代表的空想社会主义财产理论产生了。他们代表被压迫和被剥削阶级的利益和要求，不仅揭露和批判了资本主义生产过程中的贫富对立、社会阶级矛盾尖锐等现象，揭示出资本主义不合理性和必然灭亡性，而且天才地预见和猜测到未来社会的理想景象，天才地构思出联合劳动、共同占有财产的理想社会，从而构成马克思财产理论的直接思想来源。以下简要论述他们的财产思想。

（一）劳动与财产的分离与对立

空想的社会主义或批判的共产主义诞生在工场手工业向机器大工业③转化之际。它们严厉谴责伴随资本主义经济快速发展而产生的一系列严重的社会问题：人们之间的对立和竞争、贫困和罪恶、欺诈和混乱、道德的

---

① 《马克思恩格斯全集》第 1 卷，人民出版社 1956 年版，第 462 页。
② 黄达强等主编《共产主义理论与实践》，北京出版社 1987 年版，第 3 页。
③ 这些历史时期从历史上和逻辑上来说，都不能算是先后更迭的时期，亦即既有先后更迭，又有时间和空间上的并行。对西欧各国来说，情形各不相同，英国从中世纪下半叶到 19 世纪上半叶的三个多世纪里，资本原始积累一直持续不断。

沦丧和极端的利己。在空想社会主义者看来，"私有制是万恶之源"，不合理现象的社会根源是私有财产，因而他们主张消灭私有财产。针对现代社会财产与劳动的分离与对立现象，以及资本主义社会坚持"反社会的工业主义制度""重物轻人"的原则，他们认为资本主义社会不是自然的、永恒的，而是暂时的社会历史形态。

在圣西门看来，在资本主义社会中，生产财富、创造科学和推动技术进步的人居于被统治地位，从而失去对财产的占有和支配，反之，享受和支配财产的人却远离劳动，因而资本主义社会是一个"黑白颠倒的世界"①。这种不合理现象必然带来不同阶级利益之间的冲突，使整个社会陷入经济上和政治上的混乱。进而圣西门及其学生提出，资本主义的利己主义本性和生产的无政府状态是造成这一问题的根源。利己主义主张财产的绝对性和神圣性：财产就是人们追求的一切，贪婪和欲望成为社会压倒性支配力量。同时，在整个社会处于生产无政府状态下，要么生产不足，要么生产过剩。这必然会造成资本主义经济的混乱，导致经常性经济危机的发生。

傅立叶认为，现代社会大工业生产与生产资料的分散性，带来了私人利益与普遍利益的分离和对立，个人为了私利不断与他人处于战斗状态。"经济制度有一种更突出的破坏性，即集体利益与个人利益这两种利益的矛盾。"② 整个社会生产的无政府状态，必然会造成一系列文明的弊病——经济危机、贫困、资本和劳动的浪费等。因此，"必须怀疑文明制度，怀疑它的必要性、它的完善性以及它的持久性"③。

在欧文看来，资本主义生产方式具有历史必然性和历史合理性：资本主义生产方式带来了社会生产力的巨大发展和财富的迅速增加，并且这种生产力的增长还有很大空间，不仅生产出满足英国本国人民需求的产品，而且使自己的产品遍布世界市场。但是资本主义生产方式也存在自身的悖论：作为创造财富源泉的劳动本来应该享受财富，但实际上劳动创造出来的巨大社会财富，不仅只被少数人享受，而且还成为他们用来剥夺社会大多数人的工具——利用机器来同工人竞争并排挤工人，以致"世界上充

---

① 《圣西门选集》第一卷，王燕生等译，商务印书馆1962年版，第275页。
② 《傅立叶选集》第3卷，赵俊欣等译，商务印书馆1982年版，第57页。
③ 《傅立叶选集》第1卷，赵俊欣等译，商务印书馆1982年版，第4页。

满了财富但到处都是苦难深重"①。因此，欧文深刻地指出："私有财产或私有制，过去和现在都是人们所犯无数罪行和所遭的无数灾祸的原因。"②

（二）天才地构思出联合劳动、共同占有财产的理想社会

在揭露和批判资本主义生产方式的不合理性，在揭露和批判劳动与财产的分离、劳动与资本的对立以及由此产生的社会利益分化和斗争的基础上，空想社会主义者们天才地构思出未来社会的蓝图——联合劳动、共同占有社会财产。

圣西门认为，财产所有制是社会的基础。在代替资本主义的未来"实业制度"中，实业家和工程师把"科学、艺术和工艺方面的一切个别的活动，尽可能有效地结合起来"③，使生产有计划有组织地进行，促进经济最有效地发展。在未来"实业制度"中，劳动是美德的源泉，一切人都应当劳动，因而劳动成为为人类造福的普遍化行为。同时，"实业制度"又是能保证社会得到最大安宁的制度，由实业家掌握社会财产，坚持"尊重生产和生产者的原则"④和"按社会成员的贡献"⑤进行财产的分配，从而使每个成员得到最大的便利和福利，以圆满的方式满足最大多数人的物质利益需要。

傅立叶设想的未来理想社会制度是由各个"法朗吉"组成的和谐制度。他首先从财产与劳动同一的角度构思未来的和谐制度。傅立叶认为，劳动是"最主要的天赋人权"⑥和"娱乐活动"⑦。因此，在"法朗吉"中，人人参加劳动，人人爱好劳动，以劳动竞赛的方式鼓励人们发明创造，从而建构起"劳动和享受的同一""劳动与财富同一"⑧的未来社会。就财产快速增加的条件来看，"第一，要创造大规模的生产、高度发展的科学和艺术，因为这些动力是建立与贫困和愚昧无知水火不容的协作制度所必需的；第二，要发明这种与分散经营相反的协作结构，即经济的新世

---

① 《欧文选集》第 1 卷，柯象峰等译，商务印书馆 1979 年版，第 221 页。

② 《欧文选集》第 2 卷，柯象峰等译，商务印书馆 1979 年版，第 13 页。

③ 《圣西门选集》第一卷，王燕生等译，商务印书馆 1962 年版，第 279 页。

④ 《圣西门选集》第一卷，王燕生等译，商务印书馆 1962 年版，第 169 页。

⑤ 《圣西门选集》第一卷，王燕生等译，商务印书馆 1962 年版，第 261 页。

⑥ 《傅立叶选集》第 2 卷，赵俊欣等译，商务印书馆 1982 年版，第 7 页。

⑦ 《傅立叶选集》第 3 卷，赵俊欣等译，商务印书馆 1982 年版，第 44 页。

⑧ 转引自《马克思恩格斯全集》第 3 卷，人民出版社 2002 年版，第 478 页。

界"①。因而傅立叶主张协作财产生产制，把创造财产的资本、劳动和才能三种手段都集中于协作社，共同管理、联合劳动和协作生产，从而促使生产力的高度发展和物质财富的极大丰裕。

傅立叶认为，资本主义社会诸多灾难性问题的关键不在于财产，不在于私有制，而在于财产的分配。要避免这些弊端，只要把人们拥有财产的财产数量控制在一定界限之内即可。因而就"法朗吉"中的财产分配来看，傅立叶反对平均主义和按需分配，主张按"劳动、资本和才能"的分配原则，"资本占十二分之四，劳动占十二分之五，才能占十二分之三"②，从而使每个人都获得满意的报酬。

同主张保留私有制的圣西门和傅立叶不同，欧文主张废除私有制、建立财产公有制，因而被马克思称为"共产主义"者③。欧文设想的未来理想社会是"劳动公社"的联合体。在"劳动公社"中，坚持"联合劳动、联合消费、联合保有财产和特权平均"的原则，生产的目的不是发财致富，而是直接满足公社全体成员的物质文化需要，促进人们普遍幸福。由于"劳动公社"以公有制为基础，生产力可以无限发展，因而在"劳动公社"中，实行按需分配的原则，"这种社会的成员将通过简易、正常、健康和合理的工作，生产出满足其消费欲望还有余的为数极多的剩余产品。因此，可以让每个人都随便到公社的总仓库去领取他所领的任何物品"④。欧文根据李嘉图商品的价值由劳动时间决定、劳动是财产的源泉的学说，主张以劳动券来代替货币，恢复合理和公平的物物交换方式。通过"劳动券"实现等量劳动相交换的方式，就可以规避人剥削人的不公平现象，每个生产者就可以获得全部劳动产品。

（三）空想社会主义财产理论的历史局限性

总体上来看，空想社会主义者看到了财产与劳动分离的现实，揭示出私有财产的罪恶性根源，因而在揭露和批判资本主义制度的不合理性、构思未来理想社会方面提出了许多有价值的见解。但是，空想社会主义历史观上的唯心主义和方法论上的形而上学性，必然导致其财产理论的空想性：批判私有财产之后又回到旧的幻想里，幻想通过资产阶级的帮助来实

---

① 《傅立叶选集》第 2 卷，赵俊欣等译，商务印书馆 1982 年版，第 93 页。
② 《傅立叶选集》第 4 卷，赵俊欣等译，商务印书馆 1982 年版，第 11 页。
③ 《马克思恩格斯全集》第 26 卷Ⅲ，人民出版社 1974 年版，第 260 页。
④ 《欧文选集》第 1 卷，柯象峰等译，商务印书馆 1979 年版，第 347 页。

现未来美好社会。因此，这一保留资本意义上的联合劳动、共同占有财产的理想社会，必然是空想的。

马克思在评价19世纪三大空想社会主义时指出："批判的空想的社会主义和共产主义的意义，是与历史的发展进程成反比例的。阶级斗争愈发展和愈具有确定的形式，那末，这种幻想超乎阶级斗争的意图，这种用幻想办法克服阶级斗争的态度，就愈失去任何实际意义和任何理论根据。"①圣西门、傅立叶等人之所以被称为空想社会主义者，主要是因为他们超历史和超阶级地构想未来社会。在资本主义生产状况和阶级状况不成熟的条件下，在生产力与生产关系之间的矛盾、无产阶级与资产阶级之间的矛盾尚未完全显示出来，因而历史的发展还没有成熟到给理论提供坚实基础的情况下，却力图"同时实现社会主义的两大目标——生产力的高度发展和全人类的解放"②。因此，他们的理论既不能科学地阐明资本主义的历史合理性和资本主义经济的发展趋势，也找不到实现社会历史变革的阶级力量。这样就注定了他们的空想性。

同时，空想社会主义者不是把资本理解为关系而是理解为物，没有从劳动与资本这种能动的内在关系上来理解劳动与财产的分离和对立，因而他们或者主张在未来社会中保存资本主义生产方式和私有财产，或者央求资产阶级的帮助以实现未来理想社会。因此，他们既无法科学地理解资本的本质内涵和资本拜物教的真正原因，也不可能科学地对待资本的历史意义以及资本主义制度的历史阶段性。

最后，"从私有财产的普遍性来看私有财产关系"的"共产主义"，本质上具有"普遍的禁欲主义和粗陋的平均主义"的特点。空想社会主义到处否定人的个性，把不能被所有人作为私有财产占有的一切都消灭掉；对较富裕的私有财产怀有嫉妒心和平均主义欲望，向贫穷的、需求不高的人的非自然的简单状态的倒退，因而这种对私有财产平均化占有的思想不过是粗陋的平均主义。③"在什么都没有的地方，也就没有什么可以

---

① 《马克思恩格斯全集》第4卷，人民出版社1958年版，第501页。

② 徐雅民、薛汉伟：《原始积累、工场手工业、产业革命与空想社会主义》，《教学与研究》1992年第4期。

③ 《马克思恩格斯全集》第42卷，人民出版社1979年版，第117—118页。虽然说马克思在这里主要是针对欧文的空想社会主义思想进行论述，但从方法论上看却在总体上适用于19世纪上半叶的空想社会主义。

平均化。"① 这种空想社会主义又是普遍的禁欲主义，只是"以满足鄙俗的需要为目的的粗野的唯物主义"②。极其惨痛的历史教训一再告诫我们，"生产力的这种发展……之所以是绝对必需的实际前提，还因为如果没有这种发展，那就只会有贫穷的普遍化；而在极端贫困的情况下，就必须重新开始争取必需品的斗争，也就是说，全部陈腐的东西又要死灰复燃"③。因而我们要时刻警惕这种空想社会主义和共产主义的财产观念。

综上所述，科学的财产理论的形成，不是偶然的产物，而是社会历史和理论发展的必然产物：既是资本主义经济快速发展以及由此产生的矛盾和斗争的需要，也是综合人类历史先进思想成果，尤其是批判和继承古典经济学、德国古典哲学和空想社会主义财产思想的理论结晶。

---

① 《马克思恩格斯全集》第 26 卷 Ⅱ，人民出版社 1973 年版，第 208 页。
② 《马克思恩格斯全集》第 26 卷 Ⅲ，人民出版社 1974 年版，第 294 页。
③ 《马克思恩格斯全集》第 3 卷，人民出版社 1960 年版，第 39 页。

第二章 马克思财产理论的历史逻辑

　　"财产与风险：马克思财产理论的逻辑与方法论自觉"对西欧财产现实"原本"与理论"副本""批判与超越"的有机统一直接体现在马克思财产理论的建构过程中。从总体上看，马克思对西欧重大财产现实与理论问题的"批判与超越"也是一个逐渐深化、逻辑递升、不断精确的过程。其一，对现代社会财产问题的哲学追问。马克思在《莱茵报》时期遇到要对物质利益"发表意见"的难事：物质利益问题的畅通表达机制如自由报刊的缺失、近代"开明立法"对贫民习惯权利的剥夺、官僚行政治理的失效等旧制度的弊端与现代国家肌体本身的缺陷综合作用，导致了普鲁士市场化初期摩塞尔河沿岸地区"贫困状况的普遍性"，进而昭示出争取财产的历史权利（政治解放）和实现人的权利的终极价值归宿（人的解放）。马克思在《德法年鉴》时期对现代财产问题"市民社会决定国家与法"的哲学追问与解答，开辟了从政治经济学入手解剖现代社会的理论致思路径。其二，从《1844 年经济学哲学手稿》到《共产党宣言》问世，马克思实现了对现代财产问题的唯物史观解答。对现代财产分化的异化劳动根源及其归宿的揭示以及在唯物史观构建过程中对现代财产问题的方法论阐释，是科学的财产理论初步创立的标志。马克思阐明了"财产"范畴与现实财产运动之间的辩证关系等方面的问题，为科学的财产理论初步创立的最终完成奠定了方法论基础。其三，科学的财产理论的最终形成。在《资本论》及其手稿中，马克思运用政治经济学的方法论系统，揭示了人类社会财产运动的一般规律和现代社会财产运动的特殊规律，从内容到形式上与自己时代的现实世界接触并相互作用，全面、科学地回答了包括西欧社会财产问题在内的整个人类社会财产问题"从何处来"和"往何处去"。

第一节　现代财产问题的初始追问

马克思对财产问题的初始探讨，体现在从《莱茵报》时期对物质利益问题的关注（"第一次遇到要对所谓物质利益发表意见的难事"①），到《德法年鉴》时期对市民社会中现代财产问题的追问与解答。对物质利益的关注标示着财产问题开始进入马克思的理论思维视野，马克思进而对普鲁士资本主义现代化和市场化进程中的一系列社会矛盾和现实问题产生极大兴趣；而马克思遇到的理论难题（经济学知识的匮乏，这种经济学知识的丰富及其与哲学的有机结合，是展开对科学的财产理论基本问题探讨的逻辑基础）昭示着其理论兴趣的转向：从哲学批判转向经济学、经济哲学批判。

一、对物质利益问题的关注

在《莱茵报》时期，"和自己时代的现实世界接触并相互作用"②的马克思，敏锐地关注到自由贸易和保护关税、林木盗窃、地产析分、摩塞尔河地区的贫困等德国市场化初期的社会经济问题。对此，"善良的'前进'愿望大大超过实际知识"③，在实现哲学方法论革命和经济学方法论革命"双重革命"之前的马克思，从国家法哲学入手批判重大物质自由问题即真正的现实生活问题。

（一）报刊自由的缺失：物质利益问题的畅通表达机制

摩塞尔河沿岸地区，由于"普鲁士和德意志其他各邦签订了通商条

---

① 《马克思恩格斯全集》第13卷，人民出版社1962年版，第7页。

② 《马克思恩格斯全集》第1卷，人民出版社1956年版，第121页。

③ 《马克思恩格斯全集》第13卷，人民出版社1962年版，第8页。"我学的专业本来是法律，但我只是把它排在哲学和历史之次当作辅助学科来研究。"（《马克思恩格斯全集》第13卷，人民出版社1962年版，第7页）这昭示出在《莱茵报》时期马克思所具有的哲学·法学等学术训练背景，因而马克思不是从政治经济学批判和历史唯物主义的哲学批判，而是从国家法哲学批判视角出发，深入探讨现实社会经济问题。

约，遭到了致命的打击"①，在物质上非常穷困，在精神上也萎靡不振。面对摩塞尔河沿岸地区"贫困状况的普遍性"，马克思从行政治理、私人利益和作为第三方的自由报刊来分析"产生这种贫困状况的总的原因"②。

行政治理机关堵塞了真实信息的传达。在马克思看来，对摩塞尔地区贫困状况比较熟悉的行政机构及其任命的行政官员，特别是亲自参加过调查该地区事务的官员，虽然很内行并熟悉该地区行政事务，但因为利益纠葛，自然有失公正全面和客观的立场。更为恶劣的是，"每届政府都把某地涉及国家的状况看作其前任的活动结果，而前任又多半升迁为顶头上司"③，"这位官员能看出报告书中的诉苦就是对他在工作上的见解和他以前的工作的批评"④。显而易见，在普鲁士官僚等级制度中，摩塞尔河沿岸地区的普遍贫困状况，"周围居民因贫困压在头上而发出的粗鲁的呼声""葡萄酒酿造者求助的呼声"从来不为世人所知。

从私人方面来看，因为涉及他们的切身利益，自然不能公正客观地表达信息。"作为私人的葡萄酒酿造者同样也无法否认，他们在下判断时可能自觉地或不自觉地为私人利益所蒙蔽，因而也就不能无条件地认为他们的判断是正确的。"⑤ 此外，贫困居民因为忙于生计，自然没有时间，也没有必要的文化知识来描写自己的贫困状况，来维护和争取自己的利益。

由此可见，真实信息的传达，必须依靠"第三个因素"，依靠治人者和治于人者之外的自由报刊。只有摆脱了行政当局的官僚因素，以及不直接和私人利益纠缠在一起的自由因素，才能"极其忠实地报道他所听到的人民的呼声"⑥。自由的报刊不涉及私人利益，自然没有恶劣的图谋私利的动机；自由报刊独立于官方之外，自然意图是纯洁的，态度是客观公正的。自由报刊公开、公正、客观地报道社会贫困状况，坦率和公开地讨论摩塞尔河沿岸地区的贫困状况，完整地揭示和公正地叙述"周围居民因贫困压在头上而发出的粗鲁的呼声""求助的呼声""人们的贫困状

① 转引自《马克思恩格斯全集》第1卷，人民出版社1956年版，第241页。马克思以摩塞尔河沿岸地区为典型代表来探讨问题，因而摩塞尔河沿岸地区的这种贫困状况具有普遍意义。
② 《马克思恩格斯全集》第1卷，人民出版社1956年版，第223页。
③ 李建立：《经济分析的伦理基础》，云南大学出版社2008年版，第155页。
④ 《马克思恩格斯全集》第1卷，人民出版社1956年版，第224页。
⑤ 《马克思恩格斯全集》第1卷，人民出版社1956年版，第230页。
⑥ 《马克思恩格斯全集》第1卷，人民出版社1956年版，第210—211页。

况"，客观地探讨造成这种贫困的原因以及改善这种处境的必要办法。

因此，规避"官僚在办公室里所构成的世界景象"①的官僚因素，和"私人把自己的私事夸大成国家的利益"②的私利弊端，就需要自由报刊，需要提供官方和私人辩论的舞台，平等、自由地揭示和反映事实的舞台，并听从无关涉的第三方的裁判，以辨明事实的真相。"化私人利益为普遍利益，才能使摩塞尔河沿岸地区的贫困状况成为祖国普遍注意和普遍同情的对象。唯有它才能减轻这种贫困状况，只要它使大家都感觉到这种状况的存在就行。"③对自由报刊需要的产生，"是这里的贫困状况的特殊性质所必然产生的"，也就是"要求出版自由的必然性是从摩塞尔河沿岸地区的贫困状况的特性中产生的"④。

（二）行政治理的失效

马克思在《摩塞尔记者的辩护》一文中继续探讨社会贫困问题。前已述及，官僚等机制、私人利益与普遍利益的分离、自由报刊和自由报道亦即新闻自由的缺失，在一定程度上影响了大家感知摩塞尔河沿岸地区贫困的真实状况，也阻碍了祖国普遍注意和普遍同情这一贫困现象。但问题的关键是，摩塞尔记者"经常听到"并在《莱茵报》上公开地报道了"周围居民因贫困压在头上而发出的粗鲁的呼声"⑤，摩塞尔河沿岸地区的行政机关如何作为呢？

在马克思看来，摩塞尔河沿岸地区贫困状况的实质就是"治理的贫困状况"。每一个公民都是通过千丝万缕的生活神经同国家联系着。⑥因此，私人的利益同样也是国家的利益，因而也需要把私人利益当作国家的利益来捍卫。同时，摩塞尔河沿岸地区的"贫困状况带有普遍的性质，它具有十分危险的规模和形式，并且正由私人的贫困转变为国家的贫困"⑦。私人的贫困不仅是私人的贫困，而且也是国家的贫困，因而对私人贫困问题的治理是国家的道义责任，摩塞尔河沿岸地区的贫困状况以及

---

① 《马克思恩格斯全集》第1卷，人民出版社1956年版，第224页。
② 《马克思恩格斯全集》第1卷，人民出版社1956年版，第225页。
③ 《马克思恩格斯全集》第1卷，人民出版社1956年版，第231页。
④ 《马克思恩格斯全集》第1卷，人民出版社1956年版，第216页。
⑤ 《马克思恩格斯全集》第1卷，人民出版社1956年版，第210页。
⑥ 《马克思恩格斯全集》第1卷，人民出版社1956年版，第149页。
⑦ 《马克思恩格斯全集》第1卷，人民出版社1956年版，第230页。

消除和摆脱这种贫困状况也是社会问题和政府的责任。行政机关对贫困状况既负有道义责任，又负有治理重任。

就行政机关的态度来看，政府怀疑这一贫困状况的真实存在，从而漠视这种贫困状况，当看到真实景象并承认这种贫困状况时，政府又推诿责任：或者把这种贫困现象看作一种自然现象，一种不以人的意志为转移的必然现象，从而在这种现象面前只能听天由命；或者是视为由贫困者自身造成的人为现象，因而政府没必要采取措施，只需要治理对象实现自我拯救或救赎；或者视为同任何人无关的偶然现象，自然不值得重视或根本不打算消除或改变这种状况。因而马克思得出结论，治理对象的贫困就是治理失效的直接后果，"不能想像摩塞尔河沿岸地区的贫困状况和政府无关，正如不能认为摩塞尔河沿岸地区位于国境之外一样"①。

就行政机关的治理来看，官僚等级制和管理制度的僵化，带来一系列难以克服的弊病：官员与民众是治理与被治理的对立关系，官员越俎代庖行为受制于"内行的官员不公正与公正的官员不内行"弊端，因而无法有效治理；官僚等级制奉行"官员的英明程度同官衔成比例"原则，因而或者负责治理的行政当局继续前任长官活动的结果（"这个前辈当时多半已经升官了，而且往往就是他的继任者的直接上司"②），或者面对上司颁布的具有权威性的管理原则和制度，行政当局不能修改法令和改革治理的方法，以适应摩塞尔河沿岸地区的特点，以致只能在规定的管理条例的范围内改革治理的对象，尽管"有最善良的意图，最伟大的博爱精神和最高超的智力"③，依然丝毫不能影响贫困现象，更不用说消除贫困现象了。从应然来说，不是人们改变他们的自然风俗以适应治理形式，而是治理形式要适合治理的风俗习惯、权利、劳动形式、财产形式和自然风俗，而是"建立一个能使他们成长、繁荣和生活的环境"④。从实然来看，因为管理机关和摩塞尔河沿岸地区贫困状况的本质关系，只要等级制法律以及官僚体制下的管理原则和管理制度继续存在，经常性贫困状况的"现实和管理原则之间的矛盾"和"经常的冲突"⑤现象就不会消失，也不可

---

① 《马克思恩格斯全集》第 1 卷，人民出版社 1956 年版，第 217 页。
② 《马克思恩格斯全集》第 1 卷，人民出版社 1956 年版，第 226—227 页。
③ 《马克思恩格斯全集》第 1 卷，人民出版社 1956 年版，第 229 页。
④ 《马克思恩格斯全集》第 1 卷，人民出版社 1956 年版，第 229 页。
⑤ 《马克思恩格斯全集》第 1 卷，人民出版社 1956 年版，第 229 页。

能消失。这样，马克思就迈出了"批判制度进而扬弃落后制度"的重要一步。

随着《莱茵报》的关闭和马克思的辞职，马克思对普鲁士资本主义现代化和市场化进程中的现实物质利益与社会贫困问题研究告一段落。马克思从社会舞台退回到书房，从《莱茵报》时期的现实生活批判转入法哲学理论批判。

二、对市民社会财产问题的追问

在《莱茵报》时期，马克思不是从政治经济学而是从法律、理论逻辑出发，反思社会物质利益问题、捍卫贫困民众权益。对社会物质利益问题的这一制度性反思，在《黑格尔法哲学批判》中被深化为"市民社会和国家，何者为第一性"问题。"市民社会决定国家"合理结论的得出，意味着马克思开辟出从财产角度考察社会历史问题的理论致思路径。显而易见，马克思《黑格尔法哲学批判》的理论成果既为《德法年鉴》时期对德国专制制度与现代制度的批判准备了思想前提与理论基础，又构成《巴黎手稿》从政治经济学入手解剖市民社会的直接动因。

在《莱茵报》时期马克思得出结论，私人同国家有千丝万缕的联系，私人利益同样也就是国家利益，因而摩塞尔河沿岸地区的贫困状况，就是自由报刊的缺失、立法失效与治理失效综合作用的结果。作为对《莱茵报》时期物质利益制度批判的继续，马克思在《黑格尔法哲学批判》中进一步把市民社会发展进程中的物质利益问题深化为"应有的二重化的同一性"① 困境。也就是说，私人利益（家庭、市民社会）与公共利益（代表普遍利益的政治国家）之间，存在着应然上的同一与实然上的分离与对立关系。这一关系本质上是（可以还原为）私有财产与政治国家的关系，这一关系的最高发展阶段是现代社会私有制与财产关系。这标志着马克思从财产视角透析现代社会问题的致思路径的形成。

马克思首先考察了财产与政治制度（国家）之间的关系史——其本身就是政治社会与市民社会的还原，揭示出财产与政治制度、私人利益与普遍利益统一与分离的关系史。

---

① 《马克思恩格斯全集》第1卷，人民出版社1956年版，第247页。

在古代与中世纪，财产依附于特权、政治国家，因此，私有财产不是社会的纽带，而是"特权即例外权的类存在"①。古代－中世纪政治制度的主导性与财产的依附性表现为：其一，财产与政治或特权相伴而行。财产依附于政治，随着政治的消亡，财产和人身也随之丧失。例如，妇女与马匹同时构成战争劫掠的财产，"战败国被当做私有财产来看待"②。其二，由于古代世界私有财产不独立与不发达，因而政治国家的"整个私有财产对于大众说来是公共财产"③ 或混合财产，而政治的解体与特权的废除导致了私有财产的发展。其三，既然财产只具有政治依附性，那么腐败问题就成为传统社会的痼疾，国家利益成为个人的私利，作为国家的公人成为脱不开个人利益干扰的私人。

在现代社会，随着政治的消解与特权的废除，"'独立的私有财产'或'真正的私有财产'不仅是'国家制度的支柱'，而且还是'国家制度本身'"④。私有财产逐渐发展起来并成为社会的纽带与基础。马克思主要以长子继承制（"最独立和最发达的私有财产""是最高阶段的私有财产，是独立自主的私有财产"⑤）为代表，来考察现代私有财产的特性。

其一，私有财产的独立性与政治制度的依附性。现代财产具有突出的独立性或私有本性，既独立于政治国家（"不依赖于国家的财产"或"国库"，"不仰仗于行政权的恩宠"⑥ 的财产），又和社会的需要或社会财产无关（"不仰仗于群众的青睐"⑦），甚至在其世袭性中超越了自然必然性的限制，从而和普遍等级的财产、产业等级的财产区别开来，成为真正的现代社会财产，取得了以占有为前提和"社会意志所确立的财产的形式"⑧。

马克思认为，在这种私有财产那里，"社会神经被割断了"⑨，这种私有财产具有"无情的本性""野蛮力量"，"伟大的""最高阶段的私有财

---

① 《马克思恩格斯全集》第 1 卷，人民出版社 1956 年版，第 381 页。
② 《马克思恩格斯全集》第 1 卷，人民出版社 1956 年版，第 382 页。
③ 《马克思恩格斯全集》第 1 卷，人民出版社 1956 年版，第 383 页。
④ 《马克思恩格斯全集》第 1 卷，人民出版社 1956 年版，第 379 页。
⑤ 《马克思恩格斯全集》第 1 卷，人民出版社 1956 年版，第 369 页。
⑥ 《马克思恩格斯全集》第 1 卷，人民出版社 1956 年版，第 367 页。
⑦ 《马克思恩格斯全集》第 1 卷，人民出版社 1956 年版，第 367 页。
⑧ 《马克思恩格斯全集》第 1 卷，人民出版社 1956 年版，第 368 页。
⑨ 《马克思恩格斯全集》第 1 卷，人民出版社 1956 年版，第 370 页。

产"，"是已经硬化了的私有财产"，是"最独立和最发达的私有财产"①。私有财产也就是私人的任性的不可转让性，即永恒不灭性，有了实体性的规定，从而超越了自然界限而具有了不死性，超越了社会界限而不受社会意志的影响——占有在前，社会意志承认（契约）在后。

这种最高阶段的私有财产，无依赖性的私有财产以及与之相适应的私人人格化，就是政治国家的最高构成。马克思这一思想如实反映了财产的本质（现代社会的财产本质），也反映了私有制的最高发展阶段。"政治国家对私有财产的支配权……是私有财产本身的权利，是私有财产的已经得到实现的本质"②。此外，马克思把政治国家和市民社会的关系还原为私有财产和政治国家的关系，就政治生活位于市民社会上空来说，政治国家不过是私有财产作为内在本质的外在表现。

其二，这种私有财产造成的后果有二：第一，财产的拟人化与财产所有者的偶性化（《资本论》把它表述为"经济关系的人格化"）。超越自然必然性与社会必然性的私有财产成为永恒的东西，财产的所有者实际上是偶性和拟人化的存在，人的意志和活动只是财产的意志和活动的表现。"私有财产成了意志的主体，意志则成了私有财产的简单谓语。在这里私有财产已经不是任性的特定客体，而任性反倒是私有财产的特定谓语。"③人对人的实际支配关系转化为财产所有者与其财产的关系，以致"主体是物，谓语却是人"④，自由只是财产的自由，外在的实体性的财产作为盲目的自然必然性和自然本能支配并统摄人。第二，如果说独立的私有财产也就是国家的政治独立，那么财产的政治化或者国家制度的财产基础就导致了公民的政治偶性化，意味着政治国家和公民政治特质的偶性存在。"政治独立是私有财产的偶性，而不是政治国家的实体。"⑤ 所谓获得政治独立的成员，也是从私有财产中获得自己的独立性的。因而在财产自由和财产独立的现代社会，以财产作为公民参与政治的资格，在表明现代政治国家的私有财产本质的同时，一定程度上防止公务人员的政治腐败，保证

---

① 《马克思恩格斯全集》第 1 卷，人民出版社 1956 年版，第 369 页。
② 《马克思恩格斯全集》第 1 卷，人民出版社 1956 年版，第 369 页。
③ 《马克思恩格斯全集》第 1 卷，人民出版社 1956 年版，第 370 页。
④ 《马克思恩格斯全集》第 1 卷，人民出版社 1956 年版，第 378 页。
⑤ 《马克思恩格斯全集》第 1 卷，人民出版社 1956 年版，第 378 页。

了公民独立和不被收买的政治美德。①

通过考察财产与政治制度之间的关系，马克思得出结论，虽然古代 - 中世纪的政治制度表现形式与现代社会不同，但"官僚政治是一个谁也跳不出的圈子"②。现代私有财产支配国家的直接表现就是国家成为官僚机构这个特殊的同业公会的私有财产：现代官僚政治实质上是以金钱为衡量尺度的等级制，因而即使社会和国家层面上人人平等，但是就工厂里看还是等级森严；现代官僚政治也表现在国家各权能既是公民的社会财产，又是市民的私人财产，而其实质是国家下降到私人利益的地位，以致市民社会被划分为两个等级：一个等级是市民等级，另一个等级却是丧失财产的市民社会中的劳动等级。

就官僚政治的严峻后果看，与黑格尔主张以现代行政权力制衡机制来解决这一问题不同，马克思认为问题的关键在于铲除官僚制：只有普遍利益在实际上成为特殊利益，特殊利益在实际上成为普遍利益，从而实现普遍利益与特殊利益的同一性，才能铲除官僚政治。这样，马克思就跨出批判资本主义政治制度——私有制——的重要一步。

三、现代财产问题往何处去

在马克思看来，"一切谜语的答案"只在于"在批判旧世界中发现新世界"③。因此，不仅要批判旧世界而且还要勾勒新世界蓝图，不仅要探讨现代社会问题"从何处来"，而且也考察现代问题"往何处去"。马克思在《德法年鉴》时期继续深入探讨德国式现代社会问题"从何处来"与"往何处去"。现代世界的文明的缺陷和旧制度的野蛮的缺陷结合起来造成了德国式现代社会问题，也就是说，一方面，德国旧制度自身是"使人成为受屈辱、被奴役、被遗弃和被蔑视的东西的一切关系"④，而且

---

① 不可收买的、独立的政治特质，也就是既不依赖国家（国家不是政治官员发财致富的手段），又不依赖市场社会（政治是经济的附属物和服务者，而不再重复中世纪财产是政治的附庸物），其实质是使独立的私有财产及其人格化——财产所有者——独立化并构成国家的基础，从而以独立的财产来保障政治品质。

② 《马克思恩格斯全集》第 1 卷，人民出版社 1956 年版，第 302 页。

③ 《马克思恩格斯全集》第 1 卷，人民出版社 1956 年版，第 416 页。

④ 《马克思恩格斯全集》第 1 卷，人民出版社 1956 年版，第 461 页。

面对现代工商业制度带来的文明弊病也无能为力；另一方面，现代国家机体本身的缺陷或文明弊病——盲目的自然必然性、市民社会、私有财产等——引致贫困与财富同步的文明弊病。问题的正确提法代表着问题的解决。马克思提出德国式现代问题的解决的原则、途径和条件，昭示着争取财产权利的历史目标和实现人的权利的终极价值归宿。

（一）现代社会财产问题"从何处来"

以政治解放的程度为标准，马克思把鲍威尔提出的"犹太人问题"界定为"纯粹神学问题""宪政问题"，或者"真正的世俗问题"①。对于德国而言，只有把"神学问题化为世俗问题"② 才算是犹太人问题的正确提法，才能把犹太人问题转化为当代普遍的问题和具有原则高度的世俗问题——德国式的现代问题。换句话说，在"人的统治和私有制的统治"③结合作用下，在传统的野蛮力量与文明的缺陷的联合作用下，在旧制度和现代制度的双重挤压下就出现了所谓的"德国式"现代问题。

一方面，在德国，特权横行、专制肆虐，"畸形的""可笑的""极其可恶的专制制度"④ 既造成蔑视人和不尊重人的现象，又导致了严峻的社会贫困问题。"这是一幅什么景象呵！社会没有止境地分成形形色色的行会，这些心胸狭窄、心地不良、庸俗粗暴的行会处于互相对立的地位，它们这种暧昧的猜疑的关系能够使它们的统治者毫无例外地——虽然形式不同——把他们看成只是仰仗统治者的恩典才活着的东西。甚至他们还要承认自己被支配、被统治、被占有的事实，而且要把这说成是上天的恩典！而在另一方面，则是那些身价和人数成反比的统治者！"⑤ 社会问题的堆积与德国专制制度治理的失效，必然导致德国式现代问题积重难返，"德国已深深地陷入泥坑，而且一天天地越陷越深"⑥。

另一方面，在 19 世纪 40 年代，随着旧的生产方式急剧解体和新的资本主义生产方式的出现，"工商业的制度，人们的私有制和剥削制度正在

---

① 《马克思恩格斯全集》第 1 卷，人民出版社 1956 年版，第 424 页。
② 《马克思恩格斯全集》第 1 卷，人民出版社 1956 年版，第 425 页。
③ 《马克思恩格斯全集》第 1 卷，人民出版社 1956 年版，第 417 页。
④ 《马克思恩格斯全集》第 1 卷，人民出版社 1956 年版，第 407 页。
⑤ 《马克思恩格斯全集》第 1 卷，人民出版社 1956 年版，第 455 页。
⑥ 《马克思恩格斯全集》第 1 卷，人民出版社 1956 年版，第 407 页。

比人口的繁殖不知快多少倍地引起现今社会内部的分裂"①。就历史的发展进程来看——英国的现在就是德国的未来，英国的"赤贫现象"②"工人日益贫困状况"就是德国未来的发展前景。马克思开始考察英国的贫困状况及其对贫困的治理情况，以昭示德国式现代问题的解决路径。

在英国，"大地产的垄断和那些妨碍谷物输入的法律"和"自由主义、竞争和过度发展的工厂制度"，共同导致了贫困景象："英国贫民的衣服破得难以想像；妇女们被劳动和贫困折磨得全身萎缩，遍体皱纹；孩子们在污泥里打滚；工厂里过度的、单调的机械劳动把人变成了畸形儿"③，也导致了卖淫、杀人、绞架和此起彼伏的变迁着的"抗议运动"④。这既动摇了政治和社会的基石，又警示着后发达国家。总而言之，只要存在传统政治制度的残留和现代工商业制度的深入发展，普遍的贫困现象和不断恶化的赤贫现象就会"既在时间上周期性地重复着，又在空间上广泛地扩展着，而且根本无法消除这种祸害"⑤。

为了对付赤贫现象，英国进行了大规模政治活动：改革管理"济贫捐"的行政机关，成立"赤贫部"来指导和监督救济金的发放和使用状况；制定和颁布一系列与济贫相关的法律。但是，在自由放任资本主义理念的影响下，英国把贫困问题看作"永恒的自然规律"，看作"工人自己给自己造成的贫困"⑥。英国社会甚至认为济贫法"所规定的对付社会祸害的手段，即慈善事业助长了社会迫害"，英国议会和政府"并不认为这种贫困是一种不幸，应该加以防止"，而"是一种罪过，应该加以镇压和惩罚"⑦。总而言之，慈善机构和济贫所奉行"慈善和报复"并举的措施实质上并不会为贫困问题的解决带来一丝希望。

显而易见，与英国资本主义现代化进程中的贫困与治理的困境相对照，德国式现代问题更为严重。基于市场化进程的需要，德国对内培植"财产独占"和"财产自由"，以致"条顿主义从人变成了物质"，对外利

---

① 《马克思恩格斯全集》第 1 卷，人民出版社 1956 年版，第 414 页。
② 《马克思恩格斯全集》第 1 卷，人民出版社 1956 年版，第 470 页。
③ 《马克思恩格斯全集》第 1 卷，人民出版社 1956 年版，第 473 页。
④ 《马克思恩格斯全集》第 1 卷，人民出版社 1956 年版，第 472 页。
⑤ 《马克思恩格斯全集》第 1 卷，人民出版社 1956 年版，第 474 页。
⑥ 《马克思恩格斯全集》第 1 卷，人民出版社 1956 年版，第 475 页。
⑦ 《马克思恩格斯全集》第 1 卷，人民出版社 1956 年版，第 475 页。

用国家力量来保护贸易，却屈从于英法的强势竞争。总之，集"现代国家文明的缺陷"和"旧制度的野蛮的缺陷"于一身的德国，承担了现代化和市场化初期带来的贸易冲击、财富冲击和竞争冲击，从而造成了严重的现代社会问题，导致了富裕与贫困同步、繁荣与滞胀一体的灾难。但德国对于问题的解决无能为力，"只分担了这一发展的痛苦，而没有分享这一发展的欢乐和局部的满足"①。

（二）德国式现代财产问题"往何处去"

"问题的提出就是对问题的解决。"② 当马克思正确地提出了犹太人问题和德国式现代问题时，就标示着其解答"现代问题往何处去"的可能性。在马克思看来，"从现存的现实本身的形式中引出作为它的应有的和最终目的的真正现实"③。事实的确如此，马克思对德国式现代问题的解答是从两个相互联系的层面展开的：历史权利和终极的人的权利。

所谓历史权利问题，主要是指实现政治解放、获取财产权利问题。马克思认为："即使我（指马克思。——引者注）否定了 1843 年的德国状况，但按法国的年代来说，我也不会是处在 1789 年，更不会是处在现代的焦点了。"④ 因而就德国来说，摆在面前的一个首要任务就是埋葬旧制度（从普遍意义上来看，旧制度作为现代国家隐蔽的缺陷也在压抑着各个现代国家），争取"平等、自由、安全、财产"，争取市民社会的人权。对于德国旧制度的野蛮缺陷及其与财产的关系，笔者在前文中已经详细阐述过，在这里故不赘述。

所谓终极的人的权利问题，主要是指人从私有财产和私有制的束缚中获得解放，也就是人类解放和共产主义。在实现了政治解放，获得历史权利的国家，人们的"平等、自由、安全、财产"等历史权利，不过是"脱离了人的本质和共同体的利己主义的人的权利"⑤，亦即市民社会成员的权利。马克思批判地研究资产阶级的"人权"，揭示其暂时的历史必然性："自由这一人权的实际应用就是私有财产这一人权"，平等是建立在私有财产基础之上的平等，"私有财产这项人权就是任意地（à son gré）、和别

---

① 《马克思恩格斯全集》第 1 卷，人民出版社 1956 年版，第 462 页。
② 《马克思恩格斯全集》第 1 卷，人民出版社 1956 年版，第 421 页。
③ 《马克思恩格斯全集》第 1 卷，人民出版社 1956 年版，第 417 页。
④ 《马克思恩格斯全集》第 1 卷，人民出版社 1956 年版，第 454 页。
⑤ 《马克思恩格斯全集》第 1 卷，人民出版社 1956 年版，第 437 页。

人无关的、不受社会束缚地使用和处理自己财产的权利；这项权利就是自私自利的权利。"据此，安全就是"整个社会的存在都只为了保证它的每个成员的人身、权利和财产不受侵犯"①。国家宣布私有财产为非政治的差别，也就是取消选举权和被选举权的财产资格，废除了财产的政治特质，这只是政治解放意义上的财产的废除，"国家还是任凭私有财产、文化程度、职业按其固有的方式发挥作用，作为私有财产、文化程度、职业来表现其特殊的本质"②。在实现政治解放的国家，或政治真正发达的国家里，不是消灭而是恢复了宗教、私有财产和信仰自由等市民社会的一切特殊因素。

最后，在谈到德国式现代问题时，马克思提出："德国能不能……一个筋斗就不仅越过自己本身的障碍，而且越过现代各国面临的障碍。"③ 从解放的原则、途径和现实条件等方面出发，马克思对这一问题给予肯定的回答。④ 就解决德国式现代问题的原则高度来看，马克思把现代社会问题归结为犹太精神：私有财产和金钱对人的统治，或者说人对私有财产和金钱的顶礼膜拜。因而现代社会问题的解决亦即犹太人的解放或人类解放，就是"从做生意和金钱中获得解放——因而也是从实际的、现实的犹太中获得解放"⑤。犹太人的解放，就是市民社会和犹太人的自我扬弃，就是犹太人金钱拜物教和做生意的经验本质——现代社会犹太人现实本质的普遍的世俗的体现，因此，"犹太人的社会解放就是社会从犹太中获得解放"⑥。现实的解放需要现实的条件——物质力量和理论因素。德国还没有实现政治解放，资产者同封建贵族和官僚就地产析分问题的斗争还远未结束，但"无产者就开始了反对资产者的斗争"⑦，反对财产独

---

① 《马克思恩格斯全集》第1卷，人民出版社1956年版，第438、439页。

② 《马克思恩格斯全集》第1卷，人民出版社1956年版，第427页。

③ 《马克思恩格斯全集》第1卷，人民出版社1956年版，第460—462页。

④ 这里有一个有趣的问题：在这里马克思对德国作为前资本主义国家跨越资本主义的可能性给予肯定回答；而对俄国的跨越问题，一方面，马克思认为俄国和德国的发展程度相近，"既然德国的整个发展没有超出德国的政治发展，那末德国人能够参与现代问题的程度顶多也只能像俄国人一样"。（《马克思恩格斯全集》第1卷，人民出版社1956年版，第458页）那么逻辑上可以推论出俄国同德国一样可以一个筋斗越过双重障碍。另一方面，马克思后来就俄国这一问题回复查苏利奇的来信时认为，俄国或者是公有因素战胜私有因素，或者是私有因素战胜公有因素，从而对前现代国家尤其是东方国家跨越卡夫丁峡谷问题持谨慎态度。

⑤ 《马克思恩格斯全集》第1卷，人民出版社1956年版，第446页。

⑥ 《马克思恩格斯全集》第1卷，人民出版社1956年版，第451页。

⑦ 《马克思恩格斯全集》第1卷，人民出版社1956年版，第465页。

立、垄断和一无所有的锁链，反对"私有财产对国家的控制"①。从理论的角度来看，对德国法哲学和国家哲学进行批判，从而提升理论的原则高度——"人本身是人""人本身是人的最高本质"②，并从这一理论出发进行武器的批判，在哲学世界化中实现哲学；从物质基础来说，"就在于形成一个被彻底的锁链束缚着的阶级，即形成一个非市民社会阶级的市民社会阶级"，并把"无产阶级身上的东西提升为社会的原则"。③

概言之，既然德国式现代问题是德国旧制度的野蛮力量和现代文明缺陷相结合的产物，那么，德国式现代问题的解决就是在"人本身是人的最高本质"的这个精神武器，与宣告"这个世界制度的实际解体"的无产阶级这个物质武器的结合中完成的，也就是哲学通过无产阶级——"非市民社会阶级的市民社会阶级"——实现自身的世界化，无产阶级通过哲学实现自身的社会化，当这"一切内在条件一旦成熟，德国的复活日就会由高卢雄鸡的高鸣来宣布"④。从总的原则高度上看，《德法年鉴》时期的马克思对现代社会问题尤其是德国的现代问题持双重批判的维度，既坚持历史的批判，坚持资本主义取代古代世界和中世纪的历史必然性和合理性，又秉持终极的人道关怀，亦即资本主义现代大工业生产所带来的文明缺陷有一个被更高的自由人联合体所取代的结果。马克思经济学知识较匮乏，因而不能从政治经济学的角度出发去解剖市民社会、现代工商业制度或资本主义生产方式，这从逻辑上昭示着马克思进一步开拓出经济学原则与哲学的有机结合的新领域。

第二节　哲学解答路径：现代财产问题的唯物史观解答

"问题的提出就是问题的解答"。当马克思合理地提出现代社会财产问题"从何处来"和"往何处去"的时候，已经昭示了马克思的方法论

---

① 《马克思恩格斯全集》第1卷，人民出版社1956年版，第457页。
② 《马克思恩格斯全集》第1卷，人民出版社1956年版，第466、467页。
③ 《马克思恩格斯全集》第1卷，人民出版社1956年版，第467页。
④ 《马克思恩格斯全集》第1卷，人民出版社1956年版，第467页。

转向，即从哲学（特别是德国思辨哲学）批判转向政治经济学批判，进而在哲学方法论革命中催生着政治经济学方法论革命。从《1844 年经济学哲学手稿》到《共产党宣言》的公开问世，马克思在"哲学解答路径：现代财产问题的唯物史观解答"中初步创立了科学的财产理论，直指"市民社会的政治经济学根基"和"现代私有财产的异化劳动根源"的悖论，召唤"真正人的和社会的财产的关系"即自由人联合体。

一、现代财产分化的异化劳动根源及其历史归宿

在《巴黎手稿》中，马克思从"当前的经济事实"出发，即从私有财产和异化劳动的事实以及由此导致的"物的世界的增值同人的世界的贬值成正比"[①] 现象出发，深入分析工人同其产品的反常关系、活劳动与死劳动（资本）的颠倒关系，揭示出资本主义社会财产分化、关系物化、社会失序的异化劳动根源，阐述"自我异化同异化走的是同一条道路"的资本历史任务。

马克思运用异化劳动理论，考察了异化劳动、外化劳动和私有财产之间的关系，揭示了私有财产的起源和本质。私有财产最初不过是人通过劳动而占有自然界的产物、结果和后果，是人的内在本质力量的外在化和对象化。"私有财产作为外化劳动的物质的、概括的表现。"[②] 最初作为劳动的外化和对象化的私有财产与外化劳动之间的关系，逐渐转化为私有财产与异化劳动的关系，最终转化为发达的私有财产和以雇佣劳动为表现形式的异化劳动的关系，转化为私有财产与劳动（外化劳动和异化劳动）之间互为因果的关系。"私有财产一方面是外化劳动的产物，另一方面又是劳动借以外化的手段，是这一外化的实现。"[③] 通过对异化劳动的分析，以及对外化劳动和私有财产的起源的分析，马克思得出了私有财产的主体本质："私有财产的主体本质，作为自为的活动、作为主体、作为个人的私有财产，就是劳动。"[④] 因此，"异化劳动"以及作为其后果的现代社会发达的私有财产，都是历史发展到一定阶段的必然的、暂

---

① 《马克思恩格斯全集》第 42 卷，人民出版社 1979 年版，第 90 页。

② 《马克思恩格斯全集》第 42 卷，人民出版社 1979 年版，第 102 页。

③ 《马克思恩格斯全集》第 42 卷，人民出版社 1979 年版，第 100 页。

④ 《马克思恩格斯全集》第 42 卷，人民出版社 1979 年版，第 112 页。

时的形态。

马克思从对劳动、异化劳动、外化劳动的分析中推导出私有财产范畴，推导出私有财产的起源和主体本质，实现了着眼于"物"的私有财产与着眼于"人"的异化劳动的统一。"我们把私有财产的起源问题变为异化劳动同人类发展的关系问题，也就为解决这一任务得到了许多东西。"① 问题的新的提法就包含问题的解决。马克思把握住了体现资本主义本质特征的私有财产的关系："私有财产的关系是劳动、资本以及二者的关系。"② 据此，马克思进一步揭示了现代私有财产的发展趋势。消灭现代社会的劳动（异化劳动、雇佣劳动）就是消灭现代社会的私有财产，就是通过共产主义运动，在积极扬弃私有财产的运动中，实现人对人的本质以及本质对象化的重新占有和真正占有。

当然，在马克思看来，异化劳动的扬弃、私有财产的消灭和共产主义的实现，是需要一定历史条件的。它不是"从个别的同私有财产相对立的历史形态中为自己寻找历史的证明"③，而是在现代财产运动中，在私有财产发展到最高阶段、最发达阶段，在劳动和资本的对立发展为世界历史性的普遍形式中，为自己寻找经验性证明。这首先是资本主义私有财产的历史任务。换言之，通过对财产的演化史，对封建主义的财产（地产）、资本主义的财产（资本）和未来共产主义的财产（真正的人和社会的财产）的历史运动的考察，马克思揭示了现代私有财产的发展趋势和共产主义实现的历史必然性。正如马克思所言："整个革命运动必然在私有财产的运动中，即在经济中，为自己既找到经验的基础，也找到理论的基础。"④

在私有财产的运动进程中，封建性质的财产（地产），其偶然性、不发达性、不完全性必然导致其走向灭亡，"所有者和他的财产之间的一切人格的关系必然终止，而这个财产必然成为纯实物的、物质的财富"⑤。在马克思看来，一切私有财产转化为资本私有财产是历史的必然，是私有者在一定程度上向私有财产的劳动本质的回归。"资本的文明的胜利恰恰

① 《马克思恩格斯全集》第42卷，人民出版社1979年版，第102页。
② 《马克思恩格斯全集》第42卷，人民出版社1979年版，第110页。
③ 《马克思恩格斯全集》第42卷，人民出版社1979年版，第120页。
④ 《马克思恩格斯全集》第42卷，人民出版社1979年版，第120—121页。
⑤ 《马克思恩格斯全集》第42卷，人民出版社1979年版，第84页。

在于，资本发现并促使人的劳动代替死的物而成为财富的源泉。"① 同样，资本在自身的历史发展进程中，也走向了逐渐扬弃自身的不归之路。随着资本与劳动之间对立关系的发展，资本就必然走向灭亡。

在马克思看来，以往社会私有财产的运动，形成了未来社会所需的全部劳动材料，形成了物质的、直接感性的财产以及具有丰富的、全面而深刻的感觉的主体的人。只有在此基础之上，在"有力地促使这种矛盾状态得到解决的私有财产"② 形成的基础之上，私有财产的扬弃和共产主义的实现才提上历史的日程。

由上可见，马克思以异化劳动理论为工具，揭示了现代财产的起源、本质和发展趋势，昭示了共产主义就是私有财产历史运动的终极产物和结果。

二、现代财产问题的唯物史观解答

在《神圣家族》《詹姆斯·穆勒〈政治经济学原理〉一书摘要》《评弗里德里希·李斯特的著作〈政治经济学的国民体系〉》《关于费尔巴哈的提纲》《德意志意识形态》等著作中，马克思汲取了李斯特生产力理论的合理成分，初步阐述了唯物史观基本方法论原则，初步探讨了财产的社会形式和物质内容双重属性，考察了人类社会财产所有制关系，揭示了人类历史存在和发展的物质财富根基。马克思"新世界观"的创立及其在政治经济学批判中的运用，初步解答了"现代财产问题往何处去"。

（一）对财产生产力和交往形式（生产关系）双重属性的初步考察

在马克思看来，财产既体现着人与自然之间的同一性关系，又体现着人与人之间同一与对立关系，由此可见，财产具有生产力（物质内容）和生产关系（社会形式）③ 双重属性。

---

① 《马克思恩格斯全集》第 42 卷，人民出版社 1979 年版，第 110 页。

② 《马克思恩格斯全集》第 42 卷，人民出版社 1979 年版，第 117 页。

③ 马克思曾经明确指出："实物是为人的存在，是人的实物存在，同时也就是人为他人的定在，是他对他人的人的关系，是人对人的社会关系。"（《马克思恩格斯全集》第 2 卷，人民出版社 1957 年版，第 52 页）如果说马克思批判继承了财产的"生产力"属性范畴，那么在一定意义上可以说，马克思在超越前人的意义上独创了财产的"生产关系"属性范畴，赋予其全新的意义和内涵（如"财产关系不过是生产关系的法律用语"等说法）。

就财产的客体对象来看，财产是生产力的前提条件和内在构成要素，因而在一定程度上可以说，财产的发展与生产力的发展是有机统一的过程。就财产是把生产条件看作自己的东西这样一种关系来说，财产只有通过生产本身才能实现，财产就是人在生产过程中，把自身内在的本质力量不断对象化和物化的结果和产物，随着天然自然不断转化为人化自然，这一生产过程与财产创造过程的统一更为显而易见：作为生产条件的财产必须不断通过劳动才真正成为个人劳动的条件和客观因素，随着生产的发展，财产的数量也在不断增加。

财产又内含着生产关系属性。虽然财产体现在一个物上，但物本身并不是财产，物只有处于一定社会关系中才成为财产。"物只有在交往的过程中……才成为物，即成为真正的财产。"① "私有财产的现实存在形式是与生产的一定阶段相适应的社会关系。"② 反之，财产也只是存在于一定的社会关系中，存在于特定的社会发展阶段。

马克思把财产归结为社会生产力和社会生产关系层次的范畴的同时，进一步阐述了财产的生产力属性与生产关系属性二者之间的关系："个人与劳动的材料、工具和产品的关系决定他们相互之间的关系。"③ 这一论述，潜含着科学的财产理论的总体方法论。这昭示着初步形成的财产理论在正确的方法论指引下可以进一步发展和深化为科学的财产理论。

（二）对人类社会财产所有制关系的初步考察

在《德意志意识形态》中，马克思从生产工具（生产力）的角度探索了人类社会的所有制形态。在马克思看来，第一种所有制形态是与"自然产生的生产工具"相适应的，在这种所有制形态中，个人受自然界的支配，亦即"财产（地产）也表现为直接的、自然产生的统治"。第二种所有制形态是与"由文明创造的生产工具"相适应的，在这种所有制形态中，个人受"积累起来的劳动即资本的统治"④。第三种所有制形态是与联合起来的个人"对生产力总和的占有以及由此而来的才能总和的

---

① 《马克思恩格斯全集》第 3 卷，人民出版社 1960 年版，第 72 页。
② 《马克思恩格斯全集》第 3 卷，人民出版社 1960 年版，第 255 页。
③ 《马克思恩格斯全集》第 3 卷，人民出版社 1960 年版，第 25 页。
④ 《马克思恩格斯全集》第 3 卷，人民出版社 1960 年版，第 73 页。

发挥"① 相适应的，在这种所有制形态中，人类主体自主活动才成为可能。社会形态的这一"三阶段论"，在某种程度上成为后来《资本论》及其手稿中三大社会形态理论的源头。

在马克思看来，私有财产的运动是推动历史发展的主要因素之一，是推动社会形态变迁的主要因素。"私有财产是生产力发展一定阶段上必然的交往形式……"② 由此马克思合理地得出结论：这种人们创造的但又反过来统治人们并抹杀人们的主观意志的私有财产，就是过去历史发展的主要因素之一。马克思已经阐明了财产的社会利用形式与财产关系亦即生产力与生产关系之间的矛盾运动决定社会历史发展机制，这种发展机制就是以分工为基础所形成的古典私有制和现代私有制发生演化的主要动力源泉，因而社会形态的更替和发展趋势就豁然开朗了。

（三）现代财产问题的唯物史观解答

以往的私有制是以分工的不同发展阶段来划分的。③ 分工导致人的片面发展，私有制引致财产的分化和生产力的私人利用（在资本主义社会表现为生产力的资本主义利用）。而最主要的生产力就是储藏在个人身上的能力，因此，生产力的私人利用必然阻碍个人才能的充分发挥。即使按照生产力从而依照财产快速增加的尺度来衡量以往的私有制（古典私有制和现代私有制），这种分工和生产力的私人利用所获得的成果也是极其有限的，所创造的社会财富不是最有效的，所造成的人的片面发展也是显而易见的。正如马克思所指出的："这种在一定条件下无阻碍地享用偶然性的权利，迄今一直称为个人自由。而这些生存条件当然只是现存的生产力和交往形式。"④ 这种一定条件下无阻碍地享用偶然性的权利，其实不过是财产自由，不过是"物的关系对个人的统治、偶然性对个性的压抑"⑤。

马克思把社会历史问题上升为"一切历史冲突都根源于生产力和交

---

① 《马克思恩格斯全集》第3卷，人民出版社1960年版，第76页。
② 《马克思恩格斯全集》第3卷，人民出版社1960年版，第410—411页。
③ "分工发展的各个不同阶段，同时也就是所有制的各种不同形式。"（《马克思恩格斯全集》第3卷，人民出版社1960年版，第25页）"分工和私有制是两个同义语，讲的是同一件事情，一个是就活动而言，另一个是就活动的产品而言。"（《马克思恩格斯全集》第3卷，人民出版社1960年版，第37页）
④ 《马克思恩格斯全集》第3卷，人民出版社1960年版，第85页。
⑤ 《马克思恩格斯全集》第3卷，人民出版社1960年版，第515页。

往形式之间的矛盾"①的原则高度，上升为具有现实运动品质的原则高度，因而就为社会历史问题从"实然"到"应然"指明了道路：共产主义运动就是从现有的条件及其交往形式出发的现实的运动。这样在历史唯物主义理论框架内，人与自然的关系被纳入以财产和利益为纽带（人与人）的社会关系，被表达为一种社会化的物质利益，这就使得社会结构在本质上表现为一种使一定生产力得到历史个体利用的经济条件，因此社会结构既为历史个体自由活动设定了经济界限，又为历史个体打破这种物质界限提供了现实的利益机制。

在马克思看来："共产主义只有作为占统治地位的各民族'立即'同时发生的行动才可能是经验的，而这是以生产力的普遍发展和与此有关的世界交往的普遍发展为前提的。"②"占有就必须带有适应生产力和交往的普遍性质。"③由此可见，马克思从财产的生产力属性和生产关系属性出发阐述共产主义实现的历史经验性。一方面，生产力的高度发展造成了普遍交往和世界历史的形成，从而为联合起来的个人占有生产力总和奠定了坚实的基础；反之，如果没有生产力的高度发展和物质财富的充裕，普遍的贫穷驱使人们重新开始争取必需品的斗争，一切陈腐的东西必然要死灰复燃。另一方面，只有形成世界性交往，才能保存和发展生产力；只有实现历史到世界历史的转化，才能消除地域、民族界限，个人才成为世界历史性的个人、全面发展的个人，充分发展生产力的同时占有生产力总和。

综上所述，马克思阐述了财产的生产力属性和生产关系属性以及私有财产作为异化的物质力量是历史发展的主要因素之一，就为社会历史问题的解答提供了锁钥。马克思对现代私有财产与社会贫困问题作了唯物史观式解答，亦即从财产的生产力属性以及由此而来的社会利用形式从个人力量与生产工具的私人利用到社会利用中实现"现代私有财产与社会贫困组织的和解"，"对生产力总和的占有以及由此而来的才能总和的发挥"④。这样，"在无产阶级的占有制下，许多生产工具应当受每一个个人支配，而财产则受所有的个人支配。……联合起来的个人对全部生产力总和的占

① 《马克思恩格斯全集》第 3 卷，人民出版社 1960 年版，第 83 页。
② 《马克思恩格斯全集》第 3 卷，人民出版社 1960 年版，第 39—40 页。
③ 《马克思恩格斯全集》第 3 卷，人民出版社 1960 年版，第 76 页。
④ 《马克思恩格斯全集》第 3 卷，人民出版社 1960 年版，第 76 页。

有，消灭着私有制"①。

这里应当指出的一点是，共产主义同现存的资本主义私有制不是绝对对立的关系，不是拥有财产和没有财产之间的对立，而是在现存私有制的基础之上产生了共产主义，是在以往历史发展的基础上产生了共产主义。据此，马克思批判了形形色色的德国共产主义体系："或者看作是消灭财产，其结果是普遍没有财产或贫困；或者看作是建立真正的所有制以消灭没有财产的状况。"② 其实质不过 "是法国思想在受小手工业关系限制的那种世界观范围内的复制"③。

三、初创的马克思财产理论的进一步深化

当 "自己弄清问题"④ 亦即为科学的财产理论确立了唯物史观根基之后，马克思立刻着手在《哲学的贫困》《关于自由贸易的演说》《共产党宣言》（与恩格斯合著）等著作中向民众表述这一见解。与《德意志意识形态》相比，这些著作在理论的表达和概念的使用上更为科学更为精确（例如，马克思把《德意志意识形态》中的 "交往形式" 发展为《哲学的贫困》中 "生产关系" 这个科学概念，等等），这标志着唯物史观的进一步科学化，也标志着初创的马克思财产理论得到了进一步的深化。

（一）揭示隐含在财产背后的社会问题及其解决方向

马克思在《哲学的贫困》和《道德化的批评和批评化的道德》文献中，批判性地研究了现代社会的财产问题及其在理论上的反映。

资产阶级经济学家认为，现代生产关系正是 "使生产财富和发展生产力得以按照自然规律进行的那些关系"⑤。但是马克思认为，资产阶级的生产关系 "在产生财富的那些关系中也产生贫困；在发展生产力的那些关系中也发展一种产生压迫的力量"⑥。因此，在对抗中形成的资产阶级财富，在阶级对抗中发展的社会生产力，促进财产增加的同时，也导致

---

① 《马克思恩格斯全集》第 3 卷，人民出版社 1960 年版，第 76—77 页。

② 《马克思恩格斯全集》第 3 卷，人民出版社 1960 年版，第 553 页。

③ 《马克思恩格斯全集》第 3 卷，人民出版社 1960 年版，第 544 页。

④ 《马克思恩格斯全集》第 13 卷，人民出版社 1962 年版，第 10 页。

⑤ 《马克思恩格斯全集》第 4 卷，人民出版社 1958 年版，第 154 页。

⑥ 《马克思恩格斯全集》第 4 卷，人民出版社 1958 年版，第 155 页。

了财产关系的对立、分离和对抗。这表明资产阶级的财产关系不是永恒的和自然的，而是历史的和暂时的。

现代社会财产问题及其解决必须被置于社会历史进程中加以考察和研判。在马克思看来："财产问题从来就随着工业发展的不同阶段而成为这个或那个阶级的切身问题。"① 在 17—18 世纪，废除封建特权和等级的财产关系，就是关涉资产阶级切身利益的财产问题；在 19 世纪财产问题作为工人阶级的切身问题就是要废除资产阶级的财产关系。在德国，财产权作为支配他人劳动的权力，与权力也统治着财产两种现象并存。"财产问题的表现形式极不相同，这是同一般工业发展的不同阶段和各国工业发展的特殊阶段相适应的"。② 因此，德国的财产问题特点有二：其一，对内财产变成政治统治的问题，从而给竞争以广阔的自由和消灭一切封建财产关系，对外保护关税从而保护德国资产阶级利益的问题；其二，工人阶级的财产问题也成为最重要的社会问题。

科学的财产理论的唯物史观根基的确立以及由此产生的财产问题的新提法，为马克思反思和解决德国社会财产问题提供了现实可能性。改良主义思想主张"在合乎道德高尚的大丈夫的正义感的合理基础上对财产进行了调整"③，既规定最低限度财产，又规定最高限度财产，甚至主张"富人大发慈悲"的财产平均主义，以此来解决经济问题、缓和社会矛盾。在马克思看来，凭借善良愿望和理想主义来改造社会现实的简单做法，不仅违背了历史必然性——经济必然性，导致了向封建财产关系的回归，而且在残酷现实面前善良愿望无能为力，因而其结果必然是空想的。马克思认为，现存的资产阶级私有制就是资产阶级生产关系的总和，这些关系的变化就是历史的变化，就是整个社会活动的产物，"这些关系当然只有在各阶级本身和他们的相互关系发生变化以后才能发生变化或根本消灭"④。

据此，马克思提出了建构"为了生产财富而组织得最完善的社会"的思想。马克思首先考察现代社会的分工原理。在现代工厂中，分工是按照企业主的权力（经济权力、资本）进行调度的。但在现代社会中，分

---

① 《马克思恩格斯全集》第 4 卷，人民出版社 1958 年版，第 335 页。
② 《马克思恩格斯全集》第 4 卷，人民出版社 1958 年版，第 334 页。
③ 《马克思恩格斯全集》第 4 卷，人民出版社 1958 年版，第 346 页。
④ 《马克思恩格斯全集》第 4 卷，人民出版社 1958 年版，第 352 页。

工是按照自由竞争的规则进行的。马克思在批判资产阶级社会分工原理的悖论中发现新型社会组织原理："为了生产财富而组织得最完善的社会，毫无疑问只应当有一个主要的企业主按照预先制定的条规将工作分配给社会集体的各个成员。"①

马克思特别指出，财产问题的解决需要物质前提，需要具有足以消灭资产阶级社会的物质条件。"当使资产阶级生产方式必然消灭、从而也使资产阶级的政治统治必然颠覆的物质条件尚未在历史进程中、尚未在历史的'运动'中形成以前，即使无产阶级推翻了资产阶级的政治统治，它的胜利也只能是暂时的，只能是资产阶级革命本身的辅助因素（如1794年时就是这样）。"② 170多年前马克思的这番话，放到我们现时代依旧具有重要的启示意义。它揭示出善良意愿要服从现实物质条件，服从于既有的物质生产力和社会交往的发展，否则就会使革命实践遭受严峻的考验。

（二）初创的科学的财产理论的公开问世及其进一步深化

《共产党宣言》是科学的财产理论初步形成和发展进程中的理论纲领，标示着初创的科学的财产理论的公开问世及其进一步深化。

马克思（和恩格斯）初步创立的科学的财产理论，在《共产党宣言》中得到了进一步发挥和科学的表述。马克思（和恩格斯）运用初步创立的科学的财产理论的唯物史观方法论，考察了人类社会特别是资本主义社会财产关系产生和发展的历史，揭示出资本主义社会财产运动规律，科学地预见了共产主义特别是从资本主义向未来共产主义过渡进程中的社会主义的财产规定。

马克思（和恩格斯）运用初步创立的科学的财产理论，考察了人类社会特别是资本主义社会财产关系产生和发展的历史，揭示出资本主义社会财产运动的规律。《共产党宣言》指出，封建社会内部孕育着资产阶级社会赖以形成的物质生产条件，以及与此不相适应的陈腐的特权、等级、行会等关系。当封建的财产所有制关系变成了生产力发展的桎梏时，取而代之的就是适应生产力发展的资本主义财产关系。资产阶级在历史上曾经起过非常革命的作用："资产阶级争得自己的阶级统治地位还不到一百

---

① 《马克思恩格斯全集》第4卷，人民出版社1958年版，第165页。
② 《马克思恩格斯全集》第4卷，人民出版社1958年版，第331—332页。

年，它所造成的生产力却比过去世世代代总共造成的生产力还要大，还要多。"①

但是，随着生产力的发展，作为资产阶级及其统治基础的资产阶级私有制关系和生产力之间的矛盾日益暴露出来。社会化大生产和资本主义私人占有制之间产生了不可调和的矛盾。于是，资产阶级所有制关系就要合乎规律地被打破，取而代之的是与社会化大生产相适应的共产主义的生产资料社会所有制。

在马克思看来，共产主义运动是当下的运动，是为工人争取更多的历史权利和财产利益的具体的现实的运动；同时又是指向未来的运动，是最终实现人的权利的运动。对于共产主义的实现途径问题，马克思做出了科学的回答：在当前的运动中还坚持着运动的未来。马克思的这一论述表明共产主义社会可以划分为两个阶段。在第一个阶段，处于资本主义向共产主义过渡中的社会主义社会利用资本主义社会所形成的社会化大生产，打破过去遗留下来的所有制关系，夺取资产阶级的资本，把生产资料和劳动工具集中到国家手中，实现生产力的快速发展和物质财富的快速增加。在此基础之上的第二个阶段，最终消灭私有制，实现"一个以各个人自由发展为一切人自由发展的条件的联合体"②。

综上所述，从《巴黎手稿》到《共产党宣言》问世时期，马克思为科学的财产理论奠定了具有原则高度的方法论基础，初步探讨了资本主义财产关系的发展规律，揭示了未来社会的财产规定。这些论述，标志着科学的财产理论的初步创立。

第三节　科学的财产理论的最终形成

19 世纪 50 年代，马克思移居到伦敦。面对大量的政治经济学材料以及资产阶级社会似乎踏入新的发展阶段，马克思以批判的精神透彻地研究政治经济学。其研究结果就是使得科学的财产理论得以成熟和系统化的

———————

① 《马克思恩格斯全集》第 4 卷，人民出版社 1958 年版，第 471 页。
② 《马克思恩格斯全集》第 4 卷，人民出版社 1958 年版，第 491 页。

《资本论》及其手稿：《1857—1858 年经济学手稿》（《马克思恩格斯全集》第 46 卷上下册）、《1861—1863 年经济学手稿》（《马克思恩格斯全集》第 26、47、48 卷）、《1863—1865 年经济学手稿》（《马克思恩格斯全集》第 24、25、49 卷）。在《资本论》及其手稿中，马克思运用系统的政治经济学的方法论，详细研究现代社会财产运动规律，从内容与形式两个方面对初步创立的科学的财产理论进行了系统阐述和全面发挥，标志着科学的财产理论的最终形成。

科学的财产理论，肇始于 1843 年政治经济学批判研究，形塑于 1850 年《伦敦笔记》、1850 年至 60 年代篇幅浩繁的经济学手稿，系统化、体系化于《资本论》的创作与出版。科学的财产理论的"超越和建构"，在形式上展现在马克思在超越资产阶级政治经济学领域的政治经济学批判和超越思辨哲学领域的哲学批判这一"互动批判"中所建构起来的"新世界观"和政治经济学方法论系统；在内容上展现在马克思在这一"互动批判"中所引致的财产的物质内容和财产的社会形式、物的范畴和关系范畴的有机统一。

一、对资本财产形成发展规律的科学揭示

资产阶级经济学家之所以得出资产阶级生产关系是永恒的和固定不变的结论，是因为他们"没有说明这些关系本身是怎样产生的，也就是说，没有说明产生这些关系的历史运动"①。与之相反，在马克思看来，任何事物都不是永恒的，而是有其自身的运动发展规律。同样，资本也是一个历史范畴，有其自身产生、发展和灭亡的历史。在《资本论》及其手稿中，马克思通过对资本的本质内涵及其历史起源的考察，对资本生产属性的科学探索，对资本的世界生产力发展极限的考察，以及对资本财产自我扬弃的考察，科学地揭示出资本财产形成发展的规律。

（一）关于资本的本质内涵及其历史起源的考察

从表面上看，资本在具体的运行过程中总是和机器、货币和厂房等物质实体非常紧密地结合在一起，总是表现为一定的物。不可否认，资本总是以一定的物为载体的，但是资本本质上不是物，而是一种关系，一种社

---

① 《马克思恩格斯全集》第 4 卷，人民出版社 1958 年版，第 139—140 页。

会生产关系。"资本不是一种物，而是一种以物为媒介的人和人之间的社会关系。"① 进而马克思指出，作为关系范畴的资本，不是永恒的和自然的，不是一切历史时代所共有的社会关系，而是以往历史发展的结果，是一系列陈旧的社会生产形态灭亡的必然产物。资本的存在需要一定的历史条件，分工、商品交换和货币就是资本产生的三个重要逻辑环节。但是只有在生产力发展到一定程度，在生产力发展到劳动力商品化的历史条件下，货币才能转化为资本，资本才成为现实的存在。"只有当生产资料和生活资料的所有者在市场上找到出卖自己劳动力的自由工人的时候，资本才产生。"②由此可见，尽管早在人类社会早期的经济活动中资本就已经萌生（在前资本主义社会存在着两种古老的资本形式：生息资本或高利贷资本与商人资本），但是资本的最终形成和确立却是发生在资产阶级社会的事情。因此，资本本身是资产阶级社会的基础和特有的标志。

（二）关于资本生产属性（价值增殖属性）的考察

在马克思看来，资本是一个生产性范畴："资本是生产的；也就是说，是发展社会生产力的重要的关系。"③ 资本内在的生产属性，导致其在效率方面，远远超过了以往一切以直接强制劳动为基础的生产制度。

资本财产的绝对致富本性或无限的发财致富欲望，是通过两种方式——绝对剩余价值生产和相对剩余价值生产（亦即当代所讲的粗放式经济增长和集约式经济增长）来实现的。"资本的趋势是把绝对剩余价值和相对剩余价值结合起来；就是说，要使工作日延长到最大限度，并使同时并存的工作日达到最大数量，同时一方面又要使必要劳动时间，另一方面也要使必要工人人数减少到最小限度。"④ 从表现资本效率的本质特征与提高资本效率的根本途径来说，相对剩余价值生产因成功地突破了绝对剩余价值生产的自然界限与社会界限，成为资本主义的典型生产方式。

马克思主要从形成财富的两个要素的角度出发，也就是从提高物的效

---

① 《马克思恩格斯全集》第 23 卷，人民出版社 1972 年版，第 834 页。
② 《马克思恩格斯全集》第 23 卷，人民出版社 1972 年版，第 193 页。
③ 《马克思恩格斯全集》第 46 卷上，人民出版社 1979 年版，第 287 页。
④ 《马克思恩格斯全集》第 46 卷下，人民出版社 1980 年版，第 292 页。

率和人的效率来考察资本的生产属性。① 从物的因素来看，效率主要表现为现代科学在现代工艺上的快速应用和自觉应用，和相对于可变资本来说的以机器为代表的固定资本的比例不断增加；从人的因素来看，效率主要表现在：一方面是管理学意义上的组织效率，资本财产普遍采用分工、协作或结合性质的社会劳动，即把个人劳动力当作社会劳动力、节约生产资料性质的劳动，进行工厂内部的权威、专制、有计划性和有组织性管理等；另一方面是人口素质的提高，尤其是高级的、发达的资本财产的成年阶段，资本财产进入知识经济阶段。

资本的生产属性带来的后果是革命性的。其后果之一就是实现了社会生产力的快速发展和物质财富快速增加。与之相适应的是，资本需要不断扩大产品的销路，需要榨取全世界的市场，从而把资本生产推及一切地点。资本财产会力图超越一切空间界限和时间界限。在空间上，资本财产力求摧毁一切地域性、民族性界限，形成资本财产统治下的世界市场；在时间上，资本财产力求压缩流通时间，改善交通运输工具从而以时间来克服空间的限制即缩短从生产到市场的距离，将劳动时间等同于生产时间，将生产时间尽可能等同于财富的生产时间，将人们的一切时间纳入创造财富的轨道。

由上可见，"把生产性当作自己的内在属性而包括在自身之中"② 的资本，不断推动社会生产力快速发展和社会物质财富极大丰裕的同时，也不断推广以资本为基础的生产，实现了历史向世界历史的转变。

（三）资本的生产极限与资本的必然灭亡

资本的本质就是互相排斥，就是在无限制地发展生产力的同时又不断为这一发展设置界限，所以资本就是一个活生生的矛盾。资本的生产极限昭示了资本的必然灭亡。具体说来，资本生产的内在极限有二。

其一，资本价值增值实现的极限。在马克思看来，流通是资本总体的一个必要组成部分，在流通过程中，资本实现了从物质形态到价值形态的转化，因此，流通是资本价值的实现。但同时，"在流通过程中，不生产任何价值，因而也不生产任何剩余价值。在这个过程中，只是同一价值量发

---

① 马克思所阐释的促进生产力发展的主要因素包括"工人的平均熟练程度，科学的发展水平和它在工艺上应用的程度，生产过程的社会结合，生产资料的规模和效能，以及自然条件"，等等（《马克思恩格斯全集》第 23 卷，人民出版社 1972 年版，第 53 页）。

② 《马克思恩格斯全集》第 46 卷下，人民出版社 1980 年版，第 278 页。

生了形式变化。事实上不过是发生了商品的形态变化，既然这种形态变化要花费流通时间，这种形态变化本身同价值创造或价值变化毫无关系"。①这表明：剩余价值既不在流通领域中产生，又离不开流通领域。故此，资本就产生了既要扩大流通，又要消灭流通的悖论。资本扩大流通与消灭流通的悖论性要求体现在资本在空间上扩大流通领域，从而把资本的市场扩大为世界市场，把人们的消费需求刺激到极限；在时间上尽可能缩短流通时间、减少流通费用以为财富的增加创造条件，从而把流通方式从货币转化为信用货币。资本的这一悖论性特点决定了资本的必然的发展趋势，也就是说，一旦资本的流通发展到极限，资本流通的这一悖论就以经济危机和金融危机的形式表现出来，那个时候就宣布资本的历史使命结束了。

资本扩大流通与消灭流通的悖论性要求还体现为：既然流通是资本生产总过程的一个要素，促进了预付资本的流回和剩余价值的实现，因而资本尽可能扩大流通。本质地看，资本的财富就是劳动的贫困，资本的财富与劳动的贫困一同增长，因而资本的剩余价值与同一地域的有效需求之间总是不成比例，资本只能是不断扩大销售市场。从资本对剩余价值的极致化追求来看，这种扩大销售市场的方式有两种：一是绝对剩余价值生产，要求把资本主义生产方式推及一切地方以及扩大与之相适应的流通领域。一是相对剩余价值生产，要求提高和扩大现有的消费量，发现和创造新的消费需求，从而在流通内部扩大销售范围。但是，从流通的外部领域来看，流通领域的扩大不是无限的，当资本占领一切市场时，资本就在外部空间上达到了扩张的极限；从流通的内部领域来看，人们的消费需求受到习惯和能力的限制，资本面对人们的相对性需求，总归有不可跨越的边界。当市场的有效需求达到极限时，资本的历史使命就宣告结束了。

其二，资本价值生产的极限。资本对剩余价值无限榨取和盲目发财致富的内在本性是在资本自身的矛盾运动中实现的，"资本一方面确立它所特有的界限，另一方面又驱使生产超出任何界限，所以资本是一个活生生的矛盾"②。资本的这种矛盾运动表明了资本的文明面与资本的历史趋势，亦即在资本从根本上打开人类历史的财富源泉并创造出丰硕物质财富的同时，也不断生产出限制生产力的因素，从而在本质上规定了资本自我否定

---

① 《马克思恩格斯全集》第 25 卷，人民出版社 1974 年版，第 311 页。
② 《马克思恩格斯全集》第 46 卷上，人民出版社 1979 年版，第 408 页。

的质点。资本的矛盾运动体现在：一方面，资本承认劳动、劳动时间是财富的尺度和源泉，承认包括剩余价值在内的新财富的创造就是作为生产资料的资本（积累劳动、过去的劳动）与劳动在生产过程中有机结合的产物；另一方面，资本为了无限制地获取剩余价值，竭力压缩甚至试图取消必要劳动时间以增加剩余劳动时间，这样资本在生产中否定必要劳动时间作为剩余劳动时间的基础和前提——作为必要劳动储存者的劳动者，因而也就否定了剩余劳动和财富的源泉。马克思进而就资本的这一本质矛盾概括出资本的四种局限：必要劳动构成活劳动的界限；剩余价值构成剩余劳动的界限；货币构成生产的界限；交换价值构成使用价值的界限。因此，"资本既不是生产力发展的绝对形式，也不是与生产力发展绝对一致的财富形式"①。资本阻碍和限制生产力的发展达到一定程度，即资本自行增殖的条件已经消失、资本价值生产的基础已经瓦解时，资本即雇佣劳动同社会财富和生产力的发展就会产生诸如行会制度、农奴制、奴隶制同这种发展所产生的关系，就必然会作为桎梏被打碎②。

由上可见，《资本论》及其手稿的主题之一就是通过研究资本的现代史，以及资本的演化史，揭示出资本产生、发展和必然灭亡的历史过程。

二、对财产的未来发展趋势的科学预见

在《资本论》及其手稿中（及其必然的逻辑延伸：《哥达纲领批判》③），马克思不仅批判现代社会私有财产、揭示现代社会财产运动的规律和特点，而且通过对人类社会财产运动的一般规律和现代社会财产运动的特殊规律的科学论述，昭示未来社会财产的发展趋势。需要特别指出的是，马克思不是全面地、系统地论述未来社会特别是未来的共产主义社会高级阶段具体的财产问题，而是在批判旧世界中发现新世界，在分析批判资本主义经济制度中提出未来社会的科学预见，在阐释现代社会财产运动规律中揭示财产的未来发展趋势。

---

① 《马克思恩格斯全集》第 46 卷上，人民出版社 1979 年版，第 399 页。
② 叶险明：《马克思的世界历史理论与现时代》，清华大学出版社 1996 年版，第 102—103 页。
③ 《哥达纲领批判》中对未来社会的科学预测是在《资本论》对资本主义社会作了全面的科学的剖析之后提出来的。从这一意义上来看，《哥达纲领批判》是《资本论》做逻辑延伸的必然结果。

（一）关于未来社会经济形态的发展阶段

在马克思看来，未来社会分为两个阶段，即共产主义的"第一阶段"和共产主义的"高级阶段"。前一个阶段特指处于从资本主义社会向共产主义社会过渡中的社会主义社会；后一个阶段特指资本主义社会在世界历史范围内彻底消亡、完全成熟的共产主义社会在世界历史范围内全面建立。在此，笔者重点探讨具有现实意义、处于从资本主义社会向共产主义社会过渡过程中的社会主义社会（这就是现实社会主义）①的财产规定，而简单涉及只具有理论研究意义的共产主义社会的财产规定。

（二）对资本主义私有财产向未来社会所有制财产过渡的探讨

马克思探讨了资本主义私有财产向未来社会所有制财产过渡的现实可能性。马克思不仅科学地论证了资本主义私有财产向共产主义公有财产过渡的必然性——资本主义私有财产的扬弃就是私人占有生产条件与社会化大生产不相容这一矛盾的必然结果，而且也深入考察了资本主义生产方式下的私人财产转变为社会主义社会的公有财产的两种具体形式。其一，在资本主义生产方式本身范围内的扬弃形式是工人自己的合作工厂和股份制企业。它们作为在资本主义生产方式范围内扬弃旧形式的过渡形式，虽然"没有克服财富作为社会财富的性质和作为私人财富的性质之间的对立"②，但是已经在新的形态上发展了这种对立。在马克思看来，工人自己的合作工厂是工人联合起来作为他们自己的资本家，利用生产资料来增殖自己的劳动，这种合作工厂是社会化大生产发展的历史结果，是社会物质生产力的发展以及与之相适应的社会财产形式调整的结果。

而就股份制财产来看，它不是通过暴力的手段和残酷竞争的方式，而是通过比较平滑、温和、稳妥的方法，通过所有权与使用权相分离、生产资料所有权和剩余劳动的所有权相分离的方式，实现了不同所有者的生产要素如资本、劳动力、技术和管理等的联合与协作。股份制财产在一定程度上扬弃了资本主义的痼疾——生产社会化同生产资料私人占有之间的矛盾，扬弃了私人财产与私人生产所导致的无政府状态、无计划性、盲目性、无组织性，促使资本主义生产方式具有了一定的社会性、协作性和计划性。它既避免了剧烈的社会、经济震荡，又调动了一切生产因素促进了

---

① 参见叶险明《马克思的工业革命理论与现时代》，北京出版社 2001 年版，第 254—255 页。

② 《马克思恩格斯全集》第 25 卷，人民出版社 1974 年版，第 497 页。

经济的发展，因而股份制财产既是生产社会化的结果，又进一步推动了社会生产力的发展，"是作为私人财产的资本在资本主义生产方式本身范围内的扬弃"①，构成资本作为私人财产向未来社会"个人财产"②的一个过渡点。

由此可见，未来社会特别是共产主义第一阶段的财产萌芽就孕育在资本主义社会内部，在一定程度上可以说，资本自行扬弃的运动就昭示着财产的未来发展趋势。

其二，基于资本主义及其财产运动必然毫不留情地把工人阶级变得日益贫困这一事实，工人阶级联合起来，把一切生产工具和经济资源集中在国家手里，并且尽可能更快地提高劳动生产力、增加财产总量。马克思对无产阶级专政下财产问题的探讨，主要表现在他对处于"过渡时期"的无产阶级掌握政权的国家的经济政治战略和策略的制定上（《共产党宣言》），对"巴黎公社"经验的总结上（《法兰西内战》），以及在《哥达纲领批判》中对未来共产主义社会的科学预见上（这部分的具体阐述见下文）。

（三）马克思探讨了未来社会财产制度的本质规定以及由此引致的社会生产的变化

在马克思看来，未来社会财产所有制的基础是"社会化的工人""共同占有和共同控制生产资料"③。在以生产资料公有制为基础的未来社会经济关系中，社会生产过程必然会发生本质变化。作为主体的劳动时间不需要采取与自身不同的物的形式，人们扬弃了旧式分工、异化劳动和交换价值的生产，取而代之的是单个人的劳动成为社会劳动、单个人参与共同

---

① 《马克思恩格斯全集》第 25 卷，人民出版社 1974 年版，第 493 页。

② "重新建立个人所有制"（《马克思恩格斯全集》第 23 卷，人民出版社 1972 年版，第 832 页），也可以翻译为"重建个人财产权"，或者"给生产者个人以财产权"（参见李惠斌《谈谈财产性收入问题》，《马克思主义与现实》2007 年第 6 期）；或者翻译为"重新建立个人财产"（参见魏小萍《"所有制"与"财产"：关系概念与实体概念的不同》，《哲学动态》2007 年第 10 期）。"重建个人所有制"只是马克思对未来社会所有制的提法之一，此外还有公有制、社会所有制、集体所有制、集体占有、公共占有、公共占取、财产公有、公共的财产或公共的所有制等，尽管说法不同，但其内涵大致类同：与资本主义相对立的、以劳动者共同平等地占有生产资料为特征的公有制 [徐则荣：《论马克思的〈重建个人所有制〉与股份制问题》，《福建论坛（人文社会科学版）》2011 年第 5 期]。

③ 参见《马克思恩格斯全集》第 26 卷 Ⅲ，人民出版社 1974 年版，第 583 页；《马克思恩格斯全集》第 46 卷上，人民出版社 1979 年版，第 105 页。

消费为结果的劳动组织①，以及共同的、社会的生产能力成为从属于他们的社会财富。由此可见，抛掉"狭隘的""鄙陋的"资产阶级财产形式，在未来社会中："人倒是唯一的和真正的财富"②"真正的财富就是所有个人的发达的生产力"③。

（四）关于对未来社会的财产分配问题的探讨

针对资本主义社会财富与贫困并行、繁荣与滞胀同步的弊病，马克思阐明了共产主义条件下的分配原理。在马克思看来，社会生产关系制约着分配的方式、结构及其性质。随着生产资料社会所有制的确立、生产方式的变化即劳动时间在不同的生产部门之间有计划的分配，分配方式随之发生相应的变化。据此，马克思设想了未来社会的分配方式：在共产主义社会第一阶段，刚刚从资本主义社会中产生出来的社会主义社会，必然在经济方面带有它脱胎而来的旧社会的痕迹。这在分配原则上表现为既平等又不平等的"按劳分配"。其平等表现为每个劳动者得到的份额同他的劳动时间成正比，因此劳动时间成为个人消费品分配份额的唯一尺度；其不平等表现为个人能力有高低、天赋有差别，个人劳动量上的差别必然导致分配数量的多少。由此可见，共产主义第一阶段的"按劳分配"，还是在资产阶级法权的狭隘眼界内的分配原则。只有在共产主义社会高级阶段，人们消灭了旧式分工、异化劳动，实现了个人的自由全面发展，实现了财富的极大丰裕，分配方式才能转换为"各尽所能，按需分配！"④

综上所述，在《资本论》及其手稿中，马克思运用系统的政治经济学的方法论，详细研究现代社会财产运动规律，昭示了财产的未来发展趋势，从内容与形式两个方面对初步创立的财产理论进行了系统阐述和全面发挥，标志着科学的财产理论的最终形成。

---

① 参见《马克思恩格斯全集》第46卷上，人民出版社1979年版，第119页。
② 《马克思恩格斯全集》第46卷下，人民出版社1980年版，第377页。
③ 《马克思恩格斯全集》第46卷下，人民出版社1980年版，第222页。
④ 《马克思恩格斯全集》第19卷，人民出版社1963年版，第23页。

第三章　马克思财产理论的内在逻辑

在马克思的财产理论看来，只有透过现象层面上物或人与物之间的关系，进入本质层面上人与人间的关系，才能正确把握财产的本质；正确把握财产的属性和尺度，既可以阐明财产的有用性、稀缺性与可界定性等本质属性，又可以揭示财产尺度从劳动时间向自由时间转化及其哲学意蕴；只有全面分析财产与财富、财产权利之间的关系，才能揭示财产运动的特点、规律及其趋势。关注西欧社会财产现实，反思、批判对其形形色色的理论回应，科学回答西欧现代社会财产问题"从何处来"和"往何处去"，在财产现实"原本"和理论"副本""批判与超越"相结合的方法论原则下，马克思建构起科学的财产理论学说。在"历史向世界历史的转变"进程中，这对于存在"资本逻辑"和市场对资源配置起决定性作用的"类似语境""人类共有性社会财产问题"的当代中国来说，形成高度的马克思财产理论方法论自觉，有助于正确认识、全面把握中国财产问题实质，树立科学的财产价值观、去财产理论学说上的"中心主义特别是西方中心主义"，批判性介入财产现实，"占有资本主义制度所创造的一切积极的成果"，规避中国财产问题出路探讨上的或被纯思辨化，或被西方化，或被错误的财产价值观所扭曲的倾向，进而实现当代中国财产问题的有效治理。

第一节　马克思"财产"范畴及其相关概念辨析

"财产"虽然是社会科学中一个最基本的范畴，却鲜为人解。在马克思之前，西方学界多从物入手来阐释财产，将之界定为物与物之间的关系或人与物之间的关系，忽视了财产概念所关涉的人与人之间的关系。对财产概念的这一片面性理解，既在学理上产生悖论，也在实践中造成重物轻人等严重的社会问题。

就马克思的文本来看，其本人并未明确地界定财产概念、系统地论述财产问题，因而欲从马克思那里直接得出一个界定清晰的概念实属不易。但是从马克思论战性的批判、比拟性的说法以及严格的理论探讨中，我们还是会发现马克思理论中包含着十分丰富、完整的财产内容，包含着科学的财产概念。生产或物质财富创造活动，既涉及人与物之间的关系——财产就是通过劳动而实现的人的本质力量的对象化，又涉及由物衍生出的人与人之间的关系。简言之，财产就是与物有关的人与人之间的权利或关系。

在此基础之上，我们进一步探讨了财产的尺度、创造源泉和属性等问题，以期更加全面、深刻地把握马克思的财产概念。

此外，鉴于"重义轻利"的传统认知以及对马克思批判私有财产的深刻印象，我们在心理上一般更愿接纳"财富"而拒斥"财产"，因而极有必要对财富和财产概念作一比较。同时，长期的人治以及由此而来的法治的缺失，人们对作为一项基本权利的财产认识不足，以致现实中对财产权利的侵犯时有发生，因而也需要我们从根源上探讨马克思的财产权利观。为此，本章主要围绕以下三个核心问题展开论述：财产的内涵和外延、财产的属性和尺度以及财产与相关概念之间的辨析。

一、马克思"财产"概念辨析

（一）马克思的财产概念

马克思在分析财产的产生时指出，财产体现为人与物之间的关系，体现为人对客观物质条件（自然条件、生产条件或制约着生产的客观因素）的排他性占有关系。"财产最初无非意味着这样一种关系：人把他的生产的自然条件看作是属于他的、看作是自己的、看作是与他自身的存在一起产生的前提。"① 马克思的这一论述表明，财产最初无非是人对物（生产

---

① 《马克思恩格斯全集》第46卷上，人民出版社1979年版，第491页。

条件）的所有关系，通过这种关系，通过人与自然界（物）之间的物质能量变换，来满足人类的需要、维系生命的存在与繁衍。生产或财产创造活动中人对物（生产条件）的这种关系，这种更好地发展生产和创造满足人类需求的物质财富的关系，是本真性的关系，不仅在"最初"意义上，而且在"永恒"意义上存在着。

不过，在马克思看来，财产中人与物之间的关系还只是表面现象，财产实质上是人与人之间的关系。财产总是存在于特定的社会关系中，离开人与人之间的社会关系，财产既没有存在的可能性，也没有存在的必要性。只有透过物或人与物之间的关系，进入人与人间的关系，才能正确把握财产的本质。

反之，西方学界把财产的本质界定为"物"、"物与物之间的关系"或"人与物的关系"①。这种片面的阐释，既在理论上造成了矛盾悖论，又在实践中导致了重物轻人的社会问题。在马克思看来，"私有财产无非是物化的劳动"②"私有财产的运动……是人的实现或现实"③。这样，马克思就揭示出财产的主体（人）本质，从而为科学地理解财产指明了方向（虽然古典经济学派已经实现了财产的对象性本质到财产的主体本质的转变，但是他们的不彻底性以及由此而来的事实上否定财产主体本质的做法，表明他们并没有正确地对待财产的劳动本质）。在此基础上，马克思进一步论述了财产的社会关系本质："实物是为人的存在，是人的实物存在，同时也就是人为他人的定在，是他对他人的人的关系，是人对人的社会关系。"④ 既然人不是像鲁滨孙一样生活在孤岛上，而是以共同体、一定的社会关系为前提的，既然财产的创造必须以分工和联合劳动为前提，那么，财产中人对物的关系必然关涉他人对财产的关系、人与人之间的社会关系。在人类征服自然的能力大大增强从而财产快速增加的近代社会，人与人之间的财产关系愈益凸显。由此可见，就财产只能在一定的社会关系中才能存在而言，这种人与物之间的财产关系的实质是人与人之间的社会关系。

当然，财产中人与物之间的关系、人与人之间的关系是密不可分的，

① ［英］休谟：《人性论》，关文运译，商务印书馆 1981 年版，第 345 页。
② 《马克思恩格斯全集》第 42 卷，人民出版社 1979 年版，第 254 页。
③ 《马克思恩格斯全集》第 42 卷，人民出版社 1979 年版，第 121 页。
④ 《马克思恩格斯全集》第 2 卷，人民出版社 1957 年版，第 52 页。

这双重关系统一在生产劳动中，统一在生产劳动的结晶中——物、产品、商品就是财富（财产）的元素形式。人与物的关系只有通过人与人的关系才可发生，"为了进行生产，人们便发生一定的联系和关系；只有在这些社会联系和社会关系的范围内，才会有他们对自然界的关系，才会有生产"①。反之，人与人之间的关系也是建立在人与物的关系基础之上的，"人们扮演的经济角色不过是经济关系的人格化，人们是作为这种关系的承担者而彼此对立着的"②。

由上可见，只有综合把握"人与物（自然）的关系和人与人的关系"，才能科学地界定财产概念，科学地界定集"物质内容"与"社会形式"于一体的财产概念：财产就是以物为媒介的人与人之间的权利或关系。财产范畴之所以没有呈现出人与物/人与人之间关系的全面性特征，原因就在于以往的社会特别是资本主义社会物之后人与人之间的关系被遮蔽起来、人与人之间关系异化。以财产的这一本质规定来审视前资本主义社会，审视以人的依赖关系为基础的农业社会，人与人之间只有在封建主和臣仆、地主和农奴等的关系下，并且在个人受他人限制的这种规定性中获得物（财产），才能维系生命的生存和繁衍。而在"以物的依赖关系为基础"的资本主义社会，物化关系遮蔽了物之后人与人之间的关系，而社会关系也给财产遮上一层面纱，使财产具有了可感觉而又超感觉的神秘性，表面上个人受不以意志为转移并独立存在的物的限制，实质上不过是以独立的个人之间在生产中建立的关系为基础的。因此，人类社会的史前史就是财产占有的社会分化以及由此而来的人与人之间的异化关系史。马克思就是在批判这种财产关系中，揭示未来人类社会本真的财产关系的。

（二）不同视角下的财产概念观

鉴于财产概念的复杂性，我们在这里从不同的维度特别是从经济学、法学和哲学三个视阈出发，进一步考察马克思的"财产"概念，以期对这一财产概念进行更全面的理解。

1. 从经济学和法学的视阈来审视财产的概念

从经济学和法学的视域厘定马克思的财产概念，实质上就是从客体维度和权利维度出发，进一步将其解析为财产的客体对象（纯粹的物）和

---

① 《马克思恩格斯全集》第6卷，人民出版社1961年版，第486页。
② 《马克思恩格斯全集》第23卷，人民出版社1972年版，第103页。

财产的权利或关系。

从经济学意义上，亦即从财产的客体对象（客体意义上的财产即作为民事权利指向的对象）来看，人们通常把财产看作物，看作具有经济价值的物。财产主要包括有形物与无形物，财产不但包括土地、房屋、金钱等有形物，而且包括股票、债券、专利等无形物或"拟制之物"，预示着个人对财产的未来使用和处理的权利。就财产对象的这种物的属性（财产的客体特点）而言，财产属于生产力范畴，财产的种类和数量的增加就构成财产关系变动的基础和前提。

从法学意义上来看，财产就是以物（有形之物和无形之物、具体之物和抽象之物）为对象所延伸的权利或关系①，是法律——普遍意志的表现形式——对事实上的财产的认可，在这种认可中实现预期收益。它主要包括物权、债权和知识产权三种形式。马克思曾经指出："'财产''lapropriété'这个一般的法律概念……"②"财产关系（这只是生产关系的法律用语）"③。马克思之所以详细阐述财产的法权关系，阐述作为法律、社会契约层面的财产制度安排，是因为只有协调好人与人之间的财产利益关系、创设有效的财产制度，才能更快地促进财产的快速增长。财产方面人对物的这种占有关系，起初是作为事实，作为经济事实存在着，以后逐渐获得共同体或社会的认可，从而在法律上和政治上体现出来。因此，财产的法权关系具有滞后性，滞后于财产占有的事实。

财产的客体对象与财产的主体权利之间，也就是说，客体意义上的财产与主体权利意义上的财产是内容与形式的关系。财产的权利客体是权利的物质载体，权利本身是对主体利益的支持和保障，二者相伴而生，不可分离，共同构成一个完整的财产概念。因为作为财产客体的物和作为财产权利的这种关系，在时空上不可分离，并且始终同在。所以人们习惯上常常不分彼此交替使用物与财产、财产与财产权范畴，甚至把物本身与财产混为一谈也就不足为奇了。

2. 从哲学的视阈来审视财产的概念

从哲学视域出发对财产概念的追问，就是追问财产的价值归宿。财产

---

① "关系"更为妥当，也就是说，财产不仅包括物权，而且包括债权。
② 《马克思恩格斯全集》第21卷，人民出版社2003年，第56页。
③ 《马克思恩格斯全集》第13卷，人民出版社1962年版，第8—9页。

就是人的内在本质力量的物化和对象化，因而外在的财产就是实现或增进诸如自由、生命、权利等基本价值的工具和手段。在马克思看来：真正的财产就是生命、自由、人道等价值性财产（"这些人的财产只是生命、自由、人道以及除自身以外一无所有的公民的称号"①），"人倒是唯一的和真正的财富"②，"真正的财富就是所有个人的发达的生产力"③。如果说未来社会还存在财产的话，那么这种真正的财产就是人的自由全面发展，就是人的生命实现本身，就是人的自由时间的获得。从这个意义上来看，外在财产不是一个永恒的概念，生命、自由才是本真、终极意义上的"财产"。

（三）财产的历史形态

财产是一个历史范畴。"每个时代的财产关系是该时代所具有的生产方式和交换方式的必然结果。"④ 由此可见，随着经济条件和经济关系的发展变化，作为一定社会历史发展阶段的产物的财产，也随之变化，因而财产不是永恒的和自然的，不是凝固不变的，而是具体的和历史的，是一个在不同社会历史条件下，具有不同形态的概念（从总体上来看，财产范畴具有不断扩大的趋势）。马克思对一切重要的概念总是坚持历史的和辩证的眼光，总是按照其本来面目与产生根源来理解事物。马克思对"财产概念"的研究也不例外。马克思从其起源、从发生学的意义出发，把握财产历史形态的嬗变，把握不同历史形态中财产的具体内容和形式。"部落所有制先经过了几个不同的阶段——封建地产，同业公会的动产，工场手工业资本——然后才变为由大工业和普遍竞争所产生的现代资本，即变成抛弃了共同体的一切外观并消除了国家对财产发展的任何影响的纯粹私有制。"⑤

就原始社会的财产状况来看，低下的生产力和较少的剩余产品的社会发展状况，决定了与之相适应的原始社会财产的公有属性。公社是土地等

---

① 《马克思恩格斯全集》第 1 卷，人民出版社 1956 年版，第 172 页。
② 转引自《马克思恩格斯全集》第 46 卷下，人民出版社 1980 年版，第 377 页。
③ 《马克思恩格斯全集》第 46 卷下，人民出版社 1980 年版，第 222 页。
④ 《马克思恩格斯全集》第 4 卷，人民出版社 1958 年版，第 303 页。
⑤ 《马克思恩格斯全集》第 3 卷，人民出版社 1960 年版，第 70 页。就德文 "das Eigentum" 既可以作为所有制，也可以作为财产来理解和翻译来看，实质上表明：财产表面上的实体概念（东西、物、事物）和实质上的关系概念，以及所有制的指称的关系概念与其隐含的实体概念大体可以等同。

公共财产的实际所有者。只是在维系生命的意义上，作为共同体成员的个人才分享共同体的公共财产，才把与自身存在一起产生的、必不可少的生产条件占为己有，因而"'对财产的最早观念（!）'是和获得生活资料这种基本需要紧密相联的"①。但是马克思特别强调这种财产不是对消费条件的关系，而是对生产条件的关系，从而把对财产的研究置于生产方式的大背景下，置于生产关系与生产力发展相适应的视域下。随着生产力的发展和剩余产品数量上的增加，原始社会公有财产逐渐瓦解，出现了私有财产和财产分化现象。

从前资本主义社会的私有财产状况来看，一方面，构成财产内容的是以自己的劳动为基础的小私有制和私人财产（在奴隶制中，也只是活的劳动能力——奴隶或农奴，被看作会说话的工具，看作生产的客观条件被人占有，因而也是生产条件与劳动者相结合的另类小私有制）；另一方面，财产与各种政治因素、社会因素掺杂在一起，因而构成前资本主义社会基础的这种私有财产具有不自由、非独立的特点，人们习惯称之为不动产亦即地产，"地产是私有财产的第一种形式"②。按其集中和积累的趋势来看，封建性质的财产特别是封建地产越来越卷入私有财产的狂飙运动中，"已是同人相异化并因而以少数大领主的形态与人相对立的土地。封建的土地占有已经包含土地作为某种异己力量对人们的统治"③。在这种与封建地产相对立的同业行会制度中，财产的主要形式，逐渐从作为不动产的地产转化为作为动产的资金。随着动产形式的资本的出现、劳动与财产的分离，现代私有财产的雏形——作为某种异己的力量统治和支配人的私有财产——开始萌芽。

就资本主义社会的财产状况来看，它摆脱了一切政治的和社会的装饰物和混杂物，具有了纯粹经济的形态。在资本主义社会中，政治依附于财产。"国家不外是资产者为了在国内外相互保障自己的财产和利益所必然要采取的一种组织形式。"④ 财产与人格之间的地域、血缘依附关系也消解了。"所有者和他的财产之间的一切人格的关系必然终止，而这个财产

① 《马克思恩格斯全集》第45卷，人民出版社1985年版，第376页。

② 《马克思恩格斯论国家与法》，法律出版社1958年版，第167页。

③ 《马克思恩格斯全集》第42卷，人民出版社1979年版，第83页。

④ 《马克思恩格斯全集》第3卷，人民出版社1960年版，第70页。

必然成为纯实物的、物质的财富。"① 最后，随着使用价值形态的财产转化为交换价值形态的财产，发财致富就成为生产的目的。资本主义生产方式寻找到一种新的生产要素，寻找到扬弃了人身依附关系、失去了一切劳动工具和土地从而变得一无所有的自由人。从总体上来看，资本主义生产方式的确立，为财产增添了新内容和新形式。从财产内容即财产的客体对象来看，不仅依旧存在"土地这个人类世世代代共同的永久的财产"②；而且无形物也不断被纳入财产的范畴，股票、债券等有价证券，著作权、专利权、商标、商业秘密等知识产权都成为财产。最为关键的是，在资本主义社会，人身（当然是有限的人身）也被纳入财产权的范畴："有些东西本身并不是商品，例如良心、名誉等等，但是也可以被它们的所有者出卖以换取金钱，并通过它们的价格，取得商品形式。"③ 劳动者"唯一的财产是他们的劳动能力"④。从资本主义社会财产中人与人之间的关系来看，处于市民社会的非市民社会阶层都是从否定的意义上来看待物质财富的，这必然导致劳动，导致一无所有的劳动与财产的分离、对立与对抗，导致劳动所有权规律为资本占有权规律所代替。当这种分离与异化状态达到顶点，达到财产的私有化与劳动的社会化程度不相适应的地步，达到生产工具和私有制之间的矛盾阻碍生产力发展的临界点，即到了丧钟为资本主义私有制和私有财产而鸣之时，预示着剥夺者"一贯王者风范的霸道权利"就要被剥夺了。

对资本主义私有财产的否定和扬弃，其终极形式是"重新建立个人所有制"："在协作和对土地及靠劳动本身生产的生产资料的共同占有的基础上，重建个人所有制"⑤。须知，与超现实的理想主义者的猜测，与无视历史而偏袒逻辑推论的做法显著不同的一点在于，马克思之所以探讨抽象本质问题，是出于批判德国哲学的需要。因此，马克思对未来没有过多的描绘，而只是从对现存的变革入手，偶尔粗线条地勾勒或玩笑性质地说出未来社会景象。例如在《德意志意识形态》中，马克思描绘了未来上午打猎，下午捕鱼，傍晚从事畜牧，晚饭后从事批判等闲暇惬意的生活

---

① 《马克思恩格斯全集》第42卷，人民出版社1979年版，第84页。
② 《马克思恩格斯全集》第25卷，人民出版社1974年版，第916页。
③ 《马克思恩格斯全集》第23卷，人民出版社1972年版，第120—121页。
④ 《马克思恩格斯全集》第46卷上，人民出版社1979年版，第504页。
⑤ 《马克思恩格斯全集》第23卷，人民出版社1972年版，第832页。

方式，寓指人们从私有财产的异己力量的役使下初获解放时"欣欣然的自由生活"状态。就此而言，诚如2500多年前《论语》中所言：财产"不患寡而患不均"，以及对"风乎舞雩，咏而归"的自由美好生活的憧憬。但毕竟私有财产的否定和扬弃，是历史运动中个人所有制的具体实现形式，不是否定私有财产后随即就展现出个人社会生活的真正自由（如晚饭后从事批判等），而是有条件的、具体的、历史的，还有受制于自然的一面（要靠上午打猎，下午捕鱼，傍晚从事畜牧等生产活动来解决）。由此观之，既然马克思认为任何深奥的哲学问题都可以被归结为某种经验的事实，那么"重建个人所有制"这一逻辑推论就会更多地服从和服务于历史事实的发展需要，因而把握住从资本主义社会内部发展起来的扬弃资本主义私有财产的消极形式，亦即把握住作为社会财产萌芽的股份制财产形式，或许可以获得理解这一经济学上的"哥德巴赫猜想"的一把钥匙。

就财产的历史形态来看，马克思曾经用"最不完全的财产""较完全的财产关系""完全的私有财产"① 来评价不同历史阶段财产的发展与成熟程度。在原始社会中，人们对物的占有是一种最不完全的财产，因为这种占有只是实际的占有、最先占有或偶然的占有，因而同社会的认可和法律的规定往往并不发生关系，从而是暂时的占有。就前资本主义社会的土地财产来看，"把土地当作财产潜在地包含着把原料，原始的工具即土地本身，以及土地上自然生长出来的果实当作财产"②，这种对物的较为稳定占有构成了一种较完全的财产。就资本主义社会的财产来看，它是事实上的占有与法律上的认可（合法占有）相统一的财产，因而是一种完全的财产，一种私有财产发展到顶点的财产形式。当然我们应当看到，完全的私有财产还不是真正人的和社会的财产，不是为了人的自由全面发展所需要的财产。

二、财产的属性和尺度

（一）财产的属性

财产的基本属性主要包括有用性、稀缺性与可界定性。就财产的客体

---

① 《马克思恩格斯全集》第46卷上，人民出版社1979年版，第500页；《马克思恩格斯全集》第21卷，人民出版社1965年版，第187页。

② 《马克思恩格斯全集》第46卷上，人民出版社1979年版，第500页。

内容或物质媒介而言，财产必须是在一定空间中为人力所能支配的物质实体，或者在一定预期内可以兑现为物质实体的权利证书（权利凭证），因而有用性就是指物质实体能够满足主体的需要。稀缺性就是指物质实体供不应求，或者是自然性的稀缺，或者是社会需求大于实际供给。就财产作为人与人之间的关系而言，财产又必须具有可界定性，必须是界定清晰的财产所有权，唯此，才能顺利实现财产的分割与交易、让渡与获得。

1. 有用性

财产是"人本位世界"中的一个范畴。从财产是以物为媒介的人与人之间的关系这一概念来看，不管是人与物之间的关系，还是人与人之间的关系，总之，财产离不开人，财产具有为人的目的。在马克思看来，作为财富元素形式的商品，是一个以自己的属性来满足人的需要的外界之物，"不论财富的社会形式如何，使用价值总是构成财富的物质内容"[①]。而这种使用价值是什么呢？在马克思看来，不管财产的社会存在形式如何变化，财产中满足人类需要的物质内容总是客观存在的，不管这种需要是由胃产生的，还是由大脑的幻想产生的，问题的实质并不会发生改变。由此可见，有用性是财产的根本属性，"如果物没有用，那末其中包含的劳动也就没有用，不能算作劳动，因此不形成价值"[②]。

从财产的物质实体内容上来看，有用性指"满足人的某种需要的物。……是某种特定的经济关系借以表现的物质基础"[③]。因而，财产具有以自身的某种或多种属性来满足人的某种或多种偏好的属性，不管这种需要是直接地满足个人，比如烟酒糖茶等直接满足人的胃，音乐、书籍满足人的精神愉悦，奢侈性物品等满足刺激性需要，"物质的消耗和它的形式的扬弃成了人的享受，物质的变化就是物质的使用本身"[④]；或者如钢铁、矿藏、水利设施等间接满足人类的需要；或者如"处于时刻准备投入战斗的形式上的财富"[⑤]，摆脱了地方的、自然的、个人的特殊关系从而构成一般财富的物质代表——金属货币、纸币和信用货币以及一切权利证书，一种符号性质的、观念性的、想象性的价值符号——纯粹抽象的、

---

① 《马克思恩格斯全集》第 23 卷，人民出版社 1972 年版，第 48 页。
② 《马克思恩格斯全集》第 23 卷，人民出版社 1972 年版，第 54 页。
③ 《马克思恩格斯全集》第 46 卷下，人民出版社 1980 年版，第 411 页。
④ 《马克思恩格斯全集》第 46 卷上，人民出版社 1979 年版，第 331 页。
⑤ 《马克思恩格斯全集》第 46 卷下，人民出版社 1980 年版，第 430 页。

一般的有用性，比如证券、债券、股票等权利证书，只是一种预示未来兑现的财产符号，可以作为一般等价物来换取效用。这种财产符号的结局有两种，因为它背后还渗透着国家意志和契约意识，因此能够预期兑现，或者因为破产等偶然因素而不能顺利兑现，那么这种财产就纯粹是想象的或虚拟财产。总之，这种有用属性，构成财产的物质内容，构成财产的物质存在方式或物质承担者。纯粹抽象的有用性，一方面因为抽去了物质组成部分，从而可感觉的物理属性消失了，但同时另一方面，因为这种纯粹抽象的有用性成为一般的、绝对的有用性，从而它又具有超感觉的有用性，即我手中有 100 元钱，我脑海中立刻可以浮现出 6 斤猪肉或 10 斤黄瓜等具体的有用物，进而言之，当真正购买到这些物品时，可感觉的有用属性立刻成为现实。因而在以交换价值的生产为基础的现代社会，人们轻视作为财产的物质内容的使用价值的生产，更多地采用货币财产这种纯粹抽象的一般财富形式，虽然表面上它的有用性几乎为零，但实际上它意味着财富一般，意味着满足人类需要的现实可能性。

财产的有用性是相对的和变动的。财产的有用性意味着不仅客观事物本身能够满足人的需要，而且人本身也具有这种需求与掌控能力，财产的有用性就在二者的统一中产生。正如一支笛子，它自身隐含着能够为人类吹出悦耳的音乐的属性，但是它的这一效用只有对会吹的人来说，才具有现实可能性。财产的有用性又是不断变动的，随着人类对自然界和客观事物认识、探索和控制能力的提高，财产的有用性不断扩展。

2. 稀缺性

在谈到稀有性时，马克思指出："稀有性（撇开供求关系不谈）只有在下述意义上才构成价值的要素：那种本身并不稀有、是稀有的否定、是天然物的东西，没有任何价值，因为它不表现为生产的结果。在最初的价值规定中，那种多半同有意识的预计的生产无关的东西，只要存在着需求，倒最有价值。……一种东西要成为交换对象，具有交换价值，就必须是每个人不通过交换就不能得到的，必须不是以这种最初的形式即作为共同财富的形式而出现的。稀有性就这一点来说是交换价值的要素。"[1] 因而，财产的稀有性可以从以下几个方面来理解：其一，"现实的、有形体

----

[1] 《马克思恩格斯全集》第 46 卷上，人民出版社 1979 年版，第 124 页。

的、站在稳固的地球上呼吸着一切自然力的人"① 必须依靠空气、衣服、阳光、水和食物来维持生命。其中，阳光和空气，相对来说是取之不尽和用之不竭的，并且不需要人们花费许多劳动和金钱即可轻而易举地得到（这里当然要排除许多例外情况，如医院里的氧气，工业用途的一氧化碳，居住中的阳光照射权），尽管它们是有用的，但因为它们数量多，取之易，每个人取得的同时并不妨碍他人取得和利用这些物品，因而这些一般不会转化为财产的范畴。

其二，与阳光和空气对稀缺性的否定不同，食物、衣服等有用物则是有限的和稀缺的，需要人们付出劳动或金钱才能拥有。但是，私人劳动以及作为其后果的财产的偶然性、个别性与有限性与人们欲求的无限性之间的矛盾，决定了财产的稀缺性。

其三，只是因为财产的稀缺性，才激励和引发人们对财产的渴求、创造和获得财产的种种观念和行为，促使人们试图寻找资源配置的最优方式，寻求最有利于财富生产的各种组织方式，以实现财产的快速增进与财产利益关系的协调，从而既促进了排他性的财产制度产生的必要性，又奠定了商品经济或市场社会最基本的制度安排的基础。一个有趣的现象就是，"那些最不容易出产财富的地区现在是最富庶的"②。而在自然物产丰裕的地区，付出较少劳动就可以获得较多财富，如在某些热带地区，人们把米树放倒就可以获得必要的粮食，一定程度上限制了人们劳动致富的欲望，从而导致并不发达的社会状况。

3. 可界定性

在以交换价值的生产为基础的市场社会中，市场交易的前提是界定清晰的财产所有权，财产的交易进程遵循等价交换原则，因而交易前提与交易结果都需要财产的可界定性。

就进入市场交易的可能性来看，马克思认为，"财产都具有可移动的因而可以直接让渡的形式"③，"要出售一件东西，唯一需要的是，它可以被独占，并且可以让渡"④。因而这就产生了财产可界定性问题，其一，

① 《马克思恩格斯全集》第 42 卷，人民出版社 1979 年版，第 167 页。
② ［瑞典］伯尔蒂尔·奥林：《地区间贸易和国际贸易》，王继祖等译校，商务印书馆 1986 年版，第 98 页。
③ 《马克思恩格斯全集》第 23 卷，人民出版社 1972 年版，第 107 页。
④ 《马克思恩格斯全集》第 25 卷，人民出版社 1974 年版，第 714 页。

财产的让渡要求财产具有动产性质。对于不动产来说，它必须以权利证书的形式存在，要求具有清晰的所有权，既可以实现买卖在时空上的分离，又可以一部分一部分、分期地交割和让渡。其二，交易的财产权利必须清晰。对于一份人们拥有的财产来说，其完整的财产权，包括占有使用权、排他权、转让权及其收益权等，占有、使用、改变、馈赠、转让或阻止他人侵犯财产的范围。在以交换价值为基础的现代社会，财产的所有人拥有法律赋予的关于这些财产的一系列权利以及与之相适应的一系列义务，因此，有必要把这一系列与物有关的权利或关系界定清晰。只有把静态的财产权利界定清晰，才会既在法律范围内从事相关活动，又能对其财产作长期的相关规划。例如股东只享有法律所有权，不享有物质所有权与随之而来的公司经营权。再如土地所有权与使用权的分离，等等。

现代市场交易充满了风险性和不确定性，这就要求所有者履行好监护人的职责，实现财产的等价交换和物有所值。马克思曾经指出："当商品充斥德国市场，而在世界市场上尽管竭尽全力也无法找到销路的时候，一切便按照通常的德国方式，因工厂的过度生产、质量降低、原料掺假、伪造商标、买空卖空、空头支票以及没有任何现实基础的信用制度而搞糟了。"[1] 在市场经济社会中，所有者之间的财产转让和交易是发生在陌生人之间的活动。这种转让和交易要求既满足所有者的需要，满足所有者需要的多样性和丰富性，又会产生收益，反之，财产边界不明确从而不断变动的情况下，就会出现财产大幅缩水。一份财产，除了它较为明显的财产价值和属性，以及与之相匹配的交易价格之外，还隐藏着许多风险、难以预料的信息和随之而来的交易费用，这就给财产的预期估值和拥有它的费用带来不确定性，因而为现在的交易带来了风险和不确定性。同时，随着科技的进步和社会的发展，现代社会财产的类型和样式越来越丰富，这在一定程度上要求所有者具有百科全书式知识。就前现代社会财产较为纯粹地作为使用价值（有用性和效用）来说，其物质实体性和效用性都变得越来越模糊，商品的价值甚至某种程度上完全与使用价值脱离，如风险基金，以及完全凭主观偏好来衡量的商品——字画等，这样就使得对目前正在买卖和交易的财产价值的判断产生了许多不确定性。人们只有充分认识财产的价值，详细了解和掌握财产的信息，才能规避财产的风险，确保财

---

① 《马克思恩格斯全集》第 3 卷，人民出版社 1960 年版，第 20 页。

产的公平交易。例如，对于一处待出售的房产来说，我们不仅要对它的装修程度和建筑位置等进行估价，而且还要充分了解这处房产的产权的完备性，亦即所有权、使用权和土地使用权都齐全呢，还是所谓的小产权房？它未来的前景怎样？附近是否有地铁、公交等便捷的交通设施，附近是否有重点学校、知名医院等服务设施的建设，等等。

（二）财产的尺度及其哲学意蕴

只有正确把握财产的属性和尺度，亦即阐明财产的有用性、稀缺性与可界定性等本质属性的同时，揭示出财产尺度从劳动时间向自由时间转化及其哲学意蕴，才能全面展示财产范畴的内涵。

1. 财产的劳动时间尺度

在谈到财产与劳动、劳动时间、劳动量之间的关系时，马克思指出，"私有财产无非是物化的劳动"①，"私有财产的主体本质，作为自为的活动、作为主体、作为个人的私有财产，就是劳动"②。由此可见，劳动与财产生产之间存在一定的函数关系（必然的逻辑关系），即凝结在商品（财产）中的劳动量越多，生产的财产就越多，反之财产就越少。因为劳动量是由时间来计量的，所以劳动时间就成为衡量客体化劳动即财产的尺度。因此，在财产的内容与衡量尺度上，"劳动时间成为财富的唯一尺度和源泉"③。

既然在资本主义社会劳动时间是财产的尺度（当然也构成财产的内容，虽然不是财产的唯一源泉），那么资本主义社会的两种核心财产——资本与劳动力就转化为过去的劳动和现在的劳动，转化为空间上已经存在的物化劳动以及时间上正在进行的生产劳动。这样一来，以发财致富为唯一目的的资本（资本家无非是资本的人格化，执行资本职能的监护人），从财产的劳动时间尺度的角度出发（亦即财产不过是物化的一定量的劳动时间、一定量的客体化的劳动时间），认识到劳动时间的增加，就是财产数量的增长，但"劳动时间本身只是作为主体存在着，只是以活动的形式存在着"④。因而资本家就力图把工人的所有时间转化为劳动时间，转化为相对于自身必要劳动时间之外的剩余劳动时间，这就导致了工人的

① 《马克思恩格斯全集》第42卷，人民出版社1979年版，第254页。
② 《马克思恩格斯全集》第42卷，人民出版社1979年版，第112页。
③ 《马克思恩格斯全集》第46卷下，人民出版社1980年版，第219页。
④ 《马克思恩格斯全集》第46卷上，人民出版社1979年版，第118页。

贫困与过度劳动等灾难性后果。以劳动时间作为财产的尺度，展现了资本主义社会财富与贫困偕行、繁荣与滞胀一起的社会发展现实（当然这种以劳动时间为财产的衡量尺度的情况，不仅为资本主义社会所特有，而且由于作为劳动生产率的主要推动力量科学技术的落后，以及以使用价值为目的的生产方式，在前资本主义社会表现更为突出），尤其表明资本主义社会的物化性、财产人格化和人格财产化的必然性。

马克思认为，以劳动时间为财产尺度的资本蕴含着自身无法克服的内在矛盾。以劳动时间为尺度的资本，自然会肯定必要劳动时间，但是无止境地追逐利润的资本本性又尽可能地否定必要劳动时间以增加剩余劳动时间。因而，资本发展到一定阶段，就会把劳动时间转化为个人自由发展的时间，这就是在资本发展到顶点之后未来社会中财产的自由时间尺度。

2. 财产的自由时间尺度

从逻辑上来看，资本追逐财富，追逐以剩余劳动时间为基础的剩余价值，因而主观上要减少、节约甚至消灭必要劳动时间，以增加剩余劳动时间，增加剩余劳动时间创造的财产。从劳动时间与自由时间的关系来看，"节约劳动时间等于增加自由时间，即增加使个人得到充分发展的时间"[1]。这样客观上就产生了劳动时间转化为自由时间的可能性。在资本概念本身中，已经包含着创造可以自由支配的时间，不过是剩余劳动意义上的自由时间的含义。因而马克思高度评价这种以劳动时间为尺度的财产，"从现实性来看，财富的发展只存在于这种对立之中；从可能性来看，财富的发展正是消灭这种对立的可能性"[2]。现代社会存在着以不同尺度来衡量的两种财产：一种是以剩余劳动时间或者说是物化的剩余劳动时间来衡量的财产、他人财产，另一种是以自由发展与自由支配的时间来衡量的人的能力、个性的财产，这两种财产相互对立、对抗，此消彼长。社会的真正财产的创造就存在于这两种财产的对立与对抗的矛盾运动中。

以自由时间作为财产尺度具有什么意义呢？从财产的"人本位世界"的本质来看，在财产的充分涌流中实现"各尽所能、按需分配"，是人类社会的终极理想。但是财产的充分涌流，不是依靠劳动时间的增加和劳动

---

① 《马克思恩格斯全集》第 46 卷下，人民出版社 1980 年版，第 225 页。
② 《马克思恩格斯全集》第 46 卷上，人民出版社 1979 年版，第 381 页。

强度的提高，而是依靠最小力量的消耗、最少劳动时间的付出。同时，在马克思看来，"人倒是唯一的和真正的财富"①，"真正的财富就是所有个人的发达的生产力"②，或者如马克思早期在阐述无产原则时候提出的，真正的财产就是生命、自由、人道等价值性财产，因而如果说未来社会还存在财产的话，那么这种真正的财产就是人的自由全面发展，就是人的生命实现本身，就是人的自由时间的获得。因而自由时间这一财产尺度的确立，表明的是资本主义发展到顶点，从而从物的依赖为基础的异化、物化社会向人的自由个性与全面发展转变。

3. 两种财产尺度的关系及其实现路径

针对不同历史条件，马克思提出了财产的不同尺度。因此，劳动时间尺度与自由时间尺度不是互不相干的，不是简单的对立关系，而是在历史上和逻辑上都存在密不可分的内在关系。

从根源上来看，劳动时间尺度构成自由时间尺度的前提和基础。马克思在谈到财产的来源时还指出一个事实，"**财产**。来源于劳动生产率"③，"财富的最初的自然发生的形式，是剩余或过剩的形式"④。也就是说，财产、私有财产只是人类社会发展到一定历史阶段，发展到人类社会出现剩余或过剩产品阶段的产物和结果。只有生产效率得到了大力提高，财产的创造才能实现更多地依靠生产过程的社会结合、生产资料的规模和效能、科学的发展水平和它在工艺上应用的程度，等等，与此相应，衡量财产的尺度才能转换为自由时间。因此，生产力的发展以及与此相适应的财产的劳动尺度，是自由时间尺度产生的前提和基础，后者只是前者历史发展的必然结果。当然我们要特别注意，马克思提出财产的劳动时间尺度以及未来要扬弃这一尺度，不是从一般意义上提出来的，而是针对资本主义社会，针对"现今财富的基础是盗窃他人的劳动时间"⑤ 现象提出来的。

反之，自由时间尺度是对劳动尺度的进一步发展。如果说，在劳动时间尺度中，人们可以轻而易举地发现财产的人的因素和物（生产资料）

---

① 转引自《马克思恩格斯全集》第 46 卷下，人民出版社 1980 年版，第 377 页。

② 《马克思恩格斯全集》第 46 卷下，人民出版社 1980 年版，第 222 页。

③ 《马克思恩格斯全集》第 46 卷上，人民出版社 1979 年版，第 377 页。

④ 《马克思恩格斯全集》第 31 卷，人民出版社 1998 年，第 521 页。

⑤ 《马克思恩格斯全集》第 46 卷下，人民出版社 1980 年版，第 218 页。

的因素①，从而较为容易得出"土地是财富之母，劳动是财富之父"的结论，那么，在现代大工业生产条件下，尤其是知识经济时代，财产创造的初始源泉（直接劳动、自然界）似乎微不足道，财产创造的派生源泉威力无比。但是，体现自由时间的才能、技术、知识等财产的派生因素，终究是在劳动中获得的。这里所要表明的只是在新因素的作用下变简单劳动为复杂劳动，只是在更少的劳动时间内创造出更多的财产，而并不是从根源上否定劳动创造财产这一事实。

综上所述，财产的两个尺度并不是互不相干、相互独立的关系，而是紧密相关的，不是时间上的先后关系，而是逻辑上的先后关系，是在历史发展进程中相互渗透、内在贯通的关系。自由时间尺度已经内在地蕴含在劳动时间尺度中（例如在资本主义社会），不过自由时间是以异化的形式、以资本的剩余价值的形式出现的。"劳动时间不再是财富的尺度"也并不意味着，在未来社会中财产的创造就真的与劳动没有任何关系，而是特指在财产创造的地位上，相对于科技的主导作用而言，劳动只是起着附属作用，或者特指人（劳动、劳动时间）不再是物的尺度，相反物以人的需要为尺度，是"社会的个人的需要将成为必要劳动时间的尺度"②。因此，只是在未来社会自由自觉的活动中，劳动时间尺度与自由时间尺度才会有机融合在一起，互相促进，互相发展。

马克思进而指出从劳动时间尺度到自由时间尺度转换的具体路径，"随着大工业的发展，现实财富的创造较少地取决于劳动时间和已耗费的劳动量，较多地⋯⋯取决于一般的科学水平和技术进步，或者说取决于科学在生产上的应用"③。由此可见，既然财产是人（劳动）的因素与物的因素相结合的结果，而这种物的因素——机器、机车、铁路等——本身是人类劳动的产物，是相当少的劳动时间创造出来的巨大产物，因而这种物的因素实质上转化为"物化的知识力量"④、一般的社会知识、一般知识智力，它们在相当大程度上变成了直接的社会生产力，最大限度地控制并

---

① "在这个社会形式上的生产要素旁边，直接地一方面排上土地，另一方面排上劳动，即排上现实劳动过程的两个要素，而这二者在这种物质形式上，是一切生产方式共同具有的，是每一个生产过程的物质要素。"（《马克思恩格斯全集》第 25 卷，人民出版社 1974 年版，第 922 页）

② 《马克思恩格斯全集》第 46 卷下，人民出版社 1980 年版，第 222 页。

③ 《马克思恩格斯全集》第 46 卷下，人民出版社 1980 年版，第 217 页。

④ 《马克思恩格斯全集》第 46 卷下，人民出版社 1980 年版，第 219 页。

改造人类社会生活过程的条件。换言之，随着资本主义大工业的发展，科学在现代工艺上的自觉应用，资本赋予现代生产以科学的性质（具体说来，机器体系不断分解复杂劳动），减轻劳动并缩短劳动时间，减少劳动（直接劳动、劳动时间、必要劳动时间）在创造财富方面的作用——无论从量的方面来看，还是从质的方面来看，劳动（直接劳动、劳动时间、劳动量等）相对地来说，在创造财产中的作用变得微不足道，同科学劳动、科学在现代工艺上的应用等巨大的劳动生产率相比较而言，成为一种从属因素，成为自动化机器体系的旁观者，劳动时间也就不再是衡量财富的尺度。

马克思财产的两个尺度理论对于当下中国具有重要的现实意义。要重视科技的发展及其在现代工艺上的快速应用，从而在较少劳动与资源耗费中创造较多的财富，以满足人们日益增长的物质文化需要。

三、财产与财产权利、财富概念辨析

只有全面分析财产与财富、财产权利之间的关系，才能更好地把握财产范畴，才能更好地揭示财产运动的特点、规律及其趋势。

（一）财产权利的基本概念

从财产权利的起源来看，古代社会对与财产有关的权利学说贡献甚微，他们关注的是财产先占这一事实，而不是构成财产的种种权利。只是在17—18世纪现代社会资产阶级登上历史舞台以及由此而来的财产被视为天赋人权之一之后，人们的关注重心才开始从作为资产的财产观念转到构成财产的种种权利（如占有使用权、转让权和排他权）上，财产与权利才结成十分紧密的联系，甚至在众多的法律和经济学大辞典中，财产与财产权被放在一起（作为一个条目）进行解释[①]。

对于财产与权利之间这种历史形成的联系，而不是逻辑上的必然联系，马克思也指出："私有财产的真正基础，即占有，是一个事实，是不

---

① ［澳］彼得·德霍斯：《知识财产法哲学》，周林译，商务印书馆2008年版，第6页。财产权利这一概念主要是财产的法律用语，西方学界惯于用权来表述这一范畴，中国学者则较多使用所有权、产权或财产权来表述财产权利的主旨，或者就在"同质同义"上使用"产权"和"财产权利"（参见叶祥松《论马克思的产权理论》，《社会科学家》2000年第7期；姚德利《论财产权利及其社会本质》，《求索》2010年第8期）。

可解释的事实，而不是权利。只是由于社会赋予实际占有以法律的规定，实际占有才具有合法占有的性质。"① 人对财产的这种占有关系，起初是作为传统或习惯被人们自觉地遵守和维护，以后在冲突与纷争的作用下，这种事实性的占有关系逐渐上升为法律，上升为国家意志。这种获得法律认可的排他性的占有关系，这种上升为国家意志的财产关系，这种生产资料所有制的法律形态，就是所谓的财产权利。狭义的财产权利指财产归谁所有即财产所有权，一种财产主体对财产客体的排他性的占有关系或权利，"私有财产的权利是 jus utendi et abutendi［任意使用和支配的权利］，是随心所欲地处理什物的权利"②。广义的财产权利则是除了所有权之外，还包括占有权、使用权、收益权、转让权、处置权等一系列权利。狭义的财产权利（财产所有权）是基础性的，它决定着其他的财产权利。

这种作为法权关系的财产权利，必须以经济关系为基础。"这种具有契约形式的（不管这种契约是不是用法律固定下来的）法权关系，是一种反映着经济关系的意志关系。这种法权关系或意志关系的内容是由这种经济关系本身决定的。"③ 同时，财产权利不是抽象的、永恒的、凝固不变的一个概念，而是具体的、历史的、不断发展演变的一个概念。随着作为基础的社会生活条件和经济关系的变更，作为法权关系的财产权利也随之发生变化。"在每个历史时代中所有权以各种不同的方式、在完全不同的社会关系下面发展着。……要想把所有权作为一种独立的关系、一种特殊的范畴、一种抽象的和永恒的观念来下定义，这只能是形而上学或法学的幻想。"④

马克思也阐述了各种财产权利的权能结构，也就是说所有权、占有权、使用权、支配权等财产权利的各权能之间既可能统一，也可能分离，这就是马克思关于财产权利统一与分离的学说。在前资本主义社会各种形态中，除了亚细亚社会形态中的公社所有与个人占有这种分离外，财产的各项权能总体上是统一的，财产的所有权、占有权、使用权和收益权都集中在财产所有者手中。随着社会化大生产的发展，商品生产的所有者和经

---

① 《马克思恩格斯全集》第 1 卷，人民出版社 1956 年版，第 382 页。
② 《马克思恩格斯全集》第 1 卷，人民出版社 1956 年版，第 382 页。
③ 《马克思恩格斯全集》第 23 卷，人民出版社 1972 年版，第 102 页。
④ 《马克思恩格斯全集》第 4 卷，人民出版社 1958 年版，第 180 页。

营者之间必须实现权能分离。在资本主义社会中，典型的两权分离现象有二：其一是劳动力权能的分离。劳动力所有权和使用权的分离，也就是劳动者拥有劳动的所有权，而劳动的使用权则专归资本家，从属于为资本创造剩余价值的工具范畴。这是建立资本主义生产方式的前提。其二是资本权能的分离。法律上的所有权同经济上的所有权的分离，也就是在生产过程之外的借贷资本与产业资本之间的分离。"他们（资本所有者和职能资本家——引者注）实际上是伙伴：一个是法律上的资本所有者，另一个，当他使用资本的时候，是经济上的资本所有者。"[1] 资本所有权与经营权的分离，亦即同信用事业一起发展起来的股份制企业，把社会上分散的资金集中起来，雇用职业经理来组织生产和管理生产，这样就出现了所有权与经营权的分离、借入资本同管理劳动的分离。在这种分离运动中，资本主义私有财产转化为具有过渡性质的社会财产，转化为具有社会性质的信用财产与股份财产。股份制公司是资本主义社会两权分离的最高形态，昭示了资本主义私人资本向社会资本的转化趋势。马克思关于财产权利统一与分离的学说，不仅对研究资本主义经济的发展趋势特别是研究股份制形式的财产转化趋势，而且对研究社会主义经济特别是研究深化国有企业改革的问题，都具有重要意义。

（二）财富的基本概念

在谈到财富时，马克思指出："物质财富本来就是由使用价值构成的！"[2] "不论财富的社会形式如何，使用价值总是构成财富的物质内容。"[3] 因此，撇开财富的社会形式不说，财富就是以其自身的效用（自然属性）来满足人的需要的物质实体，如牲畜、水果、小麦等。也正是在此意义上，亦即作为人的无机的身体的意义上，自然界既提供满足人们需要的自然产品，也提供表现和确证人的本质力量的"需要的对象"。但是我们并不能反过来说，牲畜、水果等具有使用价值的物质就是财富，因为"财富的最初的自然发生的形式，是剩余或过剩的形式，是并非作为使用价值而直接需要的那一部分产品，是对那些其使用价值不属于最需要范围的产品的占有"[4]。

---

① 《马克思恩格斯全集》第 26 卷Ⅲ，人民出版社 1974 年版，第 565 页。
② 《马克思恩格斯全集》第 19 卷，人民出版社 1963 年版，第 15 页。
③ 《马克思恩格斯全集》第 23 卷，人民出版社 1972 年版，第 48 页。
④ 《马克思恩格斯全集》第 31 卷，人民出版社 1998 年版，第 521 页。

　　马克思进而探讨财富的社会形式。马克思主要探讨了以交换价值的生产为基础的资本主义社会中的三种财富形态：商品、货币和资本。"资本主义生产方式占统治地位的社会的财富，表现为'庞大的商品堆积'，单个的商品表现为这种财富的元素形式。"① 亦即在以交换价值为基础的资本主义社会中，财富就是具有价值的商品。反之，如一支笛子对于不懂音乐的所有者来说不是财富只是废物，只有发生人与人之间的交换或转让等关系，财富才能产生。在接下来的两种财富形式中，财富中的统治和支配权力凸显出来。"货币作为纯抽象财富——在这种财富形式上，任何特殊的使用价值都消失了，因而所有者和商品之间的任何个人关系也消失了——同样成为作为抽象人格的个人的权力，……货币同时赋予他作为他的私人权力的普遍权力。"② "资本作为财富一般形式——货币——的代表"③ 推动着活劳动不断创造财富，"只有资本才掌握历史的进步来为财富服务"④。

　　由此可见，就财富的社会形式来看，"财富作为价值，是对他人劳动的单纯支配权"⑤，包含着人对人的支配、统治关系。当然这种对他人劳动的单纯支配权，或者是前资本主义社会以私人享受为目的的关系，或者是资本主义社会以统治支配为目的的关系，都不是本真意义上的财富，都是马克思从历史发展的角度来说要扬弃的财富观。在"为了生产财富而组织得最完善的社会"⑥ 中，马克思把他的核心问题定位在研究财富的社会形式或财富生产的历史形式。特定历史阶段中财富的异化形式被扬弃之后，未来自由人联合体中的财富形式就显而易见了："财富岂不正是在普遍交换中造成的个人的需要、才能、享用、生产力等等的普遍性吗？财富岂不正是人对自然力……统治的充分发展吗？财富岂不正是人的创造天赋的绝对发挥吗？"⑦

　　由上可见，财富概念具有丰富的内涵。马克思既在物、在使用价值的

① 《马克思恩格斯全集》第 23 卷，人民出版社 1972 年版，第 47 页。
② 《马克思恩格斯全集》第 46 卷下，人民出版社 1980 年版，第 453—454 页。
③ 《马克思恩格斯全集》第 46 卷上，人民出版社 1979 年版，第 299 页。
④ 《马克思恩格斯全集》第 46 卷下，人民出版社 1980 年版，第 88 页。
⑤ 《马克思恩格斯全集》第 46 卷上，人民出版社 1979 年版，第 486 页。
⑥ 《马克思恩格斯全集》第 4 卷，人民出版社 1958 年版，第 165 页。
⑦ 《马克思恩格斯全集》第 46 卷上，人民出版社 1979 年版，第 486 页。

意义上使用财富概念，又在关系、在价值的意义上使用财富概念。"一方面，财富是物（马克思显然是在使用价值的意义上使用财富这一范畴。——引者注），它体现在人作为主体与之相对应的那种物即物质产品中；而另一方面，财富作为价值，是对他人劳动的单纯支配权，……在所有这一切形式中，财富都以物的形式出现，不管它是物也好，还是以存在于个人之外并偶然地同他并存的物为媒介的关系也好。"[1]

（三）财产与财产权利、财富概念辨析

在分析方法上，马克思"按照事物的本来面目及其产生根源来理解事物"[2]，坚持"穿透崎岖的不规则的表层，并且深入历史事物的宏观逻辑的眼光"[3] 的分析方法。因此，我们要特别注意到马克思重视事物的本质与宏观逻辑方面，而轻视微观层面或不涉事物本质方面这一根本特点。这一特点也同样适用于马克思对财产相关概念的辨析，或许这也是学界对财产有关概念的争议较多，从而没有一个终极定论的原因之所在。例如在马克思看来，分工和私有制是一回事。再如，所有制和财产、私有财产与私有制[4]，因为它们在本质上具有一致性，甚至马克思本人也常常不加区别地使用。这一特点也反映在《马克思恩格斯全集》的中文版翻译上，"das Eigentum"有时候被翻译为"财产"，有时候被翻译为"所有制"，有时候又被翻译为"所有权"。我们在这里尝试对财产与财产权利、财产与财富两组概念进行辨析。

1. 财产与财产权利范畴辨析

从上面对财产与财产权利的界定我们可以看出，财产与财产权利具有相似性。财产本质上是一种关系，而财产关系只是生产关系的法律用语[5]，那么，这种法律意义上的财产关系与作为法权关系的财产权利就存在着相吻合的方面。在文明的法制社会，财产与财产权（财产权利）紧

---

① 《马克思恩格斯全集》第46卷上，人民出版社1979年版，第486页。

② 《马克思恩格斯全集》第3卷，人民出版社1960年版，第49页。

③ ［美］熊彼特：《资本主义、社会主义和民主主义》，绛枫（顾准）译，商务印书馆1979年版，第17页。

④ 魏小萍认为："所有制指称的是非实体性的事物、是事物与事物之间的普遍关系；财产指称的是实体性的事物，是东西、是物。"（魏小萍：《"所有制"与"财产"：关系概念与实体概念的不同》，《哲学动态》2007年第10期）。笔者认为，这种把财产等同于物的看法，并没有把握住财产概念中本质上的关系内涵。

⑤ 《马克思恩格斯全集》第13卷，人民出版社1962年版，第8—9页。

密关联，无财产的权利（财产权利）与无权利（财产权利）的财产都是不可想象的。但是，财产与财产权利毕竟还存在着一些区别。

首先，从本质关系上来看，作为经济关系的财产内涵于经济基础之中，作为法权关系的财产权利则属于上层建筑之列，正如马克思所说，"仅仅从他的意志的关系来考察的物根本不是物；物只有在交往的过程中并且不以权利……为转移时，才成为物，即成为真正的财产。……某人在法律上可以享有对某物的占有权，但实际上并没有占有某物。"① 由此可见，财产与财产权利之间的关系有两种：其一，财产事实性的占有在前，财产法律性的权利确认在后，二者是决定与被决定的关系、反映与被反映的关系。随着作为基础的经济关系的变更，财产权利也随之发生相应的变化。其二，财产的法律所有权与财产的事实所有权（实际经营权）之间有分离与统一的两种关系。例如财产的这两种所有权在现代社会的股份公司和国有企业中出现了分离现象，但是它们的分离只是有条件的分离，并不意味着永久的分离，因此我们要规避财产法律所有权的虚置现象，规避财产法律所有权虚置所造成的财产的法律所有权与财产的事实所有权（实际经营权）之间永久性分离现象。

其次，从宽泛度上来看，财产权利的观念要比财产的观念狭窄些。财产权利只包括有利益的要素，不包括有限制的义务，而财产还包括无利益的要素。从财产所有人既享有权利又须履行义务来说，财产是由具有法定约束力的关系或权利组成，因而财产既包括债权，又包括债务。

2. 财产与财富范畴辨析

从以上对马克思的财产概念与财富概念的分析中，我们可以看出，马克思在使用财产与财富概念的时候，常常出现交叉重合的现象，有时候甚至不加区别地使用这两个概念，因而在一定程度上来说很难把这两个概念截然分开。在这里，我们从马克思的研究对象与研究目的出发，尝试对这一组概念进行大致的辨析。

从来源、历史发展与终极归宿上来看，财富概念是一个永恒性的范畴。因而马克思在论述到未来共产主义社会的时候，较多地使用财富概念而较少使用财产范畴。例如在《哥达纲领批判》中，马克思写道："在共

---

① 《马克思恩格斯全集》第3卷，人民出版社1960年版，第72页。

产主义社会高级阶段上，……集体财富的一切源泉都充分涌流。"① 马克思这一论述昭示着未来社会财产会消亡，财富则会继续存在，或者说，财产与财富合二为一，转化为以人的需求为目的的财富（财产）。

财富与财产之间还可以从内涵与外延上进行区分。在内涵上，财富并没有强调其归属性，而财产则不同，"财产就是可以从所有制上确定归属的财富"②，"财产作为一个经济学范畴是指人们对物质财富的所有、占有、支配和使用中形成的社会关系，它体现了附着物之上的人的权利"③。因而作为理解社会问题的一个核心范畴，财产的内涵要比财富深刻和丰富得多。在外延上，财富以对象对人的有用性为核心，其外延比财产更为广泛。因而一物，有可能成为某一对象的财富，但未必一定能够成为其财产。

从与主体关系的角度来看，"谈论财富的时候，我们关注的是社会财富的增长及其对促进人的全面发展的意义，可以不去追究财富是以何种具体方式为人所占有、谁是财富的权利主体这类问题。……一旦论及财产，人们总要问谁是财产的主人，那些财富归属于哪些人，以及与之相关的权利如何分割等等问题，总之，涉及了人对财富占有而引发的权利问题"④。由此可见，当涉及财富的来源正当性、表达伦理判断时，人们往往使用财产概念，从而表明财产主要与主体利益有关。反之，财富概念则往往与主体本质有关，被赋予维系人的生存与发展的基础性作用。

第二节　马克思财产理论的基本逻辑框架

顺应时代需要，马克思确立了财产问题研究的方法论意义："不难看

---

① 《马克思恩格斯全集》第 19 卷，人民出版社 1963 年版，第 22—23 页。但是这里同样不能做出绝对性结论，因为马克思有时候说"真正的财富就是所有个人的发达的生产力"（《马克思恩格斯全集》第 46 卷下，人民出版社 1980 年版，第 222 页），那么这"真正"二字是否表明马克思是在否定的意义上使用财富这一范畴的呢？同样，马克思对未来社会也使用"真正人的和社会的财产"（《马克思恩格斯全集》第 42 卷，人民出版社 1979 年版，第 102 页）这一表述，因而看起来还是在相等同的意义上使用二者。

② 俞吾金：《论财富问题在马克思哲学中的地位和作用》，《哲学研究》2011 年第 2 期。

③ 张卓元主编《政治经济学大辞典》，经济科学出版社 1998 年版，第 102—103 页。

④ 刘敬鲁：《经济哲学导论》，中国人民大学出版社 2003 年版，第 97 页。

到，整个革命运动必然在私有财产的运动中，即在经济中，为自己既找到经验的基础，也找到理论的基础。"① 批判性介入西欧社会财产现实，超越对其形形色色的理论回应，科学回答西欧现代社会财产问题"从何处来"和"往何处去"，是马克思财产学说的基础。反思黑格尔财产理论学说的"思辨性"，转向"对物质利益发表意见"的现实，是马克思财产理论的历史起点和逻辑起点。扬弃庸俗唯物主义财产理论，系统地批判继承古典政治经济学劳动财产理论和空想社会主义财产理论的合理因素，是科学的财产理论创立的重要转折点。运用政治经济学的方法论系统，马克思确立了科学的财产理论的对象和方法，对人类社会财产运动的一般规律和现代社会财产运动的特殊规律作了科学的论述，从内容和形式两个方面对初步创立的科学的财产理论进行了系统阐述和全面发挥，标示着科学的财产理论的基本完成。

以上所述就是马克思科学诠释西欧社会财产问题、变革财产理论学说、建构科学的财产理论体系的内在逻辑。以下笔者从"过程性的把握"与"规律性的揭示"相统一、"批判与建构"相统一的角度勾勒马克思变革财产理论的内在逻辑。

一、财产"原本"批判和财产"副本"批判

众所周知，19 世纪上半叶西欧经济持续、快速增长，社会财富总量迅速增加的同时，社会内部矛盾和冲突日趋尖锐：财富与贫困同时递增、人性在经济社会发展中不同程度地扭曲、危害深重的经济危机爆发并逐渐周期化等。其中，工人阶级和资产阶级在财产关系方面的矛盾和冲突日趋加剧是整个日益严重的社会问题的核心。但是，对 19 世纪上半叶西欧社会财产问题及其所引致的资本主义社会各种内在矛盾和冲突"从何处来"和"往何处去"的问题，进入"终结阶段"的德国传统"思辨性"财产理论学说，沦落为资本辩护士的英国古典政治经济学，粗陋的、平均主义的法国空想社会主义改良方案，根本否定现代生产力和财产效率的浪漫主义，保护关税、拒斥"资本逻辑"的民族主义，傲慢的民粹主义，极端的国家主义，庸俗经济学、重商主义、重农主义、激进

---

① 《马克思恩格斯全集》第 42 卷，人民出版社 1979 年版，第 120—121 页。

主义、复古的保守主义、自由主义等财产学说却无能为力，不能做出科学的解释和有力的回应。然而，马克思财产理论对此做出了有效的回应，从而为科学的财产观提供了学理依据。当然马克思对这一重大现实财产问题的明确认识和科学诠释也是一个逐渐深化、逻辑递升、不断精确的过程。

早在柏林大学求学时期，面对割裂理想和现实、应有和现有的康德、费希特学说，马克思已经萌生了"从理想主义……转而向现实本身去寻求思想"，以此化解"现实的东西和应有的东西之间的对立"①。但马克思财产理论学说的历史起点和逻辑起点的关键阶段是《莱茵报》时期。在《莱茵报》时期，关于保护关税和自由贸易的辩论，工业的繁荣与摩塞尔河沿岸地区"贫困状况的普遍性"②，林木盗窃和地产析分，等等，一系列西欧社会财产问题开始进入马克思的研究视野。这些物质利益问题把马克思裹挟进现实问题的旋涡，促使他不断怀疑、思考、探索。"从现存的现实本身的形式中引出作为它的应有的和最终目的的真正现实"③，马克思提出了"工业以至于整个财富领域对政治领域的关系，是现代主要问题之一"④，标示着其解答"现代社会财产问题往何处去"的可能性。通过反思德国传统"思辨性"财产理论学说，马克思指出，德国社会财产问题——社会贫困、现代化和市场化初期的财产分化，是旧制度的弊端与现代国家本身缺陷综合作用的结果，这就向科学回答时代重大课题迈出了一步，从而确立了科学的财产理论的历史起点和逻辑起点。从历史批判与终极批判两个相互联系的层面，马克思尝试解答德国式现代财产问题：在封建专制制度向现代民主制、特权财产制向现代私有制、政治对财产的控制向财产与政治的分离与控制的转变进程中，争取历史权利；又关注终极的人的权利，主张政治经济学或社会对财产的控制，得出"财产或劳动升为社会要素"⑤、无产原则成为社会原则的共产主义结论。当然，马克思此时对财产问题的回答依旧包含着有待突破、超越的"形式"和"内容"局限性：从方法论上看，由于深受德国传统财产理论的"思辨性"影响："德

① 《马克思恩格斯全集》第40卷，人民出版社1982年版，第10—15页。
② 《马克思恩格斯全集》第1卷，人民出版社1956年版，第223页。
③ 《马克思恩格斯全集》第1卷，人民出版社1956年版，第417页。
④ 《马克思恩格斯文集》第1卷，人民出版社2009年版，第8页。
⑤ 《马克思恩格斯全集》第1卷，人民出版社1956年版，第441页。

国只是用抽象的思维活动伴随了现代各国的发展，而没有积极参加这种发展的实际斗争"①，马克思自然"第一次遇到要对所谓物质利益发表意见的难事"②，即需要超越"思辨性"的黑格尔财产理论框架。从内容上看，因为"市民社会"决定国家和法，所以社会财产问题的答案，"不应当到被黑格尔描绘成'大厦之顶'的国家中去寻找，而应当到黑格尔所那样蔑视的'市民社会'中去寻找"③，"到政治经济学中"④ 去寻求。这昭示着马克思必须实现从"思辨性"⑤ 财产理论到劳动财产理论学说的转向，必须批判性继承古典政治经济学劳动财产理论和空想社会主义财产理论中的合理因素。

以斯密和李嘉图为代表的处于资产阶级上升时期的古典政治经济学的劳动财产理论，其核心命题就在于追问和探索国民财富的性质和原因，追问财富从哪里来和财富如何增加的问题，探究如何富裕起来和资财如何积累起来的问题。这既表现在斯密《国富论》以国民财富的性质和原因为研究对象，以"富国裕民"为研究目的，也表现在李嘉图"为生产而生产"的财富主张方面。古典劳动财产理论提出"社会财富来自一般劳动"⑥ 这一合理命题，把握住了现代社会财产的主体劳动本质，得出了合理结论：社会财富的快速增长就取决于从事物质生产的劳动者数量，取决于劳动生产率。而在空想社会主义财产理论看来，劳动与财产分离对立的资本主义现实，必然引致贫富悬殊、财产分化、两极对立，必然导致财富的积累与贫困的积累成比例地增加，"给广大劳动人民带来了巨大的痛苦

---

① 《马克思恩格斯全集》第 1 卷，人民出版社 1956 年版，第 462 页。

② 《马克思恩格斯全集》第 13 卷，人民出版社 1962 年版，第 7 页。

③ 《马克思恩格斯全集》第 16 卷，人民出版社 1964 年版，第 409 页。

④ 《马克思恩格斯文集》第 1 卷，人民出版社 2009 年版，第 702 页。

⑤ 之所以把黑格尔的理论看作"思辨性"财产理论学说的典型，主要不是因为黑格尔对政治经济学理论和对德国资产阶级原则的"思辨性"表述，而是因为"黑格尔站在现代国民经济学家的立场上"（《马克思恩格斯全集》第 42 卷，人民出版社 1979 年版，第 163 页），对"政治经济学"和资本主义社会的非批判、自然性和永恒性表述。"败坏黑格尔哲学的不仅仅是它的唯心主义，而在于他持有'政治经济学的立场'的事实，这意味着对作为社会新陈代谢控制的资本抱一种总的无批判的态度"（梅扎罗斯：《超越资本》上卷，郑一明等译，中国人民大学出版社 2004 年版，第 53 页）。当然，从是否"改变世界"的角度来看，"思辨性"财产理论学说既包括德国古典唯心主义的财产理论学说，也包括费尔巴哈的人本主义财产理论学说。

⑥ ［英］亚当·斯密：《国民财富的性质和原因的研究》（下卷），郭大力等译，商务印书馆 1972 年版，第 1 页。

和灾难，造成了众多无财产的群众"①。因而天才地构思出联合劳动、共同占有财产的理想社会。

二、科学财产理论的建构

在诠释西欧社会财产问题、创立科学的财产理论过程中，马克思侧重批判地汲取 19 世纪上半叶资产阶级财产理论从发展生产、创造财富等角度（虽然也对其中的一些矛盾如现代贫困问题进行了分析）考察资本主义历史时代的合理成分，以及批判地汲取 19 世纪上半叶空想社会主义财产理论在批判资本主义社会现实的丑恶方面和对未来社会构想方面的合理成分，科学地揭示了现代财产分化的异化劳动根源及其归宿，阐明"财产"范畴与现实财产运动之间的辩证关系等方面的问题，初步创立了科学的财产理论。

马克思财产理论的初步创立，体现在从《巴黎手稿》到《共产党宣言》问世。马克思对现代财产分化的异化劳动根源及其归宿的揭示以及对现代财产问题的唯物史观方法论阐释，为科学的财产理论制定了最初的方法论基础，确立了科学的财产理论的研究对象，对科学的财产理论体系作了初步构思。

科学的财产理论方法论原则的最初形成。首先，马克思初步表述了唯物主义财产历史观："社会关系和生产力密切相联。……人们按照自己的物质生产的发展建立相应的社会关系，正是这些人又按照自己的社会关系创造了相应的原理、观念和范畴。"② 这构成了马克思财产理论的方法论雏形。在某种意义上可以说，《政治经济学批判〈序言〉》对历史唯物主义的经典表述所涵盖的内容，就是这一方法论的逻辑延伸。其次，在马克思看来，必须从"财产现实"角度出发去理解由此引起的一系列经济和社会现象的本质及其规律性。马克思这一表述所体现出来的"财产"范畴与现实财产运动之间的辩证关系，为科学的财产理论的最初创立奠定了初始方法论原则。

---

① 徐雅民、薛汉伟：《原始积累、工场手工业、产业革命与空想社会主义》，《教学与研究》1992 年第 4 期。

② 《马克思恩格斯全集》第 4 卷，人民出版社 1958 年版，第 144 页。

　　马克思为科学的财产理论确立了研究对象。古典经济学把"富国裕民"、增进国民财富作为经济学的研究主题。在马克思看来，财产不仅内在地包含着生产力属性，而且内在地包含着生产关系属性，因此，马克思把财产的社会性质确立为科学的财产理论的主要研究对象。科学的财产理论不仅研究财产的生产力属性（财产的物质内容），更研究财产的生产关系属性（财产的社会形式），研究人类社会财产关系特别是研究资本主义私有财产关系。

　　在《巴黎手稿》中，马克思对科学的财产理论体系作了初步构思："正如我们通过分析从异化的、外化的劳动的概念得出私有财产的概念一样，我们也可以借助这两个因素来阐明国民经济学的一切范畴，而且我们将发现其中每一个范畴，例如商业、竞争、资本、货币，不过是这两个基本因素的特定的、展开了的表现而已。"① 马克思借助异化劳动和私有财产这两个基本因素建构财产理论体系，从"异化劳动"范畴入手剖析资本主义，揭示资本主义私有财产的起源、本质和发展规律，论证共产主义的历史必然性。在马克思看来，当前的经济事实就是，在资本主义私有制中，劳动、资本和地产的分离（作为劳动的前提的生产资料与劳动的分离），这一私有财产的事实以及由此导致的"物的世界的增值同人的世界的贬值成正比"② 现象，就是劳动者同劳动产品的反常关系，就是劳动产品（财产）疏远、敌视劳动，以及自然、人与社会关系的普遍异化。一句话，异化劳动是现代社会财产问题的根源。现代社会财产问题的历史归宿就在于"共产主义"："共产主义是私有财产即人的自我异化的积极的扬弃"，是人的本质的复归，"是人和自然界之间、人和人之间的矛盾的真正解决，是存在和本质、对象化和自我确证、自由和必然、个体和类之间的斗争的真正解决"③。从建构的角度来看，在《詹姆斯·穆勒〈政治经济学原理〉一书摘要》《评弗里德里希·李斯特的著作〈政治经济学的国民体系〉》《德意志意识形态》等著作中，马克思考察了财产的生产力属性和交往关系属性，昭示物质生活资料的生产体现出"人对自然界的关系"以及人们之间的"共同的活动方式"两个方面，这表明财产具有

① 《马克思恩格斯全集》第 42 卷，人民出版社 1979 年版，第 101 页。
② 《马克思恩格斯全集》第 42 卷，人民出版社 1979 年版，第 90 页。
③ 《马克思恩格斯全集》第 42 卷，人民出版社 1979 年版，第 120 页。

生产力和交往形式（后来被更准确地称作财产关系——生产关系的法律用语）双重属性，因而任何社会中的财产都包含着物质内容和社会形式两个方面；初步探讨了人类社会财产所有制关系，从个人与劳动材料、工具关系（劳动者与生产资料关系）即生产资料所有制形式的角度探讨了人类社会历史发展的经济形态。马克思把人类社会以往的历史划分为五个阶段：部落所有制、古代公社所有制和国家所有制、封建的或等级的所有制、现代市民社会，未来还要过渡到共产主义社会。马克思对人类社会五形态的初步考察，为《资本论》以及手稿中成熟的社会形态理论（以生产方式而不是现在的分工的不同发展阶段作为划界根据）做了直接的理论准备；进而实现了现代财产问题的唯物史观式解答：资本主义社会私有财产的本质规定就是"资本对他人劳动力的支配"，就是生产力（各个人的力量）同个人的分离。因此，生产力的私人利用或生产力的资本主义利用（现代财产关系或资本关系），就是现代社会贫困、异化、灾难等问题的根源。马克思认为，只有消灭旧式劳动、私有制和分工，只有"摆脱财产束缚、超越历史权利"，实现社会生产力的私人利用到生产力的共产主义利用和联合占有，亦即生产力的普遍发展以及交往方式的历史向世界历史的转变，才能科学地解决现代社会财产问题。科学的财产理论体系的这一最初设想，最终在《资本论》中得到了全面体现。

正如马克思所指出的"我们所以要重新发表'哲学的贫困'（第一版已售完），是因为：在该书中还处于萌芽状态的东西，经过二十年的研究之后，变成了理论，在'资本论'中得到了发挥。"[1] 虽然说马克思在这里主要是针对《哲学的贫困》进行论述，但从方法论上看却在总体上适用于对"从《巴黎手稿》到《共产党宣言》问世时期是科学的财产理论初步创立的标志"的表述。换言之，这一时期马克思的许多财产思想还存在着简要表述、散见论说、论战性概述、粗线条勾勒等特点，还需要通过哲学革命实现方法论上的完善，以及经济学革命实现内容上的完善，特别是需要经过对资本主义的经济运行机制等方面的进一步研究，才能建构概念清晰、逻辑严谨、完整系统的财产理论体系。因而科学的财产理论的

---

[1] 《马克思恩格斯全集》第19卷，人民出版社1963年版，第248页。恩格斯所高度赞扬的"包含着新世界观的天才萌芽的第一个文件"的文章的发表（《马克思恩格斯选集》第4卷，人民出版社1995年版，第213页），也昭示着初创理论的"萌芽性"特点。

构建尚有待进一步延伸到马克思政治经济学批判、社会主义批判和历史学批判的整个过程。

19 世纪 50 年代，马克思移居到伦敦。面对大量的政治经济学材料以及资产阶级社会似乎踏入新的发展阶段的社会现实，马克思以批判的精神透彻地研究政治经济学。其研究结果就是使得科学的财产理论得以成熟和体系化的《资本论》及其手稿：即《1857—1858 年经济学手稿》（《马克思恩格斯全集》第 46 卷上下册）、《1861—1863 年经济学手稿》（《马克思恩格斯全集》第 26、47、48 卷）、《1863—1865 年经济学手稿》（《马克思恩格斯全集》第 24、25、49 卷）。《资本论》及其手稿之所以是科学的财产理论最终形成的标志，基于以下几点考虑。

马克思完成了对资产阶级财产理论的科学批判。通过对资本生产、流通和资本总过程的系统分析，通过对资产阶级财产理论的产生、发展和解体的历史过程的分析，马克思实现了对资产阶级财产理论的科学批判。科学的财产理论就是批判地继承资产阶级的财产理论（主要是古典经济学的财产理论）的优秀思想成果，透彻地分析资本主义社会财产运动规律的必然产物。

马克思确立了科学的财产理论的研究对象和方法。就研究对象而言，资产阶级财产理论只是把物质财富的生产作为他们的研究对象，把人与物的关系作为他们的研究任务，因而在割裂财产的物质内容与社会形式的同时，就会得出荒谬的结论：最有利于财富生产的资本主义制度是自然的、永恒的。与此相反，马克思既注重物质财富的生产或人与物的关系的研究，也注重财产关系之后人与人之间的关系的研究，从而实现了财产的物质内容与社会形式的有机统一。就研究方法而言，在《资本论》及其手稿中，马克思最终完成的哲学革命为科学的财产理论奠定了方法论系统。这一方法论系统主要有二：其一，总体方法论。这主要是指《政治经济学批判〈序言〉》对历史唯物主义的经典表述所涵盖的内容，昭示了物质生产力与财产关系之间的矛盾运动是社会历史发展的决定性因素。其二，具体的方法论。马克思提出了一系列财产理论研究的具体方法：历史与逻辑相统一的方法、从抽象上升到具体的方法、研究方法与叙述方法等。从某种意义上可以说，正是以科学的政治经济学方法论系统为基础，马克思才得以完成科学的财产理论体系的建构。

马克思构筑了科学的财产理论体系。如马克思以财产的匮乏以及由此产生的解决方式为依据，把人类社会划分为三大社会经济形态的同时，系统阐述了人类社会财产运动的一般规律；通过对科学的财富源泉、科学的劳动价值理论，科学的剩余价值理论，以及科学的经济危机理论的系统阐释，马克思科学地揭示了现代社会财产运动规律、科学地预见了财产的未来发展趋势；通过对财产的生产与流通环节的科学把握，昭示了生产极限与资本历史使命终结之间的逻辑关系；等等。

由上可见，在《资本论》及其手稿中，马克思确定了科学的财产理论的对象和方法，对资产阶级的财产理论作了科学的批判，对人类社会财产运动的一般规律和现代社会财产运动的特殊规律作了科学的论述，从内容与形式两个方面对初步创立的财产理论进行了系统阐述和全面发挥，进一步实现了财产理论从内容到形式上与"自己时代的现实世界接触并相互作用"①，全面、正确地回答了包括西欧社会财产问题在内的整个人类社会财产问题"从何处来"和"往何处去"。《资本论》及其手稿中的这些论述，标志着科学的财产理论的最终形成。

---

① 《马克思恩格斯全集》第 1 卷，人民出版社 1995 年版，第 220 页。

第四章 马克思财产理论的哲学意蕴

显而易见，如果说批判前人类社会的私有财产，特别是批判资本主义私有财产、揭示资本主义社会财产运动的规律和特点，构成马克思财产理论学说的逻辑基点和主题；那么，超越资本主义社会财产现实与逻辑，探讨带有其脱胎而来的旧社会的痕迹，从而必然表现为在一定程度上被限制在"资产阶级法权"框架内的刚刚从资本主义社会中产生出来的社会主义社会关于财产一般和市场经济一般等方面界说，关注无产阶级掌握政权的国家对财产关系的调节和对市场经济手段的运用（为发展生产力），构建广义的政治经济学，就构成了马克思财产理论学说的价值归宿。对此，可以从主客观两个方面的原因来看。从客观原因看，个别包含着一般，马克思财产理论也概莫能外；从主观原因看，马克思不仅一直在为构建广义的政治经济学而努力，而且也非常重视无产阶级掌握政权的国家对财产关系的调整和市场经济手段的运用（为发展生产力）。所以，科学的财产理论必然包含着关于财产一般和市场经济一般的界说。毫无疑问，马克思的这种界说适用于所有实行市场经济的国家（当然也适用于由传统的计划经济体制向市场经济体制转变的国家）。其"超越"主要有三。

一是关于财产效率视域中的"人本"意蕴方面的内容，亦即财产稀缺与财产效率、财产快速增加过程中财产利益关系协调、财产效率所蕴含的重视财产源和价值归宿上的"人本"内蕴。在资本还占据统治地位的世界历史时代，包括中国在内的发展中国家要充分利用后发优势降低财产发展的成本，减少社会因财产急剧增加而引起的动荡。为此，不仅要发展生产、扩大流通、开拓国内外市场、鼓励平等竞争等，以扩大财产的总量，而且要特别注意财产快速增加过程中对财产利益关系的协调。所以，对当代中国来说，必须把发展财产尤其是发展股份制形式的财产与遏制作为资本的财产对劳动产权利益的侵害有机统一起来，把向资本主义学习与超越资本主义有机统一起来，把人与物、人与人、人与自然环境和谐（平衡"金山银山"财富与"绿水青山"财富、财富的"人本"价值归宿之间的关系）有机统一起来，走出一条"驾驭资本逻辑"的中国特色社会主义道路。二是关于市场伦理意蕴，以及构建和完善合理的财产流通秩序方面的内容。在现代社会大工业革命进程中最终形成和发展起来的市场流通同资本关系密切，因而在一定程度上体现为资本的因素，特别是体现出劳动与资本交换这一不合理性的一面。但是不应该否认，"流通，就它的每个因素来说，尤其是就它的总体来说，是一定的历史产物"，因而市场流通具有一定的自然历史属性。鉴于此，我们既不能否定市场流通的资本属性的一面，从而把市场流通限定在资源配置的决定性作用方面；也不能否定市场流通的革命性作用：市场流通"不仅满足了人们的某种需要，扩大了人们的视野和交往，而且推进了生产力和分工的发展"，在"突破特权、等级、地域和人身束缚，瓦解古代共同体，促进世界交往的形成，扬弃以物的依赖为基础的社会和呼唤人的个性与自由全面发展的新社会"方面发挥着革命性作用。在当代中国，应清晰界定市场流通的内在属性（自由、平等、所有权），厘清市场流通秩序的伦理意蕴（信用、契约），有效规避虚假市场行为，从而更好地发展和驾驭中国特色社会主义市场经济。要言之，市场流通包含五个要件：财产流通之前所存在的所有权，熟人社会到陌生人社会转变进程中的契约要件，商品使用价值与价值属性二重属性所内含的自由、平等意蕴，时空分离意义上的现代财产流通信用和贵金属货币纸质化、符号化转化意义上的信用。种种表现昭示我们，理念上，我们有待科学界定市场内涵，形成更为科学全面的市场理念；实践上，中国的市场化改革的成功尚有一段路要走，当代中国所形成的社会主义市场经济有待进一步完善。三是关于马克思本源意义上"自然人道"财产法权界说：自然界存在着根深叶茂的枝干和枯树枝两种财产；如果说自然界的有机财富是早已肯定的所有者的财物，那么枯树枝、收割后落地的麦穗、修道院的援助等贫穷，就是专属于贫民的自然权利或习惯权利，其合法性来源于自然的人道主义与人道的自然主义，是遵从财产本质、事物本性所做出的判决；如果说砍伐树木是侵蚀所有者的不法行为，那么现代"启蒙立法"或"自由立法"禁止民众捡拾枯树枝，从而把这种混合的、二元的、不定型的财产转化为绝对的私有财产时，就取消了这些混合财产对贫民所担负的责任，侵害了贫民的利益。虽然，马克思"自然人道"财产法权思想的初衷，在于批判普鲁士市场化初期"启蒙立法"所人为形塑的财产垄断权与一无所有的贫民之间的矛盾悖论，但其内在精髓无疑有助于市场化转型初期的国家平等保障贫民的习惯权利和占有者的私人财产权利，既防止贫民捡拾枯树枝、捡拾收割后落地的麦穗、享受附着于混合公共物等的习惯权利受到侵蚀，也防止砍伐树木等侵害所有者财产权利的事件发生。

第一节 马克思"资本""劳动"
论说中的财产辩证法

近年来，"'驾驭资本逻辑'的中国特色社会主义道路"成为学界研究的热点和焦点问题之一。但遗憾的是，时至今日，由于种种原因，人们在财产理念、劳动权利、资本逻辑与社会形态（社会主义）关系上依旧存在着种种误读与误解，由此衍生出一系列模糊的、片面的、不科学的认识，并进而阻碍中国特色社会主义市场经济进一步发展。究其实质，由于种种可以理解的原因，目前我国学界缺乏对财产问题深入的前提性审视和反思，缺乏对这一重大问题"基准面"的系统研究，即没有对马克思主义财产理论及其基本内涵进行深入的"元思考"，从而这种认识难以超越以往的水平，进而在实践中也不能提出有效的理论应对，引致对财产问题的种种误判。鉴于此，回到马克思的原初语境，从马克思辩证否定观出发审视"资本""劳动"视阈中的财产，澄清种种附加其上的错误认识，有效界定财产理念、劳动权利、资本逻辑之间的关系，就成为超越对这一问题原有认识中的藩篱、合理界定中国特色社会主义内涵、达成进一步改革开放共识进而实现改革开放事业的跨越式发展的前提性因素。

在马克思看来，一方面，"私有财产无非是物化的劳动"①"私有财产一方面是外化劳动的产物"②"私有财产的运动……是人的实现或现

---

① 《马克思恩格斯全集》第 42 卷，人民出版社 1979 年版，第 254 页。
② 《马克思恩格斯选集》第 1 卷，人民出版社 1995 年版，第 150 页。

实"①；另一方面，"资本的文明的胜利恰恰在于，资本发现并促使人的劳动代替死的物而成为财富的源泉"②。资本财产发展生产力与为这一发展不断设立界限的矛盾运动，规定了资本财产的辩证运动，亦即资本自我运动和自我扬弃相统一的运动过程。同时，在否定资本的过程中，联合起来的劳动者为争取自身财产权利的斗争是不可或缺的外在推力。资本财产的自我扬弃，与联合起来的工人阶级争取自身财产权利的斗争，这两方面的联合作用，规定了未来社会的财产性质，亦即"劳动和资本的这种对立一达到极限，就必然成为全部私有财产关系的顶点、最高阶段和灭亡"③。

一、资本财产的自我扬弃

马克思对资本的革命性和批判性集中体现在他的辩证法中。马克思在谈到辩证法的合理形态时指出："辩证法在对现存事物的肯定的理解中同时包含对现存事物的否定的理解，即对现存事物的必然灭亡的理解；辩证法对每一种既成的形式都是从不断的运动中，因而也是从它的暂时性方面去理解；辩证法不崇拜任何东西，按其本质来说，它是批判的和革命的。"④ 这一论述表明，辩证法探讨的是现存事物，而现存事物的中心词就是资本，就是在资本主义社会中占统治和支配地位的资本，它既统治着劳动力（劳动力就是为资本创造丰厚利润的工具），又统治着资本家（资本家不过是资本的人格化）。"只有资本才创造出资产阶级社会，并创造出社会成员对自然界和社会联系本身的普遍占有。"⑤ 因而从这个意义上说，马克思的辩证法就是资本辩证法。就辩证法的本质来看，辩证法对现存事物持批判的和革命的态度，因而这就规定了现存事物的发展趋势：自我运动、自我发展与自我否定。由此可见，以批判性和革命性为本质的马克思的资本辩证法，就是在资本的自我运动与自我发展中揭示、分析资本的自我否定和自我扬弃，就是在彻底批判资本逻辑的内在矛盾中实现对资本的超越。

---

① 《马克思恩格斯全集》第 42 卷，人民出版社 1979 年版，第 121 页。
② 《马克思恩格斯全集》第 42 卷，人民出版社 1979 年版，第 110 页。
③ 《马克思恩格斯全集》第 42 卷，人民出版社 1979 年版，第 106 页。
④ 《马克思恩格斯全集》第 23 卷，人民出版社 1972 年版，第 24 页。
⑤ 《马克思恩格斯全集》第 30 卷，人民出版社 1995 年版，第 390 页。

作为资本主义社会的统治和支配力量的资本，"资本本身表现为一切社会生产能力的主体"①。它的唯一目的只是无限度地增殖剩余价值，从而不断地发展生产力。但是在这一过程中，资本又不断设置生产发展的界限，因而资本就是伟大文明作用与自身无法克服的内在矛盾的统一体。资本的这一矛盾运动决定了资本必然自己排斥自己的发展趋势，决定了资本的自我否定逻辑："自我异化的扬弃同自我异化走的是一条道路"。正如马克思所说："资本一方面确立它所特有的界限，另一方面又驱使生产超出任何界限，所以资本是一个活生生的矛盾。"② 资本发展生产力与无限追逐剩余价值的内在本性所遇到的极限主要体现在以下两个方面。

第一，从资本剩余价值的生产来看，一方面，资本肯定作为财富源泉的劳动，从而肯定必要劳动时间，另一方面，只有剩余劳动才是剩余价值的源泉，因而资本又力图缩短甚至最大限度地否定必要劳动。因此，资本在必要劳动与剩余劳动的关系上就出现了矛盾，形成了资本价值生产的极限。

就劳动分为必要劳动和剩余劳动、劳动时间分为必要劳动时间和剩余劳动时间两部分，以及这两部分之间的关系来看，一方面，剩余劳动的产生是必要劳动发展到一定历史阶段的结果，剩余劳动的发展是以资本推动和扩大必要劳动为前提的，故此，资本概念本身就包含着推动、支配和扩大必要劳动（雇佣劳动、工人）之意，一方的消失也必定导致另一方的灭亡。另一方面，剩余劳动与必要劳动成反比，前者的扩大以后者的缩小为前提，反之亦然。因而就资本追求的只是剩余劳动，只是剩余劳动创造的剩余价值而言，资本要最大限度地追求剩余价值，必然会最大限度地扬弃必要劳动。换言之，资本就是在肯定必要劳动和否定必要劳动的矛盾运动中，不断推动社会生产力的发展，以及由此而来的剩余价值的生产。

由上可见，资本的矛盾运动就是"扩大所使用的活劳动和缩小必要劳动"③。资本在推动和扩大活劳动中实现剩余价值的不断增加，就体现在资本不断从空间上增加劳动者的数量，从时间上不断延长劳动者的工作

① 《马克思恩格斯全集》第 46 卷下，人民出版社 1980 年版，第 83 页。
② 《马克思恩格斯全集》第 46 卷上，人民出版社 1979 年版，第 408 页。
③ 《马克思恩格斯全集》第 46 卷上，人民出版社 1979 年版，第 373 页。

日长度，从技术上不断提高劳动者的强度。与此同时，资本力图不断缩小必要劳动，力图把剩余价值的生产最大化。资本的这一企图，就体现在资本自觉实现科学在现代工艺上的应用，不断提高资本的有机构成，从而不断提高劳动生产率。资本有机构成的提高和劳动生产力的发展必然引致劳动力价值的下降和对必要劳动的否定，因而这一发展趋势就是资本矛盾运动的必然结果。

但是，资本的这一矛盾运动在促进社会生产力发展的同时，也表现出生产自身的掘墓人，表现出自身扬弃的历史趋势。

就资本不断否定必要劳动，不断实现对剩余价值的极致化追求而言，"资本的趋势是赋予生产以科学的性质，而直接劳动则被贬低为只是生产过程的一个要素"①。直接劳动，就量的方面来看，在产品中趋于无限小；就质的方面来看，在生产中成为机器的从属品。这就意味着：社会财富的宏大基石不再取决于直接劳动，而取决于科学在现代工艺上的应用，劳动者不再是财富生产的主要当事人，而是财富生产的从属者，那么，随着作为资本对立面的雇佣劳动作用的弱化，资本也不断自我否定，从而逃脱不了最终灭亡的必然性。"一旦直接形式的劳动不再是财富的巨大源泉，劳动时间就不再是，而且必然不再是财富的尺度，因而交换价值也不再是使用价值的尺度。群众的剩余劳动不再是发展一般财富的条件，同样，少数人的非劳动不再是发展人类头脑的一般能力的条件。于是，以交换价值为基础的生产便会崩溃。"②

就资本追求的剩余价值实质上就是剩余劳动时间，就是可以自由支配的时间而言，资本在推动劳动生产力提高，增加剩余劳动时间的同时，实质上也是在违背自己的意志，成为创造社会可以自由支配的时间的工具，从而不断缩减整个社会的劳动时间、增加全体社会成员本身的发展时间。可以自由支配的时间正是全体社会成员自由全面发展，以及社会劳动生产力发展的必要条件，因为真正的财富就是所有个人发达的生产力，财富整个发展的基础就是可以自由支配的时间。在资本的致富欲，以及与之相适应的社会劳动生产力发展到一定程度，"一方面整个社会只需用较少的劳动时间就能占有并保持普遍财富，另一方面劳动的社会将科学地对待自己

① 《马克思恩格斯全集》第46卷下，人民出版社1980年版，第211页。
② 《马克思恩格斯全集》第46卷下，人民出版社1980年版，第218页。

的不断发展的再生产过程，对待自己的越来越丰富的再生产过程，从而，人不再从事那种可以让物来替人从事的劳动，——一旦到了那样的时候，资本的历史使命就完成了"①。

第二，从资本剩余价值的实现来看，资本需要流通并不断扩大流通，从而实现剩余价值从商品资本到产品资本的转换。但是，流通不仅不创造价值，反而限制着资本价值的增殖。故此，资本又有缩短流通甚至消灭流通的趋势，从而避免或减少价值的丧失。资本流通中的这种矛盾运动决定了资本价值增殖的极限。

资本具有限制流通的趋势。虽然流通是资本主义生产总过程的一个必要组成部分，从而实现资本从物质形态到价值形态的转化，但是"在流通过程中，不生产任何价值，因而也不生产任何剩余价值。在这个过程中，只是同一价值量发生了形式变化。事实上不过是发生了商品的形态变化，既然这种形态变化要花费流通时间，这种形态变化本身同价值创造或价值变化毫无关系"②。资本扩大流通与消灭流通的悖论性要求，充分体现在资本在空间上扩大流通领域，从而试图把资本的市场扩大为世界市场，把人们的消费需求刺激到极限；在时间上尽可能缩短流通时间、减少流通费用以为财富的增加创造条件，从而把流通方式从货币转化为信用货币。资本的这一悖论性特点决定了资本的必然性的发展趋势，即一旦资本的流通发展到极限，资本流通的这一悖论就以经济危机或金融危机的形式表现出来，那个时候就宣布资本流通的历史使命结束了。

既然流通是资本生产总过程的一个要素，促进了预付资本的流回和剩余价值的实现，因而资本不仅需要流通，而且要尽可能扩大流通。从剩余价值产生的角度来看，资本的财富就是劳动的贫困，资本的财富与劳动的贫困一同增长，因而资本的剩余价值与同一地域的有效需求之间总是不成比例，资本只能是不断扩大销售市场。资本对剩余价值的极致化追求方式有两种，即绝对剩余价值生产和相对剩余价值生产。前者要求把资本主义生产方式推及一切地方，以及与之相适应的流通领域的扩大。后者要求提高和扩大现有的消费量，发现和创造新的消费需求，从而在流通内部扩大销售范围。但是就流通的外部领域来看，流通领域的扩大不是无限的，当

---

① 《马克思恩格斯全集》第46卷上，人民出版社1979年版，第287页。
② 《马克思恩格斯全集》第25卷，人民出版社1974年版，第311页。

资本占领一切市场时，资本就在外部空间上达到了扩张的极限；就流通的内部领域来看，人们的消费需求受到习惯和能力的限制，资本面对人们的相对性需求，总归有不可跨越的边界。这样，当资本的市场需求达到极限，资本的历史使命就告结束了。

然而，撇开流通过程中的劳动不说，而就符合其概念来看，纯粹流通不仅不创造任何价值，而且还阻碍着价值的快速实现和资本的及时回流。从对财富的追求才是资本的唯一目的来看，资本把时间尽可能等同于生产时间，把一切时间尽可能纳入创造财富中去，因而资本在时间上力求缩短流通甚至消灭流通。资本力求在时间上消灭流通的特点有二：其一，就商品（商品资本）流通来看，资本力求改善交通运输工具，缩短生产到市场的距离，从而既节约流通费用，又加速资本的回流和剩余价值的实现；其二，就货币（货币资本）流通来看，资本力求扬弃货币的价值形式，在货币从金属货币到纸币，从纸币到信用货币的发展进程中，实现没有流通时间的流通。但就流通时间缩短的相对性和有限性来看，一方面，在一定历史阶段交通运输技术的发展是有限的，从而不可能绝对地取消流通；另一方面，信用货币、信用事业和信用制度的发展是有限的和相对的，就信用和信用业务的实质来看，不过是财产所有权的观念的和虚幻的存在形式，是人对物的信任转化为人对人的信任，随着信用的集中、信用财产（社会财产）被作为私人财产使用、信用的观念形式越来越脱离其实体形式，信用危机就以经济危机或金融危机的形式出现，从而实现着信用、信用财产到社会财富、实体财富的回归。

综上所述，资本就是一个活生生的矛盾，从其诞生之日起及其后的发展进程中，资本始终存在着自身无法克服的限制。这意味着，资本既不是生产力发展的绝对形式，也不是与生产力发展绝对一致的财富形式，而是历史的暂时必然性的生产方式。一旦资本生产力发展到自身无法超越的极限的时候，发展到资本价值生产的基础已经瓦解，从而资本无法实现自我增殖，发展到资本价值实现的条件已经消灭，从而商品资本与货币资本之间的转换无法实现时，只有在这时，资本内部所容纳的全部生产力均发挥出来，资本非但不是生产力发展的形式，反而是社会生产力发展的桎梏，"资本本身在其历史发展中所造成生产力的发展，在达到一定点以后，就会不是造成而是消除资本的自行增殖。超过一定点，生产力的发展就变成对资本的一种限制；……一旦达到这一点，资本即雇佣劳动同社会财富和生产力的发展就会发生象行会制度、农奴制、奴隶制同这种发展所产生的同样的关系，就必然会作为桎梏被打碎"①。

二、联合起来的劳动者争取自身财产权利的斗争

在马克思看来，"至今所有一切社会的历史都是阶级斗争的历史"②。因此，问题的关键不在于阶级斗争存在与否，而在于不同的社会所表现出来的阶级、斗争的条件与形式问题。正如施韦卡特对马克思的评价，"阶级（阶层）斗争，无论是公开的还是隐蔽的，是任何尚未克服匮乏问题的社会（除了原始的社会）所共有的，在这一点上，马克思当然是对的。自然地，在与生产资料的关系中处于相似地位的个体有着共同的利益，而这种共同利益通常被他们理解为普遍性利益，并且，只要有可能，他们就竭力加以推进"③。资本主义社会中资本家阶级与工人阶级之间的关系也是如此。不过，在这里我们要特别指明一点（一个事实），在以个人主义为核心从而"一切人反对一切人"的资本主义社会，在执行不同财产职能的资本家之间、资本家和工人之间、资本家和地主之间、工人与工人之间存在一系列斗争和利益博弈，他们的斗争也是推动历史发展的动力。在这里，我们重点考察具有划时代意义、决定性作用从而在资本时代具有统治和支配地位的资本家和工人之间的斗争；只是为了研究对象的需要，也会稍稍涉及其他阶级之间的斗争。

马克思在经典著作《共产党宣言》《法兰西阶级斗争》《资本论》中对无产阶级与资产阶级之间围绕财产权利展开的斗争，作了相当深刻的阐

---

① 《马克思恩格斯全集》第46卷下，人民出版社1980年版，第268页。
② 《马克思恩格斯全集》第4卷，人民出版社1958年版，第465页。这里要特别说明一点：基于以往阶级斗争留给人们的深刻记忆，甚至惨痛的教训，人们往往把阶级斗争与"你死我活"的"疾风暴雨"般的暴力斗争联系在一起，往往不愿意使用阶级斗争这一范畴（查询中国知网，从1980年到现在，涉及阶级斗争的文章不过20多篇，并且相当一部分阐明了新形势下阶级斗争依然在一部分领域存在的问题）；从现代经济学的角度来看，阶级斗争的一个代名词——博弈论，探讨市场经济社会中的人们之间利益最大化问题——成为显学。而在一些西方经济学者看来，马克思是博弈论的先驱之一（参见［英］乔纳森·沃尔夫《当今为什么还要研读马克思》，段忠桥译，高等教育出版社2006版，第59页）。
③ ［美］施韦卡特：《反对资本主义》，陆泓译，中国人民大学出版社2002年版，中文版序第7页。

述，以下笔者从逻辑与历史相统一的角度尽可能阐明这一基本思想。

就资本与劳动之间的关系，也就是资本家与劳动者之间的关系来看，资本对剩余价值的致极化追求导致了资本与劳动之间的紧张关系：一方面，"资本家……只是人格化的具有自己的意识和意志的资本"①，只是作为监护人执行资本的职能，那么从资本家的生存意识或资本原则的角度来看，资本力图无限制地延长工作日，不断强化劳动的强度，不断改进技术提高劳动生产率，总之不断残酷剥削从市场购买回来的劳动以获得最大限度的剩余价值，从而维护资本作为买者的权利；从劳动的原则来看，劳动者只是出卖了一定时间的劳动，只是出卖了同其工资相等同的劳动，工人"在让渡自己的劳动力时不放弃自己对它的所有权"②，因而他们也要争取劳动者作为卖者的权利，要求把工作日限制在一定的正常量内。在资本主义生产方式内，这两种权利是平等的权利，现代社会中占统治地位和支配地位的资本导致了较残酷的或是较人道的形式，直接与联合起来的劳动者争取自身财产利益的斗争密切相关。正如马克思所说："这里出现了二律背反，权利同权利相对抗，而这两种权利都同样是商品交换规律所承认的。在平等的权利之间，力量就起决定作用。所以，在资本主义生产的历史上，工作日的正常化过程表现为规定工作日界限的斗争，这是全体资本家即资本家阶级和全体工人即工人阶级之间的斗争。"③

从工人争取自身财产权利的斗争形式来看，既有和平的与合法的斗争（如谈判、对话与普选权等），也有较为暴力的斗争（如罢工、焚烧机器、起义等形式），这两种斗争方式并存。正如马克思所说："真正的罢工在文明国家中向来只是工人运动的一个从属部分，因为工人的更普遍的联合会导致其他形式的运动。"④ 这两种斗争形式之间的关系错综复杂，完全取决于形势的需要，以及资本主义经济发展的成熟程度。就 19 世纪英国国内的斗争形势来看，无产阶级与资产阶级之间的关系时而紧张时而缓和，但总体上处于从紧张到缓和的转变过程中：在 19 世纪上半叶，英国国内严重的经济衰退，以及由此而来的骚乱、罢工连续不断，导致阶级关系急剧恶化，英国处于革命的前夜；但是随着 19 世纪下半叶工人阶级力

①　《马克思恩格斯全集》第 25 卷，人民出版社 1974 年版，第 323 页。
②　《马克思恩格斯全集》第 23 卷，人民出版社 1972 年版，第 191 页。
③　《马克思恩格斯全集》第 23 卷，人民出版社 1972 年版，第 262 页。
④　《马克思恩格斯全集》第 3 卷，人民出版社 1960 年版，第 452 页。

量的壮大，以及工业资产阶级源于经济繁荣而乐于做出一定妥协从而使两大阶级之间的关系有所缓和——从激烈的暴力斗争转变为谈判和对话等较为和平的与合法的斗争。对此，恩格斯曾经有过深刻的阐述："他（马克思。——引者注）从这种研究中得出这样的结论：至少在欧洲，英国是唯一可以完全通过和平的和合法的手段来实现不可避免的社会革命的国家。当然，他从来没有忘记附上一句话：他并不指望英国的统治阶级会不经过'维护奴隶制的叛乱'而屈服在这种和平的和合法的革命面前。"①

在《资本论》中，马克思主要是围绕工作日长度的工厂立法问题，详细地考察了资产阶级与工人阶级之间的斗争，以及工人所取得的财产利益。因此笔者只是试图梳理出马克思所阐明的工人争取自身的财产权利的斗争问题，而对暴力革命，从某种程度上来讲，却避而不谈。

工作日长度问题本质上是必要劳动时间与剩余劳动时间之间的比例问题，但又是两种平等的法律权利——劳动力财产的所有权与劳动力财产的使用权、劳动力财产的交换价值与其使用价值——的问题。在生产领域，资本家使用和支配自己的商品——生产资料和劳动力，"想从他的商品的使用价值中取得尽量多的利益"②，尤其是尽可能在可支配的时间（让渡给自己的劳动力内）不让劳动力使用价值有任何浪费——因为时间一到劳动力便又复归劳动者那里。同样，从作为法律上平等的所有者并进行等价物交换的劳动者的角度来看，虽然劳动者让渡了他自身劳动力财产的使用权，但只是在一定时间界限内和一定程度上的让渡，劳动者自身始终作为劳动力财产的所有者监督劳动力财产的使用状况——"不让它有任何荒唐的浪费。我每天只想在它的正常耐力和健康发展所容许的限度内使用它，使它运动，变为劳动"③。围绕工作日长度问题，两大阶级之间展开或隐秘或公开或剧烈或缓和的长期斗争。

就体现剥削程度的劳动时间的长度、劳动的强度、工资水平的劳资谈

---

① 《马克思恩格斯全集》第 23 卷，人民出版社 1972 年版，第 37 页。恩格斯在 19 世纪 90 年代的研究表明，资产阶级与无产阶级之间的关系一定程度上得以缓和，从而出现了新变化，"工厂主们，尤其是大的工厂主们，就渐渐感染了一种新的精神。他们学会了避免不必要的纠纷，默认工联的存在和力量，最后甚至发现罢工——发生得适时的罢工——是实现他们自己的目的的有效手段"。（《马克思恩格斯选集》第 4 卷，人民出版社 1995 年版，第 420 页）

② 《马克思恩格斯全集》第 23 卷，人民出版社 1972 年版，第 261 页。

③ 《马克思恩格斯全集》第 23 卷，人民出版社 1972 年版，第 261 页。

判来看，它们本身是两大阶级长期反复斗争的产物：劳动者工作日的界限，从时间上来看，经历了正常—非正常—正常的一系列反复的变化，最后终于开始逐渐缩短工作日长度，这一胜利是长期斗争的产物（从 14 世纪中叶到 19 世纪下半叶，时间跨度达 5 个多世纪）；从空间上来看，限制工作日长度的工厂立法的实施是一个渐进的过程，从某一工业部门到多个工业部门，从一国到多国，最后才覆盖了现代工业的全部领域。最终，"按照军队方式一律用钟声来指挥劳动的期间、界限和休息的详尽的规定，……是作为现代生产方式的自然规律从现存的关系中逐渐发展起来的。它们的制定、被正式承认以及由国家予以公布，是长期阶级斗争的结果"①。

在这里有一个不可否认的事实是，限制工作日长度的工厂立法，是资本家阶级与工人阶级之间长期或激烈或平和的斗争产物：联合起来的劳动者阶级力量自然超过整体资本家阶级，因而工作日有逐渐缩短的趋势。同时，工厂立法的最终出台也同资本家阶级之间、资本家与地主之间的斗争密切相关，因而是一个多重利益"博弈"的结果。就资本家之间的自由竞争来看，"平等地剥削劳动力，是资本的首要的人权"②，资本家阶级之间的竞争需要强制缩短工作日并上升为法律和国家意志。③ 就资本家与地主之间的斗争来看，资本家阶级在废除维护地主利益的谷物法的运动中取得工人阶级的帮助，需要赋予工人阶级一定的利益，"答应在自由贸易的千年王国内实行十小时工作日"④。与此同时，地主阶级因谷物法的废除，自己的利益受损，也从道德和社会舆论上给予资本家阶级一定的压力，"宪章运动和争取十小时工作日运动在这期间达到了顶点。它们在渴望报仇的托利党人那里找到了同盟者"⑤。或许"两贼相争，好人得利"⑥，不

---

① 《马克思恩格斯全集》第 23 卷，人民出版社 1972 年版，第 313 页。

② 《马克思恩格斯全集》第 23 卷，人民出版社 1972 年版，第 324 页。

③ "一部分按照 1833 年法令来经营工厂的工厂主，也上书议会，控告某些'口是心非的弟兄'进行不道德的'竞争'，因为这些人由于更加厚颜无耻或拥有较有利的地方条件就违反法律。"（《马克思恩格斯全集》第 23 卷，人民出版社 1972 年版，第 312 页）

④ 《马克思恩格斯全集》第 23 卷，人民出版社 1972 年版，第 312 页。

⑤ 《马克思恩格斯全集》第 23 卷，人民出版社 1972 年版，第 314 页。"托利党人由于自己的最神圣的利益即地租受到威胁，也用博爱家的口吻大骂他们的敌人的'可耻行为'。"（《马克思恩格斯全集》第 23 卷，人民出版社 1972 年版，第 312 页）"为了向自由贸易派进行报复，地主和工人一起费助了十小时工作日法案；工人们三十年来求之不得的法案，在废除谷物法后，就立即实现了。"（《马克思恩格斯全集》第 4 卷，人民出版社 1958 年版，第 450 页）

⑥ 《马克思恩格斯全集》第 23 卷，人民出版社 1972 年版，第 741 页。

同阶级斗争的结果，就是强制缩短工作日的"补充工厂法案"颁布并开始生效，工人从一定程度上维护了自己的切身利益。

但是就资本无限制地榨取剩余价值的本性来看，资本绝对不会放弃或减少对剩余价值的追逐。资本家为规避工人斗争以及由此产生的工资上涨等对剩余价值的生产造成不利的因素，"竞相采用代替劳动力的改良机器和新的生产方法"①，"自1825年起，一切新发明几乎都是工人同千方百计地力求贬低工人特长的企业主进行冲突的结果"②。换言之，工人的斗争促使资本增加固定资本减少流动资本，增加生产的科学性减少工人直接劳动的重要性，从而保证资本获取剩余价值。因此，从这个意义上说，工人的斗争推动了资本自我扬弃的历史进程。

当然，不应该否认资本家之间的竞争对工人阶级争取财产权利斗争的积极作用。就工人的斗争对资本家阶级的反作用来看，资本家作为一个阶级联合起来要求对劳动的剥削实行平等的限制，"竞争实际上表现为资本家阶级的兄弟情谊，使他们按照各自的投资比例，共同分配共同的赃物"③。就工人的斗争对资本家个体的反作用来看，个别资本家的生存意识决定了他率先提高劳动力——采用新技术、节约必要劳动时间和流通时间等得到超额利润（剩余价值），竞争变为资本家之间敌对的兄弟之间的斗争，依各自的力量大小和狡猾程度高低来承担、分担损失④，因而这种不断获取超额利润的驱动事实上加快了资本自我扬弃的进程。

由上所述我们可以看出，财产的辩证否定存在两种方式：一种是在资本主义生产方式范围内资本的自我扬弃。此种方式既包括积极扬弃形式的工人的合作工厂，也包括消极扬弃形式的股份制，它们都是资本主义社会化大生产发展的结果和产物。另一种是工人阶级争取自身财产权利的斗争，工人阶级通过暴力革命、和平的与合法的谈判等方式，扬弃资本、担起实现未来社会财产的重任。在这两种方式中，前者预示着资本的发展趋势，后者加快了这一发展趋势，因而这两种方式不是截然分开，从而互不干涉、互不联系，而是密切相关、紧密联系：未来社会虽然孕育和产生于资本主义的母体和胎胞之中，但其成长和壮大，却需要立足资本主义提供

---

① 《马克思恩格斯全集》第23卷，人民出版社1972年版，第497页。
② 《马克思恩格斯全集》第4卷，人民出版社1958年版，第169页。
③ 《马克思恩格斯全集》第25卷，人民出版社1974年版，第282页。
④ 参见《马克思恩格斯全集》第25卷，人民出版社1974年版，第282页。

的物质条件。这就启示我们，在利用资本本身来消灭资本的时候，我们要注意到社会经济形态演进的自然历史性，因为资本的消灭最终要依赖资本主义生产方式自身所提供的生产与交换条件，否则，一切炸毁的尝试都是唐·吉诃德式的荒唐行为，非但于事无补，反而会造成悲剧性的灾难事件。对此，我们有着深刻的历史教训。

三、未来社会的财产规定

在马克思看来，未来社会分为两个阶段，即共产主义的"第一阶段"和共产主义的"高级阶段"。前一个阶段特指处于从资本主义社会向共产主义社会过渡中的社会主义社会；后一个阶段特指资本主义社会在世界历史范围内彻底消亡、完全成熟的共产主义社会在世界历史范围内全面建立的阶段。"在资本主义社会和共产主义社会之间，有一个从前者变为后者的革命转变时期。同这个时期相适应的也有一个政治上的过渡时期，这个时期的国家只能是无产阶级的革命专政。"[①] 在此，笔者重点探讨具有现实意义、处于从资本主义社会向共产主义社会过渡过程中的社会主义社会（这就是现实社会主义）的财产规定，同时也会简单涉及只具有理论研究意义的共产主义社会的财产规定。

（一）社会主义社会的财产规定

在马克思看来，与处于资本主义社会向共产主义社会过渡进程中的社会主义社会相适应的财产形式，亦即资本转化为直接的社会财产的过渡形式，既包括作为私人财产的资本在资本主义生产方式范围内扬弃的股份制财产（和工人自己的合作工厂），也包括无产阶级专政下的国家所有制（合作制或联合起来的合作社）。

1. 资本自我扬弃的具体形式

马克思既从逻辑上推演出资本自我扬弃，从而揭示出资本自我扬弃的终极形式："资本主义生产由于自然过程的必然性，造成了对自身的否定。……这种否定不是重新建立私有制，而是……重新建立个人所有制"[②]，也从资本的历史发展中发现了资本自我扬弃的过渡点和具体形式，

---

① 《马克思恩格斯选集》第 3 卷，人民出版社 1995 年版，第 314 页。
② 《马克思恩格斯全集》第 23 卷，人民出版社 1972 年版，第 832 页。

从而提供了把资本自我扬弃"理论"变为实践的榜样。因为马克思秉持"使现存在世界革命化并实际地反对现存世界",在"批判旧世界中发现新世界"的具体的历史的态度,因而,笔者重点讨论在马克思那里和在现实中具有重要意义的资本自我扬弃的形式——股份制,暂不论及资本自我扬弃的其他形式,以及只具有未来蓝图并且也在学界争论最大的个人所有制(所谓经济学上的"哥德巴赫猜想")。

资本主义社会化大生产的快速发展,生产规模的惊人扩大,以及资本有机构成的迅速提高等,要求巨额资本与之相适应,因而,个别资本的有限性与进行有效生产与扩大生产所必需的大规模资本之间的矛盾凸显出来。为了使单个资本进一步投资或扩大再生产不再受企业自身积累的限制,具有筹集资金功能的股份制就应运而生了:所有者在共同利益的作用下,将自己的财产投资入股,分散的资本在较短的时间内可以较为迅速地集合为巨额的股份资本。正如马克思所说:"资本在股份形式上的巨大的结合,在这里也找到了直接的活动场所。"① 这样一来,股份制公司就产生了。股份公司在一定程度上克服了生产社会化与私人资本的有限性之间的矛盾,进一步推动了生产力的发展。

在马克思看来,与传统资本主义生产方式,亦即那种资本家作为资本的人格化把从市场上购买到的一无所有的劳动力,转化为资本剩余价值的直接源泉的那种生产方式相比,股份制企业出现了"两权分离"现象:其一,财产的实际占有(包括使用、处分和支配等)同财产所有权分离,从而财产的法律所有权与财产的实际使用权或经营权分离,或者说资本的法律所有权同资本的经济所有权分离;其二,管理劳动(指挥劳动)同资本所有权分离,从而劳动完全同生产资料的所有权和剩余劳动的所有权相分离。就管理劳动者(单纯的经理)来看,他们不过是他人资本的管理人、实际执行职能的资本家,因而他们获得的不过是某种熟练劳动的工资。这样,在生产过程中起作用的,一方是劳动,作为实际执行职能的资本家的熟练劳动,以及工人的劳动;另一方是资本,不过是作为直接联合起来的个人的资本,从而是作为与私人资本相对立的社会资本。这种两权分离,直接导致了单纯的私人资本及其所有者与生产过程的完全分离,"资本家则

---

① 《马克思恩格斯全集》第 25 卷,人民出版社 1974 年版,第 292—293 页。

作为多余的人从生产过程中消失了"①，因而在一定程度上扬弃了资本同劳动的对立现象。正如贝尔在评价马克思的两大图示——股份制——的时候所指出的："经理与业主的分离，企业的官僚科层化，职业结构的复杂化，这一切都使得一度明确的财产统治和社会关系的情况模糊了。"②

概言之，作为资本主义生产极度发展的结果的股份制企业，一方面，股份公司融合许多已经形成或正在形成的资本，把分散的、旧式的劳动逐渐转变为大规模的结合劳动、协作劳动，这样就使得劳动的社会性质、生产资料的节约、科学在现代工艺上的自觉应用、劳动生产率的不断提高等都成为可能，从而产生了巨大的经济作用："工业企业规模的扩大，对于更广泛地组织许多人的总体劳动，对于更广泛地发展这种劳动的物质动力，也就是说，对于使分散的、按习惯进行的生产过程不断地变成社会结合的、用科学处理的生产过程来说，到处都成为起点。"③ 另一方面，"在股份公司内，职能已经同资本所有权相分离，因而劳动也已经完全同生产资料的所有权和剩余劳动的所有权相分离"④。

马克思通过对资本主义股份制企业的考察，揭示出股份制财产与股份制企业的二重性：财富作为社会财富的性质和作为私人财富的性质之间新的形态的对立，构成从私人财产到社会财产的过渡点；资本主义生产方式内最后的剥夺，从剥夺直接生产者发展到剥夺中小资本家，以及集中的生产资料转化为社会的生产能力，从而构成从资本主义生产方式转化为联合的生产方式的过渡形式。就此而言，马克思合理地得出结论，股份制作为自在的社会力量和社会产物，作为没有私有财产控制的私人生产，是资本转化为联合起来的生产者的财产或直接的社会财产的过渡点，"这是资本主义生产方式在资本主义生产方式本身范围内的扬弃，因而是一个自行扬弃的矛盾，这个矛盾首先表现为通向一种新的生产形式的单纯过渡点"⑤。因此，马克思通过对股份制的矛盾性和过渡性的考察，揭示资本自行扬弃的可能性与现实性，从而揭示出资本灭亡的必然性，揭示出私人资本在达到一定程度上，就开始被扬弃，"这种扬弃的最高形式，同时也就是资本

① 《马克思恩格斯全集》第 25 卷，人民出版社 1974 年版，第 436 页。
② ［美］贝尔：《后工业社会的来临》，高铦等译，商务印书馆 1984 年版，第 84 页。
③ 《马克思恩格斯全集》第 23 卷，人民出版社 1972 年版，第 688 页。
④ 《马克思恩格斯全集》第 25 卷，人民出版社 1974 年版，第 494 页。
⑤ 《马克思恩格斯全集》第 25 卷，人民出版社 1974 年版，第 495—496 页。

在它的最适当形式中的最终确立，就是股份资本。"①

当然，在马克思看来，资本的自我扬弃的具体形式除了股份制——资本的消极扬弃形式之外，还有工人自己的合作工厂，一种资本的积极扬弃形式。工人自己的合作工厂，既是资本主义生产方式所产生的工厂制度进一步发展的结果，也是资本主义生产方式所产生的信用制度进一步发展的结果。但是工人自己的合作工厂与资本主义生产方式又存在本质上的区别：在工人自己的合作工厂中，因为工人作为联合体，从而作为自己的"资本家"，利用生产资料来增殖自己的劳动，所以就扬弃了资本与劳动之间的对立，成为"由资本主义生产方式转化为联合的生产方式的过渡形式"②。

2. 无产阶级专政下的财产规定

在大工业基础上产生的处于向共产主义过渡的无产阶级掌握政权的国家（以及社会主义社会），必须借助于在资本主义制度下形成的一切有益于发展现代生产力、促进财产快速增加的方式，但同时又萌发着共产主义高级阶段的幼芽。马克思对无产阶级专政下财产问题的探讨，主要表现在他对处于"过渡时期"的无产阶级掌握政权的国家的经济政治战略和策略的制定上，对"巴黎公社"经验的总结上，以及在《哥达纲领批判》中对共产主义初级阶段按劳分配原则的阐述上。

在无产阶级掌握政权的国家里，"无产阶级运用自己的政治统治，一步一步地夺取资产阶级所有的全部资本，把一切生产工具集中在国家手里，即集中在已组织成为统治阶级的无产阶级手里，并且尽可能更快地增加生产力的总量"③。为了做到这一点，马克思（和恩格斯）提出了必须

---

① 《马克思恩格斯全集》第46卷下，人民出版社1980年版，第167页。在1891年的时候，针对股份制企业的新情况和新发展，恩格斯认为，股份制消除了资本主义私人生产本质上的无计划性，从而继承和发展了马克思的股份制理论，"由股份公司经营的资本主义生产，已不再是私人生产，而是为许多结合在一起的人谋利的生产。如果我们从股份公司进而来看那支配着和垄断着整个工业部门的托拉斯，那末，那里不仅私人生产停止了，而且无计划性也没有了"。（《马克思恩格斯全集》第22卷，人民出版社1965年版，第270页）

② 《马克思恩格斯全集》第25卷，人民出版社1974年版，第498页。在笔者看来，因为马克思对"工人自己的合作工厂"这种资本的积极扬弃形式着墨不多，对这种资本的积极扬弃形式的来龙去脉表述得并不是那么清晰，从而造成了学界的争论：其一，这种方式是否就是欧文式的合作工厂；其二，这是统治阶级颁布法令，规定企业利润中必须有一部分分配给职工（参见杜光《资本扬弃与工人阶级有产化》，《马克思主义与现实》2004年第5期等）。因而笔者对"工人自己的合作工厂"这种方式也作了简化处理。

③ 《马克思恩格斯全集》第4卷，人民出版社1958年版，第489页。

采取的十条措施："1. 剥夺地产，把地租供国家支出之用。2. 征收高额累进税。3. 废除继承权。……"① 显而易见，通过革命的方式建立的无产阶级政权，必须打破资产阶级财产关系、改造旧的经济结构（尽管无产阶级专政下的社会主义国家掌控生产工具和经济资源的方式带有暴力性或行政性，但是目的却是经济性的），建立和完善适应生产力发展的新的经济结构，最终实现财产总量的快速增加和财产利益关系的协调这一经济目的。

如果说《共产党宣言》时期的马克思（和恩格斯）还只是一般性地强调无产阶级专政下的财产规定，那么，在总结"巴黎公社"的经验和教训的过程中，他对无产阶级专政下的一些具体措施则大加赞赏。无产阶级改变有组织的劳动和集中的生产资料的资本主义性质，把资产阶级剥削、奴役生产者的手段转变为自由的联合劳动形式和社会生产资料。"如果合作制生产不是作为一句空话或一种骗局，如果它要排除资本主义制度，如果联合起来的合作社按照总的计划组织全国生产，从而控制全国生产，制止资本主义生产下不可避免的经常的无政府状态和周期的痉挛现象，那末，请问诸位先生，这不就是共产主义，'可能的'共产主义吗？"② 当然，马克思并不否认从资本主义私有制过渡为无产阶级专政下的社会主义合作制生产的长期性和复杂性。"为了谋得自己（工人阶级。——引者注）的解放，同时达到现代社会由于本身经济发展而不可遏制地趋向着的更高形式，他们必须经过长期的斗争，必须经过一系列将把环境和人都完全改变的历史过程。"③

与以往在"消灭私有制"的逻辑构思中暂时舍去了由资本主义历史时代向共产主义历史时代转变的具体过程不同，马克思在《哥达纲领批判》中明确地把共产主义公有制的发展划分为两个阶段，划分为"第一阶段"和"高级阶段"。"在资本主义社会和共产主义社会之间，有一个从前者变为后者的革命转变时期。同这个时期相适应的也有一个政治上的过渡时期，这个时期的国家只能是无产阶级的革命专政。"④ 在"第一阶段"，马克思相应地提出了以劳动为"尺度"的分配方式。刚刚从资本主义社会中产生出来的社会主义社会，必然在经济方面带有它脱胎而来的旧

---

① 《马克思恩格斯全集》第 4 卷，人民出版社 1958 年版，第 490 页。
② 《马克思恩格斯全集》第 17 卷，人民出版社 1963 年版，第 362 页。
③ 《马克思恩格斯全集》第 17 卷，人民出版社 1963 年版，第 362—363 页。
④ 《马克思恩格斯选集》第 3 卷，人民出版社 1995 年版，第 314 页。

社会的痕迹。在消费资料的分配中，它必然表现为被限制在"资产阶级法权"框架内的按劳分配——一种既平等又不平等的权利。按劳分配原则的平等，表现为"生产者的权利是同他们提供的劳动成比例的；平等就在于以同一尺度——劳动——来计量"①。但按劳分配原则事实上又是不平等的，因为它承认个人的天赋、体力和脑力差别，所以"这种平等的权利，对不同等的劳动来说是不平等的权利"②。马克思认为，在刚从资本主义社会产生出来的共产主义第一阶段，这些弊病是难以避免的。

综上所述，无论是资本自行扬弃基础上产生的股份制财产，还是无产阶级专政或共产主义第一阶段的合作制生产或联合起来的合作社，都是与社会主义相适应的处于过渡点的财产，是资本再转化为生产者的财产所必需的过渡点，但还不是联合起来的生产者的财产，即直接的社会财产。

（二）共产主义社会的财产规定

为了避免成为空想社会主义者，马克思（和恩格斯）不是从理想出发，不是预设一个价值目标，而是关注现代资本主义社会必然形成的那些因素的历史界限，关注资本主义社会内部作为否定性因素存在的物质条件和社会生产力，昭示未来共产主义社会及其必然的财产规定，昭示未来共产主义社会经济形态演进的自然历史过程性。"社会的物质生产力发展到一定阶段，便同它们一直在其中活动的现存生产关系或财产关系（这只是生产关系的法律用语）发生矛盾。于是这些关系便由生产力的发展形式变成生产力的桎梏。那时社会革命的时代就到来了。"同样，"无论哪一个社会形态，在它们所能容纳的全部生产力发挥出来以前，是决不会灭亡的"③。

虽然马克思对于共产主义社会及其财产规定从来没有进行过详细的阐述，但是遵循其"批判旧世界中发现新世界"的原则，我们还是可以大致梳理出马克思关于未来共产主义社会及其财产的规定。

从总体定位上来看，共产主义的建立是"两个否定"的历史过程，亦即在批判与继承以个人劳动为基础的分散的私有制和资本主义私有制的

---

① 《马克思恩格斯选集》第3卷，人民出版社1995年版，第304页。
② 《马克思恩格斯选集》第3卷，人民出版社1995年版，第305页。
③ 《马克思恩格斯全集》第13卷，人民出版社1962年版，第8—9页。

基础上产生的共产主义公有制，实现了劳动方式和财产占有方式两个方面的重大变革。从劳动方式上来看是社会化大生产，从财产占有方式上看，是公有制或个人所有制。正如马克思所指出的，共产主义公有制"是在资本主义时代的成就的基础上，也就是说，在协作和对土地及靠劳动本身生产的生产资料的共同占有的基础上，重新建立个人所有制"①。

根据上述共产主义的总体设想，我们当然可以去进一步探索马克思关于未来共产主义社会财产规定的一些具体内涵。

生产资料社会占有和联合劳动。在马克思看来，未来共产主义社会的个人联合起来，共同占有生产工具，消灭私有制。"在无产阶级的占有制下，许多生产工具应当受每一个个人支配，而财产则受所有的个人支配。"②"联合起来的个人对全部生产力总和的占有，消灭着私有制。"③ 由此可见，联合劳动，以及每个人或社会占有是马克思关于未来共产主义社会公有制的最基本的机制。

各尽所能，按需分配。在马克思看来，共产主义的高级阶段不断清除旧社会痕迹，在实现社会生产力高速发展的同时，创造出全面自由发展的个人，以及与之相适应的"各尽所能，按需分配"的分配方式。"在共产主义社会高级阶段，在迫使个人奴隶般地服从分工的情形已经消失，从而脑力劳动和体力劳动的对立也随之消失之后；在劳动已经不仅仅是谋生的手段，而且本身成了生活的第一需要之后；在随着个人的全面发展，他们的生产力也增长起来，而集体财富的一切源泉都充分涌流之后，——只有在那个时候，才能完全超出资产阶级权利的狭隘眼界，社会才能在自己的旗帜上写上：各尽所能，按需分配！"④

彻底消灭分工、消灭商品经济实现产品经济……总而言之，正如马克思坚决拒斥形而上学体系的构造一样，我们只是为了明确社会主义社会与共产主义社会之间的区别和联系，既清醒又不失热情地在建设现实社会主义的意义上，才去探讨未来共产主义社会及其财产规定。鉴于此，我们只是大致勾勒和梳理出马克思关于未来共产主义社会及其财产规定。

---

① 《马克思恩格斯全集》第 23 卷，人民出版社 1972 年版，第 832 页。
② 《马克思恩格斯全集》第 3 卷，人民出版社 1960 年版，第 76 页。
③ 《马克思恩格斯全集》第 3 卷，人民出版社 1960 年版，第 77 页。
④ 《马克思恩格斯选集》第 3 卷，人民出版社 1995 年版，第 305—306 页。

第二节 马克思市场经济二重性
论说中的"可扩展空间"

1992 年中国特色社会主义开启以建立市场经济为取向的改革以来，市场经济与社会主义（社会形态）的关系问题一直是学界关注、探讨的热点和焦点问题之一。应当指出的一点是，人们观念上对市场经济与社会主义关系的误读、误解、错判，构成中国特色社会主义市场经济进一步发展的瓶颈。鉴于此，有必要认真梳理马克思关于市场经济和社会形态关系的界说，对市场经济与中国特色社会主义关系作前提性审视，进而走出一条中国特色社会主义发展和驾驭市场经济的康庄大道。在马克思的原初语境中，市场经济具有生产力和生产关系双重属性：一方面，市场经济实现了资源的优化配置，促进了生产力的快速发展；另一方面，市场经济的形成和最终确立与资本主义社会形态的演变发展密切相关。市场经济的双重属性昭示，处于从资本主义向未来共产主义过渡进程中的社会主义社会既要保留、利用和大力发展市场经济，又要警惕市场经济要素的资本属性，在建设社会主义市场经济的过程中，在处理市场与政府、市场与社会的关系时，要尽可能把市场经济的规则限制在经济生活领域，限制在资源配置的决定性作用方面，最大限度地规避其负面效应。

一、市场经济内蕴的哲学思考

马克思关于市场经济和社会形态关系的界说，涉及市场经济的内容、市场经济的形式①、市场经济的双重属性与社会主义（社会形态）的关系问

---

① "财产一般"是"市场经济一般"的内容，"市场经济一般"是"财产一般"的形式；同时这两者又是相互渗透的。从这个意义上说，市场经济就是市场全面渗透和介入各类财产的具体运行过程（如商品、劳务、技术信息等各种具体形态的财产生产、交易、转让、收益、分配）。在这一过程中形成了普遍的财产市场化关系，以及与之相适应的清晰的财产权利、独立的财产利益关系和法制化的财产治理关系。因此，为逻辑表述方便，笔者有时在一些场合将"财产一般"与"市场经济一般"作为同义语使用。

题。科学的市场经济与社会形态关系的理论界说，蕴含于马克思对市场经济一般和资本主义市场经济的历史唯物主义动态考察的全过程。其主要根据在于：从科学的财产理论的历史发展基础来看，财产一般和市场经济一般与社会主义是马克思"三阶段论"的一个重要议题；从科学的财产理论的基本问题来看，要展开对财产运动的一般规律及其演变发展的趋势和导向的研究，要展开对财产的快速增加、财产利益关系的协调以及财产的流通等问题的探讨，就不能不涉及财产一般和市场经济一般与社会主义的关系，不能不涉及重视财产创造效率的市场经济和重视财产公平的社会主义之间的关系；从马克思财产理论创立的历史背景来看，财产的快速增加和财产利益关系之间的不平衡，与作为人类社会生产的主要经济运行形式的市场经济的最终确立及其发展，以及从注重绝对的个人财产到个人财产与社会利益兼顾，是同一过程的两个方面。以下笔者从财产一般（内容），市场经济一般（形式），以及二者与社会主义之间的关系等方面入手阐述这一问题。

（一）市场经济的内容：财产一般与财产特殊

"一般寓于个别之中，普遍寓于特殊之中。"[①] 同样，马克思对财产一般的阐述，寓于他关于资本主义财产理论特殊的总体研究之中。马克思通过对资本主义社会财产现象的深入批判，通过揭示人类社会财产运动的规律，科学预见未来社会财产运动的规律，形成了关于财产一般的界说。事实上，在马克思一生的著述中，篇幅量最大、最集中的就是直接或间接关于财产的问题、关于财产运动的一般规律及其演变发展的趋势和导向的研究。当然，在马克思的财产理论中，既有关于现代社会的财产运动规律，也有关于适用于人类社会的财产一般界说。

财产一般，是指一切社会形式或几个社会形式中都存在的财产现象，亦即以其自身的有用性来满足人类需要的财物，如铁、小麦、金刚石等。正如马克思所指出的："不论财富的社会形式如何，使用价值总是构成财富的物质内容。"[②] 通过劳动实现人与自然界之间的物质能量变换，从而

---

① 叶险明：《马克思的工业革命理论与现代代》，北京出版社 2001 年版，第 270 页。

② 参见《马克思恩格斯全集》第 23 卷，人民出版社 1972 年版，第 48 页。另外，我们对财产和财富这两个概念做一说明。"财产就是可以从所有制上确定归属的财富""事实上，当财富被某个人使用时，人们称它为'财产'。"参见俞吾金《论财富问题在马克思哲学中的地位和作用》，《哲学研究》2011 年第 2 期。因此，除了特别有必要对财产和财富概念进行区分，我们常常在等同的意义上使用这两个概念。

维系生命的存在与繁衍，就是财产中人对物的本真关系或财产一般。这种通过劳动实现人在客观条件中存在的关系，这种在不断改造人的无机身体的过程中实现有机身体的存在的目的性和本真性关系，不仅在最初意义上，而且在永恒意义存在着。在"自然占有"或"人对周围自然界的所有权"意义上的财产一般，是贯穿于历史上所有社会形态中的内在关系之一，是人们生产和生活过程中须臾不能离开也无法回避的实际问题。马克思断言："一切生产都是个人在一定社会形式中并借这种社会形式而进行的对自然的占有。"①

但是，不同的社会形态存在着不同的财产关系，历史发展的不同阶段、不同社会形态，对财产的看法和见解也不相同。作为客观存在的财产关系及其历史演变构成了财产关系的各种类型和迁移线索：财产的原始公社所有制、财产的奴隶主私有制、财产的封建主私有制、财产的资本家所有制以及财产的社会主义所有制②。对财产特殊特别是对资本主义财产关系的研究构成了马克思财产理论的研究主题之一。马克思总是结合着对资本主义社会财产运动规律及其发展趋势来考察财产问题。马克思批判了资本主义社会的资本财产，批判了资本主义社会绝对的个人财产权、神圣不可侵犯的私有财产，以及由此导致的异化、剥削现象。基于笔者在第三章对财产的历史规定性和逻辑规定性作了较为详细的阐述，以及学界对马克思关于资本主义私有财产理论的研究成果颇为丰硕，在此故不赘述。这里只是简单地阐明，马克思关于财产一般的学说（科学的财产理论）有两个重要支撑点。

第一，马克思关于财产一般的学说科学地论证了财产的基本法则即劳动和财产之间的内在逻辑关系，从而确立了科学的财产理论的逻辑支点。财产的劳动本质或主体本质的法则是财产理论的基本法则，财产的其他法则或规则都是在这一法则基础上产生和发展起来的，都是这一法则决定的。在马克思看来，只有了解了劳动作为财产的主要来源和实质，了解了劳动作为人类生存的基础性作用，才能建构起财产的分配原则、交换原则、消费原则，才能对财产原则进行价值评判。

因此，马克思确立了财产的主体本质或财产的人的因素——虽然财产

---

① 《马克思恩格斯全集》第46卷上，人民出版社1979年版，第24页。
② 刘万春、辛克：《人与财产关系问题研究》，辽宁人民出版社1994年版，第4—13页。

的创造源泉除了劳动，还包括自然资源，但归根结底，活劳动对财产的创造的主导性作用是显而易见的。虽然社会在不断地发展，劳动因素（直接劳动、劳动时间、劳动量等）相对地来说在创造财产中的作用变得微不足道，同资本、技术、管理、科学知识，特别是科学在现代工艺上的应用等相比，劳动因素逐渐成了一种从属因素，但这并没有从根源上否定劳动创造财产这一事实，没有否定劳动在创造财产中的基础性作用。因为无论如何，财产的这些新的创造因素，如才能、技术、知识等，只是在劳动中才能发挥作用，只是在新因素的作用下变简单劳动为复杂劳动，只是在更少的劳动时间内创造出更多的财产。

第二，马克思关于财产一般的学说建构起反映财产发展本质和规律的逻辑结构，从而确立了科学的财产理论范畴体系的逻辑支点。在以交换价值生产为基础的市场经济社会中[1]，生产和流通的形成与展开在历史上和逻辑上都源于商品——财富（财产）的元素形式。因此，马克思把商品一般作为叙述的起点，从商品一般引申出劳动源泉、货币（商品内在价值外在独立化的物质承担者）等范畴，进而在价值层面揭示出科学的劳动价值论。

马克思关于财产一般的上述两个支撑点，使他的这一学说成为一个有机的整体。从某种程度上可以说，《资本论》及其手稿就是一部科学的财产理论的教科书，包含着关于财产的起源、实质，以及财产的高效创造、合理分配、公正交易的理论。当然，根据以上两个支撑点，还可以探索马克思关于财产一般学说（马克思财产理论中所包含的适用于非资本主义社会的界说）的其他主要逻辑环节：如财产的稀缺问题和财产的效率问题及二者的关系，亦即关于财产快速增加过程中财产利益关系协调方面的内容；财产流通的经济伦理法则等。在此简单揭示马克思阐述科学的财产一般学说的逻辑思路及其要义，暂时搁置关于财产一般的其他主要逻辑环节的讨论，留待后文详细阐述。

（二）市场经济的本质特征

同一事物具有二重性存在，即一般和特殊的存在："一般的东西，一

---

[1] 学界有观点认为："第二大社会形态是指以市场交换、市场经济为基础的社会，包括目前的资本主义社会和社会主义社会。"（余源培等主编《马克思主义哲学经典文本导读》上卷，高等教育出版社 2005 年版，第 304 页）

方面只是观念中的特征，同时也是一种同特殊事物和个别事物的形式并存的、特殊的现实形式"①。马克思关于市场经济的学说也不例外。作为一个历史范畴，不同历史阶段的市场经济具有自身的特殊性，同时，存在于不同历史阶段的市场经济又具有共性，如"经济活动市场化；市场竞争公平化；经营主体独立化；市场行为规范化；等等"②。限于本节研究主题，笔者重在梳理市场经济形成过程，揭示市场经济一般的本质特征。

"所谓市场经济就是指社会主要资源——产品、劳动力、财产——的基本市场化（由此形成商品市场、劳动力市场和产权市场。这三者在时间上是继起的，在空间上是并存的）。"③ 在市场经济中，商品、货币、技术、信息等各种具体形式的财产都进入市场，市场全面渗透和介入各类财产的具体运行过程，形成普遍的财产市场化关系。由此可见，市场经济就是一种有效率的社会资源配置方式，就是市场全面介入财产生产、交易、转让、收益、分配等关系，从而作为一种社会经济运行的基本形式促进资源的有效配置、实现财产的快速增加。

众所周知，马克思的唯物史观是从满足人类生存与发展（衣、食、住、行）的物质生活条件以及与之相适应的活动方式亦即"物质资料的生产方式"入手，来考察市场经济的必然性与存在的合理性的，来考察生产方式、交换方式以及社会生产的经济运行方式的。显而易见，有限的财产与无限的需求之间总是存在着不可克服的矛盾，稀缺总是人类面临的一个基本问题，促进生产顺利进行的资源配置方式贯穿于人类社会始终，扩大生产能力或者协调有限的财产利益关系成为人们的不二选择。为了克服匮乏、满足人们的需求，任何社会形态中的人们总是要通过有限资源（资金、设备、土地和其他自然资源，以及知识、智力和体力等劳动力资源）的最优配置，通过把资源合理配置到各生产环节，以

---

① 《马克思恩格斯全集》第 46 卷上，人民出版社 1979 年版，第 445 页。

② 孙大德：《认真探索社会主义市场经济运行规律》，《马克思主义研究》1995 年第 2 期。

③ 叶险明：《马克思的工业革命理论与现时代》，北京出版社 2001 年版，第 226 页。现代社会中的劳动力也成为商品，成为可以明码标价的财产（劳动力市场成为劳资双方就劳动和工资问题谈判的场所），因此，在某种意义上可以说，市场经济是实现财产的合理配置，进而促进财产快速增进的有效方式。资金、技术、管理、劳动、土地等只是财产的具体形式。

　　马克思虽然没有使用"社会资源配置方式"，但在马克思那里，"交换方式""社会物质变换"等术语表达出与"社会资源配置方式"这一术语相同或相近的内涵。因此，不同术语的使用，并不影响问题的实质。

最少的耗费实现最大的经济社会效益，以较高的劳动效率实现社会财产的最大化。鉴于此，"社会资源配置方式就是社会生产活动的本质和核心，社会资源配置方式的演变发展就是社会生产活动演变发展的本质和核心"①。

由此，我们可以合理地得出结论：市场经济作为有效的社会资源配置方式是适应社会化大生产发展需要的产物，是资源配置方式不断演变发展的必然结果，而资源配置方式的演变发展也构成了社会生产活动演变发展的本质和核心。在原始社会共同体的尽头，出现了处于萌芽状态的市场经济：产品成为商品，交换活动和交换比例从偶然的行为转化为有规则的社会过程，交换成为人们的需要，甚至出现为交换而生产的产品。"从那时起，一方面，物满足直接需要的效用和物用于交换的效用的分离固定下来了。它们的使用价值同它们的交换价值分离开来。另一方面，它们相交换的量的比例是由它们的生产本身决定的。"② 当然，前资本主义社会时期萌芽的市场经济，广度上和深度上都是有限的：从生产方式来看，使用价值的生产仍占主体地位，交换价值的生产还很不成熟；从交换范围来看，交换活动还是地域性的；从执行交换尺度的一般等价物来看，虽然逐渐从特定种类的商品逐渐发展为黄金、白银等贵金属，但是与发达的货币经济（纸币、符号货币、信用货币），与"发达的交换制度""以交换价值为基础的生产"的市场经济相比还存在一定的距离。但是，市场经济的雏形已经基本具备：价值与使用价值相互分离，价值独立出来并最终固定在贵金属上。发达的市场经济，在广度上和深度上全面控制社会生产，是原始社会共同体尽头出现的市场经济的逻辑延伸和进一步发展的结果。

发达的市场经济的最终形成，需要一系列的条件，如发达的交通工具、技术的进步、自由贸易制度和工厂制度的建立、市场的形成、商业法规的颁布实施，等等。这些历史条件的具备，只是到 18 世纪，当工业革命完成从而实现了生产能力的迅速扩大、海外殖民地开拓从而带来广大的市场需求的时候，发达的市场经济的形成才具备了现实的可能性。马克思在谈到市场经济的历史形成过程和最终确立时指出："一切产品和活动转化为交换价值，既要以生产中人的（历史的）一切固定的依赖关系的解

---

① 叶险明：《马克思的工业革命理论与现时代》，北京出版社 2001 年版，第 229 页。
② 《马克思恩格斯全集》第 23 卷，人民出版社 1972 年版，第 106 页。

体为前提，又要以生产者互相间的全面的依赖为前提。每个人的生产，依赖于其他一切人的生产；同样，他的产品转化为他本人的生活资料，也要依赖于其他一切人的消费。价格古已有之，交换也一样；但是，价格越来越由生产费用决定，交换渗入一切生产关系，这些只有在资产阶级社会里，自由竞争的社会里，才得到充分发展。"① 我们可以从两个方面来理解市场经济确立的标志：其一，从所有者的角度来看，市场经济中个人之间互不依赖、漠不关心，他们不关心彼此在经济关系之外其他方面的个人特点；但同时，市场经济中的所有者彼此又息息相关，彼此关心所有者作为经济范畴人格化的存在，关心渗透进商品中的人的意志。其二，从商品的角度来看，市场经济的最终确立有一定的前提，即以交换价值生产为基础的全面的市场关系占支配地位、使用价值的生产的附带进行为基础。总之，在现代社会，随着产品商品化、劳动社会化、财产法权化等市场因素的发育，市场从广度和深度两个方面全面介入社会生产的各个环节，从而成为社会生产的基本经济运行形式，作为财产的社会资源在市场上得到有效配置（全面的竞争性市场交易的确立，标示着以交换价值的生产为基础的市场经济的形成）。

这里要特别指明的一点是，在广度和深度上全面介入社会经济运行的市场经济的形成，昭示着市场经济的构成要素亦即作为主体的劳动，以及作为客体的产品、财产的全面社会化和市场化，昭示着财产关系的全面市场化和社会化。在这一过程中，"通过市场竞争，建立起一种财产的社会资源配置方式，使财产在多元化的所有者主体和多元化的经营者主体之间向效益最大化方面流动，从而导致经济结构的优化和效率的提高"②。

由上可见，市场经济的产生和形成具有历史必然性。如果对此能够很好地把握和理解的话，那么市场经济存在的合理性也就不言而喻了。当然，市场经济的合理性不仅在于市场经济实现了作为财产的社会资源的有效配置，从而推动经济结构的优化和效率的提高，而且更在于市场经济创造出促进个人关系、个人能力的全面性和普遍性发展的条件，从而使得全面发展的个人具有了现实的可能性。在马克思看来，在正确处理和协调人

---

① 《马克思恩格斯全集》第 46 卷上，人民出版社 1979 年版，第 102 页。

② 叶险明：《马克思的工业革命理论与现时代》，北京出版社 2001 年版，第 244 页。

与人关系、人与自然关系双重关系基础上形成的全面发展的个人是历史的产物，是高度发达的市场经济造成的交往关系世界化的结果。"要使这种个性成为可能，能力的发展就要达到一定的程度和全面性，这正是以建立在交换价值基础上的生产为前提的，这种生产才在产生出个人同自己和同别人的普遍异化的同时，也产生出个人关系和个人能力的普遍性和全面性。"①

以上笔者简单地梳理了市场经济的历史规定性，揭示了市场经济是社会资源配置方式长期演变发展的产物和结果，揭示出市场经济的本质——适应生产社会化的需要而产生的一种高度发达的资源配置方式。

二、发展和驾驭市场经济的非资本主义社会形态论

既然市场经济本质上是一种经济运行机制和资源配置方式，是通过市场机制来配置资源（财产）的经济组织方式，那么，市场经济就不是资本主义的专利，因而也就不能把市场经济和资本主义制度等同起来。在此，笔者进一步探讨市场经济的性质（逻辑规定性），以揭示市场经济同处于资本主义社会向未来共产主义社会过渡过程中的社会主义国家相结合的现实可能性和必然性。应该指出，马克思关于市场经济的双重性学说并未引起足够的重视，致使在马克思市场经济理论及在当代社会主义中国中的应用研究方面出现了一些误区。

从生产过程一般或生产力，亦即人类社会生产的一切时代或几个时代所共有的规定的角度来看，市场经济不等于资本主义制度，因而市场经济可以而且也能够同非资本主义国家相结合，特别是能够同处于资本主义社会向共产主义社会过渡过程中的社会主义国家相结合。

在马克思看来，市场经济不等于资本主义制度，不是资本主义生产的专利。对此，马克思指出："流通，就它的每个因素来说，尤其是就它的总体来说，是一定的历史产物。"② 由此可以看出：市场经济（基于流通是市场经济的本质要素之一，在一定意义上可以把市场和流通相等同）是一定历史的产物，是几个社会形态所共有的规定。在理论上，市场经济

---

① 《马克思恩格斯全集》第 46 卷上，人民出版社 1979 年版，第 108—109 页。
② 《马克思恩格斯全集》第 46 卷上，人民出版社 1979 年版，第 281 页。

存在于从原始社会共同体尽头也就是它的产生之时，到未来共产主义高级阶段产品经济之前的这几个社会形态中（当然，在前资本主义社会形态中，市场并没有在广度上和深度上全面介入社会经济活动，因而并不存在严格意义上的市场经济；在以计划手段来配置资源的传统社会主义国家，也不存在市场经济）。针对市场经济与资本、资本主义之间的关系，马克思明确指出，同资本主义社会形态中的商品和货币，既"可以包括在资本的规定中"，也"可以包括在另外的、对立的规定中"①一样，在现代社会大工业革命进程中形成和发展起来的市场经济，既同资本关系密切（当市场经济只是作为资本的因素出现时，一定会发生些许变化，发生适合于资本的变化），但又不等同于资本关系，同资本关系存在本质差别②。因此，市场的供求关系、价格波动，无非"再现了下列关系：第一，使用价值和交换价值的关系，商品和货币的关系，买者和卖者的关系；第二，生产者和消费者的关系"③。显而易见，马克思对市场经济的本质关系的阐述表明，市场经济并没有体现出社会经济制度的性质，并不能说明进入市场的商品的生产方式："作为商品进入流通的产品，不论是在什么生产方式的基础上生产出来的，——不论是在原始共同体的基础上，还是在奴隶生产的基础上，还是在小农民和小市民的生产的基础上，还是在资本主义生产的基础上生产出来的，——都不会改变自己的作为商品的性质；作为商品，它们都要经历交换过程和随之发生的形态变化。"④

既然市场经济是实现资源优化配置的方式，是促进现代生产力快速发展的方式，那么就存在着市场经济可以而且也能够同非资本主义国家相结合，特别是能够同处于从资本主义社会向共产主义社会过渡进程中的社会主义国家相结合的可能性。马克思特别强调了促使生产条件发生革命的流

---

① 《马克思恩格斯全集》第 46 卷上，人民出版社 1979 年版，第 518 页。

② 马克思指出："同样的东西，商品、货币等等，或者可以代表资本，或者可以代表收入等等。甚至［资产阶级的］经济学家们也明白：在这种形式下，货币并不是明白白的东西；同样的物，有时可以包括在资本的规定中，有时可以包括在另外的、对立的规定中……"（《马克思恩格斯全集》第 46 卷上，人民出版社 1979 年版，第 518 页）马克思的这一论述虽然是针对商品、货币和资本之间的关系而阐发的，但是在方法论上也适用于资本主义和市场经济的关系，亦即市场经济虽然与资本、资本主义社会密切相关，但在本质上又有所不同。

③ 《马克思恩格斯全集》第 25 卷，人民出版社 1974 年版，第 215 页。

④ 《马克思恩格斯全集》第 25 卷，人民出版社 1974 年版，第 363 页。

通制度、信用制度（市场经济），对于处于过渡时期的社会主义国家具有特别的意义。"毫无疑问，在由资本主义的生产方式向联合起来劳动的生产方式过渡时，信用制度会作为有力的杠杆发生作用"①。这里的"信用制度"，就是指市场经济特别是高度发达的市场经济，它在从资本主义生产方式转化为联合的生产方式的历史进程中起着"催化剂"的作用。马克思不仅提出了市场经济与无产阶级掌握政权的国家相结合的思想，而且还在宏观层面和微观层面阐述了处于过渡时期的社会主义国家与市场经济相结合的一些具体措施："把地租供国家支出之用""把信贷集中在国家手里"②"市税由公社规定和征收"③"夺取法兰西银行"④ 等。这些措施昭示着马克思对保留、利用和发展市场经济，以改造旧的经济结构、建立和完善适应生产力发展的新的经济结构，从而尽可能快地增加生产力总量的一些思考和探索。当然，保留、利用和发展市场经济，对于处于过渡阶段的社会主义社会来说，具有长期性、复杂性和艰巨性的特点。马克思说："他们（工人阶级。——引者注）知道，为了谋得自己的解放，同时达到现代社会由于本身经济发展而不可遏制地趋向着的更高形式，他们必须经过长期的斗争，必须经过一系列将把环境和人都完全改变的历史过程。"⑤

但不可否认，市场经济是一个历史范畴。作为一种社会资源配置方式的市场经济，是一定历史的产物，其形成与最终确立是同人类社会历史的一定发展阶段和发展程度相适应的，特别是与资本主义社会形态的演变发展密切相关（它的形成是以工业革命、资本主义自由贸易制度和工厂制度的建立，以及由此开始的社会化大生产特别是生产的国际化和世界化，地域性、民族性历史向世界历史的转变为前提的）。一句话，市场经济的最终形成与资本主义生产方式的最终确立之间的逻辑因果关系，决定了市场经济及其要素的资本属性。对于市场经济与资本的关系，马克思指出："在研究资本时重要的是要牢牢地记住：作为我们出发点的唯一的前提，即唯一的材料，是商品流通和货币流通，是商品和货币。"⑥ 因此，马克

① 《马克思恩格斯全集》第25卷，人民出版社1974年版，第686页。
② 《马克思恩格斯全集》第4卷，人民出版社1958年版，第490页。
③ 《马克思恩格斯全集》第17卷，人民出版社1963年版，第647页。
④ 《马克思恩格斯全集》第35卷，人民出版社1971年版，第154页。
⑤ 《马克思恩格斯全集》第17卷，人民出版社1963年版，第362—363页。
⑥ 《马克思恩格斯全集》第47卷，人民出版社1979年版，第31页。

思在《资本论》中把商品和商品流通作为研究资本主义生产方式的历史起点和逻辑起点，通过市场经济关系来揭示资本主义社会经济运行规律及其起作用的形式和过程。总之，虽然市场经济不是一定社会制度的本质规定，不是资本主义制度的专利，但市场经济及其构成要素内含着资本的属性，因此在其发挥社会资源配置功能之时，也是其内在弊病暴露之日。例如，作为市场经济主要弊病之一的"商品拜物教"以及由此引致的逐利行为，会滋生并渗透至社会生活的各个领域，并产生严重的社会负面效应。

综上所述，马克思关于市场经济与社会形态关系的理论界说，不仅仅是批判他所处时代资本属性意义上的市场经济学说，而且是超越了时代界限从而具有世界历史意义的非资本主义与社会形态关系的界说。正确把握马克思阐述的市场经济学说和社会主义学说以及二者之间的相互关系，对于中国特色社会主义来说，在保留、利用和发展市场经济的过程中，尽可能把市场经济的规则限制在经济生活领域，限制在资源配置的决定性作用方面，最大限度地规避其负面效应具有重要的启示意义。

由上可见，马克思关于市场经济双重属性（一种包括财产在内的社会资源配置方式）的丰富思想，不仅是关于资本主义社会的市场经济特殊的学说，而且是适用于非资本主义社会，特别是适用于处于从资本主义社会向共产主义社会过渡的社会主义社会的关于市场经济一般的学说①。

以上，本节主要从经济哲学的视角出发，探讨了作为科学的财产理论的一个有机组成部分——财产一般和市场经济一般与社会主义的关系。在笔者看来，只有认真考察马克思财产理论中所包含的关于财产一般和市场经济一般（和非资本主义社会）的界说，才能正确、全面地认识和把握这一学说的当代价值。

第三节 马克思财产效率论说的"人本"意蕴

新中国成立以来，财产问题一直是学界研究的一个主题。在一定意义

---

① 在马克思关于市场经济的学说中，哪些论述是关于市场经济一般的学说，哪些论述是资本主义社会生产的专利，既是一个理论问题，也是一个实践问题，是一个在利用和发展过程中不断深化和拓展的问题。因为笔者在后文还有相关论述，在此故不赘述。

上可以说，国人在财产问题上的每一次思想解放、观念转变和实践变革，都与超越对马克思财产理论原有认识中存在的藩篱息息相关①。从方法论上看，马克思主义财产理论学说要为真正科学认识和解决当代中国深层次的财产问题和利益矛盾提供强大的理论支持，仍然必须超越目前存在于关于马克思财产理论认识中的藩篱。财产效率问题也不例外。如果忽视马克思财产效率思想中的"人本"内涵，忽视马克思财产效率理论中所蕴含的重视财产源和价值归宿上的"人本"意蕴，那么必然会在理论和实践上造成不容忽视的消极影响。鉴于此，梳理马克思财产效率的历史和逻辑，揭示其内含的"人本"意蕴和规定，对于发展进入矛盾凸显期（如经济快速发展，但生态环境污染严重，社会利益分化加剧，等等）、改革进入深水区、社会进入转型期的当下中国来说，坚定"新发展理念"，化解人民日益增长的美好生活需要和不平衡不充分的发展之间的矛盾，走出一条"以人民为中心"的财产效率道路，具有重要的方法论启示。

作为现代概念的财产效率，本质上是在应对财产稀缺问题中最终形成的，但也因在此过程中导致了财富积累与贫困积累的现象而备受诟病。马克思在批判资本主义私有制特别是自由竞争资本主义导致财富分化日益严重的现象中，揭示出资本积累和贫困积累之间的社会弊病、财产快速增长与财产利益关系的不和谐最终摧残了财产创造活动的劳动本源，并现实地构成了社会动荡的因素，直接导致了社会矛盾和社会冲突。由此可见，在马克思财产效率理论中，蕴含着尊重作为财产源的劳动、实现人的创造天赋的绝对发挥等"人本"意蕴。

一、财产稀缺

人类社会经济形态的演进史，在某种程度上可以说，就是人类与财产资源（稀缺与相对丰裕）之间的关系史。"稀缺性"是财产的根本属性，是价值的重要构成要素。当然，并非任何意义上"稀有性"都是财产的

---

① 这种认识上"藩篱"主要表现为：对马克思财产理论，人们往往不加辨析地将其与"消灭私有财产"画上等号，把"私有财产"等同于资本主义，把"公有财产"等同于社会主义，甚至把有没有财产、有多少财产作为判断人们政治上先进与落后的一个重要标准，等等。这种理论上的重大误区，导致了我们实践中的重大失误，甚至在一定程度上造就了现实社会主义的贫穷、落后和愚昧。

根本属性和价值的重要构成要素。"稀有性（撇开供求关系不谈）只有在下述意义上才构成价值的要素：那种本身并不稀有、是稀有的否定、是天然物的东西，没有任何价值，因为它不是表现为生产的结果。在最初的价值规定中，那种多半同有意识的预计的生产无关的东西，只要存在着需求，倒最有价值。……一种东西要成为交换对象，具有交换价值，就必须是每个人不通过交换就不能得到的，必须不是以这种最初的形式即作为共同财富的形式而出现的。稀有性就这一点来说是交换价值的要素。"① 反之，如果物品数量多，取之易，每个人取得的同时并不妨碍他人取得和利用这些物品，那么这些物品没有必要，自然也不会转化为财产的范畴。为了解决稀缺性的问题，人们就产生了财产观念和排他性的财产意识。因此，财产是那些自身的有用性能够满足人类需要，但同时又具有稀缺性的物品。②

---

① 《马克思恩格斯全集》第 46 卷上，人民出版社 1979 年版，第 124 页。

② 对财产、生产资料、生活资料、所有制这几个概念，在这里需要做一简单说明。（1）财产与生产资料和生活资料：在包括马克思政治经济学在内的古典经济学的理论中，作为区别无产阶级和资产阶级的所谓的"产"，并不是现代意义上的财产，而是生产资料意义上的财产。资产阶级就是占有生产资料，从而能够剥削他人劳动的那部分人；无产阶级则是失去生产资料（和生活资料），从而只能依靠出卖劳动力为生的那部分人。由此可见，传统意义上，人们往往以生产资料概念来取代财产概念（夏勇主编《走向权利的时代》，中国政法大学出版社 2000 年版，第 294—295 页）。（2）财产与资本：也可以把财产分为"个人使用的财产"与"可以用于增殖的财产即资本"，或者实体性财产与关系性财产（魏小萍：《"所有制"与"财产"：关系概念与实体概念的不同》，《哲学动态》2007 年第 10 期）；资本与财产不是一个概念：作为资本形式的财产只是特指那些以物（财产）为中介支配他人劳动（劳动力）的关系。（3）财产与产品和劳动力：也有学者把社会主要资源划分为三类：作为产品的社会资源、作为劳动力的社会资源和作为财产的社会资源。在这种划分方式中，实际上把生产资料和生产工具界定为财产性资源（叶险明：《马克思的工业革命理论与现时代》，北京出版社 2001 年版，第 243 页）。基于经济哲学的角度以及研究对象的需要，笔者基本上采用财产（包括劳动、劳动对象和劳动资料）这一概念，这是因为在市场关系全面介入社会生产的各个环节的现代社会中，生产性财产与消费性财产之间并没有绝对的不可逾越的界限，或者说很难找出"非关系性"的财产。

　　在给财产所下的定义中，财产与稀缺是不可分割的一对范畴，也就是说财产的本质属性就在于其有用性和稀缺性。例如："所谓社会财富，我指的是所有稀缺的东西，物质的或非物质的（这里无论指何者都无关紧要），也就是说，它一方面对我们有用，另一方面它可以供给我们使用的数量却是有限的。"（［英］约翰·伊特韦尔：《新帕尔格雷夫经济学大辞典》第 4 卷，陈岱孙等译，经济科学出版社 1996 年版，第 272 页）再如，在马克思给商品所下的定义中，作为财富的元素形式的商品，内含着使用价值和价值（价值实体、价值量）两个因素，其中，使用价值就意味着商品的有用性，稀有性作为交换价值的要素就意味着商品的稀缺性。因此，财产的内在属性就是有用性与稀缺性。

众所周知，财产（产品形态的财产）是劳动与生产资料相结合的产物。"自然界和劳动一样也是使用价值（而物质财富本来就是由使用价值构成的！）的源泉"[①]；"不论生产的社会形式如何，劳动者和生产资料始终是生产的因素。但是，二者在彼此分离的情况下只在可能性上是生产因素。凡要进行生产，就必须使它们结合起来"[②]。这昭示着我们，财产的稀缺性就是指相对于人类需求和欲望的无限性来说，用来满足人类需要和欲望的生活资料，以及生产这些生活资料的生产资料总是有限的、不充分的。对财产的稀缺性可以从以下几个方面来理解。

（一）财产稀缺性的根源

第一，资源的有限性。毋庸置疑，不管是自然资源，还是人为的物质资源，都是有限的、不充分的。正是因为资源是稀缺的，所以要合理配置资源，合理地调节人类与有限资源之间的物质变换，以更好地满足人类的需要。

第二，利用资源能力的有限性。在一定历史阶段，人类掌握和控制自然的能力特别是科学技术发展的水平总是有限的。正是因为劳动及其派生出来的科技、管理、知识等财产源泉的匮乏，所以要节约劳动，有计划地分配劳动时间。

第三，财产利益关系不协调所导致的人为稀缺现象的产生。这一点较容易理解，故不多着笔墨。

由上可见，社会财产的生产，不但取决于劳动时间的长短，而且取决于劳动（剩余劳动）生产率以及这种劳动（剩余劳动）借以完成的优劣程度不等的生产条件（自然物质资源和人为物质资源）。因此，生产要素和利用生产要素能力的有限性，以及人类生产出来满足他们需要的物品和劳务的有限性，必然导致社会财产的匮乏。

（二）财产稀缺性的特性和表现

财产稀缺性具有相对性的一面，也具有绝对性的一面。"稀缺性存在于一切时代和一切社会，所以它是永恒的、绝对的；相对于人类欲望的无限性来讲，再多的资源也是不足的，因而资源的稀缺又是相对

---

① 《马克思恩格斯全集》第19卷，人民出版社1963年版，第15页。
② 《马克思恩格斯全集》第24卷，人民出版社1972年版，第44页。

的。"① 财产稀缺的相对性，是指在特定的时间、特定的地点，相对于人类的需求特别是人类需求的无限性来说，自然界和人类社会提供的物品总是有限的。

同时，财产的稀缺性又是一个绝对性的概念。它存在于一切时代和一切社会，是困扰人类的一个核心问题。通过科技的发展、劳动生产率的提高，人们只能在一定程度上缓解这一问题，而不能一劳永逸地解决这一问题。例如，随着科技的发展、劳动生产率的提高，生产要素相对稀缺程度会发生相应的变化。在传统农业社会，土地和劳动（简单劳动）是最基本的生产要素，它们的稀缺程度决定了人们财产性收入的水平。在工业社会，资本、技术等就转变为最基本和最重要的生产要素，土地虽然也是稀缺的，但其稀缺程度已经下降。并且，人类的需求和欲望也随着时代的发展、文明的进步而不断增进。因此，稀缺性总是客观存在的一个经济事实。在马克思看来，以往的所有社会形态以及共产主义社会第一阶段，都是以物质财富的稀缺性为前提的。即使在未来共产主义社会高级阶段，人们仍然要合理地调节他们与自然之间的物质变换，劳动时间的节约规律仍然是基本规律。"按一定比例分配社会劳动的必要性，决不可能被社会生产的一定形式所取消，而可能改变的只是它的表现形式，这是不言而喻的。自然规律是根本不能取消的。"② "如果共同生产已成为前提，时间的规定当然仍有重要意义。……一切节约归根到底都是时间的节约。……时间的节约，以及劳动时间在不同的生产部门之间有计划的分配，在共同生产的基础上仍然是首要的经济规律。"③ 未来共产主义社会高级阶段的所谓"物质财富充分涌流"，不是排斥稀缺性的绝对丰裕，而是相对的丰裕，是相对于劳动与劳动产品的分离、疏远，相对于劳动付出与劳动收益之间比例失衡的丰裕。未来共产主义社会高级阶段之所以需要节约劳动时间和按比例分配劳动时间，是因为资源和劳动（劳动时间，活劳动和物化劳动时间）的稀缺，以及由此而来的财产的稀缺性。总之，财产的丰裕是相对的，稀缺是绝对的，财产只有稀缺程度上的高低，而不存在不稀缺的问题。

---

① 樊宝平：《资源稀缺性是一条普遍法则》，《经济问题》2004 年第 7 期。
② 《马克思恩格斯全集》第 32 卷，人民出版社 1974 年版，第 541 页。
③ 《马克思恩格斯全集》第 46 卷上，人民出版社 1979 年版，第 120 页。

总而言之，财产的稀缺性问题是任何社会、任何时代都存在的客观事实。从某种程度上来说，经济学就是研究如何更有效地利用有限资源，以更好地满足人类需求的一门学说。马克思的财产理论也是如此。它研究在有限资源和劳动（劳动时间）的约束条件下，联合起来的生产者，合理调节劳动与劳动资料、生产工具之间的关系，实现财富的快速增长及其充分涌流，构建和谐的财产利益关系。

二、财产效率问题：财产效率是应对财产稀缺的现代逻辑

马克思考察财产效率的方法论基础是唯物史观，这是他能够正确揭示财产效率的一个重要原因。在马克思看来，为了维系人类的生存和繁衍，人们必须一刻不停息地进行物质资料的生产，进行满足人类所必需的生活资料的生产。但是生产资料和生活资料的稀缺构成了人类从事物质生产、创造社会财富活动的约束性条件。因为资源的稀缺性，以及由此导致的满足人类需求的物品和劳务的稀缺性，效率问题就应运而生。这就需要人类做出选择：选择生产什么、生产多少、如何生产和为谁生产。① 由此可见，在生产资料和生活资料稀缺匮乏的约束条件下，尽可能合理配置资源、节约劳动、增加社会财富总量以更好地满足人类的需求，亦即在资源的有效配置中实现财产数量的快速增加以满足人们的需要和欲望，就成为人类研究的主题。这就是财产效率问题。

财产效率问题是一个问题系。下面笔者从历史规定性和逻辑规定性两个视角出发，考察马克思对财产效率问题的论述。

财产效率是一个历史范畴。"哪一种土地财产等等的形式最有生产效能，能创造最大财富呢？我们在古代人当中不曾见到有谁研究过这个问题。"② 马克思的这一论述表明，财产效率问题根本不是古代社会研究的

---

① 在学界，"财产效率"的这一表述具有一定程度的共识性：在西方经济学中，"效率问题"被表述为："生产什么和生产多少、如何生产和为谁生产的问题"［［美］萨缪尔森等：《经济学》（第18版），肖琛主译，人民邮电出版社2008年版，第13页］。在马克思财产理论中，对"效率问题"也有同样的表述："生产什么""怎样生产""为谁生产"（《马克思恩格斯全集》第3卷，人民出版社1960年版，第24页）。

② 《马克思恩格斯全集》第46卷上，人民出版社1979年版，第485页。

主题。"人的生产能力只是在狭窄的范围内和孤立的地点上发展着"① 的古代社会（包括中世纪），因传统生产结构的自足性、生产能力的有限性和技术基础的保守性（自然经济状态的典型特征），生产效能的提高、财产量的大幅度增长根本不可能实现。面对财产稀缺和物质匮乏，以及由此可能引致的冲突问题，古代社会注重人性的塑造和道德的培养。因此，防范、遏制个人欲望过度膨胀的道德约束就成为古代对财产稀缺问题的最佳解答方式：在东方社会，我们随处可见"存天理，灭人欲"② 的道德警示；在西方社会，也不乏对"造就最好的国家公民"③ "哪一种所有制形式会造就最好的国家公民"④ 的探讨。

财产效率肇始于资本主义社会。现代社会讨论的主题就是，"财富在这种还是那种财产形式下能更好地发展的问题"⑤。把生产性当作自己内在属性的资本，和实现资源优化配置的市场机制及其二者的有机统一，充分培育和释放人的生产能力，"形成普遍的社会物质变换，全面的关系，多方面的需求以及全面的能力的体系"⑥，使得"以物的依赖性为基础的人的独立性"⑦ 的现代社会"在精力、贪婪和效率方面，远远超过了以往一切以直接强制劳动为基础的生产制度"⑧。"资本是生产的；也就是说，是发展社会生产力的重要的关系。"⑨ 因此，以货币财富为追求目标的现代资本主义社会，在竞争机制中推进了现代科学在现代工艺上的快速应用，在市场机制中实现了资源的有效配置，打开了人类社会的各种财富源泉。由此可见，财产效率实质上是一个现代概念。

马克思曾经指出，"如果生产场所扩大了，就是在外延上扩大；如果生产资料效率提高了，就是在内含上扩大"⑩。就此而论，在历史规定性上，现代社会财产效率历经两个变化阶段：粗放式增长阶段和集约式增长

---

① 《马克思恩格斯全集》第 46 卷上，人民出版社 1979 年版，第 104 页。
② 《朱子文集·延和奏札二》。
③ 《马克思恩格斯全集》第 46 卷上，人民出版社 1979 年版，第 485 页。
④ 《马克思恩格斯全集》第 46 卷上，人民出版社 1979 年版，第 485 页。
⑤ 《马克思恩格斯全集》第 46 卷上，人民出版社 1979 年版，第 25 页。
⑥ 《马克思恩格斯全集》第 46 卷上，人民出版社 1979 年版，第 104 页。
⑦ 《马克思恩格斯全集》第 46 卷上，人民出版社 1979 年版，第 104 页。
⑧ 《马克思恩格斯全集》第 23 卷，人民出版社 1972 年版，第 344 页。
⑨ 《马克思恩格斯全集》第 46 卷上，人民出版社 1979 年版，第 287 页。
⑩ 《马克思恩格斯全集》第 24 卷，人民出版社 1972 年版，第 192 页。

阶段①。

在第一个阶段，粗放式增长阶段单纯依靠绝对延长工作日或者通过量的增加，不仅是参与劳动的工人数量以及劳动时间的增加，而且是劳动对象的增加，并且它们参与的广度大大扩张。自然在这一阶段，还是建立在狭隘的技术基础之上，也就是见到什么生产工具就采用什么生产工具，或者没有受到压力而被迫采用，或者说现代社会生产的幼年阶段还不需要花费，或者还不是主要采用机器大生产。外延上的扩大，包括生产的量的增加，即空间代替时间，以及工人的数量增加——同时使用更多的工人就是同时增加实际工作日，也就是延长工作日从而克服工作日的界限，也包括销售市场的扩大，市场转化为世界市场、地域性民族性转化为全球性。资本财产会力图超越一切空间界限和时间界限：在空间上，资本财产力求摧毁一切地域性、民族性界限，形成资本财产统治下的世界市场；在时间上，资本财产力求压缩流通时间，改善交通运输工具从而以时间来克服空间的限制即缩短生产到市场的距离，将劳动时间等同于生产时间，将生产时间尽可能等同于财富的生产时间，将人们的一切时间纳入创造财富的轨道上来。

在第二个阶段即集约式增长阶段，"土地是财富之母，劳动是财富之父"②，这一形象的说法揭示了财富创造的两个不可或缺的简单要素——客观的自然因素和主观的社会因素。既然财产是物的因素与人的因素相结合

① 理解粗放式增长和集约式增长的关键：（1）时间和空间互相替代理论：时间——24 小时的自然时间的有限性决定了劳动时间的有限性和界限，为了突破时间的界限，那么增加参与劳动的人数，即以空间的增加来弥补时间的不足就成为一种可能。总之，无论是时间的延长，还是空间即参与劳动的人数的增长，毕竟都是一种纯粹量，一种外延量的财产创造行为，时间和空间的边界决定了它是一种不可持续的财富生产性行为。空间上并存和时间上继起，或者反过来：历时性和共时性，以空间的并存——数量来代替时间——24 小时自然时间的界限，或者以时间（速度）来克服空间的界限——缩短生产到市场的距离。（2）广度上与深度上的互相代替，一旦生产规模达到世界市场的边界的时候，立刻预示着绝对剩余价值生产必须向相对剩余价值生产转化，粗放式向集约式的转化，从而单纯工作日的延长向以科学在现代工艺上的应用为标志的社会劳动生产力的提高转化，到那个时候，资本财产就会从导致过度劳动和赤贫向致力于人们社会利益的平衡转化，从而工业革命会向信息社会、知识经济转化。或者说，首先是从广度上实现历史到世界历史的转变，然后会从深度上实现科学在工艺层面的迅速应用、人的能力的发展、人需求的多样性、人的消费的满足程度和消费能力的提高。对于当下中国而言，我们已经实现了第一阶段的任务，即工业化——工业革命和工业社会与世界市场化，现在我们面临着怎么突破第二个阶段——知识经济的任务。当然，这两种经济增长方式之间没有绝对的界限，资本财产会同时在内涵方面和外延方面创造财产的本性。

② ［英］威廉·配第：《赋税论》，晏智杰译，华夏出版社 2006 年版，第 47 页。

的结果，那么财产创造的效率含义就表现在重视人的因素和物的因素：从物的因素的角度来看，效率主要表现为现代科学在现代工艺上的快速应用和自觉应用，从而引起物质条件的革命，以及生产资料得到更有效的利用，现代社会的生产原则就是，把生产过程分解为各个组成阶段，并且利用自然科学来解决由此出现的问题，这一行为具有逐渐细化的趋势。在现代社会，这一生产原则到处都起着决定性的作用，决定着现代社会生产在本质上是革命的，也就是说大工业的本性、工具的效率从人类劳动的人身限制下解放出来，决定了劳动的变换、职能的更动和工人的全面流动性，提高劳动生产率和游离出更多的生产过程中的人身材料，从而实现劳动时间的减少和自由时间的增加；从人的因素的角度来看，效率主要表现在：一方面是管理学意义上的组织效率，资本财产普遍采用分工、协作或结合性质的社会劳动，即把个体劳动力当作社会劳动力、节约生产资料性质的劳动、工厂内部的权威、专制、有计划性和有组织性管理等；另一方面是人口素质的提高，尤其是高级的、发达的资本财产的成年阶段，资本财产进入知识经济阶段。"因为它把生产性当作自己的内在属性而包括在自身之中。"[1]内含量的扩大，主要是指生产力的提高，包括科学在现代工艺上的应用、资本的有机构成的提高，等等。从而，"一方面，机器直接引起原料的增加，……另一方面，机器产品的便宜和交通运输业的变革是夺取国外市场的武器。"[2] 资本财产通过改进和改善交通运输工具来不断缩短生产地点到市场的距离从而减少流通时间增加生产时间，从而快速实现剩余价值。

从集约式经济增长方式来看，资本财产的效率逻辑要求"整个社会只需用较少的劳动时间就能占有并保持普遍财富"[3]，劳动的社会生产力达到只需用较少的时间就可以保持财富的充分涌流的水平。从生产创造出消费的对象、消费实现了生产的意义来说，生产就是消费，因此资本财产创造出的大量生产能力呼唤与其相对应的消费能力，"寻求一切办法刺激工人的消费，使自己的商品具有新的诱惑力，强使工人有新的需求等等"[4]。对致力于财富生产的现代社会来说，也就是需要配备与其自身的飞速发展相适应的经常而迅速扩大的市场，以及与市场的消费能力和消费

---

[1] 《马克思恩格斯全集》第 46 卷下，人民出版社 1980 年版，第 278 页。

[2] 《马克思恩格斯全集》第 23 卷，人民出版社 1972 年版，第 494 页。

[3] 《马克思恩格斯全集》第 46 卷上，人民出版社 1979 年版，第 287 页。

[4] 《马克思恩格斯全集》第 46 卷上，人民出版社 1979 年版，第 247 页。

量的经常而迅速的扩张相适应的经济运动规模和能力，不断扬弃自然形成的需要，扬弃那种狭隘的需要，为发展丰富的个性创造出物质要素，实现资本财产的历史使命——经济上的善（致富）与经济上的恶（贫穷）、个人利益与社会利益的统一。因此从这个意义上来看，财富的大量生产即为社会个人的富裕、发展的最重大的条件。

从逻辑规定性上来看，财产效率本质上是指人们在生产过程中投入与产出的比率。在马克思看来，"劳动生产率等于用最低限度的劳动取得最大限度的产品，从而使商品尽可能变便宜"①。马克思是在生产力或劳动生产率的范畴内使用效率概念的。所谓有效率，就是"用尽量少的价值创造出尽量多的使用价值"，"在尽量少的劳动时间里创造出尽量丰富的物质财富"，以尽可能少的劳动与资源生产出尽可能多的符合人们需求的产品②。诺斯高度评价马克思在财产效率问题上的产权理论建树："卡尔·马克思……把成功的经济增长看做是由有效的所有权的发展决定的。"③ "尽管马克思强调了生产方式的变化（技术变迁）与生产关系的变化（制度变迁）之间的辩证关系，但他相信前者提供了社会组织变迁的更为动态的力量。"④ "马克思强调在有效率的经济组织中产权的重要作用，以及在现有的产权制度与新技术的生产潜力之间产生的不适应性。这是一个根本性的贡献。"⑤ 由此不难看出，财产所有制和产权形式或产权结构（财产关系、财产权利、财产制度或产权结构）对生产效率具有重要的影响和制约作用，特别是产权制度与新技术的生产潜力之间的辩证关系（财产制度与生产力的技术范畴之间的适应与不适应关系，是社会发展、财富增加的主要推动力）。总之，有效率的产权形式或产权结构，在促进技术变迁中实现了财富的快速增加。这就是对财产匮乏问题的解答。

马克思在谈到效率问题时指出，"工人的平均熟练程度，科学的发展水平和它在工艺上应用的程度，生产过程的社会结合，生产资料的规模和

① 《马克思恩格斯全集》第 49 卷，人民出版社 1979 年版，第 98 页。
② 参见《马克思恩格斯全集》第 26 卷 Ⅲ，人民出版社 1974 年版，第 281 页。
③ ［美］道格拉斯·诺思、罗伯斯·托马斯：《西方世界的兴起》，厉以平、蔡磊译，华夏出版社 1999 年版，结束语。
④ ［美］R. 科斯等：《财产权利与制度变迁》，刘守英等译，上海三联书店、上海人民出版社 1994 版，330 页。
⑤ ［美］诺思：《经济史中的结构与变迁》，陈郁等译，上海三联书店 1991 年版，第 68 页。

效能，以及自然条件"① 共同决定了生产效率的高低。从一般经济学的视角出发，与财产稀缺相伴而生的马克思财产效率观的内涵主要有二（笔者在此主要揭示马克思关于财产效率学说的两个基本支撑点）。

其一，劳动生产率。通过劳动生产率的提高引起社会生产力的快速发展和社会财富的快速增加。效率的提高主要体现在劳动时间的节约上。"真正的经济——节约——是劳动时间的节约（生产费用的最低限度——和降到最低限度）。而这种节约就等于发展生产力。可见，决不是禁欲，而是发展生产力，发展生产的能力，因而既是发展消费的能力，又是发展消费的资料。消费的能力是消费的条件，因而是消费的首要手段，而这种能力是一种个人才能的发展，一种生产力的发展。节约劳动时间等于增加自由时间，即增加使个人得到充分发展的时间，而个人的充分发展又作为最大的生产力反作用于劳动生产力。"② "在一切社会状态下，人们对生产生活资料所耗费的劳动时间必然是关心的……"③ "随着大工业的发展，现实财富的创造较少地取决于劳动时间和已耗费的劳动量，较多地取决于在劳动时间内所运用的动因的力量，而这种动因自身——它们的巨大效率……取决于科学在生产上的应用。"④ 由上可见，效率主要是指劳动效率，蕴含在劳动者身上的真正的生产力，以及由此带来科学技术等财产派生源。效率的终极价值就在于增加人的自由时间和促进人的全面发展，就在于解放蕴含于人身上的生产力。

其二，生产要素或财产资源配置效率。"马克思却第一个断言，对于产权的规范是因为人们要解决他们所面临的资源稀缺问题，而且产权结构会以其特定而可预见的方式来影响经济行为。"⑤ 现代社会稀缺性资源的有效配置主要是指，市场全面介入财产生产、交易、转让、收益、分配等关系，市场全面渗透和介入各类财产的具体运行过程，从而把劳动力、商品、货币、技术信息等各种具体形式的财产都纳入市场化运行轨道上来，形成了普遍的财产市场化关系，形成了劳动的市场化、产权的市场化和产

---

① 《马克思恩格斯全集》第 23 卷，人民出版社 1972 年版，第 53 页。
② 《马克思恩格斯全集》第 46 卷下，人民出版社 1980 年版，第 225 页。
③ 《马克思恩格斯全集》第 23 卷，人民出版社 1972 年版，第 88 页。
④ 《马克思恩格斯全集》第 46 卷下，人民出版社 1980 年版，第 217 页。
⑤ ［冰］思拉恩·埃格特森：《新制度经济学》，姜建强、罗长远译，商务印书馆 1996 年版，第 55 页。

品的市场化；最终通过价格竞争机制，市场传递给生产者经济稀缺的信号，传递给消费者社会效用的信号，实现了商品和劳务等社会资源的最佳组合①，建立起财产的市场社会化资源配置方式，"使财产在多元化的所有者主体和多元化的经营者主体之间向效益最大化方面流动，从而导致经济结构的优化和效率的提高"。

总之，私人劳动以及作为其后果的财产的偶然性、个别性与有限性，与人们欲求的无限性之间的矛盾，促使人们试图寻找资源配置的最优方式，寻求有利于财富生产的各种组织方式，以实现财产的快速增加。这既催生了排他性的财产制度，又奠定了商品经济社会或市场社会的基本制度安排。当然，在上述财产效率的两个基本支撑点之外，科学的财产理论关于财产效率学说还包括许多其他主要环节。例如，马克思对作为财产的市场化主要形式的股份制公司的考察；关于对历史到世界历史转变亦即开拓国内外市场的考察；对在权利证书交换关系基础上形成的信用货币经济的考察；财产权利的分离与经济效率；等等。由于篇幅所限，在此不展开详述。应该特别指出的一点是，马克思《资本论》及其手稿包含着丰富的关于财产效率的思想，关于提高生产力、创造丰裕物质财富的思想，这仍然有待人们进一步探索。

三、马克思财产效率观的"人本"意蕴

由上可见，马克思的财产效率观，就是在稀缺资源的有效配置中，创造大量物质财富以尽可能地满足人们的需求，也就是财产的快速增加与财产利益关系的协调问题。它源于财产的生产力属性（就效率属于生产力或劳动生产率范畴来说）和生产关系属性（就财产关系的实质是人与人之间的社会关系来说）相一致的本质关系。由此可见，财产稀缺与财产效率之间不是简单的对应关系，不是成正比例的关系，而是错综复杂的辩证关系。换言之，从财产内在的生产力和生产关系二重性来看，只有协调好财产利益关系，使全体人民都从快速增加的财富中受益，才能真正克服财产匮乏问题。反之，如果财产效率提高、财富大量创造的结果只是财富的积累与贫困的积累，那么这实质上并没有解决好财产匮乏问题。以下笔

---

① 参见［美］萨缪尔森等《经济学》（第18版），肖琛主译，人民邮电出版社2008年版，第250页。

者主要从财产的两种属性及其关系，以及马克思对资本主义社会财产极大丰富与社会贫困问题增长之间的不和谐的论述出发，阐述财产利益关系的和谐、财产价值的归宿对于实现财产快速增长、解决财产匮乏问题的重要作用，以此展示马克思财产效率理论中所蕴含的"人本"意蕴。

如果说效率是生产力水平高低的指示器，是人类经济活动追求的目标，体现了人类征服自然、改造自然和创造物质财富的能力；那么，在满足人类的物质利益需求、提高大多数人的物质生活水平中，能否消解匮乏、弱化稀缺、解决贫困问题就是生产关系（财产关系）和谐与否的晴雨表，即物之后人与人之间和谐的社会关系是人类社会追求的价值目标。① 从生产力的视角来看，财产就是人类在征服自然、改造自然的过程中劳动的物化和对象化，就是人的本质力量对象化的产物和结果。"私有财产的运动……，是人的实现或现实。"② 因此，财产效率的关键因素在于人，特别是在于科学技术、智能、知识等人的本质力量的转化形式，在于人的自由和全面发展，在于内含在人身上的生产力的外化和对象化。从生产关系的视角来看，财产本质上是物之后人与人之间的关系。"实物是为人的存在，是人的实物存在，同时也就是人为他人的定在，是他对他人的人的关系，是人对人的社会关系。"③ "私有财产是生产力发展一定阶段上必然的交往形式。"④ 因此，财产是与生产的一定发展阶段相适应的社会关系，有什么样的生产力就有什么样的财产关系；反之，适应生产力发展要求的财产关系就会促进生产力的发展，不适应生产力发展要求的财产关系就会阻碍生产力的快速发展、阻碍物质财富的大量创造。

由此可见，财产稀缺与财产效率的契合点就在于人，在于通过满足人的需求，调动人的积极性和创造性，最终在和谐的财产利益关系中，解放和发展生产力，实现物质财富的快速增长。显然，财产效率不单纯是生产过程中的劳动效率，而且包括和谐的财产利益关系，包括合理的劳动分配比例。"生产就其单方面形式来说也决定于其他要素。……不同要素之间存在着相互作用。"⑤ 马克思的这一论述表明，在由生产、消费、分配、

---

① 参见曾思康《马克思主义公平效率观的理论与实践》，《宜春学院学报》2011 年第 5 期。

② 《马克思恩格斯全集》第 42 卷，人民出版社 1979 年版，第 121 页。

③ 《马克思恩格斯全集》第 2 卷，人民出版社 1957 年版，第 52 页。

④ 《马克思恩格斯全集》第 3 卷，人民出版社 1960 年版，第 410—411 页。

⑤ 《马克思恩格斯全集》第 46 卷上，人民出版社 1979 年版，第 37 页。

交换等要素构成的有机整体中，不仅生产决定其他要素，而且消费、分配、交换等要素本身就是生产的要素，生产也决定于这些要素。在社会经济生活中，特别是在阶级社会中，财产效率深深打上了社会生产关系的烙印，财产匮乏问题的化解是财产效率与财产利益关系协调共同作用的结果。真正的财富就是"在普遍交换中造成的个人的需要、才能、享用、生产力等等的普遍性"，就是人对自然力统治的充分发展，就是"人的创造天赋的绝对发挥"①。这当然只能在代替资本主义社会的新的社会形态中才能实现：社会化的人，联合起来的生产者，实现财富的充分涌流，以及每个人的全面自由的发展。

把财产稀缺问题与财产效率问题转化为财产的生产力属性和生产关系属性之间的内在关系，是对财产主体本质原则的彻底贯彻。既然劳动是财产的主体本质和源泉，那么财产作为劳动的产物和结果必然要求与劳动相统一，要求劳动创造财产初始所有权，要求等量劳动领取等量产品，等等。反之，资本主义社会异化劳动（雇佣劳动）导致的劳动与财产的分离疏远，必然损害财产的主体本质，阻碍财产的创造，进而恶化人与人之间的关系。

众所周知，马克思是在批判资本主义私有制特别是自由竞争资本主义导致贫富分化日益严重的现象中，揭示出资本积累和贫困积累之间的社会弊病，财产快速增长与财产利益关系的不和谐，最终摧残了财产创造活动的劳动本源，并现实地构成了社会动荡的因素，直接导致了社会矛盾和社会冲突。"资本主义和工业化破坏了原有的社会公平和社会稳定，并且让人类不可避免地走上了财富差距日益加剧的道路。这种认识在马克思主义的'贫困化'理论中得到了最完整的解释。"② 在马克思看来，资本主义社会中财富的大量创造，是通过资本对劳动力的剥削实现的，而作为社会财产创造者的无产阶级并没有从他们辛勤的劳动中收益。以人的异化和片面发展为代价的富有生产效能的资本，以财产人格化（异化）的方式来解决稀缺问题，并未带来财产稀缺问题的弱化和消失，反而造成稀缺问题的全面加深和恶化。事实也的确如此。在马克思生活的时代，低廉的薪酬、过度的劳动和痛苦的生活，既损害着作为财产源的劳动，阻碍着生产力的提高和财产的快速增加，也引致了不同利益阶层之间的矛盾和冲突。

---

① 《马克思恩格斯全集》第46卷上，人民出版社1979年版，第486页。

② ［美］理查德·派普斯：《财产论》，蒋琳琦译，经济科学出版社2003年版，第56页。

当然，在批判不和谐的财产利益关系阻碍社会生产力快速发展，甚至加重财产稀缺问题的同时，马克思也提出了关于更快地创造物质财富和更好地协调财产利益关系的建设性意见，亦即对于处于资本主义向未来共产主义过渡阶段的社会主义社会（在某种意义上可以说，马克思对社会主义社会的构想等同于现实社会主义）来说，在"资产阶级法权"的狭隘眼界内，在社会经济结构以及由经济结构所制约的社会发展的特定阶段，通过股份制财产实现"作为私人财产的资本在资本主义生产方式本身范围内的扬弃"①，最终实现共产主义社会中的"个人所有制"："社会化的人，联合起来的生产者，将合理地调节他们和自然之间的物质变换，把它置于他们的共同控制之下，而不让它作为盲目的力量来统治自己；靠消耗最小的力量，在最无愧于和最适合于他们的人类本性的条件下来进行这种物质变换"②。如此，才能在生产资料联合占有（其较为现实的形式是股份制形式的过渡性社会财产）、联合劳动、等量劳动领取等量产品的方式中，在实现更好地发展生产力、创造物质财富的同时，协调财产利益关系，以实现不平等中的最平等的财产利益关系。

　　由上可见，财产稀缺与财产效率的关系，实质上就是财产的生产力属性和生产关系属性以及二者之间相适应的关系，就是财产利益关系的协调、劳动者按照劳动时间获取自己的收益，就是尊重作为财产源的劳动、实现人的创造天赋的绝对发挥等。唯其如此，才能在生产力的快速提高和物质财富的大力增长中，真正消解财产匮乏问题。反之，那种认为高效率的财产创造必然会从根本上消解财产稀缺问题的观点是片面的。事实也确实如此。在财产利益关系不和谐，特别是社会财产积累与社会贫困积累同步的社会，"劳而不获、不劳而获"的现象必然会否定财产的劳动源泉，损害财产效率的提高和财产的快速增长，不但不会化解财产稀缺问题，反而会加剧财产匮乏问题，甚至导致社会矛盾、社会冲突等灾难性后果。资本主义生产方式下物质财富的增长与贫困的增长就是一个典型。现代资本主义社会实现了财产效率的大幅度提高和财产的快速增加，但并没有从根本上解决人们的财产匮乏问题，反而导致贫困的增长。究其根源，就在于财产利益关系不协调，最终阻碍了财产创造的劳动本质的自由和全面发

---

① 《马克思恩格斯全集》第 25 卷，人民出版社 1974 年版，第 493 页。
② 《马克思恩格斯全集》第 25 卷，人民出版社 1974 年版，第 926—927 页。

展。这就是马克思财产效率理论中的"人本"意蕴。

以上，笔者主要从财产快速增加和财产利益关系协调的角度，抑或从财产创造源泉与财产的价值归宿的角度探讨了马克思财产效率理论中的"人本"意蕴，阐述了马克思关于财产稀缺问题和财产效率问题，以及二者之间的关系的思想。在笔者看来，虽然这一学说许多环节附着于马克思对资本主义生产方式的考察上，且有些具体论述已不再适用于今天的中国特色社会主义经济建设和经济发展，但从方法论上看，他的这一学说仍然具有时代价值，对于处在社会主义现代化建设进程中的当下中国具有重要的指导意义。这启示着我们，在资本还占据统治地位的世界历史时代，包括中国在内的发展中国家要充分利用后发优势减少财产发展的成本，减少社会因财产急剧增加而引起的动荡。为此，不仅要发展生产、扩大流通、开拓国内外市场、鼓励平等竞争等，以扩大财产的总量，而且要特别注意财产快速增加过程中财产利益关系的协调。所以，必须把发展财产尤其是股份制形式的财产与遏制作为资本的财产对劳动产权利益的侵害有机统一起来，把向资本主义学习与超越资本主义有机统一起来。唯其如此，我们才能树立科学的财产观、财产创造观和财产效率观，在物质财富不断充裕和财产利益关系日渐和谐中，促进人与自然（物）、人与人的和谐发展。一言以蔽之，保障我国财产总量持续快速增加、注重财产的价值归宿、实现新兴财产与社会良性互动，打造以人的素质的提高和人的全面发展为内核的"以人为本""以人民为中心"的社会财产创造模式迫在眉睫。

第四节　马克思"流通"论说的伦理意蕴

党的十四大以来，市场化改革①一直是学界探讨的一个热点和焦点问

---

① 本质地看，市场经济就是市场从深度上和广度上全面介入商品、货币、技术、信息等要素的生产、交易、转让、收益、分配，形成普遍的财产市场化关系，促进资源的有效配置，实现财富的快速增长。在这一意义上，市场流通等同于市场经济的交易、转让、收益环节，因而市场流通的内涵比市场经济的范畴稍微狭窄。显然，市场流通虽不涉及市场经济的生产领域，但市场流通构成市场经济的重要组成部分。

题。在一定意义上可以说，中国市场化改革的成功①与超越对这一问题原有认识中的藩篱息息相关。究其实质，由于种种众所周知的原因（市场化改革在促进生产力快速发展、把历史拓展为世界历史的同时，其所引致的投机盛行、交易欺诈、买空卖空、假冒伪劣、过度消费、贫富分化问题，也引起了质疑之声，构成了阻碍"市场在资源配置中起决定性作用、发展和驾驭市场经济"的瓶颈），以及缺乏对市场流通问题进行深入的前提性审视和反思，在实践中引致对市场流通的种种误判。鉴于此，笔者试图回到马克思的原初语境，深入挖掘马克思市场流通的伦理意蕴，有效界定市场流通的自由、平等、所有权、契约、信用内涵，澄清种种附加在市场流通上的错误认识，这对于超越关于这一问题原有认识中的藩篱、合理界定中国特色市场化改革内涵、达成进一步改革开放的共识，进而实现市场在资源配置中起决定性作用，发展和驾驭市场经济，具有重要的理论价值与现实意义。

一、市场流通的前提性规定：所有权、平等和自由

市场流通是有一定前提性规定的："从法律上来看这种交换的唯一前提是任何人对自己产品的所有权和自由支配权"②，以及"作为在法律上表现所有权的最初行为的等价物交换"③。出现在市场流通领域中的商品监护人，拥有所有权、支配权、转让权、收益权等一系列财产权利，相互承认对方的所有者权利，遵循自由交换、平等让渡的交易原则，在人

---

① 2017 年 11 月 30 日，以所谓的"企业决策明显受政府干预，没有一套按国际通用准则建立的会计账簿，生产成本、财务状况受非市场经济体系的显著影响，企业受政府干预成立或关闭，贷款汇率变化不由市场决定"等理由，美国商务部认定中国是一个非市场经济国家。这表明：一方面，欧美在承认中国市场经济地位问题上没有切实履行对中国入世的有关承诺，因而对中国采取了不公平、不公正的做法；另一方面，在中国特色社会主义市场经济建设的短短 20 多年时间内，理念上，人们对社会主义市场经济仍存在误读和误解（在理论界，依旧存在着"'市场化改革'改到哪，哪里就是无情抛弃社会主义而转变为资本肆虐人民百姓遭殃的资产阶级自由化沦陷区"的误读和误解。参见杨思基《从老毕变色看市场改革对人的侵蚀》，转载自新浪博客 - blog sina. com. cn/zhouzhongmin)，由此派生出一系列模糊的、片面的、不科学的认识。种种表现告诉我们，理论上，有待科学界定市场内涵，形成更为科学全面的市场理念；实践上，中国的市场化改革的成功尚有一段路要走，当代中国所形成的社会主义市场经济有待进一步完善。
② 《马克思恩格斯全集》第 46 卷上，人民出版社 1979 年版，第 454 页。
③ 《马克思恩格斯全集》第 46 卷上，人民出版社 1979 年版，第 455 页。

类历史上第一次出现了"平等的因素和自由的因素"，因而是人类走向文明的一大步。①

（一）市场流通的所有权前提

近年来，多地农民在自家土地上挖掘出乌木之后，其归属问题引发风波：自家耕种土地上挖掘出的乌木究竟属于国家、土地承包者、村集体所有，还是属于挖掘人员所有？从现象上来看，乌木不属于矿产资源，国土部门管不了；根据《森林法实施条例》第2条的规定，森林资源不包括乌木，所以乌木不属于林业部门管理；乌木是自然形成的，不是古人类活动遗留下的产物，因而不属于文物管理部门的范畴。本质地看，"皮之不存、毛将焉附"，乌木归属要看乌木所附着的土地的权属：农村土地属于集体所有，农村土地的农业使用权属于农民，农村土地非农业用途的变更权利属于国家，如此一来，附着在土地上的乌木所有权归属②的确难判！显然，归属不清的财产所有权问题严重阻碍市场流通。

什么是所有权？在财产和所有权问题上，马克思曾经深刻指出，"财产最初无非意味着这样一种关系：人把他的生产的自然条件看作是属于他的、看作是自己的、看作是与他自身的存在一起产生的前提"③，"私有财产无非是物化的劳动"④，"私有财产的运动……是人的实现或现实"⑤，"所有权也只是表现为通过劳动占有劳动产品，以及通过自己的劳动占有他人劳动的产品，只要自己劳动的产品被他人的劳动购买便是

---

① 当然，我们需要注意的一点是，价值是被物的外壳掩盖着的人与人之间的一种关系（《马克思恩格斯全集》第23卷，人民出版社1972年版，第91页）。现代社会市场流通事实上是以"人与人之间的关系异化为物与物之间的关系，异化为资本与劳动之间的雇佣关系"为前提的，因而现代社会交换关系只是一种形式平等和形式自由。

② 当下中国农村土地存在着所有权、使用权、转让权、收益权界限不清问题：农村土地所有权虚化（所有权归属于集体但农地转变为工业用地或建设用地等变更用途的权利归属于国家），承包权实化（农村土地的承包使用权归属于集体所有制成员的农民），农业土地使用权可以流转，户口外迁人员的户口和宅基地两权分离（因户口迁往城镇从而丧失农村集体户口的人员、其住宅属于私人但宅基地上附属物从属于集体），这种种权属乱象使得市场流通领域中小产权房、拆迁、土地流转、农村土地工业化和建设化用地问题凸显，前述乌木风波本质上就属于这一问题的逻辑外延。本质上，主体虚置、权利弱化是"公地悲剧"的根源。

③ 《马克思恩格斯全集》第46卷上，人民出版社1979年版，第491页。

④ 《马克思恩格斯全集》第42卷，人民出版社1979年版，第254页。

⑤ 《马克思恩格斯全集》第42卷，人民出版社1979年版，第121页。

如此。对他人劳动的所有权是通过自己劳动的等价物取得的"①。显然，劳动在人与自然之间的物质变换过程中确立了实际占有权，进而社会意志（法律）把这种占有关系确认为所有权，实现个人劳动所有权与社会劳动、他人劳动的所有权之间的通约。在马克思看来，财产所有权（宽泛意义上）是包括所有权、占有权、经营权、收益权等在内的一组权利束，合理界定产权的内容应该确保各项权能得到合理的、清晰的界定，产权主体的责、权、利统一，从而对各产权主体形成有效的激励和约束机制，在平等、自由、保障所有权、交易双方讨价还价的利益博弈中，在收益与成本、特殊利益与公共利益的统一中实现资源配置最大化、最优化。

市场流通，不是欺诈性交易和强买强卖，而是自由交换、平等让渡，那么市场流通既不产生新的财产权利，也不消灭已有的财产权利，而是转移财产所有权。由此可见，"在交换之前就存在的商品所有权"②，在市场流通之前已经创造出来并且界定清晰的财产所有权构成市场交易的基础和前提，市场流通本质上是财产所有权的相互交换。对此，马克思曾经深刻指出，"流通实际上只是体现在各种产品中的劳动的相互交换"③，"要出售一件东西，唯一需要的是，它可以被独占，并且可以让渡"④，"如果我们仔细考察一下流通过程，就会看到，它的前提是交换者表现为交换价值的所有者，即物化在使用价值中的劳动时间量的所有者"⑤。"权利本身并不是由出售产生，而只是由出售转移。这个权利在它能被出售以前，必须已经存在；不论是一次出售，还是一系列这样的出售，不断反复的出售，都不能创造这种权利。"⑥由此可见，在以交换价值的生产为基础的市场社会中，只有把静态的财产权利界定清晰了，人们才能从事市场流通活动，对其财产作长期的相关规划。

---

①　《马克思恩格斯全集》第 46 卷上，人民出版社 1979 年版，第 189 页。笔者在此需要做一重要说明：之所以引用马克思原著多多，是因为人们对马克思关于私有财产问题的论述存在着明显的误读和误解，即马克思反对"私有财产"。在笔者看来，马克思不是无条件地泛泛地反对一切私有财产，而是从"历史权利"和"终极权利"双重权利层面上辩证地否定和批判"私有财产"。限于篇幅和论题的需要，笔者将另文专述此问题。

②　《马克思恩格斯全集》第 46 卷下，人民出版社 1980 年版，第 462 页。

③　《马克思恩格斯全集》第 46 卷下，人民出版社 1980 年版，第 463 页。

④　《马克思恩格斯全集》第 25 卷，人民出版社 1974 年版，第 714 页。

⑤　《马克思恩格斯全集》第 46 卷下，人民出版社 1980 年版，第 463 页。

⑥　《马克思恩格斯全集》第 25 卷，人民出版社 1974 年版，第 874 页。

　　既然市场交易的前提是界定清晰的财产所有权，交易前提与交易结果都需要考虑财产所有权的可界定性，市场流通中财产就呈现出不断权利化、不动产特征。"财产都具有可以移动的因而可以直接让渡的形式"①。换言之，对于不动产来说，它必须以权利证书的形式存在，要求具有清晰的所有权，既可以实现买卖在时空上的分离，又可以一部分一部分、分期地交割和让渡。马克思曾经用"最不完全的财产""较完全的财产关系""完全的……财产"② 来评价不同历史阶段财产的发展与成熟程度、财产的不动产－动产化演变历程。在原始社会中，人们对物的占有是一种最不完全的财产，因为这种占有只是实际的占有、最先占有或偶然的占有，同社会的认可、他人的承认和法律的确认往往没有关系，因而只是暂时的、偶然的、最不完全的财产。在前现代社会，"地产是私有财产的第一种形式"③。"把土地当作财产潜在地包含着把原料，原始的工具即土地本身，以及土地上自然生长出来的果实当作财产"④，这种对物的较为稳定的占有构成了一种较完全的财产。但是，各种政治因素、社会因素的掺杂，以及不动产特性，这种财产具有不自由、非独立的特点。只有在现代社会，财产才取得了完全的形式⑤：就财产形式来看，它是事实上的占有与社会的认可（法律上的认可因而合法占有）相统一的财产，它摆脱了一切政治的和社会的装饰物和混杂物，具有了纯粹经济的形态，因而是一种完全的财产；从财产内容即财产的客体对象来看，不仅依旧存在"土地这个人类世世代代共同的永久的财产"⑥；而且无形物也不断被纳入财产的范畴，股票、债券等有价证券，著作权、专利权、商标、商业秘密等知识产权都成为财产。

---

①　《马克思恩格斯全集》第 23 卷，人民出版社 1972 年版，第 107 页。

②　参见《马克思恩格斯全集》第 46 卷上，人民出版社 1979 年版，第 500 页；《马克思恩格斯全集》第 21 卷，人民出版社 1965 年版，第 187 页。

③　《马克思恩格斯论国家与法》，法律出版社 1958 年版，第 167 页。

④　《马克思恩格斯全集》第 46 卷上，人民出版社 1979 年版，第 500 页。

⑤　当然，这种完全的财产，这种私有财产发展到顶点的财产形式，还不是真正人的和社会的财产，不是为了人的自由全面发展所需要的财产。在现代市场社会值得警惕的现象是，人身（当然是有限的人身）也被纳入财产权的范畴："有些东西本身并不是商品，例如良心、名誉等等，但是也可以被它们的所有者出卖以换取金钱，并通过它们的价格，取得商品形式。"（《马克思恩格斯全集》第 23 卷，人民出版社 1972 年版，第 120—121 页）劳动者"唯一的财产是他们的劳动能力"（《马克思恩格斯全集》第 46 卷上，人民出版社 1979 年版，第 504 页）。

⑥　《马克思恩格斯全集》第 25 卷，人民出版社 1974 年版，第 916 页。

当然，由于权利贫乏的历史传承，以及权利理念、范围不断扩展的现实，对当代财产所有权做有效界定存在一定的困难。对市场经济社会中的一份财产，除了它较为明显的财产价值和属性，以及与之相匹配的交易价格之外，还隐藏着许多风险、难以预料的信息以及随之而来的交易费用，这就给财产的预期估值和拥有它的费用成本带来风险和不确定性。同时，随着科技的进步和社会的发展，现代社会财产的类型和数量越来越丰富，这在一定程度上要求所有者具有百科全书式知识。就以前现代社会的财产较为纯粹地作为使用价值（有用性和效用）来说，现代社会中财产的物质实体性和效用性都变得越来越模糊，商品的价值甚至某种程度上完全与使用价值相脱离，如风险基金，以及完全凭主观偏好来衡量的商品如字画等，这样就使得对目前正在买卖和交易的财产价值的判断产生了许多不确定性。人们只有充分认识财产的价值，详细了解和掌握财产的信息，才能规避财产的风险，确保财产的公平交易。①

（二）市场流通的平等规定

平等从来就是人类梦寐以求的理想。但在野蛮的"丛林法则"、等级、特权、官本位束缚肆虐下，依附于特权、政治国家的财产，从来是"特权即例外权的类存在"②，或者是暴力劫掠的对象。在强买强卖③、身份等级及其固化现象中（人们的身份掺杂着政治、血缘、出身因素而呈现出不平等性，同时身份表现出世袭性而非流动性特色，即使科举制，也只是实现了极少数人的阶层流动和身份变动），平等理想只能束之高阁。

平等是一个现代范畴。在现代市场社会，随着特权的消解、经济与政治的分离、政治权力与经济权利的二元化，权力逻辑与财产逻辑权限的清晰界定以及由此引致的财产独立化超越了自然界限取得了"社会意志所确立的财产的形式"④（占有在先、社会契约随后予以承认），超越

---

① 例如，对一处待出售的房产来说，我们不仅要对它的装修程度和建筑位置等进行估价，而且还要充分了解这处房产的产权的完备性。亦即所有权、使用权和土地使用权都齐全呢，还是所谓的小产权房？它未来的前景怎样？附近是否有地铁、公交等便捷的交通设施，附近是否有重点学校、知名医院等服务设施？等等。

② 《马克思恩格斯全集》第1卷，人民出版社1956年版，第381页。

③ 如唐诗所述："一车炭，千余斤，宫使驱将惜不得。半匹红绡一丈绫，系向牛头充炭直。"

④ 《马克思恩格斯全集》第1卷，人民出版社1956年版，第368页。

了特权界限取得了等价交换的特性（"不依赖国家"的财产或"不仰仗行政权的恩宠"①的财产，从而和普遍等级的财产、产业等级的财产区别开来，成为真正的现代社会财产），市场流通的平等规定（财产的平等交换、财产所有者的人格平等）才展现出一线曙光②，具有了现实可能性。

从逻辑进路上来看，市场流通的平等规定肇始于"人格商品化"与"商品的平等性"（等价交换）。"商品是天生的平等派和昔尼克派，它随时准备不仅用自己的灵魂而且用自己的肉体去同任何别的商品交换，哪怕这个商品生得比马立托奈斯还丑。"③在以交换价值为基础的现代商品社会（以物的依赖为基础的社会）中，商品是人的本质力量的物化、外化、对象化，由此引致的是现代市场社会中人格商品化和社会关系物化〔"人们扮演的经济角色不过是经济关系的人格化，人们是作为这种关系的承担者而彼此对立着的"④，"个人力量（关系）由于分工而转化为物的力量"⑤〕，以及超越自然必然性与社会必然性的财产的出现：一方面，财产成为永恒的东西，财产的所有者成为偶性化存在，只是财产的拟人化的存在，人的意志和活动只是财产的意志和活动的表现；另一方面，物化的经济社会中，"等价物是一个主体为另一个主体的对象化；这就是说，它们本身价值相等，并且在交换行为中证明彼此价值相等和彼此无关。主体只有通过等价物才在交换中相互表现为价值相等的人，而且他们通过彼此借以为对方而存在的那种对象性的交替才证明自己是价值相等的人。因为他们只是彼此作为等价的主体而存在，所以他们是价值相等的人"⑥：价值量相等层面的商品交换，消除了商品的自然差别，出现在市场流通领域中的不是房子、牛马、机器，而是一定劳动时间凝结的价值量的比较，价格信号机制、市场淘汰机制随时会纠正财产的主观偏见——索价过高则滞销、物美价廉则脱销、假冒伪劣则淘汰。

---

① 《马克思恩格斯全集》第1卷，人民出版社1956年版，第367页。

② 现代市场社会只是实现了流通领域的形式自由、形式平等，仍未消除生产领域中的"异化劳动"，尚未实现真正的自由人联合体，但它毕竟消除了等级制、特权制和官本位，在人类历史上第一次出现了"人的法律因素和自由因素"，这不失为一大进步。

③ 《马克思恩格斯全集》第23卷，人民出版社1972年版，第103页。

④ 《马克思恩格斯全集》第23卷，人民出版社1972年版，第103页。

⑤ 马克思、恩格斯：《德意志意识形态》，人民出版社2003年版，第63页。

⑥ 《马克思恩格斯全集》第31卷，人民出版社1998年版，第359页。

现代市场流通的平等规定是商品平等的逻辑延伸，其主要内涵体现在两个方面：其一，商品监护人身份的平等。在市场流通中，"作为交换的主体，他们的关系是平等的关系。在他们之间看不出任何差别，更看不出对立……他们在社会职能上是平等的"①。"平等！因为他们彼此只是作为商品占有者发生关系，用等价物交换等价物。"② 从历史唯物主义的视阈来看，只有在生产方式和交换方式的变革中才能寻求到一切社会变迁和政治变革的终极原因。市场流通的等价物相交换（一种形式的一定量劳动同另一种形式的等量劳动相交换）规定，消除了人们与生俱来的自然差别（先天的身份、血统、地位差别）以及由此引致的后天的高低贵贱之别（教育背景、身份、社会地位、价值理念的差异等社会差别），形塑了所有者（经济利益关系人）之间的人格平等关系，使得"人类平等概念已经成为国民的牢固的成见"③。

其二，等量劳动交换等量财产或等价交换被奉为市场经济活动法则。"流通过程就其本身来看，也就是从它的经济形式规定来看，则是社会平等的充分实现。"④ 在前现代社会，身份、性别、地域、知识，特别是出身地位、特权，构成衡量事物交换价值的尺度。在实现了政治和经济分离的现代市场社会，劳动本位构成商品和货币通约的尺度，相互对立的交换双方给出的和获得的是相等的劳动价值量，奉行等量劳动交换等量财产或财产权利原则：作为一极的商品，虽有自然差别，存在纺织品、机器、牛马、房屋的差别，但在价值量上没有社会差别，都是一定劳动时间的物化；作为另一极的货币，"货币作为激进的平均主义者把一切差别都消灭了"⑤；二者之间实现了等价交换，即双方通过交换实现了价值量相等，一定时间凝结而成的内在劳动量相等。

综上所述，就商品所内含的平等属性，以及由此逻辑延伸出来的所有者人格平等和商品平等交换来说，平等是市场流通的本质规定。⑥ 现代市场流通的平等规定，主张商品所有者之间的平等关系即劳动、土地、资本

① 《马克思恩格斯全集》第46卷上，人民出版社1979年版，第193页。
② 《马克思恩格斯选集》第2卷，人民出版社1995年版，第176页。
③ 《马克思恩格斯全集》第23卷，人民出版社1972年版，第75页。
④ 《马克思恩格斯全集》第46卷下，人民出版社1979年版，第473页。
⑤ 《资本论》第1卷，人民出版社1975年版，第152页。
⑥ 参见刘长军《从法治型市场经济建设入手解析"改革攻坚期"》，《生态经济》2013年第1期。

等要素所有者之间的平等权利，主张等量劳动相交换所体现出的劳动平等观，暗含着"同等能力同等努力应当同等回报"，"要素平等成为市场经济的基本秩序"[1] 意蕴，反对等级制、官本位、特权制、贪腐盛行和公共寻租泛滥所导致的市场秩序的扭曲，主张厘清政府与市场的关系，实现政府承担提供公共服务、公共产品的职能，以及市场在资源配置中的决定性作用。

（三）市场流通的自由规定

自由是人类梦寐以求的理想。囿于生产力的低下和物质财富的匮乏，前现代社会充斥着奴役和野蛮。像伊壁鸠鲁的神一样居于世界的夹缝中，"自由"只限于特权阶层。随着生产力的发展和交换价值的普遍化，大众化的世界历史层面的自由才有了现实的可能性，现代意义上的"平等和自由恰好是古代的自由和平等的反面。古代的自由和平等恰恰不是以发展了的交换价值为基础，相反是由于交换价值的发展而毁灭"[2]。

在以交换价值的生产为基础的现代社会，商品所内含的使用价值属性表现出了交换的必要性与需求的自由性，"一切商品对它们的所有者是非使用价值，对它们的非所有者是使用价值。因此，商品必须全面转手"。[3]这就是资本主义商品交换以及由此而来的市场经济产生的原因。从使用价值的角度来看，只有通过商品的让渡和交换，每一个商品占有者才能获得满足自己需要的使用价值的商品，因而这种作为满足所有者个人需要的交换只是个人的事情，只是个人的喜爱和偏好，表现为个人的意志自由。正如马克思所说："流通从各方面来看是个人自由的实现，……（因为自由这一关系同交换的经济形式规定没有直接关系，而是既同交换的法律形式有关，又同内容即同使用价值或需要本身有关）。"[4]

使用价值构成了市场交换的动因、基础和前提，但是市场交换也设定并证明交换主体，设定并证明所有者的人格、个性和意志自由。虽然市场交换不在意交换的自然内容，只在意交换的价值，但是交换的物质内容即商品的使用价值，体现交换者人格和自由的使用价值或商品的自然特性并

---

① 荣兆梓：《论市场平等与劳动平等之关系》，《马克思主义研究》2014 年第 8 期。

② 正如马克思所说，现代意义上的"平等和自由恰好是古代的自由和平等的反面。古代的自由和平等恰恰不是以发展了的交换价值为基础，相反地是由于交换价值的发展而毁灭"。《马克思恩格斯全集》第 46 卷上，人民出版社 1979 年版，第 197 页。

③ 《马克思恩格斯全集》第 23 卷，人民出版社 1972 年版，第 103 页。

④ 《马克思恩格斯全集》第 46 卷下，人民出版社 1980 年版，第 473 页。

不是无关紧要的，而是表明人的社会本质必须以人的自然存在或自然特性为前提，"这个处在经济形式规定之外的内容只能是：（1）被交换的商品的自然特性，（2）交换者的特殊的自然需要，或者把二者合起来说，被交换的商品的不同的使用价值"。① 换言之，商品的使用价值构成市场交换的自然基础和前提：市场主体的需要不同，偏好不同，因而在生产过程中，把各自的不同的意志渗透进商品，通过各自具体的物化劳动来相互满足对方的需要，"客体化在商品中的个人 B 就成为个人 A 的需要，反过来也一样"。② 从这种不同劳动客体化产物中的个性差别来看，个体 A 是个体 B 所需要的某种使用价值的所有者，反之，个体 B 是个体 A 所需要的某种使用价值的所有者。所有者或交换主体这种需要和生产上的差别，"每一方都代表另一方的需要"③，才会导致交换行为的发生以及交换中的平等化。

既然商品内含着人的自由意志和主体劳动，那么，交换既表明了自由在商品中的设定，又证明这种内含人的个性、自由与人格的自由实现。经济内容即促使人们去进行交换的个人材料和物质材料确立了自由，因而市场交换流通具有"自由"的规定："尽管个人 A 需要个人 B 的商品，但他并不是用暴力去占有这个商品，反过来也一样，相反地他们互相承认对方是所有者，是把自己的意志渗透到商品中去的人。因此，在这里第一次出现了……自由的因素。谁都不用暴力占有他人的财产。每个人都是自愿地出让财产。"④ "每个主体都作为全过程的最终目的，作为支配一切的主体而从交换行为本身中返回到自身。因而就实现了主体的完全自由。"⑤ 由此可见，在交换之前，个人把自身物化在物品中，个人对物品的占有同时就表现为他的个性的一定发展，因而使用价值就表明个人对物的本质关系；在交换之后，个人依照自己个性的需要，他人也提供这种满足个性需要的商品。因此，尽管使用价值作为经济过程之外的自然动因以某种强制为基础，但是交换者之间的关系，表明了交换者以彼此的自由为前提，在自然必然性（个人需要和欲望的多样性）的强制下实现市场流通，因而

---

① 《马克思恩格斯全集》第 46 卷上，人民出版社 1979 年版，第 194 页。
② 《马克思恩格斯全集》第 46 卷上，人民出版社 1979 年版，第 195 页。
③ 《马克思恩格斯全集》第 46 卷下，人民出版社 1980 年版，第 474 页。
④ 《马克思恩格斯全集》第 46 卷上，人民出版社 1979 年版，第 195—196 页。
⑤ 《马克思恩格斯全集》第 46 卷下，人民出版，1980 年版，第 473 页。

交换的结果不过是实现了交换主体即所有者的个性与自由。

综上所述，商品所内含的使用价值和价值属性表明了市场的自由和平等的本质规定，表明了"一般交换者之间的平等和自由的关系"[①]：经济形式——交换，规定了交换者之间的平等以及交换的等价原则；经济内容——规定人们进行交换的物质材料和个人需要亦即商品的使用价值属性，则确立了自由。因此，交换不仅以自由与平等为前提，而且交换也是自由与平等的基础，交换的结果就是自由与平等的实现。

二、市场流通的契约意蕴

在传统熟人社会、关系社会中，个别的、简单的、偶然的商品交换秩序，往往是通过歧视（"对失信者进行舆论和道德谴责"）和排外（"不再给失信者以交易的机会，以防止其当地作恶"[②]）的方式来维系的。当然，伦理道德方式适合于狭小地域范围内的小共同体，以及彼此信任的熟人社会、关系社会中，其对陌生人秉持"警惕"态度。事实也的确如此，纵观人类历史，暴力、道德、宗教都曾经是维系经济秩序、调整财产关系的手段。但在现代市场社会，道德说教、宗教信仰、暴力的经济秩序维系方式越来越力不从心，契约逐渐转化为维系有序市场流通的基本方式。在以物的依赖为基础的现代社会中，人格商品化、社会关系物化，为了规避欺诈、投机行为、假冒伪劣商品，实现实体经济和虚拟经济的统一，市场流通必须具有前提性和基础性保障。马克思曾经指出："'财产''lapropriété'这个一般的法律概念……"[③] "财产关系（这只是生产关系的法律用语）"[④]。从这个意义上来说，市场经济是法治经济。

溯本清源，"自由"和"平等"的商品二重属性蕴含着市场流通的契约规定。在现代商品社会，"商品是物，所以不能反抗人。如果它不乐意，人可以使用强力，换句话说，把它拿走。为了使这些物作为商品彼此发生关系，商品监护人必须作为有自己的意志体现在这些物中的人彼此发生关系，因此，一方只有符合另一方的意志，就是说每一方只有通过双方

---

① 《马克思恩格斯全集》第46卷上，人民出版社1979年版，第462页。
② 吴茂见：《市场信用秩序建设探究》，《现代法学》2008年第1期。
③ 《马克思恩格斯全集》第21卷，人民出版社2003年版，第56页。
④ 《马克思恩格斯全集》第13卷，人民出版社1962年版，第8—9页。

共同一致的意志行动，才能让渡自己的商品，占有别人的商品。可见，他们必须彼此承认对方是私有者。这种具有契约形式的（不管这种契约是不是用法律固定下来的）法权关系，是一种反映着经济关系的意志关系。这种法权关系或意志关系的内容是由这种经济关系本身决定的"①。这昭示着我们，通过对商品流通（作为人与自然之间的关系即使用价值和人与人之间的关系的交换价值联结体）问题的研究，马克思不仅对物化关系做出经济学分析，而且也揭示出商品流通的法权关系，从而建构起流通领域所有者与商品之间以及所有者（作为商品监护人）之间法的关系：所有者之间自由流通、平等交换的财产权利转换关系，就是契约。在流通领域内，财产的转移和让渡只取决于所有者的自由意志，取决于自由、平等的利益关系当事人缔结的契约，"契约是他们的意志借以得到共同的法律表现的最后结果"②。

历史地看，从商品二重性展开的商品交换关系所奠定的市场契约秩序，这种"通过契约来建立天生独立的主体之间的相互关系和联系的社会契约论"③，不是自然形态，而是历史的产物，是封建社会形式解体、新兴生产力乃至世界交往的必然产物。在自给自足的前现代社会，人们之间保持着狭隘的自然联系，从属于共同体，以血缘、地域、信任等方式来维系彼此之间的关系；近代市民社会以及随之而来的历史到世界历史的转化，扩大的交往关系把人们甩入陌生人世界，与之相适应的秩序维系方式就是市民社会的立法活动，确立了个体的独立性及其对财产的所有权。

马克思曾经深入探讨近代德国市场化初期的契约问题，以及市场化进程中人为立法（所谓市民社会"开明立法"）与传统习惯法（各种并非明文规定而形成的习惯俗约、自然权利或习惯权利）的关系问题。对于契约问题，马克思提出两个基本观点：其一，财产的占有事实在前，法律、契约确认在后，也就是说，法律不是创造权利，而是把已有的财产和权益明文规定下来，合理表述出来；其二，法律是合乎事物的本质的东西，是事物所固有的规律。就此而论，近代德国市场化进程中的开明立法存在着"违背事物的本性""侵犯事物习惯权利"的一面：在马克思看来，近代

---

① 《马克思恩格斯全集》第 23 卷，人民出版社 1972 年版，第 102 页。
② 《马克思恩格斯全集》第 23 卷，人民出版社 1972 年版，第 199 页。
③ 《马克思恩格斯全集》第 46 卷上，人民出版社 1979 年版，第 18 页。

市民社会"开明立法"或"自由立法"，不是把已有的"法"（规律、事物的本性）表述出来并将之提升为普遍的东西，不是把习惯权利上升为法律，不是执行财产本性本身的判决（枯树枝就是自然的人道主义赋予贫困民众的财产），而是剥夺部分民众的财产与权益，从而违背了事物内在本性（法、规律）。当然，马克思也辩证而乐观地指出，这一人为立法的历史进程也存在着不断回归事物本性的趋势，如从历史形成的角度来看，工厂法的历史就是从侵犯劳动权利到逐渐在劳动权利面前屈服的一个立法进程。

三、市场流通的信用意蕴

信用①，建构在实体财富基础之上，适应了买卖关系在时间上空间上的分离特性，因而"不过是把自己的未来存在的影子投射在自己面前"②，本质上是当下财富的预期承兑效力，昭示着人们对商品形式、货币形式等现实的财富转化为未来财富的预期承兑效力的信任。历史地看，信用肇始于古老的生息资本中的高利贷信用，成熟和普遍化于现代市场社会货币资本和生产资本中的商业信用和银行信用，有其历史必然性（商品经济发展，商品使用价值和交换价值独立、外化并固定在商品和货币上，进而是从简单的、个别的、偶然的、小范围的物物交换，扩展至复杂的、普遍的、大范围、大规模、快速化的市场流通的必然产物）和内涵外延的复杂性（既是规范人际关系的伦理道德规范，也是规约商品货币经济关系的特殊的价值运动形态，进而保障市场流通、买卖行为的有序运行）。

从传统熟人社会商品交换的偶然性、个别性、简单性来看，信用是一个伦理道德范畴，较少地涉及经济活动，较多地指涉人与人之间的伦理规范和秩序，并且其使用范围适宜小共同体和熟人社会。在传统社会商品交

---

① 对信用问题，学界多从道德伦理层面（规约人际关系的伦理道德规范）和经济层面（商业信用、银行信用），而较少从经济哲学层面剖析信用的本质、内涵外延及其扩展。在"人格商品化"的现代市场社会语境下，笔者主要从经济伦理学的角度探讨市场流通的信用意蕴，而不涉及或较少涉及信用的伦理道德范畴。本真意义上，人们信赖实体性的物（贵金属货币），期望在市场流通中剔除投机取巧、假冒伪劣等机会主义，实现足额等值的价值交换，以便获得物品的效用；以交换为目的的商品生产，使得效用退出流通的主要目的。

② 《马克思恩格斯全集》第31卷，人民出版社1998年版，第535页。

换的偶然性、个别性、简单性，以及物－物交换、贵金属－商品之间的交换形式中，交换价值的足额等值特性（商品、贵金属货币都是一定劳动时间内人的体力、智力的外化、物化、对象化）即经济意蕴上的信用并无存在的必要性和现实可能性。

在以物的依赖为基础的现代市场社会，随着人格的商品化（人只是作为商品监护者的角色出现在市场上）、社会关系的物化（人与人的关系转化为物与物之间的关系），信用转化为一个基本的经济范畴，大范围、全方位、大规模地发挥着经济作用。市场流通的信用意蕴①内容主要有二：其一，市场流通中的财产信用化（观念化、虚拟化）；其二，市场流通中的信用关系全面化。

市场流通中的财产信用化是指，无论是从财产的使用价值还是财产的交换价值方面来看，财产都具有从实体化到不断抽象化、虚拟化、观念化、符号化的趋势。在市场流通中的信用是相互的，"每一个人都是一手接受信用，另一手给予信用"②。这昭示着我们：从使用价值的角度来看，市场流通中的财产形态有着不断从土地、房屋、牛马等有形之物，扩展至物权、债权、知识产权等无形之物或拟制之物③的趋势，即不断从纯粹物的范畴扩展为权利（关系）范畴。显然，这种变化趋势，适应了自给自足的自然经济到分工协作机械化作业的工业经济的转变。从交换价值的角度来看，市场流通中的一般等价物，不断实现着实物货币、贵金属货币（金银）、纸币、符号货币之间的衍变。在物物交换的直接商品流通（买卖在时间上、空间上的并存即"一手交钱一手交货"）中，一定劳动时间的物化、外化、对象化的实物货币、金属货币，本身就是实体财富的化身。而在时间上空间上出现一定分离的市场流通中，纸币、符号货币实现着从实体财产到观念的、虚拟的财产的转变。"信用货币的自然根源是货币作为支付手段的职能。"④ 当然，应当指出的一点是，虽然纸币、符号货币是国家意志、共同体意志的化身，但本质上它们离不开实体价值基

①　笔者主要是从经济哲学的角度阐述市场流通中的信用问题，而不涉及或较少涉及信用的伦理道德范畴。自然，乡约民俗规约着小共同体的信用秩序；契约规约着大共同体的信用秩序。共同的价值理念、教育背景形塑着社会共识。

②　《马克思恩格斯全集》第 25 卷，人民出版社 1974 年版，第 587 页。

③　股票、债券、专利等。

④　《资本论》第 1 卷，人民出版社 1975 年版，第 146 页。

础，要求价值实体为其背书，否则就会出现"财富缩水"现象。

市场流通中的信用关系全面化是指，一方面，财产信用化关系适应了买卖关系在时间上空间上的分离特征，以及不断扩大的分离趋势；另一方面，财产的信用化又不断扩展着这种分离趋势，实现着信用关系从地域到国际化、全球化的推广，从历史到世界历史的转变。从历史逻辑上来看，在自给自足的自然经济让位于现代市场社会分工协作机械化作业的工业经济的过程中，商品生产的单一性与生产需要的多样性之间的矛盾，促进了普遍意义上商品货币关系的发展，决定了交换、买卖、借贷关系的普遍性。历史到世界历史、区域化到国际化的转变，流通范围的拓展，决定了买卖、交换时空的分离，以信用货币（纸币、符号货币）为基础的信用经济便应运而生了。纸币作为国家意志、信用的外化形式，突破了流通领域的时空限制[①]；商业票据、支票、银行券等符号货币，脱离了实体财产基础，实现了价值的观念化、虚拟化，建构起卖者、买者之间的债权、债务关系，突破（扩大和超越）了流通的界限和交换领域的界限，实现了财富的过去、现在、未来的通约，财富的现实（实体）与虚拟之间的分离。

财产的信用化对市场流通的积极意义重大。"信用制度加速了生产力的物质上的发展和世界市场的形成；使这二者作为新生产形式的物质基础发展到一定的高度。"[②] 就流通只是实现财富的环节而不能创造财富来看，财富的信用化（物品的无形化、货币的符号化）、信用制度的形成，节约了流通费用，节省了流通时间，加速了商品、货币的周转，进而产权的流动、社会资本的集中、货币的节省、商品形态变化速度的提高等，加速了商品价值的实现过程，促进了经济的发展。"一切节省流通手段的方法都以信用为基础……但这种汇票的存在本身又是以工商业者互相提供的信用为基础的。"[③] 在这一意义上来说，市场经济内在层面是信用经济，其推动经济发展、提高生产力发展水平的积极作用，从我国 1992 年提出建设

---

① 马克思曾经深刻指出，"真正的信用货币不是以货币流通（不管是金属货币还是国家纸币）为基础，而是以汇票流通为基础"（《马克思恩格斯全集》第 25 卷，人民出版社 1974 年版，第 451 页）。财产的信用化，超越了买卖关系在时间上和空间上分离的限制，使得市场流通超越了区域、国界的限制，实现了区域市场到世界市场的转变。

② 《马克思恩格斯全集》第 25 卷，人民出版社 1974 年版，第 499 页。

③ 《资本论》第 3 卷，人民出版社 1975 年版，第 590 页。

社会主义市场经济体制以及由此取得的令世界瞩目的成就，可见一斑，在此不需赘述。

当然，我们也不能忽视财产信用化对市场流通的消极作用。应当承认，市场化之初，交易双方信息不对称、产权约束乏力、不确定性充斥、商品百科全书式知识的匮乏，商品的足值交易和等价交易存在一定的或然性。市场化发展到一定程度后，"信用又使买和卖的行为可以互相分离较长的时间，因而成为投机的基础"①，"在再生产过程的全部联系都是以信用为基础的生产制度中，只要信用突然停止，只有现金支付才有效，危机显然就会发生"②，"当商品充斥德国市场，而在世界市场上尽管竭尽全力也无法找到销路的时候，一切便按照通常的德国方式，因工厂的过度生产、质量降低、原料掺假、伪造商标、买空卖空、空头支票以及没有任何现实基础的信用制度而搞糟了"③。一定程度上，基于特定商品使用价值特性，以及商品形式让渡和真正让渡之间的时间差（买卖行为在时间上和空间上的分离），效用暂时没有实现真正让渡（真正让渡只能发生在商品被使用之后），信用能够适应买卖行为一定时间上的分离（现实财富预期兑现的时间差），同时，信用又进一步延长了买卖行为分离的时间，因而带来利用信用进行投机和欺诈的行为的泛滥（如期货）：在现实财富预期兑现时间内，财富的纯粹虚拟性，社会财富的私人使用和冒险使用（购买国债、股票、期货等财产权利，体现财富的社会性、他人性而非私人性），引致现实财富和社会财富预期不可兑现性风险的增加，盲目扩大生产（贷款扩大生产规模导致生产和生产能力过剩）和过度消费行为（贷款买车买房所形成的车奴房奴）、虚假消费行为（代表现实买卖的汇票不能兑现为货币，代表支付要求权、货币索取权、债务证书、支付凭证的票据就会失效，期货预期交割的延缓）的出现，等等。总之，一旦以现实财富为基础的信用财产完全脱离其实体基础，在过度投机和虚拟资本的助长下，泡沫经济等现象大量出现，那么，信用财产大厦就会轰然倒塌，信用财产需要回归为"对作为商品内在精神的货币价值的信仰，对生产方式及其预定秩序的信仰"④。

————————

① 《资本论》第3卷，人民出版社1975年版，第493页。

② 《资本论》第3卷，人民出版社1975年版，第554—555页。

③ 《马克思恩格斯全集》第3卷，人民出版社1960年版，第20页。

④ 《马克思恩格斯全集》第25卷，人民出版社1972年版，第669页。

综上所述，在现代社会大工业革命进程中最终形成和发展起来的市场流通同资本关系密切，因而在一定程度上体现为资本的因素，特别是体现出劳动与资本交换这一不合理性的一面。但是不应该否认，"流通，就它的每个因素来说，尤其是就它的总体来说，是一定的历史产物"①，因而市场流通具有一定的自然历史属性。因此，我们既不能否定市场流通的资本属性的一面，从而把市场流通限定在资源配置的决定性作用方面，也不能否定市场流通的革命性作用：市场流通"不仅满足了人们的某种需要，扩大了人们的视野和交往，而且推进了生产力和分工的发展"②，在"突破特权、等级、地域和人身束缚，瓦解古代共同体，促进世界交往的形成，扬弃以物的依赖为基础的社会和呼唤人的个性与自由全面发展的新社会"方面发挥着革命性作用。因此，只有清晰界定市场流通的内在属性（自由、平等、所有权），厘清市场流通秩序的伦理意蕴（信用、契约），有效规避虚假市场行为，才能更好地发展和驾驭中国特色社会主义市场经济。

第五节 马克思"自然人道"财产权利界说

在20世纪末中国特色社会主义市场经济的实践进程中，经济转型与结构转轨的急剧变化，导致经济伦理秩序之间出现了一定的矛盾张力，该矛盾张力既表现在财富悖论（如中等收入陷阱、修昔底德陷阱）中——财富的增长与分配失衡：在新型的市场社会即陌生人社会架构中，原有的利益均衡格局被打破，成熟的、公平合理的利益分配与协调机制形成之前，我国社会财产收入差距在一定程度上不断拉大，显而易见，贫富差距的不断拉大会影响到社会的和谐稳定；又表现在经济伦理悖论中，"《老年人跌倒干预技术指南》""三聚氰胺牛奶"等一系列事件表明，财富倍

---

① 《马克思恩格斯全集》第46卷上，人民出版社1979年版，第281页。对这一点，我曾经在相关文章中指出：不可否认，市场经济具有双重性：市场经济促进了生产力的快速发展，从而需要保留、利用和大力发展市场经济，以及市场经济要素的资本属性，从而需要把市场经济限制在资源配置的决定性作用方面，最大限度地规避其负面效应（刘长军：《中国特色社会主义发展和驾驭市场经济的前提性审视》，《毛泽东邓小平理论研究》2014年第10期）。

② 孙承叔：《真正的马克思》，人民出版社2009年版，第345页。

增语境下社会道德滑坡与公共信任缺失凸显，提醒我们在"人与物相依赖的社会"中，社会关系的物化使得社会秩序的维系与社会常态的维持，依旧离不开"人与人依赖的社会"（熟人社会的血缘、地域关系）的自然、习惯、风俗。除此之外，唯 GDP 主义所导致的生态失序、人性扭曲现象也触目惊心。如此矛盾的社会现实不断追问着我们，是"上帝子民的兄弟姐妹关系"宗教伦理的缺失，是"为富不仁"的利益恶果，还是传统"各亲其亲、各养其养"的身份社会使然？深入考究，该悖论的实质无疑是"社会主义和谐问题"，其规避路径无疑是"法治"。

鉴于此，本研究试图回溯马克思本源意义上"自然人道"财产法权界说：自然界存在着根深叶茂的枝干和枯树枝两种财产；如果说自然界的有机财富是早已肯定的所有者的财物，那么枯树枝、收割后落地的麦穗、修道院的援助等自然界的贫穷，就是专属于贫民的自然权利或习惯权利，其合法性来自自然的人道主义与人道的自然主义，是遵从财产本质、事物本性所做出的判决；如果说砍伐树木是侵蚀所有者的不法行为，那么现代"启蒙立法"或"自由立法"禁止民众捡拾枯树枝，从而把这种混合的、二元的、不定型的财产转化为绝对的私有财产时，就取消了这些混合财产对贫民所担负的责任，侵害了贫民的利益。虽然，马克思"自然人道"财产法权思想的初衷，在于批判普鲁士市场化初期"启蒙立法"所人为形塑的财产垄断权与一无所有的贫民之间的矛盾悖论，但其内在精髓无疑有助于市场化转型初期的国家平等保障贫民的习惯权利和占有者的私人财产权利，既防止贫民捡拾枯树枝、捡拾收割后落地的麦穗、享受附着于混合公共物等的习惯权利受到侵蚀，也防止砍伐树木等侵害所有者财产权利的事件发生。值此新时代中国特色社会主义财产法律体系初步形成之际，应基于"制定法律的目的即是保障人们的权利"的理念，践行内在心理的敬畏和外在社会的遵从两个维度，以契约人为理念建构法治型社会管理模式，以法治来统领并加强和创新社会管理，化解转型期社会风险，建构和谐社会。

一、古典财产法权理论探源

（一）劳动财产论

在古典法权理论看来，财产是关涉自由、生命、安全意义的能主张权利的一切东西，包含一切物及其衍生出来的权利及全部合法利益，因而包括有形物、无形物以及有限的人格财产权，"从而将有体物之外的财产包括在财产这一种概念之下，使得'人法'相对称的'物法'找到'财产'这一种概念，克服物权、债权二分造成的'财产'概念的外延不周延的问题"①。宽泛意义上，"财产概念是自我概念的直接结果，……立基于人扩展其人格的自然动机中"②，财产即人们的"生命、自由和财产"③。换言之，在古典哲学框架内，人是内在与外在的双重性存在，既是自然的、肉体的、感性的、对象性的存在物，又具有思维、意志、欲望、冲动、需要等内在可能性。"人的自我意识具有最高的神性"④，然而单纯内在的人格只是一种潜在、抽象可能性存在，并不具有现实性。"（财产）所有权是人的自由在现象界的实现"⑤，内在生命外在化为现实世界的物质财富确证着外在世界里人的合理性、合法性的存在，通过所有权——这一排他性的自由精神单一性，人格形象确立并丰满起来，因此，生命权利、自由权利与财产权利的依次顺序展开是生命现实性的明证。古典哲学关注生命权利、自由权利和财产权利，特别是"约翰·洛克通过原初的生命权和自由权的要求，把财产权置于基础的位置"⑥。

"财产的正当性问题"是历久弥新的问题。人是具有物质性身体的，"每一个人从道德的角度来说都是他自己的人身和能力的合法所有者"⑦，因此，身体应该被看作财产，每个人对其自身都可拥有或者享有权利。人们对其身体具有无可辩驳的权利，劳动是劳动者无可争议的所有物，更好地说明了内在意义上的生命和外在意义上的财产的关联性。身体或生命的本质力量——劳动向外部的投射，"是无主物'混合'人之劳动的比喻，并因此把劳动转化成财产"⑧。一种外在物一旦被纳入身体或者渗入劳动，

---

① 周江洪：《"财产法"抑或"物权法"之辨析》，《法学》2002年第4期。
② ［德］海因里希·罗门：《自然法的观念史和哲学》，姚中秋译，上海三联书店2007年版，第211页。
③ ［爱尔兰］约翰·莫里斯·凯利：《西方法律思想简史》，王笑红译，法律出版社2010年版，第185页。
④ 《马克思恩格斯全集》第40卷，人民出版社1982年版，第190页。
⑤ ［美］理查德·派普斯：《财产论》，经济科学出版社2003年版，第201页。
⑥ ［英］彼得·甘西：《反思财产：从古代到革命时代》，陈高华译，北京大学出版社2011年版，第5页。
⑦ ［英］G. A. 柯亨：《自我所有、自由和平等》，李朝晖译，东方出版社2008年版，第81页。
⑧ ［美］斯蒂芬·芒泽：《财产理论》，彭诚信译，北京大学出版社2006年版，第58页。

改变了其存在的直接形式，那么外部物就转向生命成为生命的附属物，成为主体的财产。在此需要指出的一点是，涉及利益的财产权可以获益或转让，但是"越内在的东西越不适合作为财产权的主题"①，因而涉及生命意义的身体财产权利不可转让。唯此，对财产的经济问题做哲学的思考并做政治的解决，才具有形而上的伦理价值取向，以及形而下的裁量的可操作性。

作为身体延伸和劳动渗透的财产所有权界限何在？基于"每个人都是人类发展的一个轨迹，这一发展对他和其他人等量齐观"②，生命弥足珍贵，因此维系个人之需要，必然决定了土地和一切其余财富的属人性，人们以自身毫无争议的权利——身体以及身体延伸的劳动，在无主物上刻下烙印，排斥他人的同时，不同的能力与不同的勤劳程度赋予人们不同数量的财产。但是财产拥有量上是有边界的：边界之一，其余的人们只要劳动就会获得满足他们需要的财产或人道意义上也可拥有的必需之财产，足够保证他们过上体面有尊严的生活；边界之二，人们的财产亦不能一无所用地被毁坏、糟蹋和浪费掉，如此才能建构符合人类自身本性的社会——文明的伦理价值财产、财富的增长和积累。在一个人性脆弱、资源稀缺、理性不完全和意志欲望过度膨胀的语境下，现实总是偏离这种理想状态，在部分人的"财产只是生命、自由、人道以及除自身以外一无所有地被公民的称号"③，而另一部分人则把劳动当作商品的资本社会，占有者的私权"毁灭了法和自由的世界"④，将非占有者的权利——自然所赋予的法权——损毁殆尽，违反了人性、自由、尊严，作为目的的人结果成为获致财产的手段，这是一种制度化了的、内在的对人权的侵犯。随着科技的进步和社会的发展，出于人权的道德关怀，而不是物权的无限增值，终究，作为有形身外之物的财产的历史权利会让位于终极的人的本质存在的自然权利，最终实现人的内在本质的东西——人之为人的自由、尊严和生命的弘扬。

在劳动创设财产合法性中，可以看出财产是主体意向性和本质物质性

① ［美］斯蒂芬·芒泽：《财产理论》，北京大学出版社2006年版，第45页。

② ［爱尔兰］约翰·莫里斯·凯利：《西方法律思想简史》，王笑红译，法律出版社2010年版，第357页。

③ 《马克思恩格斯全集》第1卷，人民出版社1956年版，第172页。

④ 《马克思恩格斯全集》第1卷，人民出版社1956年版，第173页。

的集合体，财产是所有人主体间的相互认知性，形成对外部物的财产权的意识认同，由此形成对外部物的财产权利，虚拟财产、知识产权、专利权、纸币、期货、股票等无形财产或信用财产，必须建筑在有形的实体财产基础上，这样，它们具有了物理意义上的基石，"在某种意义上，与有形物有关对财产来说非常重要，因为它可以为人类存在。没有物理上的显示，人们不能对非常有形物享有财产权。并且，如果没有有关人的形体化特性，大部分的人类财产也将缺失"①。同时，个性化生命就在有形财产、无形财产及其衍生的财产权利中进入社会场景中，群己权界清晰下，原子式个体生命形式存在中，彰显自然自由，扩展生存空间和能力的联合群体，维系着个性化生命的本真状态，也维系着社会秩序和社会自由。"如果'财产'指的是物，这种联系便是较弱的；如果'财产'指的是关于物的人们之间的关系以及这些关系中的一些排他力，那么这种联系便变得较强。"② 以财产为媒介，人们之间取得了交流平台，在个人场景到社会场景的转移中依旧自由化，在对财产权利的考察中，获得外部保障的普遍存在，以此，每个人通过确立对其自身、能力、劳动及其外在产物即财产的所有权，建构起有秩序的社会联合体。

（二）自然法权论

考察现行实在法的历史渊源——作为合乎事物本性、符合人世生活内在本质、自然而然的规则与承继的自然法，是"自然界万事万物所拥有的自然权利，以能够存在和运转为限，……万事万物据以产生的自然定律或规则，换言之，即自然可能性"③。与此相对应，实在法是人类理性对自然法体认的结果，"全然是人类功利性考虑的产物，而不是对某种高级秩序的反思，或应在理念上与高级秩序契合的事物。……法律实证主义认为法律仅仅是实现人类所期冀目标的技术，换言之，乃是组织政治权力的手段"④。理性把握并阐释自然法理念，向共同体颁布经常有效的和较为固定的实证法或人类法，附以明白的刑罚来迫使人们加以遵守，由于情欲

---

① ［美］斯蒂芬·芒泽：《财产理论》，彭诚信译，北京大学出版社 2006 年版，第 65 页。
② ［美］斯蒂芬·芒泽：《财产理论》，彭诚信译，北京大学出版社 2006 年版，第 87 页。
③ ［爱尔兰］约翰·莫里斯·凯利：《西方法律思想简史》，王笑红译，法律出版社 2010 年版，第 192 页。
④ ［爱尔兰］约翰·莫里斯·凯利：《西方法律思想简史》，王笑红译，法律出版社 2010 年版，第 191 页。

或利益关系，或囿于不完全理性，不能预见性地将人类法全部制定出来以维护社会秩序和昭示未来，以致无法实现权益法律救济的时候，指导人类行为尺度的实证法难免失真，时时参鉴自然法来纠偏自有其必然性。由此，法律具有两个层面的内涵，一方面，涵盖事物自然必然性特性，体现了人类的理性和智慧，是事物内在本性的真实意蕴；另一方面，理性与情感始终处于矛盾的纠结之中，受肉身存在的束缚以及人类习惯影响，关注物质利益纠纷、建构人事秩序的内在本质外化过程中，规范人事而服务人世、适应民族生活状态造福人世社会规则的法律，是人与人、人与物不断相互适应、妥协、渐近形塑的历史生成性产物，是不具有自身完全独立性的"上层建筑物"。

究其缘由，我们不难发现：受脆弱的人类本性和自我保存的本能支配的个体，无法期冀善性与正义居于支配地位并永驻，作为内在人性外现的财富时时成为他人的潜在猎物，生活于丛林法则下的人们，受此困扰总是处于与他人战争的状态，"而不能享受安全甚或生命的基本愉悦，不能享有秩序井然、平稳运行的经济带来的一切便利"①。在身体本能支配下的"孤独、贫困、卑污、残忍和短寿"的野蛮状态中，时常发生肆意妄为的侵权与损害事件，结果造成混乱、祸患、暴动、骚扰和叛乱的残酷现实。由此可见，人为法肇始于暴力的丛林法则，因而需要不时皈依以理性为根基的自然法，才能使得社会秩序井然，促使共同体成员采取同一尺度、标准，如同对待自己一样来对待他人的生命、健康、自由和财产等权利，结束野蛮对权利的随意侵害，走向维护公众福利的法治社会。

由此可见，同理性处于同一层面的自然法，坚守"正义""衡平"②"人和家庭的根本权利"，践行"当行公道、不为不义"的常识性理念，是不验自明的先验性规范原则，"意味着本质性存在与应然的终极统一"③，因此，"永恒的自然法的这种品质，将自然法提升到历史地不断地变化的实证法之上，它使得自然法既是立法者的理想，也是具有法律的评判标准，

---

① ［爱尔兰］约翰·莫里斯·凯利：《西方法律思想简史》，王笑红译，法律出版社2010年版，第181页。

② 依据英国《自然法》《衡平法》《普通法》所得来的术语。

③ ［德］海因里希·罗门：《自然法的观念史和哲学》，姚中秋译，上海三联书店2007年版，第222页。

这种品质使得自然法能够支配政治权力和获得行使本身"[①]。在看似形形色色没有内在必然性联系的人类法的历史发展中，总是保持着永恒的理性之光和道德价值诉求，在现象学层面的呈现与帷幕之后的本质之间存在着千丝万缕的内在关联，正是实证法不断归纳、完善、成熟和自成体系的结果，不断证成着自然法的人道主义，以铁的必然性发生的现象学化而不失真化。

综上所述，生命、自由、财产逻辑下的古典财产法权理论，以劳动证成财产合法性，建构起内在人性到外在显现的社会场景。其中，形而下操作层面的实证法财产形式确立着人的历史权利，清晰界定财产关系——宽泛意义上的生命、自由与财产的财产关系；形而上的"自然财产法权"实现着终极的人的关怀，塑造、衡平正义与善性的法。唯此，从内在心理认同与外在社会双重维度，遵从理念层面的自然法和调适层面的人类法，才能实现人与人、人与社会、人与自然的良性互动。

二、"自然人道"财产法权论

（一）现代社会法权：契约考察

1. 财产人格化的现代商品社会

毋庸置疑，一方面，我们应该规避"人为财死，鸟为食亡"的倒果为因逻辑，财产只是获得幸福的工具与手段，人才是最终目的。另一方面来讲，以财产为媒介，搭起人与人之间交往的桥梁，建构起陌生人社会的纽带，赋予人以较大的独立性与价值和尊严。你有能力，你的内在力量无比强大，如果不转化为显性的外在东西，不能以物的形式对象化，那么内在的主观就永远只是抽象。

财产之所以合乎理性，不仅在于财产满足人的需要，延续人的生命，"仓廪实而知礼节，衣食足而知荣辱"，让生命因基本人身需要的满足而过上一种更注重精神境界的生活；同时更在于，人格最初只是一种纯粹的抽象存在，只是人格取得财产这种内容，人格才成为实体性的存在。财产表征的是生命权利、自由权利与财产权利的依次顺序展开，因此有两种形

---

① ［德］海因里希·罗门：《自然法的观念史和哲学》，姚中秋译，上海三联书店 2007 年版，第 240 页。

式的财产，一种是人权属性的财产，一种是物权属性的财产，作为前者来说，财产具有不可剥夺也不可转让的性质，不能与主体相分离，体现出主体（生命）的资本比如肾、血液等生命财产一旦转让出去，人就不再是人，而是与一般商品并无差别，显示人的受侮辱、工具化的存在，作为后者来说，自然可以交换、转让、收益甚至馈赠。

马克思提出人类社会三阶段的发展理论：人与人依赖的社会，以物为基础的人的独立性的社会，人的自由个性全面发展的社会。显然，现时代我们处于第二阶段，以物为基础的人的独立性的社会。这一社会阶段具体表现为，社会是一个以交换价值的生产为主的商业社会，商品－货币市场成为人们之间发生关系的主要领域。我们生活在一个陌生人社会之中，人与人发生关系，不再是传统社会的熟人之间的关系，我们只是因为有对物的需求才与物的所有人发生一定的买或者卖、权或者债的关系，看似是以物为媒介发生的人与人之间的关系，实则是以人为媒介发生的物与物之间的关系，即物似乎被赋予了眼睛、耳朵、大脑、舌头等感官，成为"可感觉而又超感觉"的"人格化的商品"，从而在市场让渡中坚决捍卫其"自由意志"和"平等权利"；人反倒转化为客体隐藏在幕后，转化为物的监护人、代表或仆人，异化为"商品的人格化"，从而纠正"假冒伪劣""买空卖空""错估""高估"等市场非道德行为。

在商业社会，商品是抽象人类劳动的凝结物，质上无差别，只以货币来衡量量的多少，财产的切割、交换和收益具有了可能性和现实性，并可以成为普遍的行为，人们变为无差别的、平等的财产所有者，以货币作为自身外在拥有财产量的比例和关系。但同时，财产又具有质上的各种差别，各种各样的有形实物，无形的信用财产——股票、虚拟货币等，以及有限的身体财产——肖像权、名誉权。如此反映出两个问题，一方面，无论从空间上还是从时间上来说，财产实现了普遍化；另一方面，自然属性的物凸显为社会属性的不同财产，无主的自然物一下具有了人格属性，人格给物打上深深烙印，财产中隐含着主体的自由、意志、个性，以及先天禀赋、后天才能等。

2. 市场的契约精神与法律的契合

随着市场经济的发展，出现了不同的利益群体，各自有不同的利益诉求和价值取向，而这种多元价值要实现自由竞争和共生共荣，并能定纷止争，化解随时可能出现的利益、财产纠葛，自然需要透明化、公开化、固定化与公平化的法律与法治，因此，发达的商品经济——市场经济——就是法治经济也就是自然而然的事情了。

以宗法、血缘、身份、地域、等级等作为表征的传统社会，自然缺乏人的独立性，人被局限在特定的地域和特定的活动空间；传统转向现代社会，人们的流动性大大增强，一切转化为物化社会的情况下，权利为主导的法理型社会的建构自然成为时代的特点，以便清晰界定不同所有者财产权利的界限，保护和防止侵权的发生，也同时为陌生人社会的交往提供规则。身份纽带必然转化为以契约为核心的法治社会。

法律是旨在最小化"摩擦和浪费"的"社会工程"机制，在资源的有效配置中追求社会财富最大化，经济的运行，社会秩序的维系，商业行为的顺利运作，都是法律引导与法治规范的结果。法律用公开的语言表达市场经济的内在精神，惩罚和约束不法行为，法律与市场经济相联系的天然本性，注定法律与经济具有相同本质的一面。市场社会的契约根基，尤其表现在信用事业、股票事业、知识经济、虚拟经济中，通过缔结契约或协议，达致抽象权利的预期实现。如果发展以占有这一人和物品之间的有机自然关系为起点，那么这种关系转变为法律关系，就是物品流通，这是买卖需要使然，因此，法律的核心存在于商品交换的内核中。

法律是探索人类如何在相互交往中规制自己的行为的产物，即意思自治、享有民事行为能力、拥有民事权利的公民授权达致契约；同时又蕴含道德本质，超越物理世界来反思人事、人类境况，是人存在的道德伦理准则，是自然存在的物理世界及人类栖息者的自然本能。因此，市场经济基础上建构的现代法治理念，必然要求以契约、法律为核心建构权利意识，人的权利发展应该是社会发展的基点与归宿，在权利与责任对称情形下——外部性内在化中实现自身收益最大化，由权利意识催生诉讼意识，扬弃传统义务本位而代之以法律维护自身权利本位，在法治化中实现现代市场经济。

（二）批判现代"启蒙立法"主张"自然人道法权"论说

在批判西欧"开明立法""启蒙立法"即人类法财产形式的历史权利中，马克思主张"自然人道"意义上的财产权利即人的权利，深刻阐述了普鲁士市场化初期、资本逻辑出场中的转型正义问题，即不是人们改变他们的自然风俗以适应治理形式，而是治理形式要适合治理的风俗习惯、权利、劳动形式、财产形式和自然风俗，否则，"现实和管理原则之间的矛盾"和"经常的冲突"现象就不会消失，也不可能消失。普鲁士"开明立法""启蒙立法"主要是指，以启蒙立法或明文立法代替传统习惯法①，在不定型财产或不确定性财产清晰化的过程中，排除财产的不完备性尤其是公有财产、混合财产或国有财产收益归属不清晰问题，从而实现经济效率最大化的财产权利安排。这一公私混合或共有财产私有化，是通过把农民的旧有习惯权利转化为私有者权利，通过排除公共财产所承载的道义责任的方式实现的，以致既引起了农民的贫困，又带来严重的人道灾难，人们被"抛入犯罪、耻辱和贫困的地狱"②。由此可见，普鲁士市民社会立法的实质是财产私有化问题（马克思关于立法失效的论述虽然是针对"林木盗窃法的修改和颁布"而发表的，但从方法论上看却在总体上适用于关涉狩猎、森林、牧场违禁法等的法律），这就使得法律降低到私人利益水平，成为剥夺人们财产的手段和制造人道灾难的根源。

这清晰地昭示我们，对于困扰人类的财产问题，马克思不是简单地秉持否定态度，而是充分肯定财产的伟大作用。"财产观念在人类的心灵中是慢慢形成的，它在漫长的岁月中一直处于初萌的薄弱状态。它萌芽于蒙昧阶段，并需要这个阶段和继起的野蛮阶段的一切经验来助长它，使人类的头脑有所准备，以便于接受这种观念的操纵。对财产的欲望超乎其他一切欲望之上，这就是文明伊始的标志。这不仅促使人类克服了阻滞文明发展的种种障碍，并且还使人类以地域和财产为基础而建立起政治社会"③。当然，马克思远远不是唯效率论的，效率之外还有公平、"自然人道"关怀，效率和公平具有内在的逻辑一致性。在马克思看来，一方面，"在历史上的大多数国家中，公民的权利是按照财产状况分级规定的"④。作为自由基础和保证的财产维护了个体生存的生命权，财产就是为个人"挡风遮雨"的家，尤其是在不确定性和风险激增的现代社会，财产起着保险的作用，赋予个体进入或退出的选择自由，规避分工与私有财产带来的"市场综合依赖症"。财产正是保全其生命并实现人身自由的必要条件，经济学的逻辑要坚守伦理价值——自由的生存，个体生

---

① 尤其是德国在采用人为立法来促进资本主义经济快速发展的进程中，大量采用外来法而舍弃了本土资源，以致造成明文立法与习惯传统、契约法与自然法之间的冲突。

② 《马克思恩格斯全集》第1卷，人民出版社1956年版，第137页。

③ ［美］路易斯·亨利·摩尔根：《古代社会》上，杨东纯等译，商务印书馆1977年版，第6页。

④ 《马克思恩格斯选集》第4卷，人民出版社1995年版，第173页。

命或个体自由不受任何外力的任意侵害、奴役、限制或剥夺，除非他侵犯别人同样的权利。在割裂经济效率和人类自由、生命权利、社会公正内在一致的社会，受"优胜劣汰、适者生存"生物学信条侵蚀，"看不见的手"的"效率最大化"理性支配下，必然出现人性的泯灭、自由的丧失、权利的损害。另一方面，"诚然，劳动尺度本身在这里是由外面提供的，是由必须达到的目的和为达到这个目的而必须由劳动来克服的那些障碍所提供的。但是克服这种障碍本身，就是自由的实现，而且进一步说，外在目的失掉了单纯外在必然性的外观，因而被看作自我实现，主体的物化，也就是实在的自由，——而这种自由见之于活动恰恰就是劳动"。① 马克思主张劳动应得原则下的劳动财产权，生命的本质规定就是自由，生命的外化就是自由自觉的劳动，在劳动创造初始价值、自由联合奠定社会价值中，实现人与自然、人与人之间实在的自由、平等关系，向社会传递出以个体劳动能力大小为衡量标准下的有效信息，传递出个人价值与社会效用相匹配信息。事实也的确如此。由"人的依赖关系"与"以物的依赖为基础的人的独立性"，发展到"建立在个人全面发展和他们共同的社会生产能力成为他们的社会财富这一基础上的自由个性"②，马克思终极维度上的"自由人联合体"理念，"没有把资源利用中的效率或生产率放在完全支配地位的准绳的位置上，自由而不是效率，具有关键的重要意义，尽管这两个目标在大多数运用过程中是互补的"。③ 马克思坚持历史权利和终极人道归宿两个维度，历史维度上，马克思侧重发现经济社会繁荣发展与法律制度的互动，探求作为内生变量的技术——人类自身能力的外延——在何种意义上是经济发展的动力，财产制度安排对社会发展、生产效率提高、自由扩大的激励和约束作用，无序的世界规则化与秩序化，规避资本对劳动的剥削和个体对市场的依赖，实现人的历史权利；从财产与终极性的人类解放关系来看，丰裕的财产是实现每个人的自由即一切人的自由的条件，批判"物的世界的增值同人的世界的贬值"的"物化世界"，最终把无产阶级身上的东西提升为社会的原则。

在自然权利层面，马克思首先对财产进行了严格的区分。"如果对任

---

① 《马克思恩格斯全集》第46卷下，人民出版社1980年版，第112页。
② 《马克思恩格斯全集》第46卷上，人民出版社1979年版，第104页。
③ ［美］詹姆斯·布坎南：《财产与自由》，中国社会科学出版社2002年版，第1页。

何侵犯财产的行为都不加区别、不给以较具体的定义而一概当做盗窃，那末，任何私有财产不都是赃物吗？我占有了自己的私有财产，那不就是排斥了其他任何人来占有这一财产吗？那不就是侵犯了他人的所有权吗？"①在马克思看来，自然界存在两种不同的财产："自然界的有机财富"（根深叶茂的枝干）和"自然界的贫穷"（枯树枝）。就这两种不同财产的归属来看，"如果自然界的有机财富是早已肯定的所有者的财物，那末自然界的贫穷则是贫民的不定财物"②。因而，枝繁叶茂的有机树木本身属于林木占有者，而枯树枝则专属于贫民阶级。自然界"枝繁叶茂的枝干"与"枯树枝"之间的对立，让人类社会的贫富差别有同病相怜之感。捡拾枯树枝作为自然力所表现出来的人道的力量和关怀、自然的人道施舍，是专属于"政治上和社会上备受压迫的贫苦群众的利益"③，是专属于贫苦群众的自然权利或习惯权利，赋予人类社会私有制、财产私有权利所照耀不到的"非占有者的私权"④，枯树枝是树木有机体——"事物的法的本质"⑤——对脱落部分的否定和扬弃，那么捡拾枯树枝就是遵从财产本质、事物本性做出的判决，由事物本性中得出的客观规定，也同样应该成为惩罚的客观的和本质的规定。"习惯权利按其本质来说只能是这一最低下的、备受压迫的、无组织的群众的权利。"⑥不法的只是那些"砍伐林木的人擅自对财产做出了判决"的行为。如果说擅自砍伐树木、偷取树木的行为，是以暴力来截断活的树木机体联系，是一种用暴力来切断、侵害树木所有者对树木拥有的财产权利，破坏或侵占他人劳动的产物，这两种行为——破坏财产的"天然联系"和"人为的联系"的行为，显然损害了林木所有者的财产，侵害了他人劳动，自然是盗窃行为；那么"捡枯枝的情况则恰好相反，这里没有任何东西同财产脱离，脱离财产的只是实际上已经脱离了它的东西。……捡枯枝的人则只是执行财产本质所做出的判决，因为林木占有者所占有的只是树木本身，而树木已经不再占有从

---

① 《马克思恩格斯全集》第 1 卷，人民出版社 1956 年版，第 139 页。
② 《马克思恩格斯全集》第 1 卷，人民出版社 1956 年版，第 146—147 页。
③ 《马克思恩格斯全集》第 1 卷，人民出版社 1956 年版，第 141—142 页。
④ 《马克思恩格斯全集》第 1 卷，人民出版社 1956 年版，第 146 页。
⑤ 《马克思恩格斯全集》第 1 卷，人民出版社 1956 年版，第 139 页。
⑥ 《马克思恩格斯全集》第 1 卷，人民出版社 1956 年版，第 142 页。

它身上落下的树枝了"①。

但是普鲁士的"启蒙立法"和"自由立法"把捡拾枯树枝的习惯权利宣布为盗窃行为（"惩罚本身作为法的恢复"转变为"私有财产的恢复"，"对私人的金钱赔偿"），不是对"占有者的财产和非占有者的财产"（林木所有者的财产所有权和捡拾枯树枝的习惯权利）平等地保护，而是剥夺了贫民的习惯权利和自然权利，侵害了贫民的切身利益，形成了占有者的财产垄断权。这必然导致法的权利原则与公平原则的失效，甚至造成法将不法的混乱现象。

其一，普鲁士的"启蒙立法"和"自由立法"剥夺了贫民的习惯权利、侵害了贫民的切身利益。对非占有者来说，其财产来源于自然的人道主义与人道的自然主义：自然界的施舍物如脱离活树的枯树枝、收割后落地的麦穗等——仁慈的自然力夺取了私有制永远也不会自愿放手的东西赋予贫民；习惯法的施舍物如带有抚恤贫民性质的修道院的财产和公有财产。但是普鲁士的"启蒙立法"和"自由立法""片面地来考察贫民的习惯权利"② 和自然权利，甚至剥夺了贫困民众的习惯权利和自然权利：当修道院财产被取消时，"修道院得到了一定的赔偿；没有得到赔偿的只是那些靠修道院援助为生的贫民"③，"贫民过去从修道院那里得到的偶然援助并没有被任何其他肯定的收入来源所代替"④；把捡拾枯树枝的习惯权利宣布为盗窃行为等。马克思特别强调了贫民的习惯权利。贫民的习惯权利就存在于某些不固定的所有权中，这些所有权"既不是绝对私人的，也不是绝对公共的，而是我们在中世纪一切法规中所看到的那种私权和公权的混合物"⑤。因为就这类财产本身的自发性和偶然性特点来看，不属于先占权从而不属于私有财产的范畴，当启蒙立法涉及这类财产，把这种混合的、二元的、二重的、不定型的财产转化为私有财产时，就取消了这些混合形式的财产对贫民阶级所负有的责任，侵害了贫民的利益。由此可见，普鲁士启蒙立法的过程，就是产生贫困民众的过程："这些人的财产

---

① 《马克思恩格斯全集》第 1 卷，人民出版社 1956 年版，第 138 页。
② 《马克思恩格斯全集》第 1 卷，人民出版社 1956 年版，第 144 页。
③ 《马克思恩格斯全集》第 1 卷，人民出版社 1956 年版，第 145 页。
④ 《马克思恩格斯全集》第 1 卷，人民出版社 1956 年版，第 145 页。
⑤ 《马克思恩格斯全集》第 1 卷，人民出版社 1956 年版，第 145 页。

只是生命、自由、人道以及除自身以外一无所有的公民的称号。"①

其二，普鲁士"启蒙立法"的实质是维护林木占有者利益，把林木所有者的财产扩展为财产垄断权，包括贫困民众捡拾枯树枝的习惯权利在内的财产垄断权。例如，启蒙立法规定，林木看守人裁定被砍伐的树木的价值，显然把私人利益上升为法律意志。"被赋予立法权力的林木占有者也就把自己作为立法者和林木占有者的作用混同起来"②，这种公器私用甚至"通过公权时代到达了加倍的、倍增的世袭权利时代"③。再如，启蒙立法规定，林木占有者可以得到价值、罚款和特别补偿三重补偿。这种"将罪行的惩罚由法对侵犯法的胜利变成私欲对侵犯私欲的胜利"，由此可见，"惩罚本身作为法的恢复"转变为"私有财产的恢复"，"对私人的金钱赔偿"④。

其三，普鲁士"启蒙立法"不过是实现了"历史权利"的偶性财产自由。如果捡拾枯枝的行为被禁止，甚至被法律惩罚，形成了财产拥有者过度的欲求与贫困者的无助，那么这种法就下降到与理性相抵触的私有财产水平，程序正义与结果正义沦丧的法律失去了自身内在正义的生命，并且威胁、侵害、损毁公共利益，"法庭的独立""公民的自由和安全"荡然无存，公器之法沦为私器之用，"惩罚本身作为法的恢复"⑤的法的本质，成为"将罪行的惩罚由法对侵犯法的胜利变成私欲对侵犯私欲的胜利"⑥。贫苦群众一方面失去传统社会习惯权利——自然法所赋予的人道救济，"各种最自由的立法在处理私权方面，只限于把已有的权利固定起来并把它们提升为某种具有普遍意义的东西"⑦；另一方面，以物的依赖为媒介的资本社会，从特权专制中解放出来的人们，只是实现了偶性财产自由——财产拥有者倍增的权利，甚至侵权下的发财，是"私欲对侵犯私欲的胜利"，"把现代国家世界……的文明的缺陷和 ancien régime〔旧制度〕的野蛮的缺陷……结合了起来"⑧的市场化初期的普鲁士，传统和现

---

① 《马克思恩格斯全集》第 1 卷，人民出版社 1956 年版，第 172 页。
② 《马克思恩格斯全集》第 1 卷，人民出版社 1956 年版，第 167 页。
③ 《马克思恩格斯全集》第 1 卷，人民出版社 1956 年版，第 168 页。
④ 《马克思恩格斯全集》第 1 卷，人民出版社 1956 年版，第 167 页。
⑤ 《马克思恩格斯全集》第 1 卷，人民出版社 1956 年版，第 167 页。
⑥ 《马克思恩格斯全集》第 1 卷，人民出版社 1956 年版，第 167 页。
⑦ 《马克思恩格斯全集》第 1 卷，人民出版社 1956 年版，第 144 页。
⑧ 《马克思恩格斯全集》第 1 卷，人民出版社 1956 年版，第 462—463 页。

代双重灾难的赤贫现象严峻。在"历史权利"偶性财产自由的尽头，才能实现人道关怀的自由本身——"人就是人的世界，就是国家，社会"①。

　　总而言之，在马克思看来，普鲁士"启蒙立法"就是"劫贫济富"，就是剥夺贫困民众财产的手段和制造人道灾难的根源。从应然的角度来看，普鲁士"启蒙立法"应该把贫困民众的习惯权利上升为制定法，从而保障非占有者作为国家公民的财产权利；也需要把占有者的财产上升为法律，从而防止他们的财产受到侵害。但是，从实然的角度来看，普鲁士启蒙立法"片面地来考察贫民的习惯权利"，"取消了各种地方性的习惯权利"②，"取消这种不定所有权对贫民阶级所负的责任"③。由此可见，普鲁士"启蒙立法"不是维护全体公民的权益，而是下降到与理性相抵触的私人利益和私有制的水平，"因此毁灭了法和自由的世界"④。值得注意的是，马克思开始从摩塞尔河沿岸地区贫困民众的代言人转变为世界无产者的代言人："我们为穷人要求习惯权利，但并不是限于某个地方的习惯权利，而是一切国家的穷人所固有的习惯权利。我们还要进一步说明，习惯权利按其本质来说只能是这一最低下的、备受压迫的、无组织的群众的权利。"⑤

---

① 《马克思恩格斯全集》第 1 卷，人民出版社 1956 年版，第 452 页。
② 《马克思恩格斯全集》第 1 卷，人民出版社 1956 年版，第 144 页。
③ 《马克思恩格斯全集》第 1 卷，人民出版社 1956 年版，第 146 页。
④ 《马克思恩格斯全集》第 1 卷，人民出版社 1956 年版，第 173 页。
⑤ 《马克思恩格斯全集》第 1 卷，人民出版社 1956 年版，第 142 页。

第五章　马克思财产理论的当代启示

　　毫无疑问，作为我们进一步研究的出发点和供这种研究使用的方法，马克思财产理论学说对决胜全面建成小康社会、夺取新时代中国特色社会主义伟大胜利的当代中国，特别是在有序财产关系法治化治理、以人民为中心的社会财产创造模式、有效治理财产利益关系等方面具有重要的方法论启示。对步入新时代但仍处于并将长期处于社会主义初级阶段的中国而言，端正发展理念、健全经济体制、转变发展方式、优化经济结构、转换增长动力、化解发展不平衡不充分问题，改革中冲破既得利益集团的阻滞，有效协调财产快速增进过程中财产利益关系，构建和完善合理的财产流通秩序，从而真正实现在财产生产、占有、分配和流通方面的公平正义，是最大的现实。虽然我们取得了令世界瞩目的伟大成就，GDP 总量跃升至世界第二，社会财产总量大幅度增加，但同时也存在着经济和财产良性发展的羁绊：财产法权体系不健全、不完善，财产占有、控制、交易和收益等行为还没有被纳入法治化治理轨道上来，以致存在一些侵权、权钱交易、内部人控制、权力与资本联姻等非法非正常"致富"途径，从而导致市场经济秩序和财产秩序混乱；经济快速发展、财产快速增加的方式不科学，在资源配置中政府和市场作用界定不清晰不协调，发展质量不高效益不好，绿色发展理念不强，创新能力不足，全要素生产率意识特别是人力资源要素生产率优先意识有待强化，等等；人民日益增长的美好生活需要和社会财产发展不平衡不充分的问题，社会财产总量快速增加之后的财产利益关系不和谐、不协调以及由此而来的收入分配差距依然较大问题，等等。问题的提出就是对问题的解答。这就要求我们，在马克思财产理论的指导下，树立"新发展理念"和"以人民为中心"的发展思想，构建中国化的马克思主义财产理论，不断协调财产利益关系，打造"以人民为中心"的财产创造模式，把"新发展理念"贯穿于财产制度建设和财产法治治理的各个方面，以促进人与人、人与社会、人与自然的和谐发展。

第一节　从财产权利入手解析社会风险

在全面建成小康社会决胜阶段、中国特色社会主义进入新时代的历史语境下，中国改革进入了深水区和攻坚期，发展不平衡不充分的问题突出、生态经济任重道远、社会矛盾和问题交织叠加，必须更加自觉地投入改革创新时代潮流，破除利益固化的藩篱，防范化解各种风险，战胜各种困难和挑战。"触动利益往往比触及灵魂还难"，打破公有制经济大一统的局面、实现权利调整和利益再配置的改革是一个充满风险的过程。体制结构、产业结构、劳动力结构以及收入分配结构短时间内发生了急剧变化，原有的利益均衡格局被打破，成熟的、公平合理的利益分配与协调机制形成之前，新兴社会财产与整个社会良性互动关系尚未形成，以致带来一系列问题：财产利益失衡、分配不均与分化加剧、人性在社会经济发展中不同程度的扭曲等。种种扩大的负面因素，如果得不到及时的控制和缓解，社会风险指数就会上扬，成为社会冲突、社会紧张和社会群体性事件发生的潜在因素。

无疑，在20世纪末建设中国特色社会主义市场经济的实践进程中，经济基础和上层建筑、市场经济和社会伦理秩序之间表现出一定的矛盾张力，该矛盾张力的实质无疑是"社会和谐有序"问题。马克思曾经就他所面临的时代问题——劳资矛盾——进行过思考，"不难看到，整个革命运动必然在私有财产中，即在经济中，为自己既找到经验的基础，也找到理论的基础"[1]。这昭示着我们，市场化改革过程中的经济利益、财产困境问题不能道德化解决，关涉生命、自由、权利的财产权为我们提供了一条学理路径：在财产权利的清晰界定、有力保障与扩大财产性收入中，既保障公平又提供发展动力，逐步形成一个以社会中间阶层为主体的橄榄形

---

[1]　《马克思恩格斯全集》第42卷，人民出版社1979年版，第120—121页。

现代社会阶层，不断促进共同富裕，实现国家长治久安、人民安居乐业、社会更加和谐有序。

一、转型期社会风险

与社会变革相伴随的是风险和不确定性。相对于前现代社会的不变性或固定性的自然风险，伴随着人类的决策与行为、现代制度正常运行，不考虑其后果的自发性现代化的势不可挡进程中，现代社会的新知识、新境况产生大量可能的、不确定的、信息不完全的、不可控制的、难以预料的人为风险，它不能被精确地测定和预知。受"现代性全球化的长波进程以及本土社会转型的特殊脉动"[①] 两个维度的影响，现代生活的急剧变化改变着人们的生存空间和生存状态，进而引起人们自我意识的深刻变化，促使人们以变化了的心态去重构现代社会。与此同时，我们日常生活的实质和个人经历都会随之发生变化，对外部权威和技术可靠性信任的同时，混杂着个体的躁动、焦虑、不安；时空的延伸或全球化使距离缩短与抽象混杂具象同时展现在个体面前，现代社会创生着改变自然界和终结传统生活的科学和技术的同时，新知识和新变化持续不断地将社会推向新的发展变化中，面对选择的多种可能性，自我认同和他人认同、占有的丰富性和掌控的无力感、传统颠覆后的权威信任性危机和不确定性同时共存，不可预期的社会风险必然时时相伴，可以说，社会风险就是现代社会的必然产物。

"对于处在改革时期的中国，同样存在程度不同的社会风险，从经济体制改革到政治体制改革，为人们的创造性活动提供了广阔的天地，同时也为社会风险的产生带来了较多的机会。"[②] 十一届三中全会拉开了我国改革开放和社会主义现代化建设的序幕，目前我国正处于传统农业社会向工业社会、传统计划经济向社会主义市场经济转型期，社会结构转型和体制转轨取得巨大成绩的同时，体制结构、产业结构、劳动力结构以及收入分配结构急剧变革，随之而来的是一些改革的衍生品——社会风险：征地补偿、房屋拆迁、下岗就业、执法不公等导致的群体性事件；公器私用的

---

① 郑杭生、杨敏：《社会实践结构性巨变的若干新趋势——一种社会学分析的新视角》，《社会科学》2006 年第 10 期。

② 宋林飞：《现代社会学》，上海人民出版社 1987 年版，第 483 页。

贪污腐败现象；收入差距不合理下的贫富悬殊导致的仇富现象、社会报复；分配利益格局中劳资矛盾；居民收入在国民收入分配中的比重和劳动报酬在初次分配中的比重偏低；国有资产流失严重；诚信危机；安全生产问题；事关百姓切身利益的上学难、看病难、住房难等社会问题凸显，不少问题和矛盾还呈现出继续恶化的态势，给改革开放的深入进行带来一定阻力，中国社会进入贝克所言的"风险社会"。并且，"除了现代的灾难而外，压迫着我们的还有许多遗留下来的灾难，这些灾难的产生，是由于古老的陈旧的生产方式以及伴随着它们的过时的社会关系和政治关系还在苟延残喘"①。传统型同新型互为交织的社会风险是一种导致社会冲突、危及社会稳定和社会秩序的危险性因素，甚至，社会风险意味着爆发社会危机的可能性，影响着社会的良性运行和协调发展。因此，必须及时化解社会风险，否则，随着累积程度的加深，其会对和谐社会的建设构成严峻挑战，改革开放其实就是一个社会动员过程，是社会各阶层初始权利得到保障、经济权利变动幅度可承受的前提下的繁荣昌盛、国富民安，是国人达成最大共识前提下的和谐发展。

究其深层原因，"人们奋斗所争取的一切，都同他们的利益有关"②。中国现代化的快速推进和改革开放的深化、多元价值追求和利益诉求的社会开始形成、竞争性所得分配条件下利益的不对称性引发社会结构性分离，人们实际需要的满足与期望的需要满足之间或者自己与他人的需要满足之间存在差距，原有的利益均衡格局被打破，成熟的、公平合理的利益分配与协调机制形成之前，利益失衡、利益分配不均、利益分化加剧。在"一大二公"到公有制经济一定程度的私有化过程中，国家和社会、个人的捆绑式一体化逐渐被打破，权力与资源分配之间的关系得以重构，社会分层体系伴随着利益的分化而产生，经济矛盾成为社会风险的重心，大量弱势群体被制造出来。基尼系数扩大的负面因素，如果得不到及时的控制和缓解，社会风险指数就会上扬，成为社会冲突、社会紧张和社会群体性事件发生的潜在因素。作为维护肉体之存在、心灵之宁静所不可或缺的外在之物——房屋、工作、财产、权利，是生命、尊严、幸福、快乐和社会良性运转的必要条件；由于社会体制转轨中成熟经济产权制度的缺位，社

---

① 《马克思恩格斯全集》第 23 卷，人民出版社 1972 年版，第 11 页。
② 《马克思恩格斯全集》第 1 卷，人民出版社 1956 年版，第 82 页。

会群体保护自己经济利益的话语权必然陷于被动。

在生产力极其低下的传统社会，通过遏制欲望的道德约束来规避利益风险，通过实现物品内在价值来解决资源稀缺问题；改革开放以来，个体创造生产力的内在热情和动力得到最大程度的释放，财富像魔术一样造成了极其庞大的生产，GDP总量跃升至世界第二，效率问题解决后公平问题凸显，社会问题引起时代的关注。马克思对国民经济学——发财经济学——批判道："'货币来到世间，在一边脸上带着天生的血斑'，那末，资本来到世间，从头到脚，每个毛孔都滴着血和肮脏的东西。"[①] 同时，"资本害怕没有利润或利润太少，就象自然界害怕真空一样。一旦有适当的利润，资本就胆大起来。如果有10%的利润，它就保证到处被使用；有20%的利润，它就活跃起来；有50%的利润，它就铤而走险；为了100%的利润，它就敢践踏一切人间法律；有300%的利润，它就敢犯任何罪行，甚至冒绞首的危险"[②]。因知识、行为、能力的不可观测性与不可合同性，市场经济的道德风险倍增；团队生产的代理、机会主义、搭便车等成本外溢导致效率低下问题加剧；"在完全竞争下，不论交易者的道德信念如何，'看不见的手'均会引导市场达到效率；但在逆向选择下非经济行为将是重要的"[③]，由于完全竞争的不现实性，在市场经济构建的流动社会，变动格局中的利润、财富追求，声誉、名誉不具强约束力；单纯道德说教、诚信思量，不能有效规避关涉社会风险获得利润的行为，所以道德力量更多地要与权利特别是财产权利相结合，构建参与约束、激励约束、基于权利的个人信用体系。这样，用法律、制度、合同约束来规避寻租现象；不可观测和不可合同的信息、世界状态得以透明化，经济化和法律化、制度化化解社会风险。

二、财产权利界说

人，本质上既是自身生命的直接自然实存，是自然的、肉体的、感性的、对象性的存在物，又具有思维、意志、欲望、冲动、需要等内在可能

① 《马克思恩格斯全集》第23卷，人民出版社1972年版，第829页。

② 《马克思恩格斯全集》第23卷，人民出版社1972年版，第829页。

③ ［美］艾里克·拉斯缪森：《博弈与信息——博弈论概论》，王晖等译，北京大学出版社、生活·读书·新知三联书店2003年版，第266页。

性。前者衍生出人的实存必然要求人像对待外部世界那样对待人自身，"自然界……是人的无机的身体"；后者要求具有技能、艺术、才能等人类精神所特有的内在东西。不可否认，"人的自我意识具有最高的神性"①，然而单纯内在人格只是一种潜在的、抽象的可能性存在，并不具有现实性，"所有权所以合乎理性不在于满足需要，而在于扬弃人格的纯粹主观性"②。由此可见，所有权实证着人格的现实性存在，人格关注和渗透进物，将物的特异东西夺取过来，在物上渗透进人格的意志即物的人格化，由此产生的物化的财产确证着外在世界里人格合理性、合法性的存在，通过所有权——这一排他性的自由精神单一性，人格的形象确立并丰满起来。"（财产）所有权是人的自由在现象界的实现"③。

"财产的定义：以自由和生命为起点的，个人能够主张权利的所有东西。"④ 一方面财产包括房地产、银行账户、股票、债券等有形物体，另一方面现代社会人们更多地将财产用于信用、专利或出版权之类的无形资产，财产指一个人对之赋予价值并拥有权利，以及类似能给他人带来收益的东西。"实物是为人的存在，是人的实物存在，同时也就是人为他人的定在，是他对他人的人的关系，是人对人的社会关系。"⑤ 财产，不单是经济学意义上的实物概念和关系范畴，更多地强调传统、习俗或法律认可的有形物品或无形物品引申出来的一系列关涉生命、自由、民主的法权内涵。

"私有财产的关系潜在地包含着作为劳动的私有财产的关系和作为资本的私有财产的关系，以及这两种表现的相互关系"⑥，因此财产有两种，个人必需之财产与投入经济运行从而用以增值的财产⑦。马克思主张废除的是"借助自己的财产以攫取他人劳动成果的权利"⑧ 的资本财产，未来

---

① 《马克思恩格斯全集》第 40 卷，人民出版社 1982 年版，第 190 页。
② 黑格尔：《法哲学原理》，贺麟等译，商务印书馆 1961 年版，第 57 页。
③ ［美］理查德·派普斯：《财产论》，蒋琳琦译，经济科学出版社 2003 年版，第 201 页。
④ ［美］理查德·派普斯：《财产论》，蒋琳琦译，经济科学出版社 2003 年版，第 2 页。
⑤ 《马克思恩格斯全集》第 2 卷，人民出版社 1957 年版，第 52 页。
⑥ 《马克思恩格斯全集》第 3 卷，人民出版社 2002 年版，第 283 页。
⑦ 当然，财产的不同分类方式表征着表达者的价值取向和伦理旨归：从资本的角度来划分，有商品资本、货币资本、金融资本、人力资本等；从生产性角度来看，有私有财产、公有财产、混合财产等。
⑧ 《马克思恩格斯选集》第 16 卷，人民出版社 1964 年版，第 414 页。

社会要"重新建立个人财产"①。"无论怎样高度估计财产对人类文明的影响，都不为过甚。"② 财产具有重要的历史作用：一方面，"以私有财产为中介，人的激情的本体论本质才在其总体上、在其人性中存在"③，即作为个体的生命，从其本身需要出发的全部感觉充分发展，全面、自由地发展，不留缝隙地占有世界和拥有自身；另一方面，以动产形式出现的私有财产，"动产已经使人民获得了政治的自由，解脱了市民社会的桎梏，把世界连成一体，创造了博爱的商业、纯粹的道德、温文尔雅的教养；它给人民以文明的需要来代替粗陋的需要，并提供了满足需要的手段"④。正如 20 世纪末期世界范围内新一轮市场化潮流，出人意料地在本世纪初把社会主义中国推至世界历史高度一样，改革开放以来，"保护人们的合法财产不受侵犯"正式入宪，全民所有和集体所有财产部分私有化程度、国人动产拥有程度极大提高。短短几十年经历了时空大转换的流动社会、城乡相对的自由迁徙、思想解放的自由度，这种种呈几何倍数增长的人的权利，都源于财富、财产增长和财产制度的变迁。

　　按照唯物史观，未来社会，"使任何生产工具都不再成为私人的财产。……一切生产资料都应该公有化，以便保证每个人都既有权利，又有可能来使用自己的劳动力"⑤。个人财产只是在消费（使用价值）层面的拥有。马克思认为股份制企业是达此目标的具体路径，股份制企业的"这种财产不再是各个互相分离的生产者的私有财产，而是联合起来的生产者的财产，即直接的社会财产"，"在股份公司内，职能已经同资本所有权相分离，因而劳动也已经完全同生产资料的所有权和剩余劳动的所有权相分离"⑥，因此，"由股份公司经营的资本主义生产，已不再是私人生产，而是为许多结合在一起的人谋利的生产。如果我们从股份公司进而来看那支配着和垄断着整个工业部门的托拉斯，那末，那里不仅私人生产停止了，而且无计划性也没有了"⑦。这样，股份公司是从相互分离的私有

---

① 魏小萍：《"所有制"与"财产"：关系概念与实体概念的不同》，《哲学动态》2007 第 10 期。鉴于德文 das Eigentum 具有"所有权、财产、所有制"等多种含义，这里理解为"财产"更合适。

② 《马克思恩格斯全集》第 45 卷，人民出版社 1985 年版，第 377 页。

③ 《马克思恩格斯全集》第 3 卷，人民出版社 2002 年版，第 359 页。

④ 《马克思恩格斯全集》第 42 卷，人民出版社 1979 年版，第 109 页。

⑤ 《马克思恩格斯全集》第 16 卷，人民出版社 1964 年版，第 652 页。

⑥ 《马克思恩格斯全集》第 25 卷，人民出版社 1974 年版，第 494 页。

⑦ 《马克思恩格斯全集》第 22 卷，人民出版社 1965 年版，第 270 页。

财产转化为联合起来的生产者的财产即直接的社会财产的过渡点，是社会职能转化的过渡点。国企建构现代产权制度遵循的学理路径也应如此。虽然资本本质没有发生根本改变，但是资本的财富最大化追求的纯粹"理性经济人"行为，被产权权能结构的细化和分离以及小产权和股权等各种产权的发展、代理人和小产权人的效用最大化与社会效益最大化所渐趋转换，股份公司是相互分离的私有财产转化为联合起来的生产者的财产即直接的社会财产的过渡点，是同资本所有权结合在一起的单纯生产者职能，转化为社会职能的过渡点。马恩股份制企业理论对我国建构现代产权制度具有重要启示：基于"私有财产的真正基础，即占有，是一个事实，是不可解释的事实，而不是权利。只是由于社会赋予实际占有以法律的规定，实际占有才具有合法占有的性质"①。财产的法权以财产的经济关系为基础，如何保持国有财产性质并实现国有财产增值是改制的首要考虑，而不是马克思所批判的"地主借以把人民的土地当作私有财产赠送给自己"②。随着产权权能即财产的法律权利与经济权利的分离，建构后的产权保障了实际经济运行中法权和经济权事实上的统一，实现了具体化的法人与其人格化的所有权之间关系的内在一致性，这样可以有效规避机会主义、搭便车、资产流失等变相侵吞公有财产的行径。鉴于操作上的"法律所有者缺位"，我国的国有和集体产权改制，资产流失严重，相当部分公有财产转化为少数人的私有财产，体制性财产重置安排导致的贫富分化触目惊心，由此引起仇富现象、社会断裂和社会信任危机。

传统社会过渡到现代社会，"在交换之前就存在的商品所有权"③，使市场中物的交易成为可能并确保公开、公平与自由，"从法律上来看这种交换的唯一前提是每个人对自己产品的所有权和自由支配权"④。因此科斯定理明确提出，权利的清晰界定——"产权清晰、权责明确"——是市场交易的本质前提。每个市场交易主体就是自身权利的所有者，交易双方在平等、自由的利益博弈中规避经济发展的利益纠葛问题；同时通过"外部性内在化"实现成本－收益良性运作，个体创造价值过程即是为社

① 《马克思恩格斯全集》第 1 卷，人民出版社，1956 年版，第 382 页。
② 《马克思恩格斯全集》第 23 卷，人民出版社 1972 年版，第 793 页。
③ 《马克思恩格斯全集》第 46 卷下，人民出版社 1980 年版，第 462 页。
④ 《马克思恩格斯全集》第 48 卷，人民出版社 1985 年版，第 161 页。

会作出相应价值贡献的过程，在内在化收益大于成本的基础上实现效率的提高。"如果我们仔细考察一下流通过程，就会看到，它的前提是交换者表现为交换价值的所有者，即物化在使用价值中的劳动时间量的所有者。"① 按照马克思对产权权能结构的分析，产权是包括所有权、占有权、经营权、收益权等在内的一个权利束，合理界定产权，应该使各项权能得到合理的、清晰的界定，产权主体的责、权、利统一，从而对各产权主体形成有效的激励和约束机制，在平等、自由、保障所有权、交易双方讨价还价的利益博弈中，在收益与成本、特殊利益与公共利益的统一中实现资源配置最大化、最优化。同时，"我们在处理有妨害后果的行为时所面临的问题，并不是简单地限制那些有责任者。必须决定的是，防止妨害的收益是否大于作为停止产生该损害行为的结果而在其他方面遭受的损失。……因为权利的界定也是法律制定的结果"②。在为资源所支配的人们提供比外部性更大的内在刺激中规避产权主体缺失下的"公地悲剧"，在成本－收益模型里规避经济发展的利益纠葛问题。传统社会权责模糊下失去了激励效应，"对隐藏知识说谎"的低效率状况上演，即"劳动者假装工作、厂长假装发工资"的道德风险，致使社会效率大打折扣，中国建设创新型国家的障碍也在于"剽窃"成本远低于"创新"成本，而收益则正好相反；产权界定清晰后，劳动者的自身权利得到充分保障，成为企业财富的共同所有者，在财富分割的博弈团队活动中，公平原则、整体性社会福利原则和相邻性原则序贯博弈得以实现。

权利边界清晰后的商业利益、私人利益和公共利益，无论是哪一种利益的交易，甚至公共利益的必要征用，交易一方都有自己合法财产不受随意侵犯（最起码权利的转移不必动用公安、武警等国家机器），以及按照市场价格相应给予补偿的权利。当下中国拆迁、产权改制引发的社会悲剧和社会断裂发人深省，虽然《物权法》第四十二条规定"为了公共利益的需要，依照法律规定的权限和程序可以征收集体所有的土地和单位、个人的房屋及其他不动产"，可是"公共利益，多少罪恶假汝之名以行"，因此必须要严格界定公共利益——对利益第三方而非利益当事人的界定，

① 《马克思恩格斯全集》第 46 卷下，人民出版社 1980 年版，第 463 页。
② ［美］R. 科斯等：《财产权利与制度变迁》，刘守英等译，上海三联书店、上海人民出版社 1994 年版，第 33 页。

尤其是在公共利益捆绑商业利益的时候，以避免个人利益、公共利益遭到侵权，以致变相地侵吞国有财产或者蚕食百姓利益。我们市场经济的社会主义性质，保证了公平原则、整体性社会福利原则和相邻性原则序贯博弈的实现，缓解我国当下劳动者劳动收入过低和社会保障体系不健全导致的内需不足、基尼系数提高的问题，化解利益新格局所导致的转型期社会风险。

三、财产权利正当性的复归

"这是最好的时候，这是最坏的时候；人们面前有着各样事物，人们面前一无所有；人们正在直登天堂，人们正在直下地狱。"狄更斯的这句话一方面证明，"资产阶级争得自己的阶级统治地位还不到一百年，它所造成的生产力却比过去世世代代总共造成的生产力还要大，还要多"①。另一方面，资本社会"用公开的、无耻的、直接的、冷酷的剥削代替了由宗教幻想和政治幻想掩蔽着的剥削"②。现代社会发展的两面性为我们敲响了警钟。正如马克思所说："工业较发达的国家向工业较不发达的国家所显示的，只是后者未来的景象。……在资本主义生产已经在我们那里完全确立的地方，例如在真正的工厂里，由于没有起抗衡作用的工厂法，情况比英国要坏得多。在其他一切方面，我们也同西欧大陆所有其他国家一样，不仅苦于资本主义生产的发展，而且苦于资本主义生产的不发展。"③ 仍处于并将长期处于社会主义初级阶段的现实社会主义，即"我们这里所说的是这样的共产主义社会，它不是在它自身基础上已经发展了的，恰好相反，是刚刚从资本主义社会中产生出来的，因此它在各方面，在经济、道德和精神方面都还带着它脱胎出来的那个旧社会的痕迹。……但是这些弊病，在共产主义社会第一阶段，在它经过长久的阵痛刚刚从资本主义社会里产生出来的形态中，是不可避免的。权利永远不能超出社会的经济结构以及由经济结构所制约的社会的文化发展"④。我们要始终保持对社会主义初级阶段基本国情的清醒认识，"解

① 《马克思恩格斯全集》第 4 卷，人民出版社 1958 年版，第 471 页。
② 《马克思恩格斯全集》第 4 卷，人民出版社 1958 年版，第 470 页。
③ 《马克思恩格斯全集》第 23 卷，人民出版社 1972 年版，第 8—11 页。
④ 《马克思恩格斯全集》第 9 卷，人民出版社 1963 年版，第 21—22 页。

放生产力，发展生产力，消灭剥削，消除两极分化，最终达到共同富裕"的社会主义社会本质，决定了市场的效率与社会主义共同富裕的优越性兼顾，实现权责对称下的市场行为，以经济手段和法律手段化解"看不见的手"所造成的负面影响。

从词源学上考证，法律源于一个与几何图形有关的概念，意为直线，与曲线或斜线相对；后来引申出正义、道德的内涵。法律一方面赋予人们从事某种活动的权利，另一方面对人们的行为界限予以清晰界定，社会群体在法律建构的清晰稳定制度架构下安居乐业、和谐相处。人类的经济活动总是在以财产权利为主要内容的制度环境中进行的。"无论怎样高度估计财产对人类文明的影响，都不为过甚。财产曾经是把雅利安人和闪米特人从野蛮时代带进文明时代的力量。管理机关和法律建立起来，主要就是为了创造、保护和享有财产。"① 人类正是在适应产权制度下摆脱了最初的贫苦、走向更高层次的文明。相反，"丛林法则"社会境况下，财产遭到强力的随意侵犯、侵占，整个社会处于无序、混乱甚至恐惧状态中。传统自然经济社会的产权制度是与各种政治因素掺杂在一起的非纯经济因素产权，这种产权只是一种逻辑上的产权关系而不是事实上的产权关系，产权不是独立于政治社会的自由物。市民社会与政治社会分离的资本社会，在人类历史上形成了真正的法权关系——产权制度，"能够对财产权利提供强有力的保证的社会最有可能获得经济的发展。经济发展的决定因素是能够确保奋发进取的个人获得其劳动成果的法律制度。有效率的经济组织是增长的关键：在西欧有效率的经济组织的发展导致了西方的崛起。有效率的组织要求确立某种制度安排和财产权利，为把个体的经济努力转化为能使个人收益接近于社会收益率的行为提供激励。对财产的保证因此至关重要：当财产权利使得从事就整个社会而言生产力较高的活动变得有利可图之时，经济就会发展"。②因此，随着中国市场经济确立一种新型经济模式，保障财产所有权的法律和制度建设，经济现实和传统伦理之间的矛盾张力得以缓和，财富增长与社会发展趋于一致。

① 《马克思恩格斯全集》第 45 卷，人民出版社 1985 年版，第 377 页。
② ［美］道格拉斯·诺思等：《西方世界的兴起》，厉以平、蔡磊译，华夏出版社 1999 年版，第 2 页。

对目前结构转型和体制转轨中的社会问题，党的十七大报告指出"覆盖城乡居民的社会保障体系基本建立，人人享有基本生活保障。合理有序的收入分配格局基本形成，中等收入者占多数，绝对贫困现象基本消除"，这是解决问题的基本目标。从长远看来，"创造条件让更多群众拥有财产性收入"、财产积累成为中国经济增长的动力源泉，在经济持续快速增长、发展的背景下，逐步形成一个以社会中间阶层为主体的橄榄球形现代社会阶层，才是化解社会风险、建构和谐社会的有效出路。具体说来，"中国正经历着社会转型这么一个非常复杂的阶段，这种转型是以中国既有的基本结构为条件的，而城乡二元结构就是其中最重要的基本结构之一。城乡二元结构不只是身份的问题，同时也是贫富的二元结构"①，对作为最大弱势群体的农民问题，我国宪法第十条规定"城市的土地属于国家所有。农村和城市郊区的土地，除由法律规定属于国家所有的以外，属于集体所有。宅基地和自留地、自留山，属于集体所有"。土地使用权中农业的利润收获的是平均利润，地少人多的现实情况下种植收入微薄；土地的法权所有与经济权归属之间也有一定张力，容易出现土地法权的缺位，尝试进行土地产权变革，在资源稀缺的现代社会，或许不失为上策。"当下在中国主张实行土地私有制的理由，一种是乐观的理由，私有制可以使土地的配置更有效率，土地能够满足老百姓的愿望，土地和劳动能够结合在一起，土地的自由交易可以使土地发挥最大的作用；还有一种是消极的理由，土地私有制最大的好处是可以遏制官员圈地。我觉得当今中国农村最严重的就是这个问题。自从税费制度改革以后，农村问题的核心就是土地问题。因此，在新时代，我认为土地私有制是目前可以选择的各种方案中相对比较好的一种方案，因为在非农就业的渠道还没有打开之前，单纯从土地效率着眼，把农民赶走，带来的问题会更多。在目前中国的特定条件下，土地私有制在促进公平上有它的意义。"② 这样，作为生产性资源处置权的私人控制，"他必须能'自由地'以他认为合适的任何方法使用劳动力和土地，使他能够对可能产生不利交易条件下的潜在剥削加以限制"③。"私有财产所有权使人们实现了专业化和交易，因而也获得

---

① 邓正来：《中国法学的困境与出路》，《文汇报》2008 年 3 月 23 日。
② 秦晖：《十字路口的中国土地制度改革》，南方网，http：//www. southcn. com。
③ ［美］詹姆斯·布坎南：《财产与自由》，韩旭译，中国社会科学出版社 2002 年版，第 20 页。

了一些产生于效率的收益，但是，同样重要的是，私有财产也使人们得到了某种保护和隔离措施，以免遭市场的'盲目力量'的冲击，而不管这些'盲目力量'最终来源于哪里。"① 虽然我们不赞成土地私有化和生产资料私有化路径，但其学理路径可以引起我们对效率与公平兼顾的学理思考；回到马克思的理论分析框架中——宏观层面的生产资料公有制和微观维度下的股份制理论，"农村股份合作制和国有企业职工持有股权符合生产资料占有社会化的客观要求，体现劳动者的劳动联合与劳动者的资本联合的现代公有制的实现形式，使广大劳动者真正成为社会生产资料的主人，成为改革开放的受益者，并使我们容易找到既体现公平又有效率的财产占有形式"②。理解财产既有其促进生产效率维度的作用，又具有维护人身自由、生命等权利的公正维度的作用，以土地作为资源入股分红、得利、获益，对于转化弱势群体、解决当下中国社会贫困问题自有其可行之处。

我们经济法权社会已逐渐形成。公共财产和私人财产的保护已列入《宪法》，产权保护细则的《物权法》的颁布，"维护社会主义市场经济秩序，明确物的归属，发挥物的效用，保护权利人的物权"，界定了当事人权利的起源、用益、界限和归宿，保证了所有者的合法权利。我们的制度建构通过降低社会交往和管理成本，提高市场效率，增进个人自由而实现福利增量功能和社会效用最大化；实现诱致性法律、制度建构与参与约束下的强制性法律、制度建构；在参与约束作为底线与激励约束作为收益性回馈的双重社会架构中，逐渐走上社会良性科学发展的健康大道。

"马克思是第一位有产权理论的社会科学家"③，"在详细描述长期变迁的各种现存理论中，马克思的理论框架是最有说服力的，这恰恰是因为它包括了新古典分析框架所遗漏的所有因素：制度、产权、国家和意识形态。马克思强调在有效率的经济组织中产权的重要作用，以及在现有产权制度与新技术的生产潜力之间产生的不适应性。这是一个根本的

---

① 〔美〕诺思：《经济史中的结构与变迁》，陈郁等译，上海三联书店1991年版，第21页。

② 厉有为：《社会财产占有的和谐与马克思主义的普世价值》，《特区实践与理论》2009年第1期。

③ S·配杰威齐：《马克思、产权学派和社会演变过程》，载《卡尔·马克思经济学》（第4卷），克鲁姆·赫尔姆出版公司1988年版，第240页。

贡献"①。这充分说明了马克思产权理论的源头作用，但马克思是从宏观意义上出发考察其面临的时代历史性质的产权形态，所做的产权系统化理论研究推动新制度经济学的产生。我们必须以马克思财产理论为指导，借鉴现代西方产权理论的优秀成果，为中国全面深化改革的顺利进行、和谐社会的建构、中华民族的伟大复兴和民富国强探寻一条切实可行的学理路径。

第二节　当代中国财产治理的方法论自觉

一、当代中国财产问题的出场

面对现代财产效率逻辑及其所引致的社会弊病，我们既不能惶恐不安，进而筑起长城拒之于千里之外，也不能听而不闻视而不见，"用隐身帽紧紧遮住眼睛和耳朵，以便有可能否认妖怪的存在"②；而要努力探究现代社会的经济运动规律，以缩短和减轻经济社会转轨所带来的灾难和痛苦。换言之，我们既要理性定位现代社会经济运动的自然历史性，认识到"一个社会即使探索到了本身运动的自然规律，……它还是既不能跳过也不能用法令取消自然的发展阶段"③；同时，我们也要清醒地认识与总结西方社会化解现代财产灾难的经验与教训，探索缩短现代社会"痛苦"的途径：一方面，化解财产效率逻辑所引致的社会病痛当然需要从经济运动入手，"整个革命运动必然在私有财产的运动中，即在经济中，为自己既找到经验的基础，也找到理论的基础"④。另一方面，我们还要汲取"暴力革命"教训、重视以和平的合法的手段去解

---

① ［美］诺思：《经济史中的结构与变迁》，陈郁等译，上海三联书店 1991 年版，第 68 页。
② 《马克思恩格斯全集》第 23 卷，人民出版社 1972 年版，第 11 页。
③ 《马克思恩格斯全集》第 23 卷，人民出版社 1972 年版，第 11 页。
④ 《马克思恩格斯全集》第 42 卷，人民出版社 1979 年版，第 120－121 页。

决财产问题①。因此，牢记马克思恩格斯的教诲是极其有益的："至少在欧洲，英国是唯一可以完全通过和平的和合法的手段来实现不可避免的社会革命的国家"，当然，不能指望"英国的统治阶级会不经过'维护奴隶制的叛乱'而屈服在这种和平的和合法的革命面前"②。

"以古为鉴，可知兴衰；以史为鉴，可以知兴替"！回顾我国的现实发展，新中国成立60多年来，财产问题一直是学界探讨的热点问题之一。从探讨的内容上来看，改革开放前重在批判，即批判私有财产以及以其为基础的私有制；改革开放后重在建构，即重在汲取域内外财产理论，以实现我国财富快速增长、协调自身财产利益关系。"一切划时代的体系的真正的内容都是由于产生这些体系的那个时期的需要而形成起来的。"③ 鉴于此，从原初语境深入考察19世纪上半叶自由放任主义理念语境下英国财产效率逻辑及其社会经济问题泛滥现实，从中汲取方法论启示，对当下中国意义重大。

随着中国特色社会主义市场经济实践的推进，一定程度上也产生了当代中国财产问题。马克思曾经深刻指出："黑格尔在某个地方说过，一切伟大的世界历史事变和人物，可以说都出现两次。他忘记补充一点：第一次是作为悲剧出现，第二次是作为笑剧出现。"④ 这昭示着我们，只有以史为鉴：探索历史真相、汲取历史教训，才能更好地开创未来。这同样适用于中国特色社会主义市场经济的实践进程。本质地看，市场化、工业化、信

---

① 马克思对英国立法给予充分肯定，这既表现在《资本论》用了相当大的篇幅来描述和阐释《工厂立法》["现在的统治阶级，不管有没有较高尚的动机，也不得不为了自己的切身利益，把一切可以由法律控制的、妨害工人阶级发展的障碍除去。因此，我在本卷中用了很大的篇幅来叙述英国工厂法的历史、内容和结果"（《马克思恩格斯全集》第23卷，人民出版社1972年版，第11页）]，也表现在恩格斯对马克思的评价上——"他（指马克思。——引者注）从这种研究中得出这样的结论：至少在欧洲，英国是唯一可以完全通过和平的和合法的手段来实现不可避免的社会革命的国家。"（《马克思恩格斯全集》第23卷，人民出版社1972年版，第37页）

② 《马克思恩格斯全集》第23卷，人民出版社1972年版，第37页。

③ 《马克思恩格斯全集》第3卷，人民出版社1960年版，第544页。马克思指出："哲学家们只是用不同的方式解释世界，而问题在于改变世界。"（《马克思恩格斯选集》第1卷，人民出版社1995年版，第61页）这昭示着我们，一切脱离社会实践活动，一切抽象的、纯思辨的、非历史的理解现实世界的行为都是非科学的，都不能全面、正确地认识和把握现实世界。众所周知，以"改造世界"为旨趣的马克思主义哲学，一直强调介入理论与现实的重要性，强调关注现实、从现实出发、研究现实问题。同样，马克思对财产问题的研究也概莫能外。马克思财产理论就是对他所处时代社会物质利益问题积极回应的结果。

④ 《马克思恩格斯全集》第8卷，人民出版社1961年版，第121页。

息化、城镇化、全球化交织的转型语境导致了当代"中国财产问题"。我国在某些领域出现的公共政治与私人经济联姻、公共权力和私人资本结盟现象，已经衍生了资本逻辑、拜物教因素所主导的一些领域的逐利行为、环境污染、伦理失序、利益分化等负面效应，已然成为我们不得不应对和解决的重大课题。在此进程中，只有规避"现代财产效率导致的社会弊病"，汲取财富快速增进过程中基尼系数过大、伦理失序、生态悲剧等历史教训，才能将第二次历史事变变"悲剧"为"喜剧"，更好地开创中国特色社会主义的伟大事业，实现中华民族的伟大复兴梦。

二、当代中国财产问题的实质

前已叙及，虽然市场经济不是一定社会制度的本质规定，不是资本主义制度的专利，但市场经济及其构成要素内含着资本的属性，因此在其发挥社会资源配置功能之时，也是其内在弊病暴露之日。对中国特色社会主义来说，在发展市场经济的过程中，面对一系列虚假市场行为或非市场经济行为（"高房价、高药价、乱涨价、低福利、贫富分化、就业困难、食药品安全、行贿受贿严重、劳资冲突频发、教育和城镇化的质量不高"[1]等民生问题，市场流通中的欺诈性"致富"，权力设租寻租造成的贪腐性"致富"，既得利益集团的垄断性"致富"，等等）时，我们既要警惕作为市场经济主要弊病的"拜物教"[2]以及由此引致的逐利行为，会滋生并渗透到社会生活的各个领域，并造成严重的社会负面效应；同时也要注意，对有着封建传统影响而又跨越资本主义的中国特色社会主义来说，在发展带有"资本因素"的市场经济道路上，我们既存在着等级、特权和官本位现象，以及公共权力与私人资本联姻、公共政治与私人经济结盟现象，也存在资本主义国家未能解决也不可能解决的形式自由、形式平等

---

① 刘国光、程恩富：《全面准确理解市场与政府的关系》，《毛泽东邓小平理论研究》2014 年第 2 期。
② 马克思深刻指出，"劳动产品一旦作为商品来生产，就带上拜物教性质"（《马克思恩格斯文集》第 5 卷，人民出版社 2009 年版，第 90 页）。既然市场经济的形成和最终确立与资本因素息息相关，既然市场经济就是市场把劳动、技术、信息纳入财产范畴和交易范畴，就是市场全面渗透和介入财产的运行过程，那么在市场经济中，在劳动产品转化为商品的市场经济中，就一定有商品拜物教生长的土壤和存在的基础。显而易见，从以往市场经济发展实践来看，市场经济中的拜物教现象一览无余。

问题，因而中国特色社会主义市场经济道路将面临更多更大的困难也就在情理之中了。党的十八届三中全会关于"使市场在资源配置中起决定性作用和更好发挥政府作用"的提法，实现了市场配置资源的基础性作用到决定性作用的转变。这一新提法主要是针对我国以往所确立的市场导向型资源配置方式中，有时候计划在资源配置中的调控作用过大过强，有时候出现政府和行政权力的错位、越位、不到位现象，在某种程度上暗含着对中国特色社会主义现阶段所存在的前资本主义因素与异化的资本主义因素相契合现象（如政治和经济联姻、权力和资本结盟）的警示和反思，但这并非意味着我们可以无限放大市场经济的作用，甚至建构所谓的纯粹市场经济，而是意味着要清醒认识、合理界定市场经济的机理和作用，建构社会主义市场经济，建构中国特色社会主义"驾驭"意义上的市场经济。

财产，是一个标示改革开放事业跨越式发展、国人观念不断解放的重要符号，其理论与实践一直是学界探讨的热点和焦点问题之一[①]。但时至今日，人们在财产理念、财产性质、财产逻辑与社会形态（社会主义）关系上，依旧存在种种简单化、片面化、不科学的认识，并进而阻碍中国特色社会主义市场经济进一步发展。中国特色社会主义财产治理实践离不开科学社会主义财产治理理论的方法论支撑。在"历史向世界历史的转变"进程中，必须减少和消除财产视域中的误读、误解、误判现象，对财产问题作深入的"元方法论"思考，形成高度的马克思财产理论方法论自觉，以期为中国社会财产问题的有效治理提供一条可供选择的思路。

从方法论上来看，在"历史向世界历史的转变"进程中，当代中国存在马克思批判西欧社会财产现实的"类似语境"和"人类共有性社会财产问题"。对此，学界既有财产理论学说，既不能做出深刻的"元"思考，也不能提出有效的理论应对，从而在一定程度上处于"失语""失效""错位"状态。"马克思的整个世界观不是教义，而是方法。它提供的不是现成的教条，而是进一步研究的出发点和供这种研

---

① 当然，从探讨的内容上来看，改革开放前重在批判，即主要批判以私有财产以及以其为基础的私有制；改革开放后重在建设或者说批判中的建设，即面对我国财富快速增长的现实，学界重在研究从马克思财产理论学说中汲取有益于快速增长与利益关系协调等思想资源。

究使用的方法。"① 鉴于此，对当代中国来说，形成高度的马克思财产理论方法论自觉，有助于正确认识、全面把握中国财产问题实质，规避中国财产问题出路探讨上的或被纯思辨化，或被西方化，或被错误的财产价值观所扭曲的倾向，进而实现当代中国社会财产问题的有效治理。

从存在论的角度来看，当代中国社会财产问题实质是指，在"历史向世界历史的转变"进程中，工业化、信息化、城镇化、市场化、全球化转型视域下中国社会财产问题，或者说资本在场、市场初萌、经济社会转型以及由此而来的复杂多样的中国社会财产问题"从何处来"和"往何处去"。中国社会财产问题"从何处来"是指：目前在工业化、信息化、城镇化、市场化与全球化交织的转型语境下，作为发展中国家的当代中国普遍性、深层次性的社会财产问题（贫富差距拉大、贪污腐败严重、"拜物教问题"泛滥、生态失衡、伦理失序、个性压抑、人性扭曲、利益矛盾冲突严峻）是如何形成的。在一定意义上可以说，这些矛盾和冲突在短时间内尚未有从根本上加以解决的迹象，有的甚至在一定程度上愈积愈深，并进而阻碍中国特色社会主义市场经济进一步发展。中国社会财产问题"往何处去"是指：化解和克服当代中国财产问题的具体路径和方向在哪里。从逻辑上来看，中国财产问题是作为发展中国家的中国在工业化、信息化、城镇化、市场化和全球化发展进程中形成的，因此必须在科学社会主义财产理论和中国特色社会主义实践有机结合中为最终解决这一问题作出智识性努力，从而在"历史向世界历史的转变"进程中，在"第二次出现的世界历史事变"中，变"悲剧"为"喜剧"，更好地开创中国特色社会主义伟大事业，同时也为整个世界历史的发展提供"中国特色"实践经验，推动"世界历史"不断前进。

但不得不承认的一点是，我国学界，因追求实践应对和政策实效，而在当代中国财产问题治理上（科学诠释和有效应对当代中国财产问题为主旨）呈现出功利化、短期化、碎片化和现象学化的潜在逻辑，甚至因追求"既得利益"而无视问题的"赞美"逻辑，以及简单借用西方财产研究模式的"错位"逻辑。因而在笔者看来，中国特色社会主义财产理论要增强这种自觉，汲取马克思科学诠释西欧社会财产问题"从何处来"

① 《马克思恩格斯全集》第 39 卷，人民出版社 1974 年版，第 406 页。

和"往何处去"的方法论原则，在其"内容和形式"上实现与处于工业化、信息化、城镇化、市场化和全球化进程中的中国社会经济现实接触并相互作用，着眼于顶层设计，构建制度性、长效性、全面性的财产治理理论体系；在自然必然性的现代工业化历史进程以及减少由此而来的"消极成果"或克服由此而来的"阵痛"上，特别是在批判性超越财产效率和公平关系，"权力逻辑"和"资本逻辑"悖论，财产效率与生态失衡、伦理失序等问题上，至少在认识论方法上应该注意以下三方面。

三、财产治理的方法论原则

（一）批判性介入现实财产的问题意识

应当承认，从属于落后、不发达国家范畴的当代中国，在建设中国特色社会主义市场经济进程中，既存在"老"的财产问题，也遇到"新"的财产问题，还面临着"混杂"的财产问题：尚未脱困人群的购买力不足与产能过剩的问题，熟人社会到陌生人社会转变进程中信用缺失所导致的假冒伪劣问题，社会主义市场经济不完善所带来的资源低效配置问题，知识产权意识匮乏所导致的"创新"不足问题，市场化和现代工业社会财产效率及其引致的基尼系数过大、"城市病"不断增多、两极分化、生态失衡、环境恶化等"现代社会问题"，等等。这些关乎财产的社会问题深深困扰着当代中国，成为中国特色社会主义市场经济进一步发展的掣肘。显然，在方法论意义上，我们同 19 世纪的德国一样，"不仅苦于资本主义生产的发展，而且苦于资本主义生产的不发展。除了现代的灾难而外，压迫着我们的还有许多遗留下来的灾难"①。

马克思指出："问题是时代的格言，是表现时代自己内心状态的最实际的呼声。"② "问题的提出就是对问题的解决。"③ 这就使得"问题意

---

① 《马克思恩格斯全集》第 23 卷，人民出版社 1972 年版，第 8—11 页。
② 《马克思恩格斯全集》第 1 卷，人民出版社 1995 年版，第 203 页。
③ 《马克思恩格斯全集》第 1 卷，人民出版社 1956 年版，第 421 页。对此，法国哲学家阿尔都塞提出"问题式"哲学范式，作了相同论述："哲学与日常生活刚好相反，在日常生活里，泄露秘密的是答复，而在哲学上，泄露秘密的却偏偏是问题"，"事实上，哲学的结构、问题、问题的意义，始终由一个问题式贯穿着"（［法］路易·阿尔都塞：《保卫马克思》，顾良译，商务印书馆1984 年版，第 198、54 页）。

识"的重要性和紧迫性凸显出来。强调立足现实、批判现实、构建现实的马克思，"同自己时代的现实世界接触并相互作用"的基本方式就是"批判介入"，特别是拥有现实"原本批判"与理论"副本批判"相结合的方法论。财产问题治理亦是如此。就此而论，之所以存在这些现实财产问题，是因为在中国特色社会主义内部存在着非社会主义的力量、关系、因素，存在着"特权、等级、官本位"等封建残余因素和"资本逻辑""拜物教"等资本主义因素。从科学社会主义理想和价值归宿的角度来看，社会主义最终要扬弃这些负面因素。因此，对中国特色社会主义内部的这些非社会主义因素、力量、关系，我们要秉持"批判"态度，走出一条"驾驭权力逻辑"和"驾驭资本逻辑"相结合的中国特色社会主义道路。同样，对非社会主义因素所导致的这些财产问题以及由此而来的困扰，我们也要保持清醒的认识，秉持"批判"态度，从而为最终解决这些现实财产问题提供具有可操作性的思路和建议。

当然，"批判性介入现实财产的问题意识"也包括"自我批判"。社会经济问题具有形成的复杂性、认识的艰巨性、发展的动态性、解决的系统性等特点[①]，因而在研究过程中，要随着历史条件的变化，不断更新、修正财产理论学说。显而易见，"现实"中国特色社会主义并不等同于马恩所设想的科学社会主义，甚至与理想、价值追求视野中的科学社会主义理念存在一定差距，因而在不发达的国家建设社会主义自然也会存在许多现实财产问题。正是在此意义上，经典作家作出了"所谓'社会主义社会'不是一种一成不变的东西，而应当和任何其他社会制度一样，把它看成是经常变化和改革的社会"[②] 的科学论断。

与之相反，在如何克服现实财产问题上还存在着"虚假的批判""赞美的批判""错位的批判"等"非批判的批判"[③] 态度。对此，我们也要秉持批判态度。在利益上，这些"非批判的批判"，或者代表落后的、封建残余的利益，或者代表资本主义因素的利益。由此一来，在对待现实财产问题的态度上，这些"非批判的批判"，或者"用隐身帽紧紧遮住眼睛

---

① 参见范红忠《中国多中心都市区的形成与地区经济差距》，社会科学文献出版社 2008 年版，第3—8 页。

② 《马克思恩格斯全集》第 37 卷，人民出版社 1971 年版，第 443 页。

③ 《马克思恩格斯文集》第 1 卷，人民出版社 2009 年版，第 355 页。

和耳朵，以便有可能否认妖怪的存在"①，或者固守既有利益格局和落后的财产关系，从而不断恶化着现实财产问题。

本质地看，这些"非批判的批判"是"思辨思维"使然。马克思既形象描绘出"思辨"肖像图，"先从事实得出一个抽象概念，然后宣称这个事实是以这个抽象概念为基础的。这是给自己装上一副德国人的深思的和思辨的姿态的一种最便宜的方法"②，又深刻指出"思辨思维"的"原本"："抽象或观念，无非是那些统治个人的物质关系的理论表现"③。马克思指出，德国"思辨性""哲学家没有一个想到要提出关于德国哲学和德国现实之间的联系问题，关于他们所作的批判和他们自身的物质环境之间的联系问题"④。在"思辨思维"看来，感性的现实世界是流变的、虚幻的、不真实的，抽象的理念世界才具有绝对的规定和至上的价值。显而易见，这种抽象谴责和思辨旨归的结果即是非批判的辩护，对现实的无条件认同和肯定。作为"自己时代的精华"的马克思学说，与传统思辨学说划清界限，在对待工业形塑的现代社会财产现实的态度上，秉持批判的、革命的、否定的方法论态度。这深刻体现在马克思对待现代社会核心术语"财产效率"⑤的态度上。财产问题是政治经济学的基础性、根本性问题。历史地看，财产效率是一个现代范畴。近代以降，人的感性对象性活动（实践）的产物——财产（商品），构成人类生存的基础性、统治性因素（现代社会人与人之间的社会关系，不是反映人们本身之间的社会关系，而是反映人们本身之外的物与物之间的虚幻关系），因而反思、追问、批判财产问题构成现实重大社会问题。

（二）财产问题治理上的"世界历史"视野

无须赘言，"地理大发现""产业革命"所开启的全球化、"历史向世界历史的转变"⑥，实现了资本、劳动力、技术等资源的全球化配置，也

---

① 《马克思恩格斯全集》第 23 卷，人民出版社 1972 年版，第 11 页。
② 《马克思恩格斯全集》第 3 卷，人民出版社 1960 年版，第 569 页。
③ 《马克思恩格斯全集》第 46 卷上，人民出版社 1979 年版，第 111 页。
④ 《马克思恩格斯全集》第 3 卷，人民出版社 1960 年版，第 23 页。
⑤ 本质地看，资本逻辑、拜物教、GDP 至上主义、功利主义、经济理性人等术语，都是"财产效率"的同义词或衍生品，当然也是"贬义"的同义词或衍生品。
⑥ 《马克思恩格斯全集》第 3 卷，人民出版社 1960 年版，第 52 页。虽然学界对"世界历史"和"全球化"术语是否规范多有争论，并对其内涵做了一定界分，指明了二者的异同和细微差别，但受本论题所限，笔者在等同意义上使用"世界历史"和"全球化"术语。

使得生态失衡、环境污染、资源短缺、金融危机、贫富悬殊等社会财产问题，在现实的世界历史发展进程中超越了民族性、地域性界限而具有了"共时性"（人类共有性）和"历时性"（不断再现）特点。"问题本身并不在于资本主义生产的自然规律所引起的社会对抗的发展程度的高低。问题在于这些规律本身，在于这些以铁的必然性发生作用并且正在实现的趋势。工业较发达的国家向工业较不发达的国家所显示的，只是后者未来的景象。"① 虽然说马克思在这里主要是针对彼时不发达的资本主义国家德国进行论述，继而发出这一警言，但从方法论上看，却在总体上适用于存在"类似语境""人类共有性社会财产问题"的不同民族国家和不发达国家。这就是财产问题的"世界历史规定性"。换言之，现代工业革命以及由此而来的社会化大生产和财产效率逻辑，是世界各国都要大体经历的历史过程。由此一来，中国社会财产问题既有中国"特色"，也有"历史向世界历史的转变"进程中的普遍性、连续性和人类共有性。曾几何时，"羊吃人""伦敦雾霾"等英国现代历史进程中的悲惨一幕，又在"拉美陷阱""洛杉矶雾霾""北京雾霾"现象中反复上演、不断再现。尽管如此，"世界历史规定性"对无产阶级和其共产主义事业却有着根本性、基础性意义："无产阶级只有在世界历史意义上才能存在，就像它的事业——共产主义一般只有作为'世界历史性的'存在才有可能实现一样"②。显然，只有坚持"世界历史"视野，立足和超越资本占统治地位的"世界历史时代"，我们才能最终实现"人对物的依赖"向"自由人联合体"的转变，迎接世界历史时代的到来。

这里问题的关键在于，确定"世界历史规定性"的属性和科学的"世界历史"方法问题。在"属性"上，"创造世界市场的趋势已经直接包含在资本的概念本身中"③。"精力、贪婪和效率"④ 超凡的"资本逻辑"，促进了社会生产力的快速发展和物质财富的极大增长。与之相适应的是，资本力图超越一切时间界限和空间界限，突破一切民族界限和国家界限，从而把资本主义生产方式推及全世界：在时间上，资本力求压缩与财富无关的流通时间，将人们的一切时间纳入创造财富的轨道上；在空间

---

① 《马克思恩格斯全集》第 23 卷，人民出版社 1972 年版，第 8 页。
② 《马克思恩格斯全集》第 3 卷，人民出版社 1960 年版，第 40 页。
③ 《马克思恩格斯全集》第 46 卷上，人民出版社 1979 年版，第 391 页。
④ 《马克思恩格斯全集》第 23 卷，人民出版社 1972 年版，第 344 页。

上，资本力求摧毁一切地域性、民族性界限，形成资本占统治地位的世界市场①。从历史逻辑上看，事实也的确如此："资本"所开创的"历史向世界历史的转变"起源于西欧，逐渐突破和消灭了各民族国家"闭关自守"的状态，使得民族国家间的生产、消费具有了越来越直接的、普遍的形式即"世界历史性"的存在形式，使得资本主义生产方式在全球范围内不断扩展，实现了从民族性、地域性历史向世界历史的转变。一句话，资本主义大工业"首次开创了世界历史"② 昭示了"世界历史规定性"及其构成要素的"资本属性"。

在科学的"世界历史"视野看来，面对"世界历史规定性"及其构成要素的"资本属性"问题，处于从"历史向世界历史的转变"进程中的民族国家，在中国特色社会主义市场经济这一"世界历史规定性"的建构进程中，必须超越狭隘地域性和民族性界限，必须"不必屈从于资本主义的活动方式"，"不通过资本主义生产的一切可怕的波折而吸收它的一切肯定的成就"③。换言之，在资本主义占统治地位的世界历史时代，存在资本因素的社会主义国家，只有批判性汲取资本的文明历史作用和资本主义国家正反两方面的经验，才能较少地受资本因素的影响而较多地受社会主义的关系、力量和因素的影响，才能超越资本主义的"世界历史规定性"，建构具有"世界历史规定性"的中国特色社会主义财产理论，在世界化和民族化的有机统一中，摆脱资本主义生产方式的控制，走出一条"非"资本主义性质和资本主义制度的"驾驭资本逻辑的中国特色社会主义"道路。在此意义上可以说，改革开放本身就是对"世界历史"的积极有效回应。

反之，各种形形色色的"中心主义"，特别是新自由主义的"西方中心主义"，与"世界历史"方法背道而驰。本质上，"西方中心主义"是狭隘的民族主义和虚假的世界主义。马克思"站在德国以外的立场上"④，曾经对"德国中心主义"作了深刻的剖析："古往今来每个民族都在某些方面优越于其他民族。如果批判的预言正确无误，那末任何一个民族都永

---

① 参见刘长军《重视意识形态在全球化浪潮中的战略价值》，《毛泽东邓小平理论研究》2016 年第 2 期。

② 《马克思恩格斯全集》第 3 卷，人民出版社 1960 年版，第 68 页。

③ 《马克思恩格斯全集》第 19 卷，人民出版社 1963 年版，第 431 页。

④ 《马克思恩格斯全集》第 3 卷，人民出版社 1960 年版，第 20 页。

远不会优越于其他民族，因为所有的欧洲文明民族——英国人、德国人、法国人——现在都在'批判自己和其他民族'并'能认识普遍颓废的原因'。最后，硬说'批判'、'认识'即精神的活动能提供精神的优势，其实只是一种词句上的同义反复；而踌躇满志地把自己摆在各民族之上并期待着各民族匍匐于自己脚下乞求指点迷径的批判，正是通过这种漫画般的、基督教德意志的唯心主义，证明它依然深深地陷在德国民族性的泥坑里。"① 显然，以"上帝选民"的优越性心态，试图为其他"劣等民族"指点迷津的德国民族主义，其所谓的"世界历史意义的、傲慢的、无限的"民族主义，实质上不过是狭隘的、利己的、虚假的"世界主义"。马克思正是以"世界的一般哲学"和"世界公民的姿态"②，以"德意志意识形态"批判和"消灭哲学"的方式，超越这种民族狭隘性、地域偏见性和精致利己性的。

当然，"没有指出特殊差别的解释就不成其为解释"③，因此要"把握特殊对象的特殊逻辑"④。在发展道路问题上，一方面，马克思明确了《资本论》的适用界限，"我明确地把这一运动的'历史必然性'限于西欧各国"⑤，拒斥"把我关于西欧资本主义起源的历史概述彻底变成一般

---

① 《马克思恩格斯全集》第 2 卷，人民出版社 1957 年版，第 194—195 页。马克思对民族主义的狭隘性和虚假性作了深刻批判："德国人的虚假的普遍主义和世界主义是以多么狭隘的民族世界观为基础的。"（《马克思恩格斯全集》第 3 卷，人民出版社 1960 年版，第 554 页）"德国人以极其自满的情绪把这个虚无缥缈的王国、'人的本质'的王国同其他民族对立起来……他们在一切领域都把自己的幻想看成是他们对其他民族的活动所下的最后判决，因为他们到处都只能是观察者和监视者，所以他们认为自己的使命是对全世界进行审判……这种傲慢的和无限的民族妄自尊大是同极卑贱的、商人的和小手工业者的活动相符合的。如果民族的狭隘性一般是令人厌恶的，那末在德国，这种狭隘性就更加令人作呕，因为在这里它同认为德国人超越民族狭隘性和一切现实利益之上的幻想结合在一起，反对那些公开承认自己的民族狭隘性和承认以现实利益为基础的民族。"（《马克思恩格斯全集》第 3 卷，人民出版社 1960 年版，第 555 页）在《德意志意识形态》中，马克思还尖锐批判了青年黑格尔派的代表人物布鲁诺的"德国中心主义"。他指责布鲁诺研究 18 世纪史是以"任意的虚构和文学胡诌为根据"，指出："这些唱高调的、爱吹嘘的思想贩子们以为他们无限地凌驾于任何民族偏见之上，其实他们比梦想德国统一的啤酒店的庸人带有更多的民族局限性。他们不承认其他民族的事件是历史的。"（《马克思恩格斯全集》第 3 卷，人民出版社 1960 年版，第 46—47 页）

② 《马克思恩格斯全集》第 1 卷，人民出版社 1956 年版，第 121 页。

③ 《马克思恩格斯文集》第 3 卷，人民出版社 2009 年版，第 16 页。

④ 《马克思恩格斯全集》第 1 卷，人民出版社 1956 年版，第 359 页。

⑤ 《马克思恩格斯全集》第 19 卷，人民出版社 1963 年版，第 430 页。

发展道路的历史哲学理论"① 的极端民族主义错误。另一方面，"极为相似的事变发生在不同的历史环境中就引起了完全不同的结果"②。由于民族国家历史环境、发展条件和文化传统的差异性，马克思肯定"不同的部落和族系的发展道路"，看重自我扬弃机制，否定实现非资本主义社会变革就是全面引进西方政治经济制度的错误观点，批判西方强加于非资本主义社会的强权意志："谁都知道，那里的土地公社所有制是由于英国的野蛮行为才消灭的，这种行为不是使当地人民前进，而是使他们后退。"③

（三）树立科学的财产价值观

在马克思看来，"政治经济学所研究的材料的特殊性，把人们心中最激烈、最卑鄙、最恶劣的感情，把代表私人利益的复仇女神召唤到战场上来反对自由的科学研究"④。事实也的确如此。在德国，国民经济学对重大社会财产问题"不偏不倚的研究让位于豢养的文丐的争斗，公正无私的科学探讨让位于辩护士的坏心恶意"⑤。这种用"玫瑰色"描绘社会经济现实的方式必然导致德国财产理论学说用"歌颂"遮蔽"缺陷"，用"辉煌成果"替代近代德国资本主义高歌猛进过程中的"问题和矛盾"。显而易见，这是与真正科学研究背道而驰的，因而必然堕落为"官房经济学"（折中主义经济学）或"庸俗经济学"。

财产理论表述是否正确或科学在很大程度上取决于理论学说表述主体的价值观是否正确，取决于在真正科学研究的道路上，拒斥研究者主观动机、欲望因素的掺杂。马克思财产理论建构的逻辑与方法论原则表明，不抱意识形态的偏见，清晰、准确、客观地描述、解释、变革不公平不合理的财产现实，学者的价值理念在很大程度上决定着理论表述的内容和方式。如果说中国财产问题的实质是工业化、信息化、城镇化、市场化和全球化转型语境下问题"从何处来"和"往何处去"，那么面对社会财产现实——财产观念认识和财产现实的急剧变化，中国改革开放的伟大成就与强大行政力控制下近乎畸形发展的市场经济以及由此而来的生产要素的高投入、高消耗、粗放型增长方式之间的矛盾冲突，"城乡二元化"、不同

① 《马克思恩格斯全集》第 19 卷，人民出版社 1963 年版，第 130 页。
② 《马克思恩格斯文集》第 3 卷，人民出版社 2009 年版，第 466 页。
③ 《马克思恩格斯全集》第 19 卷，人民出版社 1963 年版，第 448 页。
④ 《马克思恩格斯全集》第 23 卷，人民出版社 1972 年版，第 12 页。
⑤ 《马克思恩格斯全集》第 23 卷，人民出版社 1972 年版，第 17 页。

就业群体中的"双轨制"弊病，当代中国学人必须在中国财产问题认识方面确立正确价值观，特别是科学的社会主义财产理念，把中国特色社会主义财产治理实践与科学社会主义财产治理理论有机结合起来，坚持把以政治体制改革为核心的全面深化改革视为中国社会经济发展的唯一出路。对当代学人来说，在此改革进程中，我们要正确认识并自觉规避阻碍改革的"保守力量"和落后因素，警惕从以往不成熟的体制机制中获得特殊收益甚至"利益固化"的财产价值观。

在我国改革开放的今天，随着利益关系结构的变化和财产数量的激增，人们的财产观念认识与财产的占有事实都发生了巨大变化：从财产与罪恶相关到财产正当性的复归；从几乎没有个人财产的观念到追求财产欲望的释放和创造财产意识的不断增强；从占有、支配财产到财产性收入的形成以及个人财产的急剧分化。与此同时，在财产的价值诉求、归属、意义以及最终指向方面又出现了一系列的混乱，财产的制度安排等问题越来越凸显出来。在此应该特别指出的一点是，在当代中国种种财产问题上我们存在着典型的"左"和右两方面错误认识。如在收入差距上，"左"派提出，收入差距与收入差距扩大问题系改革之过，因此我们要重走"老路"——绝对平均主义；右派提出，收入差距与收入差距扩大问题系制度使然，因此我们要走"邪路"——西方私有化之路。针对过去平均主义的"老路"，邓小平曾经深刻指出："搞平均主义，吃'大锅饭'，人民生活永远改善不了，积极性永远调动不起来。"[1] 同样，针对中国走资本主义"邪路"的危害，邓小平也一针见血地提出："在中国现在落后的状态下，走什么道路才能发展生产力，才能改善人民生活？……如果走资本主义道路，可以使中国百分之几的人富裕起来，但是绝对解决不了百分之九十几的人生活富裕的问题。"[2] "如果产生了什么新的资产阶级，那我们就真是走了邪路了。"[3] 本质地看，"经常变化和改革"[4] 是社会主义的本质特征之一。事实上，收入差距及其扩大化问题不是改革之过，而是改革不到位甚至缺位所带来的"副产品"。因此，继续深化改革，促进经济快速发展，从而形成解决发展中出现的问题的物质基础的同时，应加

---

[1] 《邓小平文选》第3卷，人民出版社1993年版，第157页。

[2] 《邓小平文选》第3卷，人民出版社1993年版，第64页。

[3] 《邓小平文选》第3卷，人民出版社1993年版，第111页。

[4] 《马克思恩格斯文集》第10卷，人民出版社2009年版，第588页。

强法治型市场经济建设，取缔非法非正常收入，"建立起既有市场机制的基础作用，又有政府有效宏观调控的经济，收入差距就可以逐步走向合理化"①。

综上所述，在"历史向世界历史的转变"进程中建设中国特色社会主义市场经济，实现当代中国社会财产问题的有效治理，走出一条"驾驭资本逻辑"和"驾驭权力逻辑"的"特色"道路，就需要增强方法论自觉，正确认识、全面把握中国财产问题实质，树立科学的财产价值观、去财产理论学说上的"中心主义特别是西方中心主义"，批判性介入财产现实，"占有资本主义制度所创造的一切积极的成果"，规避中国财产问题出路探讨上的或被纯思辨化，或被西方化，或被错误的财产价值观所扭曲的倾向，从内容和形式两个方面构建以马克思财产理论为指导的科学的中国特色社会主义财产理论体系。

第三节　中国有序财产关系的法治化治理

古往今来，有序财产关系的维系方式主要有二：一是在传统熟人社会中以身份（关系）来维系财产关系；二是在现代陌生人社会中以契约（更多地指涉法律、合同、乡约民俗等正式规则，而更少地指涉口头约定、"潜规则"等非正式规则）来维系财产关系。不言而喻，前者是在狭小的地域内、较小的共同体中，通过身份（关系或血缘）来维系有序财产关系；而在以契约维系有序财产关系的社会中，所有者之间财产关系的基本原则，就是"契约自由""意思自治""财产所有权不受侵犯"等。"对法律制度诸多学说和制度的最佳理解和解释是，促进资源有效分配的努力……法律学说悄悄地仰赖对效率的探索。法官希望采纳将会使社会财富最大化的规则、程序和案件结果。"② 法律是旨在最小化"摩擦和浪费"的"社会工程"机制，在资源的有效配置中追求社会财富最大化，经济的运行，社会秩序的维系，商业行为的顺利运作，都是法律引导与

---

① 赵人伟等主编《中国居民收入分配再研究》，中国财政经济出版社 1999 年版，第 67 页。

② ［爱尔兰］约翰·莫里斯·凯利：《西方法律思想简史》，王笑红译，法律出版社 2010 年版，第 365 页。

法治规范的结果。法律用公开的语言表达市场经济的内在精神，惩罚和约束不法行为；法律与市场经济相联系的天然本性，注定法律与经济具有相同本质的一面。市场社会的契约根基，尤其表现在信用事业、股票事业、知识经济、虚拟经济中，通过缔结契约或协议，达致抽象权利的预期实现。显而易见，当下中国财产关系的维系方式正处于从身份到契约的过渡进程中①。

对我国来说，契约经济（信用经济）② 的建构问题主要涉及两个层面：第一个层面即"良法"，也就是财产法权制度体系的建构问题。科学完备的财产法律制度是契约经济的前提。第二个层面即"善治"，也就是财产关系法治化治理问题。我们需要把财产关系纳入法治轨道上来，通过公正司法与合理执法，确保财产权利——所有权、使用权、处分权和收益权——不受损害。只有实现"良法"与"善治"两个方面的有机结合，我们才能切实保障转型社会中财产法权关系的和谐。

一、有序财产关系维系的法制利器

财产法，是调整人们之间因支配和控制（取得、占有、获益、转让等行为）财产而产生的社会关系的法律规范。科学的财产法律体系对经济和社会发展起着关键作用，是保护财产权利和协调财产利益关系的前提。改革开放特别是市场经济的建设，呼唤适应时代要求、保证经济快速

---

① 我们说作为财产关系维系方式的身份向契约的转变，并非价值判断，而只是事实判断：实质上，这两种维系财产关系的方式各有各的好处，如身份财产关系适合于家庭等小共同体，因而在一个家庭中就没有签订支配财物的契约的必要；反之，契约关系适合于地域扩大至完全陌生的市场社会，人与人之间在无法保证信任的前提下，只能依靠法律契约的力量。因此，对这两种维系财产关系的方式，我们不能概而论之。在人类历史上，暴力、道德、宗教和法理制度都曾经是维系经济秩序、调整财产关系的方式。随着现代社会的发展，尤其是市场经济为主导的社会结构的建立，现代社会越来越表现出利益相对独立化、利益诉求多元化的特征。面对纷纭复杂、瞬息万变的现代社会，道德说教和暴力的秩序维系方式越来越力不从心。因此，建立一套健全的法律制度，依靠法治而促进社会发展、推动文明进步，既为人类历史发展所证实，又日益成为人们的共识。一套理性而完善的法律体制，既给多元化社会的人们提供一套合理而可行的共同的行为规则，从而维持社会整体的大原则，保障社会共同利益和维持社会秩序的基本和谐与稳定，又给社会成员提供一定的发挥个性的自由空间，从而充分保障个人的自由和个性，发挥每一个社会成员的创造力。

② 学界基本达成共识的就是，陌生人社会之间信用问题凸显，昭示着市场经济就是契约架构下的信用经济。

发展和有效运行的财产法律体系。换言之，通过宪法的原则性规定与部门法的具体可操作性规定的有机配合，可规范、约束、引导和促进市场经济活动的健康发展和有效运行。

（一）财产法律体系的建设进程

按照马克思的观点，财产法律体系属于上层建筑，是由经济基础决定并为经济基础服务的。新中国成立 60 多年来，随着中国经济社会的发展、财产数量的增进和财产权能结构的变化，人们的财产观念以及财产法律制度也发生了相应演变。细微观之，我国财产法律体系的建构走过了一条崎岖坎坷的曲折道路，呈现出从无到有、从不完善到逐渐完善、从初步形成到基本形成的特点。今天，中国民法学界又在为制定中国民法典、完善社会主义财产法律体系殚精竭虑。中国特色社会主义财产法律体系的完善必将会进一步促进中国经济社会的进一步发展。

众所周知，在改革开放前相当长的一段时间内，受苏联教条主义的影响，对马克思财产理论，人们往往不加辨析地将其与"消灭私有财产"画上等号，把"私有财产"等同于资本主义，把"公有财产"等同于社会主义，甚至把有没有财产、有多少财产作为判断人们政治上先进与落后的一个重要标准。这种"革命的"却是褊狭的财产观，带来了政策上的偏差。在财产增长方式上，实行政策指导下的计划经济；在划分阶级标准的财产依据（阶级划分的财产标准）上，拥有生产资料性质的财产的人就是资产阶级，反之就是无产阶级；在对待个体、私有经济等私有制经济态度上，整体上秉持"利用、限制、改造、消灭"的态度。观念上的错误与政策上的偏差，导致了实践中的重大失误：公民所拥有的财产数量上极度贫乏、种类上格外单调（只限于生活资料，几乎谈不上股权、债券和知识产权），财产取得和使用方式上极为有限（以维持最基本生存需要为目的，对生活必需品进行计划分配）。

财产观念的褊狭、财产数量的贫乏以及相应财产权利的残缺，使调整财产利益关系、确认和保护财产权利的民商法律制度缺乏生存的土壤——不仅谈不上完善和健全，甚至成为经济现实中的多余之物。"只有盗窃和抢劫是侵犯财产的常见行为，因此，用刑法来保护公民财产权利是主要手段。"[①] 就财产取得和财产利益关系的协调主要通过政策和计划来实现来

---

① 夏勇主编《走向权利的时代》，中国政法大学出版社 2000 年版，第 237 页。

看，规约财产关系的宪法与刑法，与其称之为调整和规范财产关系的法律，不如说是政治制度、计划分配制度的附属物，更遑论 10 年"文革"期间砸烂公检法，撇开法制和司法体系，通过政治运动来维系财产秩序。由此我们就不难理解，从 1957 年至 1978 年长达二十多年的时间里，除通过 1975 年宪法外，从总体上而言，财产法律体系的整体框架几乎没有相应的发展，部门法、规范性法令或没有，或者不适用。

总之，在改革开放前相当长的一段时间内，我们以为生产资料公有制破除了生产资料私人占有与社会化大生产之间不可调和的矛盾，自然而然就会促进社会生产力的快速发展，进而创造出充裕的物质财富。在这种错误观念的指引下，我们漠视财产权利，忽视财产法律体系的建设，其教训是惨痛的。实践证明，如果财产法制体系不健全，财产权利不清晰、不稳定，人们很难维护其合法的财产权益，也就难以产生创造财富与积累财富的积极性与热情。

历史的转折点终于来临。十一届三中全会不仅开启了经济体制改革的历史进程，逐步确立了中国市场化改革方向，而且开启了构建财产法律体系、依法规范财产关系的历程。邓小平指出："为了保障人民民主，必须加强法制。必须使民主制度化、法律化，使这种制度和法律不因领导人的改变而改变，不因领导人的看法和注意力的改变而改变。"① 需要特别说明的一点是，虽然这是邓小平就新时期法制建设所提出的理论纲领，但其在方法论上却具有普遍性意义，因而也适用于财产法律体系的建构。改革开放，尤其是经济上从有计划的商品经济、商品经济到市场经济建设目标的确立，在促进经济快速发展的同时，也形成了不同经济成分和不同利益诉求共存的社会现实。

随着改革开放以及与之相适应的财产观念、财产权利、财产功能和财产分配制度的变革，人们所拥有的财产数量不断增加，财产种类不断健全（不仅原有的物权和债券有所发展，而且新型的股权和知识产权也加入进来），财产权能不断扩大，财产在社会发展中的作用也在不断扩大。换言之，财产单一的消费功能丰富为消费、使用、收益、转让功能，甚至，"通过投资，利用个人财产取得收益，实现个人财产的增殖，是我国公民

---

① 《邓小平文选》第 2 卷，人民出版社 1994 年版，第 146 页。

日益重视日益普遍的使用财产方式"①。但是，与这种财产状况的快速变化不相适应的是财产立法工作滞后且不完善，这严重影响了依法规范与调整财产关系。因此，随着社会经济现实的巨大发展变化，财产在生活中的地位提高，以及公民个人财产在社会发展中的作用扩大，财产关系（公民之间、法人之间、公民和法人之间的财产关系，以及公有财产和私有财产之间、私有财产之间、国有财产与集体财产之间的财产边界关系）也出现了调整和规范的必要性和紧迫性。换句话说，随着作为经济基础的财产状况的显著变化，作为上层建筑的财产法律体系必须与之相适应。在一个不同利益主体共同构成的社会中，利益诉求的多元化，财产现象的丰富性，以及经济成分的多样化，等等，都要求构建一套既具有包容性与开放性，又能够完整体现财产正义和公平原则的财产法权制度体系。唯此，才能适应生产力发展的需要，才能满足人们日益增长的美好生活的需要，调动各类社会成员创造财富的积极性和热情，促进社会财富的极大增长与合理利用，进而化解人民日益增长的美好生活需要和发展不平衡不充分之间的矛盾。

我国财产法律制度建构本身就是我国经济政治改革的缩影。就宪法而言，针对财产权利问题，1982 年宪法第六、第十一、第十二、第十三条对财产类别、性质、保护和救济等作了原则性的规定。2004 年私有财产保护入宪，标志着我国在宪法层面进一步完善了对财产权利的保护。就各单行法来看，《民法通则》《著作权法》《专利法》《商标法》《公司法》《证券法》和《合同法》等，主要规范和保障了物权、债券、知识产权和股权等财产权，在有效界定财产的同时，实现了财产的预期效应。特别是随着 2007 年《物权法》的颁布实施，"与民众生活和社会经济生活最息息相关的财产所有权和其他物权制度体系被体系化地构建起来，同时它也使我国保护平等主体的财产权益之法律制度体系被完整地建构出来"②。"第一次如此集中地将保护个人财产权利的法律规范完整地呈现在公众面前，使人们对财富的取得、财富的使用有了明确的法律依据。这是对中国近三十年改革成果的法律确认，也是中国人财富观念质的飞跃。"③ 由此可见，通过宪法这一根本法的宏观调控性、提纲挈领性的原则规定，与民

---

① 夏勇主编《走向权利的时代》，中国政法大学出版社 2000 年版，第 241 页。

② 江平主编《中国物权法教程》，知识产权出版社 2007 年版，第 1 页。

③ 乔新生：《物权法明确约束行政机关权力将改变国人财富观》，《法制日报》2007 年 9 月 30 日。

商法、经济法等单行法的微观规范和约束，我国的财产法律体系形成了一个从根本法到一般法、从实体法到程序法的有机整体，这标志着我国财产法律体系的建成：我国形成了以宪法为核心，以规范物权、债券、知识产权和股权四种财产权的部门法为主干，包括行政法规、地方性法规等规范性文件在内的中国特色社会主义财产法律体系①。这意味着在财产法律制度建设上我国迈入新的历史阶段。

（二）当前我国财产法制体系存在的问题

随着财产法律体系的基本形成，我国在财产权利的规范与保护方面初步实现了有法可依，标志着科学立法和民主立法取得了阶段性的胜利。但在此应该特别指出的一点是，在短短 30 年的时间里，我国颁布实施的大量财产法律规范存在着一定的问题。

第一，形式上的一致性问题。随着大量法律和法规的不断涌现，众多财产法律文本之间的冲突凸显。例如，担保物权纠纷问题，既可以在《物权法》中找寻到相关法条，也可以依据《担保法》做出解释，不同的法律文本给法官援引法条进行适法判断带来一定困难。这要求我们依据"新法优于旧法，上位法优于下位法"的效力规则，进一步厘清和完善财产法律规范，以创设出更为完整统一的法律体系。

第二，内容上的完备性问题。我国现行的财产法律在内容上存在一些漏洞，特别是具体操作上的一些漏洞，这就为日后出现财产纠纷问题埋下了隐患。例如，2004 年宪法修正案规定，国家为了公共利益的需要，可以依照法律规定对公民的私有财产实行征收或者征用并给予补偿。但是，宪法和《物权法》没有清晰地界定公共利益，明确地规定征收的前提条件和补偿标准，

---

① 1982 年宪法涉及财产权利问题的法条，主要是第六、第十一、第十二、第十三条，对财产类别、性质、保护和救济等作了原则性的规定；市场经济包括物权、债券、知识产权和股权四种财产权利，物权和债券主要是传统财产法规范的目标，知识产权、股权等则是新扩大的财产范畴。从现行科学立法的角度看，债券由《民法通则》和《合同法》规范，知识产权的规范和保护主要体现在《著作权法》、《专利法》和《商标法》里，股权则主要由《公司法》和《证券法》保护，各个财产权法律是 1982 年宪法以及历次宪法修正案的实际化和具体化。此外还有非公 36 条等行政法规和地方性法规。由此可见，中国特色社会主义财产法律体系包括七个法律部门，四个层次法律规范，即规定我国财产制度和财产关系的部分宪法的规范；调整所有者财产关系的民法规范；调整国家在组织、领导和管理经济活动过程中所发生的经济关系的行政法规范；规定经济犯罪及其制裁的部分刑法规范。它们都是经济职能在法律范围内的具体表现，同时又起着引导、推动、保障和规范经济关系的作用。

之后没有及时作出相应的配套规定；由此，在征收和征用的审批和审查上，行政机关往往具有较大的自由裁量权。如此一来，财产法律规范在征收限制、征收的前提条件及补偿方面的缺失，就为城镇化进程中的强制拆迁和暴力拆迁等问题埋下了隐患，造成一系列纠纷甚至悲剧性后果。

第三，逻辑上的自洽性问题。我国宪法第三十三条第二款规定："中华人民共和国公民在法律面前一律平等。"可以说，平等原则既是一项根本的立法原则（法律面前人人平等），也是法治的基本要求。财产的平等保护和对不同主体的财产一体对待就是平等原则的具体化。但是，1982年宪法（经2004年修正后）第十二条关于"社会主义的公共财产神圣不可侵犯"的规定，与第二十二条关于"公民的合法的私有财产不受侵犯"的规定两者存在逻辑悖论。其一，"神圣不可侵犯"与"不受侵犯"用词上的不同，表明在财产保护程度上的区别对待。由此可见，宪法事实上对不同主体的财产实行区别保护而非平等保护，这意味着存在地位不等同的两种财产，这也在操作层面造成严重后果——刑法对侵害公有财产的犯罪行为在定罪和量刑上都重于侵犯非公有财产的犯罪行为。其二，法律作为一种对事实进行判断的依据，应该慎用和少用如"神圣"等带有感情色彩、价值倾向性的模糊词汇。其三，公有财产与私有财产之间存在着流动性，国有财产通过股份制改革和股票的流通，能够转化为私有财产；反之亦然。因此，在市场上，地位不同的财产，与"商品是天生的平等派"的市场法则相悖，因而它们在等价交易时就会带来许多不必要的麻烦。其四，如同刑法中的"无罪推定原则"一样，对公民的财产也应当采取"合法推定原则"。因此，"公民的合法的私有财产不受侵犯"中"合法的"这一定语似不妥当，存在对私有财产的歧视和有罪推定嫌疑，应该删除①。

---

① 当然，我们也能够理解宪法如此规定的历史和现实原因：其一，这是我国居于主体地位的公有制经济在法律上的反映，表明了市场经济的社会主义性质以及把促进公有制的发展放在了一个更为重要的位置，因此这种按所有制形式进行的划分（国有财产、集体财产和个人财产），从内容上来看许多规定都是多余的，但是考虑我国国情、历史沿革和经济现实，其结果体现在政治意识形态的价值取向上；其二，与私人财产所有者明确、到位从而维权意识强烈相对，国有财产和集体财产相对来讲，存在法人虚置与缺位以致监督不力和不到位的弊端，这就容易造成"权力设租寻租（攫租）"现象：在企业改制、合并分立、关联交易等国有财产的市场活动中，"内部人"常常低价转让、合谋私分、擅自担保国有财产，造成国有财产流失和损失。目前经济领域中受侵害最严重的恰恰是国有财产，故须加强对国有财产的保护，防止国有财产流失和被侵害，做出有针对性的规定也是必要的，因而须在立法上给予格外关注。

总之，我国财产法律体系已经基本形成。但是，我国财产法律规范的建构时间短暂，需要在实践中获得检验；同时，我国处于经济转型和社会转轨的"过渡期"，经济社会不断发展进步，作为上层建筑的财产法律体系也必须不断完善。

（三）财产法律规范法典化的建设蓝图

法律规范的制定与适用上存在一个根本特点，"制定于过去，适用于现在，并为将来作准备"①。我国的财产法律体系也不例外。它不是一劳永逸的，而是保持着动态的、开放的、发展的格局。就"制定于过去"来说，我国财产法律规范不过是把社会经济生活的实践上升为国家意志，尤其是把过去实践经验比较成熟的、各方面认识比较一致的成分纳入法律体系中的结果。通过上面的论证，我们可以发现现行宪法中的财产法条还存在着不足，各财产单行法还远未形成一整套完整的体系。因此，整合物权、债券、知识产权和股权等各单行财产法律规范，完善中国财产法律体系，依旧任重而道远。

就"适用于现在，并为将来作准备"来说，制定于过去的财产法律规范，在实践中又存在滞后性的问题，存在与现在既相适应又不相适应的问题。因此，随着作为法律实践来源的市场经济的发展与财产现实的不断变化，我们要不断修改、补充、完善作为上层建筑的财产法律体系，尽可能实现从财产法律规范的"滞后性"到"趋时性"的转变。正如恩格斯所说："'法发展'的进程大部分只在于首先设法消除那些由于将经济关系直接翻译为法律原则而产生的矛盾，建立和谐的法体系，然后是经济进一步发展的影响和强制力又经常摧毁这个体系，并使它陷入新的矛盾。"②

由上可见，"制定于过去"的财产法律规范，本身就存在许多问题；"适用于现在"的财产法律规范不断产生与现实的不适应性；"为将来作

---

① 许中缘：《论法律概念》，《法制与社会发展》2007 年第 2 期。法律制定于过去，反映了过去的财产状况，以及对现实的一种妥协，这体现在《物权法》出台前后学界的争论上：有学者主张赋予私有财产以神圣不可侵犯的地位，从而使其具有与公有财产同样的地位，以有利于财产交易的顺利进行；有学者依据马克思对私有财产持强烈批判态度，以及以公有制为基础的我国经济制度，认为《物权法》对私有财产与公有财产做同等程度的保护，具有违宪的嫌疑。在我看来，违宪嫌疑并不存在，因为法律虽然具有稳定性和权威性，但是作为上层建筑的法律毕竟是经济现实的反映。我们要正视现实生活中个人财产数量的增加和功能上的扩大，从法律上给予它们应有的地位，这样才能促进社会的发展与和谐。

② 《马克思恩格斯全集》第 37 卷，人民出版社 1971 年版，第 488 页。

准备"的财产法律规范意味着,随着现实的发展变化,要不断修改完善财产法律体系。立法工作的重心就转向提高立法质量上:进一步修订完善财产法律和制定配套财产法规,进一步清理协调各项财产法律;着力提高立法质量,实现法律体系的科学性与完备性,从而满足社会经济现实的需要。正如时任全国人大常委会委员长吴邦国所指出的,"我们的法律体系虽然已经形成,但本身并不是完美无缺的,这当中既有一些现行法律需要修改的问题,也有部分配套法规急需制定的问题,还有个别法律尚未出台的问题"①。这就给我们提出了一个根本性的任务:整合现有的如《物权法》《合同法》《担保法》等各单行财产法,形成"门类齐全、结构严谨、内部和谐和体例科学"的外部关系,以及"上下(上位法与下位法)左右(此部门法与彼部门法)前后(前法与后法)里外(国内法与国外法)彼此之间统一、协调、不相矛盾和彼此脱节"的外部关系②。在此基础之上,积极探索具有时代特征的基础理论,探索如何在新的财产权架构之下协调传统物权与业已存在或需要创建的新型财产权之间的关系,建构具有包容性和开放性的科学的财产法律体系③。

二、权利与财产关系的法治化思考

包括财产法律体系在内的中国特色社会主义法律体系的基本形成,为财产关系的法治化治理创造了前提条件。从逻辑上讲,自此以后,立法时代基本结束,"守法与执法"时代到来。法律的生命力就在于实施,"书本之法"需要转化为"行动之法"。财产关系法治化治理,也就是把财产的获取与转让、利益诉求的表达、财产矛盾纠纷的解决等全部纳入法治化轨道上来,以法律为武器切实维护合法权益、维系市场秩序,实现财产归属清晰(静态的财产所有权与动态的财产契约权)、财产协调有序、财产交易公平。从实践上来看,在调整财产关系的法律体系的构建工作基本完成之后,"有法不依、执法不严、违法不究"问题凸显,加之传统中国观念上对人治路径的依赖,这一问题更加突出。因此,我们要充分认识到财产法律规范有效实施的重要性和紧迫性。

---

① 吴邦国:《形成中国特色社会主义法律体系的重大意义和基本经验》,《求是》2011 年第 3 期。
② 李步云:《依法治国,建设社会主义法治国家》,《中国法学》1996 年第 2 期。
③ 王卫国:《现代财产法的理论建构》,《中国社会科学》2012 年第 1 期。

（一）新中国艰难的财产关系法治化进程

财产关系走向法治化治理，不是从来就有的，而是近现代社会历史的产物。"从人类历史来看，法治国家是在近现代社会才出现的。"① 在我国长达 2000 多年的封建专制社会，财产关系的协调更多地不是依靠法律，而是依靠关系与人治。"普天之下，莫非王土；率土之滨，莫非王臣"就是对人为调控（人治）社会财产利益的经典描述。在人治社会中，利益问题以及对利益的调控和利益的诉求，都是以居于统治地位的"个人"意志为转移的，往往"人存政举、人亡政息"。即使存在所谓的"法治"，也不是我们现代意义上的法治，而是"刑不上大夫、礼不下庶民"的法治，法律只是特权办事的利器，只是贪污腐化和剥夺民众财产的工具。正如人们所说，"权力导致腐败、绝对权力导致绝对腐败"。这种立法权和执行权操于当权者之手、"有制而无治"的情况让人绝了对制度的念想，断了对法治的依赖，明君成了"鸣冤"的唯一指望，贤臣成为"反腐倡廉"的依靠。由此不难理解，暴力革命之所以不绝于缕，王朝兴衰更替之所以绵延不断，就是因为传统社会的人治与暴政的联姻。

在传统人治社会，"财产权在中国政治话语中都扮演了一个极其消极的角色"。财产具有依附性，依附于身份、血缘、宗族和社会地位；公私不分或公私区分不彻底，所以几乎不存在纯粹私法意义上的财产问题，私权为了避免被侵害或者寻求救济，也不得不主动往自己身上涂抹一些公法色彩与政治色彩。② 财产利益和身份、关系、社会地位的长期纠缠不清甚至相结合，导致了财产成为身份的附庸或者说需要获得社会地位和政治的认可和保护。"财产关系既成为身份关系的附庸，单纯的财产关系往往都要结合一种拟制血缘身份的、或拟制社会地位的关系才能得到某种程度上的认可或保护，这不仅阻碍了民事法律的发展，而且还妨碍了对此进行研究分析的学问的产生。因为谈及财产关系就会被人为沾上了铜臭和市井俗气不得登学术大雅之堂。"③

新中国成立以来，我们并未从根本上肃清封建官僚遗毒和人治弊病。

---

① 沈宗灵：《依法治国建设社会主义法治国家》，《中国法学》1999 年第 1 期。
② 参见邓建鹏《财产权利的贫困》，法律出版社 2006 年版，第 5 页。
③ 郭建：《中国财产法史稿》，中国政法大学出版社 2005 年版，第 29 页。

在改革开放之前的近 30 年里，我国总体上依靠政策治理社会，而政策的实质就是人治。正如毛泽东同志所说："到底是法治还是人治，看来实际靠人，法律只是作为办事的参考。"① 此外，当时我国也缺少厉行法治的经济基础，以地域、血缘和身份为特征的农业经济、计划经济导致财产极度匮乏、市场交易不发达。财产关系的协调与规范，财产纠纷的解决主要依靠政治手段和道德、宗族等方式，这就使得人们的财产法治意识匮乏，因而传统的财产立法也就无从谈起。

历史在曲折中前进。1978 年邓小平提出了新时期法治建设的理论纲领："为了保障人民民主，必须加强法制。必须使民主制度化、法律化，使这种制度和法律不因领导人的改变而改变，不因领导人的看法和注意力的改变而改变。"② 邓小平同志的这一讲话奠定了厉行法治的政治基础。改革开放以来所进行的市场经济体制改革，则奠定了厉行法治的经济基础。从财产利益关系的角度来审视，这一转型意味着从义务到权益的转变，意味着人们之间利益关系的界定、配置与再调整。这既包括国家与私人之间财产关系的界定与调整，国家逐渐从大一统的经济权力结构中退出，出现了单一的财产公有制到财产多元化的转变：国家从国有企业经营权中退出，国有企业开始建立"产权清晰、权责明确、政企分开、管理科学"现代产权制度，以及国家从农业领域生产计划中退出，农村实施家庭联产承包责任制；也包括民事主体之间（公民之间、法人之间、公民和法人之间）财产关系的界定与调整，保障市场上独立、平等的所有者之间财产的获益、转让和让渡。这就迫切要求借助法律手段重新建立国家－市场－企业之间的新型关系。从市场经济的角度来审视财产法律规范，市场的本质关系不过是商品内在使用价值属性和价值属性外化为商品和货币的关系，外化为买者和卖者（消费者和生产者）平等、自由的关系。这种平等、自由、所有权、信用关系需要在财产法律规范中得以体现。因此，财产法律规范明确财产背后人与人之间的物质利益关系，明确界定社会中各种可利用的资源财产权，从而形成了市场经济的有序化：交易之后的互惠互利，催生了人们的市场交易；交易之前界定清晰的财产关

---

① 转引自全国人大常委会办公厅研究室编著《人民代表大会制度建设四十年》，中国民主法制出版社 1991 年版，第 102 页。

② 《邓小平文选》第 2 卷，人民出版社 1994 年版，第 146 页。

系，确定了市场经济的基本前提；平等、自由的市场交易过程，保证了市场经济秩序的有序进行。

总而言之，改革开放既形成了法治的政治基础，也塑造了法治的市场经济基础。从此以后，我国开启了"立良法、行善治"之路，开始实现从政策社会（人治社会）到法治社会，从形式法治到实质法治的转变。这一转变意义重大。借用梅因的话来说，即"所有进步社会的运动，到此处为止，是一个从身份到契约的运动"①。

（二）财产关系法治化治理的要件

财产关系法治化治理的贯彻落实，需要一些基本的必要条件。

其一，有"法"可依（循）②与法律可循。这是一个立法与守法、执法之间关系的问题。从本质上来看，"法治社会包含两重意义：已成立的法律获得普遍的服从，而大家所服从的法律应该本身是制定得良好的法律"③。这启示着我们，法治包含"法"与"治"两个方面：法治所讲的"法"或有法可依的"法"，从来不是有无意义的法，而是有良法可依，依良法而治；法治所讲的"治"，要求财产法律规范制定出来后要有可操作性与可遵守性，只有制定的法律规范与社会实际有机衔接起来，才能保证法治落到实处。反之，法律规定得离奇或者超出人们可以遵守的能力范围，以致要求人们去做不可能做到的事情，那么法律就会流入"名归而实不至"的境地。"法律制定者如果对那些会促成非正式合作的社会条件缺乏眼力，他们就可能造就一个法律众多但秩序更少的世界。"④甚至在一定意义上，"官逼民反""逼上梁山"等暴力行为，就是削弱公民对法律的尊重乃至迫不得已违法的经典写照。

其二，法律的透明性。法律的透明性要求：第一，因为我国包括财产法律规范在内的法律体系构建的逻辑进路，不是英美式经验论判例主义（法官根据一个个具体的判例来创造法律），而是遵循大陆式演绎建构主

---

① ［英］梅因：《古代法》，沈景一译，商务印书馆1959年版，第96页。
② 从汉语习惯上来看，"依"表达了并行相依相靠、法律只是办事的工具之意；"循"则表述出法律至上、人们在法律之下平等地遵循规矩做事之意。因此，较之"依法"，"循法"更为妥当（夏勇：《法治是什么》，《中国社会科学》1999年第4期）。
③ ［古希腊］亚里士多德：《政治学》，吴寿彭译，商务印书馆1965年版，第199页。
④ 转引自苏力《二十世纪中国的现代化和法治》，《法学研究》1998年第1期。

义亦即"强调法律来自人的理性，并由立法者理性地去表述和建构"[1]，践行"法无明文规定不为罪"的原则。因此，遵循法律的前提就在于，法律要公开颁布并让民众知晓，知晓法律及其确切内涵和精微义理。但就实践来讲，我们也存在一个不断把判例固定、稳定下来并且上升为法律的问题，把人们习以为常并且也合乎正义的惯例、习俗、道德等形诸文字表述于法律[2]。第二，法律必须明确。作为确定性的东西，法律必须用清晰的语言，才能为民众所理解和认知。反之，模糊不清、含糊其词甚至自相矛盾的法律及其内容，人们或者无所适从，只能按照各自的主观意念理解，或者难以把握适当分寸，进而损害着法治的有效实施。第三，法律必须具有稳定性。虽然法律具有滞后性和适应性的特点，我们要随着经济的发展和社会的变化适时调整、修改、完善甚至变更和出台新的法律规范。但是法律规范不能频繁变动，否则，人们难以学习和遵守，也不可能形成长期的规划。

其三，司法威权与司法公正。就财产法律规范的贯彻落实来看，遵循法律、裁判纠纷的司法威权与司法公正就成为法治的核心要件。司法的权威构成司法公正的前提，司法公正也保证了诉讼公正和权益的诉求。二者构成紧密相关的有机体。如此一来，人们才会信任法律，进而遵循法律，保障司法的权威。

总之，法治的实现需要一定的必要条件。以上粗略归纳了实现法治的一些必要条件。经过改革开放 40 年来的努力，法治的这些要件已经基本具备，这表明我国"法治国家""法治政府""法治社会"，以及"财产关系法治化治理"具有了现实可能性。

（三）财产关系法治化治理的前景：任重而道远

通过对财产关系法治化治理要件的考察，我们得出了"财产关系法治化治理具有了现实可能性"这一结论。但是，这只是必要条件，而不是充分条件。在从礼治、德治、人治到法治的转变过程中，在从身份社会到契约（合同）社会的转变进程中，财产秩序维系方式的变更存在着一

---

① 马慧娟：《试析我国法律体系的逻辑建构》，《云南财经大学学报》2009 年第 6 期。

② 中国传统社会人与人之间的关系，以及人与人之间的财产矛盾和纠纷主要以"礼治秩序"或"差序格局"来维系或调解。在传统经济条件下的身份社会逐渐转向市场经济条件下的契约社会的过程中，熟人社会中"人情""亲情"的财产关系逐渐转向"亲兄弟、明算账""先小人、后君子"式契约（白纸黑字的合同），构成财产关系法治化治理的历史前提与时代背景。

些困难和障碍。

其一，立法与执法之间的矛盾。就立法而言，随着 2007 年《物权法》的颁布实施，我国财产法律体系正式宣告建立。但是，私有财产保护入宪，以及一系列调整财产关系的法律体系（行政法和刑法等公法体系以及民法和商法等私法体系）的制定与颁布存有"搬字过纸"的嫌疑，其效果难遂人意，书本上的法律与行动中的法律之间还存在一定距离，亦即存有有法不依、执法不严、违法不究等不公现象。

其二，司法权威与司法公正方面的问题。我国司法机构在依据法律、严格执法方面，做出了很大的成绩。但是也应该看到，"我国目前严重存在地方人民法院受制于人民政府的状况，有的地方法院甚至变成了地方保护主义的工具，严重损害了司法权的统一。法的执行权也存在被一些行政机关侵夺的问题。司法权和执行权统一由法院独立行使是维护法制统一的保障，应当受到高度的重视"[1]。换言之，我国司法和执法上存在不尽如人意的地方：现实中行政的干预、地方利益的囿见、腐败的干扰等，致使法律设定的程序走样，法律规设的内容往往大打折扣；司法权的统一和强力执行成为问题，导致司法不公、执法不力问题。

其三，法治的普遍化与特殊化之间的矛盾。法治的一个核心原则就是平等，就是法律面前人人平等。但是实践中，法律却存在部门化、地方化与身份化等现象，即同一案件可能在甲地败诉，而在乙地胜诉；或者身份不同，量刑不同等，不一而足。关于宪法表述公共财产与私人财产方面的不平等所造成的严重后果，上文已有详细论证，在此故不赘述。

其四，法治的自律与他律之间的矛盾。我们所提出的"法治国家"、"法治社会"或"财产关系法治化治理"等，都离不开两个层面：其一是"法"；其二是"治"。法是良法，适合于法治之法，自不待言。但更深层次的问题是，良法何来和守法何以成为可能。显然，良法来自人们的认可，来自全体社会成员集体的智慧、来自社会，良法必须建立在全体社会成员平等自愿参与的基础之上（这一理路是从应然与实然二分法出发进行的探讨，实际的法律规范只能是介于二者之间）。由此出发，我们才能谈得上法治社会的自律，亦即法律是自己意愿的表达，遵守法律不过是遵

---

[1]　王家福等：《社会主义市场经济法律体系的法理和架构》，《改革》1994 年第 1 期。

从自己的承诺。

最后，新时代中国特色社会主义的财产法权制度保障包括"良法"与"善治"两个方面：财产法律制度是实现财产关系法治化治理的前提，科学完备的财产法律制度保证了法治的静态的有法状态，在此基础之上，才谈得上有法可依与依法治理；财产关系法治化治理既是财产法律制度的归宿，也是财产法律制度的应有之义，它保证了动态的司法和执法实践。这两个方面是一个有机统一的整体，缺一不可，已为历史与实践所证明。从实践中来看，世界各国以及历史上不同国家都存在财产法律制度（成文的或不成文的），但未必都实现了财产关系的法治化治理。而历史上所谓的法家之治也并非真正意义上的法治，不过是以法律作统治和驾驭民众的工具，实质上是把个人意志上升为法律或众人意志的产物。

综上所述，作为发展中国家，我们存在后发优势，可以毫不费力地移植契约法规，可以在短期内建构起所谓"契约"关系，实现与市场经济相适应的形式法治。但是，长期的人治传统以及由此产生的人治意识和人治思维，决定了这种形式的法治又是比较脆弱的，这种路径依赖与定式思维导致心理上法治意识的淡薄、实践中法治土壤的缺失。因此，离财产关系法治化治理的真正形成，尚有很长的一段路要走。

三、"自然人道"财产法权与人为财产法权的衡平

虽然，马克思"自然人道"财产法权思想的初衷，在于批判普鲁士市场化初期"启蒙立法"所人为形塑的财产垄断权与一无所有的贫民之间的矛盾悖论，但其内在精髓无疑有助于市场化转型初期的国家平等保障贫民的习惯权利和占有者的私人财产权利，既防止贫民捡拾枯树枝、捡拾收割后落地的麦穗、享受附着于混合公共物等的习惯权利受到侵蚀，也防止砍伐树木等侵害所有者财产权利的事件发生。这对"市场在资源配置中起决定性作用"的当代中国也具有重要的方法论启示：衡平"自然人道"财产法权与人为财产法权。

2004年私有财产保护入宪，2007年《物权法》的颁布实施，我国的财产法律体系形成了一个从根本法到一般法、从实体法到程序法的有机整

体，这标志着我国财产法律体系的形成①。当然，"法制"只是意味着国家经济建设、政治建设、文化建设、社会建设以及生态文明建设的各个方面实现了"有法可依"，未必做到了"有法必依、执法必严和违法必究"，为此，我们尚需上升到"法治"层面，实现现代社会的法治型社会管理模式——社会的自治理、自组织系统②，协调不同群体的利益诉求，在畅通的利益诉求中建构起财产主体权利理念基础上的社会良序佳俗，由法成为国家单向控制社会的工具，转到法成为国家与社会双向控制的工具，即国家公权力与公民社会私权利衡平的以人为本的和谐社会，在内在心理的敬畏和外在社会的遵从相统一的双重维度中，坚守一定意义上"法律拜物教"或"法律至上主义"与外在的物理世界规制自己行为的法律唯一尺度，实现权利维护和社会稳定的有机统一。

历史地看，建构法治社会的中国传统社会，自然也有法律的存在及其实际运行，法家的刑罚和儒家的道德教化共同筑起法治与德治双重的统治层面，但是在"普天之下，莫非王土；率土之滨，莫非王臣"的人治意识作祟下，法律的固定性、延续性和强制性都大打折扣。因此在一定意义上可以说，传统社会难以产生现代意义上的法律，这为我们现代法治社会的诞生带来包括意识、社会经济基础等方面的阻力。

历史在曲折中不断前行。我国改革开放确立的市场经济，其内含的自由、平等理念，"商品是天生的平等派"③"流通从各方面来看是个人自由的实现"④，正好与"法律面前人人平等，法律范围内人人自由"的法治精神相契合，并且为法治社会的产生提供了强大的经济基础，也就是说，既然在经济领域，人们之间需要自由、平等地交换自己劳动创造的财产，那

---

① 改革开放 40 年来，我国立法工作取得了举世瞩目的巨大成就。2011 年 3 月 10 日，全国人大常委会委员长吴邦国在十一届全国人大第四次会议报告中宣布，"从 1979 年初到现在，全国人大及其常委会通过了 440 多件法律、法律解释和有关法律问题的决定，其中现行有效的法律有 200 多件，国务院制定了 960 多件行政法规，地方人大及其常委会制定了 8000 多件地方性法规，民族自治地方制定了 480 多件自治条例和单行条例。经过多年的努力，目前我国以宪法为核心的中国特色社会主义法律体系已经初步形成"。这是我们依法治国的一件根本大事。

② 法治之治，并非是统治之治，而是管理之治，是平等的人之间的授权式管理，是参与式治理的自治，即组成社会的公民有机会参加社会的管理活动，特别是参与管理规则的制定活动，是为公众谋福利谋利益的良治，即"权为民所用、利为民所谋、情为民所系"。

③ 《马克思恩格斯全集》第 23 卷，人民出版社 1972 年版，第 103 页。

④ 《马克思恩格斯全集》第 46 卷下，人民出版社 1980 年版，第 473 页。

么，反映到社会领域，自然成为其重要的理论源泉和强大的动力根基，抵制了不劳而获或强买强卖等特权。当市场经济成为华夏大地的共识之后，一切空间与时间都被笼罩在这种财产交换、转让与收益的领域，逐渐消除了传统血缘的、宗法的、道德的乃至人治的理念，自然，明确而强硬的是非界限与具有定纷止争功能的客观的法律与法治社会的建构就呼之欲出了。

我们要建构的市场经济本质上就是法治经济，我们要建构的现代社会事实上就是法治社会。市场经济的内在灵魂即是法治，"对法律制度诸多学说和制度的最佳理解和解释是，促进资源有效分配的努力……法律学说悄悄地仰赖对效率的探索。法官希望采纳将会使社会财富最大化的规则、程序和案件结果……法官和律师认为普遍法判决中的指路明灯要么是关乎正义或合理的直觉判断，要么是不经意的功利主义：财富最大化"①。摆脱传统计划经济的我国市场经济，建构服务型政府，经济的运行、社会秩序的维系与商业行为的顺利运作，都是法律引导与法治规范的结果。作为商品所有者的市场经济主体，是人格上平等、自由、所有权等权利得以保障的现代公民社会成员，物权与债权、权利与责任界定清晰下达成自由契约，顺畅地转让渗透意识的财产及其权利的收益与交割。法治的本质就是契约，一方面，市场社会下，每个人成为契约人，意思自治、享有民事行为能力、拥有民事权利的公民授权达成契约；同时，契约又蕴含道德本质，超越物理世界来反思人事、人类境况，是人存在的道德伦理准则，是道德维度的法，以适应信用事业、股票事业、知识经济、虚拟经济下，抽象化意义上权利的预期实现。因此，市场经济基础上建构的现代法治理念，必然要求以契约、法律为核心建构权利意识，人的权利发展应该是社会发展的基点与归宿，在利己不损人的原则下——外部性内在化中实现自身收益最大化，由权利意识催生诉讼意识，扬弃传统义务本位而代之以法律维护自身权利本位，在法治化中实现现代市场经济。

只有内在心理的敬畏和外在社会的遵从双重维度相统一，实现法律拜物教式的唯"法律至上主义"，以法律作为规制自己行为的唯一尺度，才可以说建构了真正的法治社会。现代法治社会，就是依据法律或合理规则的制度，逐渐使人们心中产生法治信念并严格地遵从之，居于社会主体的

---

① ［爱尔兰］约翰·莫里斯·凯利：《西方法律思想简史》，王笑红译，法律出版社 2010 年版，第 365 页。

自然人、法人与政府等，在法制的制约与监督之下，不仅表现为追求效率的工具理性，更是实现社会福利的"善治"，以财产为依托，建构财产主体权利理念基础上的社会良序佳俗，协调好不同利益群体的诉求，实现畅通的利益诉求渠道与各种矛盾化解的有机统一，由法成为国家单向控制社会的工具，转到法成为国家与社会双向控制的工具，由逐步实现法治国家到最终形成法治社会管理模式的自治理、自组织系统，国家公权力与公民社会私权利衡平的以人为本的法治社会。

以人为本的和谐社会，基于内在本性的尊重生命、敬畏生命意识凸显，呼唤人性中的内在良知、理性和宽容，回归常识与自然，建构遵循法律——惩戒或复仇功能与威慑、改造、建构和谐社会功能兼具的法律——的契约人共同体，因此，权利与义务、罪与罚、损害与赔偿、权与债等，都获致司法裁决的正义性，而不是群体性的盲动、感性的激情冲动、纯粹情感支配欲望，实现现代理性正义之法庭履约。本真意义上，自然规律（自然法）、风俗习惯规约着人们的行为举止，维系着内在和谐的生活秩序。但是，对这些处于我们身外的"弱"权威、规律、尺度，人自身的"尊贵性"要求事物适合他的特有的标准，饥饿、危情等偶然场景中人们难免会违反外在规则，"任性的存在"与"理性的应然"之间出现了分裂、争执、斗争。"任性的存在"以及由此而来的"丛林法则"，使得"强"人为法就势产生：在惩恶扬善中，实现人们对规律、尺度、法则的"尊敬"和"畏惧"。显而易见，稳定的"应然预期"及其普遍化，消除了对不可预期未来的恐惧，形塑了"宁静的内心"。

传统社会财富的匮乏稀缺，使得法律、道德、宗教等社会秩序的维系，都在"道德修养""存天理，灭人欲""培养最好德性"上下功夫，通过克制本性、减少耗费、强调义务本位的方式，在一定程度上化解克服"有限财富"以及由此而来的种种社会问题。现代社会打开了"无限财富"的潘多拉魔盒。虽然在一定意义上使得漠视生命的"物的世界的增殖与人的世界的贬值"成为现实，但不得不承认的一个现实就是，财富的丰裕不断弱化着传统"存天理，灭人欲"的义务本位，不断凸显和张扬着"生命权利""自由权利""财产权利"的权利本位。社会的进步就体现在，利益和权利及义务维系的基础由身份到契约的转变，由此，血缘家庭或家族、组织、社团、阶级等模糊的共同体的权利义务观，转变为市场经济下界定清晰的法律人或契约人权利义务观。人格外化的法律观念，内含道德因素和共同认可的价值理念，即法律是正义、自由、秩序、合理的代名词，法律审判不法行为维护人世秩序和伦理，坚守道德观念而连接起来的共同体，遵守共同认可的行为准则，维系社会外在秩序和内在伦理规范。

总之，内在心理预期与外在实然的可遵从性两维度统一的法治理念，既是创制法律的外部活动过程，又反映民族精神与价值理念的内在底蕴，成为人文关怀层面内在价值外在化的自然过程。法律的"自然的'用于调节社会关系的道德律'"① 本质，决定了法律是合乎人性和以尊重生命为前提的社会内在本质需要，构成和谐的、共增福利的共同体，保证了生命、财产和自由不受随意的损害，使社会像自然一样有着自运动、自调节和自维护体系，实现社会的良性健康发展。法律何以成为约束人的道德、良心的力量？理性的天赋权威使然！万物总是在成就自身目的的进程中臻于完美，顺其自然即合乎事物内在本性的自然而然是事物本质所在，作为一种观念、意识、思想、常识存在的形而上的自然法，成为一种道德上的内在信仰力量，成为人们坚守并形塑内在精神的源泉，宛若宗教的力量植根人内心。同时，形而下的明文实证法，抛弃"不以行为本身而以当事人的思想方式作为主要标准"②，坚守"法无明文不为罪"的理念，"尽管人们在制定法律的过程中可能会就世俗法律的形态发生争论，但一俟法律制定和确立以后，就不能再对法律加以置评，而只能依据法律进行裁判"③。法律"用于调节社会关系的道德律"的预定、公开心理效果与"法无明文不为罪"的理念，将实体世界的内在精神、抽象本质以显性形式明示于物理世界，具象化的法律与事物本性、人性相契合，道德世界的正义和衡平与物理世界规则相统一、立法正义与司法正义相统一下的法律，既具有被承认的可能性，又具有被遵从的现实性。不断渗透和理解事物本性，坚守"上帝的归上帝、恺撒的归恺撒"的道德谴责与物理世界法庭宣判的二维法治理念，确立一种预期的证成和实现，创设着解释、洞察实体世界的精神，让无机的漆黑、模糊、不可预期的世界因人们相互订立契约、法律，得以稳定预期化、透明化、规范化，使不规则世界规则

---

① ［德］海因里希·罗门：《自然法的观念史和哲学》，姚中秋译，上海三联书店 2007 年版，第 208 页。
② 《马克思恩格斯全集》第 1 卷，人民出版社 1956 年版，第 16 页。
③ ［爱尔兰］约翰·莫里斯·凯利：《西方法律思想简史》，王笑红译，法律出版社 2010 年版，第 85 页。

化，无秩序世界秩序化，不完全理性世界、情感理性参半世界预期化和人性化，感性行为和人类本能得以成为理性的仆人，弥补人性的脆弱不足性，创生着世界的人性化，致力于实现人类社会的秩序和自由，遵从理性法的规约，在此指引下建构一个和谐的法治社会。

第四节　构建"以人民为中心"的
社会财产创造模式

"新中国的 60 年是不断探索中国国情和寻找快速发展模式的 60年。"① 60 多年来，中国经济发展模式的演变过程大致可以分为三个阶段：第一个阶段为政府主导型工业化阶段，这一阶段具有非均衡赶超发展的特点，主要表现为"工农业剪刀差""优先发展重工业"；第二个阶段为通过"计划""市场"双轨并行来推进经济发展，主要表现为"以经济建设为中心""发展是硬道理""发展是第一要务""先富和共富"；第三个阶段为目前方兴未艾的科学发展、和谐发展、新发展理念以及与之相适应的"以人为本""以人民为中心"② 的财产创造阶段，主要表现为"全面、协调、可持续"发展、"创新、协调、绿色、开放、共享"发展。在第一个阶段，人为的工农业剪刀差和重工业超常发展，以及经济建设政治化——"以阶级斗争为纲"来促进经济发展，不仅在一定程度上阻碍了工业建设，也影响了经济的快速发展，以致到 70 年代后期我国经济濒临崩溃的边缘。在第二个阶段，市场化的改革取向，在打破平均主义弊端，实现经济的快速发展，取得令世界瞩目的伟大成就的同时，其内在弊病日益显露③并成为我国经济继续发展的重大障碍。鉴于此，转变经济发展方式，调整产业结构，保障我国财产总量持续快速增加，注重财产的价值归宿，实现新兴财产与社会良性互动，构建以人的素质的提高和人的全面发展为内核的

---

① 武力：《试论新中国经济发展模式的三个重大问题》，《中共党史研究》2009 年第 10 期。
② 本质地看，"小康路上一个都不能掉队"的"以人民为中心"的财产创造观，与"以人为本"的财产创造观是一致的。
③ "旧体制遗产"造成经济建设与全面的社会建设在一定程度上相脱节，带来环境恶化生态危机，以及社会不和谐问题。

"以人为本""以人民为中心"的社会财产创造模式迫在眉睫。

构建中国特色的财产创造模式，应该是立足新时代中国特色社会主义的历史方位，适时转变传统粗放型经济发展方式、调整优化经济结构、转换增长动力，深化供给侧结构性改革、提高全要素生产率、加快建设创新型国家，走出一条科技含量高、经济效益好、资源消耗低、环境污染少、人力资源得到充分发挥的新型工业化道路，把科学发展、和谐发展、新发展理念有机统一在"以人为本""以人民为中心"的社会财产创造模式中。中国特色财产创造模式，需要在继续深化改革，完善政府宏观机制和市场微观机制中实现。因此，新型财产创造模式的形成依旧任重而道远。

一、传统财产创造模式弊病重重

改革开放 40 年尤其是 1992 年邓小平发表南方谈话 20 多年来，我国大力推进市场化改革，扩大开放，加入世界贸易组织，全面融入世界经济与政治，经济发展取得奇迹般的成就，并实现了具有深远意义的社会经济转型，国家面貌发生了重大变化。我国 GDP 年均增长 9.7%，尤其在全球金融危机背景下仍保持了快速增长。社会财富极大增加，截止到 2011 年，中国的经济总量已占到世界的 9.27%，居世界第二。邓小平同志所预测的 21 世纪中叶达到人均 4000 美元的目标，2010 年已经实现，较原定计划提前了约 40 年。改革开放推动我国经济社会实现了三大转型，即从封闭半封闭社会向开放社会转变，从传统农业社会向现代工业社会转变，从高度集中的计划经济体制向充满活力的社会主义市场经济体制转变。我国经济发展已经步入现代化、市场化、城市化、工业化、全球化的发展轨道。

但是也应当看到，传统的经济发展模式①在促进经济快速发展的同时，也累积了许多问题，存在严重弊病。其一，从增长的可持续性来看，

---

① 某种程度上来讲，"先富论""以经济建设为中心"的唯 GDP（传统经济）发展观，其本质上唯发展而发展，在经济发展到一定阶段的时候，就出现了危机，出现了不能持续的危机。从"以物为本"的价值归宿来看，传统经济发展观、财产创造模式单纯追求 GDP，把对财产占有以及占有的多寡作为衡量一切价值的尺度（基础和目标），由此导致的是见物不见人和人沦为财产的婢女。这种"以物为本"的财产创造模式在社会生活各方面表现为，一切为经济让路，国家层面注重 GDP 总量而轻视幸福指数和人均收入，在企业层面注重利润而忽视社会责任，个人层面注重物质享受而轻视精神追求。

高投入、高消耗、低产出的粗放式经济增长，造成生态破坏、环境污染严重、资源短缺等问题，使得这种经济增长模式呈现不可持续、难以为继的特点。其二，从社会和谐的角度来看，衡量我国居民收入差距指数的基尼系数不断攀升，贫富悬殊现象严重。因征地补偿、房屋拆迁、下岗就业、执法不公等社会问题导致的群体性事件时有发生，公器私用的贪污腐败问题频发，收入差距不合理下的贫富悬殊导致的仇富现象凸显，分配利益格局中劳资矛盾突出，居民收入在国民收入分配中的比重和劳动报酬在初次分配中的比重偏低，国有资产流失严重，诚信危机，安全生产问题，事关百姓切身利益的上学难、看病难、住房难等社会问题凸显。其三，从经济深层结构来看，面临着过度投资与消费不足之间、内需不足与对外依存度过高之间的失衡。正如有学者指出："内部 GDP 在投资和消费结构上失衡、过度的投资和消费不足，外部国际贸易和国际收支双顺差。内部失衡和外部失衡在宏观经济上的集中表现就是流动性过剩，或者称货币的过量供应。这导致资产泡沫的形成，或者通货膨胀、消费物价指数上升，或者二者兼而有之。"① 这些问题表明，传统财产创造模式难以为继，财产利益关系失衡、社会财产的两极悬殊严重，经济增长与社会发展脱节。如果不正视并着力解决这些问题，就会对和谐社会的建设构成严峻挑战。

导致这些问题的深层次根源在于增长模式的缺陷。正如学者所指出的中国经济增长和财产快速增加的实质："中国的这种成就大都是在资源和其他生产要素的高投入、高消耗的粗放型增长以及强大的行政力控制下的市场经济近乎畸形发展的基础上取得的。"② 应当承认，政策主导下传统经济增长模式和资源配置方式，曾经为中国取得令世界瞩目的伟大成就做出了巨大贡献。但现在这一基础性因素，正日益成为阻碍中国进一步取得伟大成就的羁绊。

由上可见，在社会经济快速增长、财富大量增加到一定程度的时候，发展观的转向问题就被提上了日程。"是为发展而发展；还是把它纳入'以人为本'的轨道呢？是放任市场的'马太效用'而任其两极分化；还是调控市场以达到'共同富裕'呢？是放纵资本之'恶'而任其破坏生态；还是以环境保护为基本国策而实现人与自然的和谐统一呢？是单纯以经济

① 吴敬琏：《实现经济发展模式的转变》，《中国改革》2008 年第 11 期。
② 叶险明：《马克思哲学的话语革命与中国哲学的话语危机》，《哲学研究》2012 年第 12 期。

增长和利润产出为目的；还是实现经济和社会的全面、协调、可持续的发展呢？是单纯刺激人们的物质消费欲望并以满足这种欲望为其发展动力；还是提高人的需要层次，恢复需要的精神性质，使人类不再单纯追求物质享受而在审美、求知和创造性劳动中实现自我呢？这是两种不同的发展观。"① 问题的提出就意味着问题的解决。如何继续保持财产的快速增加，促进新兴财产与社会良性互动关系的形成，走生产发展、生活文明、生态良好的文明发展道路，已成为学界和政府共同关注的重要问题。"以人为本""以人民为中心"的社会财产创造模式的提出，就是对这一问题的回应。

二、"以人民为中心"的社会财产创造模式

毋庸置疑，经济快速发展、财产快速增长是人类社会追求的永恒主题。但应当承认，只有与和谐发展、科学发展、新发展理念相适应的经济发展、财产增长模式，才是人类梦寐以求的理想方式。

在经济改革、经济发展和经济转型，特别是在我国财产总量持续快速增加、新兴财产与社会良性互动关系形成的关键时期，立足新时代中国特色社会主义的基本国情，总结我国过去的发展经验与教训，借鉴国外经验，遵照现代社会发展规律，我国适时提出了"生产发展、生活富裕、生态良好"的"以人为本""以人民为中心"的社会财产创造模式。从理论渊源上说，"以人为本""以人民为中心"的社会财产创造模式，是马克思财产价值尺度和财产主体本质②，以及财产效率逻辑的理论延伸，是邓小平"科学技术是第一生产力"和"共同富裕"思想的必然发展。从手段和目的上来看，"以人为本""以人民为中心"的社会财产创造模式，实现了"发展依靠人"和"发展为了人"的有机统一。"以人为本""以人民为中心"的财产创造观，表明在创造出大量物质财富的同时，也要促进人与自然、人与社会的和谐发展，在更好地解放和发展生产力的同时，逐步实现社会公平与正义的科学发展。因此，与以物为本的发展观相

---

① 杨筱刚：《马克思主义："硬核"及其剥取》，人民出版社 2006 年版，第 557 页。
② 针对财产的本质问题，马克思曾经做过许多经典表述，例如："财富的本质就在于财富的主体存在"。（《马克思恩格斯全集》第 3 卷，人民出版社 2002 年版，第 292 页）

对照，"以人为本""以人民为中心"的发展观凸显了"发展依靠人"和"发展为了人"的旨归，凸显了先进生产力与以最广大人民群众根本利益作为出发点和落脚点的有机结合。

"以人为本""以人民为中心"的社会财产创造模式，实现了为谁发展和怎样发展这两个方面的有机统一。其深刻内涵有二。

其一，"以人为本""以人民为中心"的社会财产创造模式，针对以环境的恶化、生态的破坏为代价的高投入、低增长和低产出的发展观的弊病，主张人是财产创造的根本动力和决定因素，科学回答了"怎样发展"和"发展依靠谁"的问题。众所周知，财产的创造离不开"人"的因素和"物"的因素，离不开财产创造的主观源泉和客观源泉以及二者的有机结合。一切生产都是个人在一定社会形式中并借这种社会形式而进行的对自然的占有，财产是人与自然及其物质相互结合的产物。"自然界和劳动一样也是使用价值（而物质财富本来就是由使用价值构成的！）的源泉"。① 见物不见人的"以物为本"和"GDP 主义"，只知发挥物，如机器、设备和资金的有限作用，在眼前利益的驱使下往往竭泽而渔，以环境的破坏、生态的恶化为代价取得暂时的眼前的收益。与之相反，"以人为本""以人民为中心"的社会财产创造模式，坚持科学发展、和谐发展、新发展理念，在经济发展的资本、劳动、技术和自然资源等各种要素中，抓住了生产力中最活跃、最革命、最宝贵的人的因素，视人力资源为发展的第一资源，明确了人力资本对经济发展的决定性作用。人的素质的提高和人的全面发展才是推进"以人为本""以人民为中心"的社会财产创造模式的根本途径和手段。

就人与自然（物）之间的关系来看，自然作为人类的"无机身体"，不是外在于人类的存在，而是同人类息息相关的。从这个意义上说，"保护自然就是保护人类，建设自然就是造福人类"②。生态文明要求我们把资源节约型和环境友好型社会的建设提高到现代化发展战略的突出地位，在促进生产力发展和物质财富丰裕的同时，实现人与自然之间关系的和谐，既照顾到我们自身的生存和发展，也关怀我们后代的发展利益问题，

---

① 《马克思恩格斯全集》第 19 卷，人民出版社 1963 年版，第 15 页。
② 《科学发展观重要论述摘编》，中央文献出版社、党建读物出版社 2008 年版，第 37 页。

"既满足当代人的需要，又对后代人满足其需要的能力不构成危害的发展"①。和谐发展要求我们协调好人与自然之间的关系（人与人之间基于物质利益问题的和谐后文再叙），在建构物质文明的同时，实现生态文明。

因此，"以人为本""以人民为中心"的社会财产创造模式，从传统的主要依靠物质资本、自然资源，依靠粗放式的经济增长，转变为主要依靠人，依靠人的聪明才智、人力资本，依靠蕴含在人类自身中具有无可比拟的潜力的想象力、创造力、道德能力等资源来实现新的经济增长。从"见物不见人"到"以人为本""以人民为中心"的财产创造模式的转变，有效地应对了投资驱动型经济增长所导致的人与自然关系的紧张、环境污染严重、经济不能持续发展的问题，因而能够产生最大的经济效益和社会效益，实现经济的又好又快发展，实现资源节约型、环境友好型生态文明。

其二，针对不平衡发展和改革成果只是惠及少数人的现象，"以人为本""以人民为中心"的社会财产创造模式，主张实现全体人民共同富裕、人与人之间应该和谐发展，每个人都是发展的根本目的和价值归宿，保证全体人民在共建共享发展中有更多获得感，科学地回答了"为什么发展"和"发展为了谁"的问题。在"以人为本""以人民为中心"的社会财产创造模式中，发展的目标涉及经济快速发展、社会财产总量快速增长及其与社会良性互动关系的形成，涉及公平分配、减少贫困、"不让任何一个人在小康路上掉队"等与人的自由全面发展相关的内容，并最终实现科学发展、和谐发展、新发展理念以及与之相适应的人与人之间关系的和谐发展，以人的发展统领经济发展、社会发展。当然，"以人为本""以人民为中心"的社会财产创造模式，并不否认拉开收入差距，但要求把这种差距保持在人们可以接受的一定程度内；并不否认财富本身，而是反对以非法和非正常手段获得巨量财富。

综上所述，"以人为本""以人民为中心"的社会财产创造模式，更加注重在劳动投入过程中通过正规教育、职业培训、在职学习等方式形成人力资本，在物质资本积累过程中包含着通过研究与开发、发明、创新等

---

① 世界环境与发展委员会编著《我们共同的未来》，世界知识出版社1989年版，第19页。

活动而形成的技术进步[1]，因而能够实现财产的快速增加。同样，"以人为本""以人民为中心"的社会财产创造模式，更加注重财产的价值归宿，因而能够把发展的成果惠及最广大人民群众。在此理念指导下，适时转变传统粗放型经济发展方式、调整优化经济结构、转换增长动力，深化供给侧结构性改革、提高全要素生产率、加快建设创新型国家，转变传统粗放式经济发展方式，调整优化产业结构，"走出一条科技含量高、经济效益好、资源消耗低、环境污染少、人力资源优势得到充分发挥的新型工业化路子"[2]，在实现生产力不断提高、经济快速发展、财富不断增长的同时，建设环境友好型、资源节约型生态文明，从而"基本形成节约能源资源和保护生态环境的产业结构、增长方式、消费模式"[3]。

当然，"以人为本""以人民为中心"的社会财产发展观的形成，还需要端正两方面的认识：其一，"以人为本""以人民为中心"与以经济建设为中心之间的关系。"以人为本""以人民为中心"并非意味着人们摆脱物、摆脱"低贱"的财产而变得高贵起来，而是意味着传统财产创造模式所蕴含的内在危机，意味着要素驱动型转变为创新驱动型的必要性，从而能够更好地促进财产的创造。在任何时候，物都是人的存在和自由发展的前提。只有综合把握人与物、人与人之间的关系，才能真正贯彻落实"以人为本""以人民为中心"的社会财产创造模式，处理好财产发展与人的发展之间的关系。"以人为本""以人民为中心"的财产创造观，要求我们促进、保持财产快速增加，以满足人民日益增长的物质文化需要的同时，促进人与人、人与社会、人与自然之间关系的和谐，在提高效率的同时也能兼顾社会公平。其二，"以人为本""以人民为中心"的"人"和"人民"，不仅指当代的人，指当代的每一个人，而且包括代与代之间的人。因此，在发展上，不仅要满足现时代的每一个人，而且要着眼于满足后代人的发展需要。这就要求在财产创造模式上恪守可持续的发展原则。

三、科学的财产创造路径探析

毋庸置疑，"以人为本""以人民为中心"的社会财产创造模式的形

---

[1] 史东明：《和谐的增长》，清华大学出版社 2007 年版，第 2 页。

[2] 《十六大以来重要文献选编》上，中央文献出版社 2005 年版，第 16 页。

[3] 《十七大以来重要文献选编》上，中央文献出版社 2009 年版，第 16 页。

成任重而道远①。从理论上讲，代表先进生产力与最广大人民群众利益（生产关系）的社会主义，应该也能够比资本主义更有利于和谐发展与科学发展。但是，实践问题远比理论设想复杂得多。恩格斯指出："所谓'社会主义社会'不是一种一成不变的东西，而应当和任何其他社会制度一样，把它看成是经常变化和改革的社会。"② 问题的关键就在于，我们旧体制遗留——僵化的思想政治体系和计划经济体制或者说计划经济体制残留——制约了经济活力，阻碍了和谐发展与科学发展。因此，转变经济发展模式、调整经济结构、转换增长动力，构建与科学发展、和谐发展、新发展理念相适应的"以人为本""以人民为中心"的财产发展模式，应当从深化改革，完善法治型市场经济和政府宏观调控两个主要环节着手。

（一）完善法治型市场经济

早在 20 世纪 70 年代末，改革开放的总设计师邓小平否定了市场经济等同于资本主义和计划经济等同于社会主义的观点，开启了市场化取向的经济体制改革进程。但令人遗憾的是，改革开放已 40 年后的今天，我们尚未建立起完善的市场经济体制③：行政权力对市场经济的过多控制在某种程度上导致其近乎畸形的发展，作为市场经济基础和绩效源泉的产权界定不清和保护不力，尚未形成统一开放竞争有序的市场。它导致的严重后果就是"内部人控制"问题、委托代理风险问题、信息不充分、激励不相容、责任不对称、经济结构调整与经济升级转型难以落实、创新与长期规划动力不足，等等。这些问题的解决呼唤统一、开放、竞争、有序的法治型市场经济，完善社会主义市场机制建设，包括：改革金融体制，完善金融市场；改革劳动制度，逐步形成劳动力市场；改革土地管理制度，规范房地产市场；引入竞争机制，发展技术、信息市场和推进中介服

---

① 从苏联的教训来看，从 20 世纪 60 年代提出转变经济增长方式起到苏联解体，30 多年的时间里，始终未能实现这一目标。转变生产方式属于生产力范畴，而计划经济体制这一生产关系范畴的固化严重阻碍着生产力的变革，因此，在生产关系不变的前提下，经济增长方式这一生产力也不能有效地转变。我国同样如此。从我国的情况来看，早在 60 年代后期，刘国光、董乃辅就引入"转变增长方式"概念。在 80 年代初我国开始提出经济发展模式的转型问题，而在政策层面上出台实际措施则是"九五计划"时期的事情（从外延、粗放的增长朝集约、内涵方向转化）。但真正贯彻落到实处，则更是久远的事情，需要一代人甚至几代人的努力才能最终实现。

② 《马克思恩格斯全集》第 37 卷，人民出版社 1971 年版，第 443 页。

③ 参见严清华、刘穷志《略论中国经济发展的路径依赖》，《经济学家》2001 年第 2 期。

务；等等①。

吴敬琏指出："科学发展和技术创新的制度化是一个复杂的过程，其中有三个关键性的环节：一是促进科学繁荣的制度规范的确立；二是市场制度和产权制度的完善，从而大大强化对企业技术创新的激励；三是企业的研究开发机构的普遍建立。"② 科学的发展同与科学有关的技术的创新过程，既充满了风险与不确定性，又因其费用高昂和仿制的容易，使这种科学研究和技术创新除非有严格的制度尤其是知识产权保护的制度作保障，否则没有人愿意去投资。因此，"以人为本""以人民为中心"的财产创造模式的形成，离不开对竞争动力因素的促进和知识产权因素的严格保护，离不开法治型市场经济的建设和完善。

第一，打破垄断性企业行业，促进技术创新的竞争动力因素的形成。目前，处在垄断性行业的一些企业对市场价格变动、市场竞争反应迟缓，效率低下，技术革新的动力滞后。行政性垄断行业特别是一些国有企业作为计划经济的残余，依靠行政权力的庇护，严重束缚和阻碍了"以人为本""以人民为中心"财产创造模式的形成。因此，我们要进一步开放市场，引入更多的生产者形成竞争市场、打破垄断。把垄断性企业纳入竞争性市场机制，是我们形成"以人为本""以人民为中心"财产创造模式的关键。

第二，规避行政权力的过多干预，建设和完善法治型市场经济，使得市场在资源配置中起决定性作用。健全和完善市场机制，形成技术创新的市场需求。虽然我国在20世纪80年代初即提出"转变经济增长方式"，但是迟迟未能有效实现这种转变。出现这种情况的根本原因之一就在于我国法治型市场经济不健全、不完善，政府主导下的市场经济尚未形成统一开放竞争有序的局面。因此，计划经济的残余引致企业自主经营自负盈亏的危机意识缺失，也引致企业通过创新来增加技术含量和附加值的动力的缺乏。企业自主创新的意愿和能力是自主创新的关键因素之所在。要进一步完善市场经济的体制机制，发展混合所有制经济，建构独立经营、自负盈亏的市场经济企业主体，培育负责任的、有长远眼光的创新主体。只有这样才可能在市场经济中立于不败之地。反之，就会被市场竞争所淘汰。

---

① 史东明：《和谐的增长》，清华大学出版社2007年版，第37页。
② 吴敬琏：《中国增长模式抉择》，上海远东出版社2006年版，第64页。

综上所述，促进"以人为本""以人民为中心"的财产创造模式形成的一系列因素包括：科学的发展、技术的广泛应用以及促进创新的制度化机制形成。从低效率农业劳动到高效率工业劳动的转变，从低附加值的粗放式工业到高附加值的知识经济的转变，不断实现从可替代性强的简单技能到有知识的人才型的存在方式的转变，等等，都离不开市场化操作，离不开市场的需求。因此，构建法治型市场经济，形成对产权的清晰界定和有力保护，大力促进市场竞争，就成为"以人为本""以人民为中心"的财产创造模式形成的市场路径。

（二）完善政府宏观调控机制

邓小平指出："不搞政治体制改革，经济体制改革难于贯彻。"[①] 社会主义市场经济体制的建设，"以人为本""以人民为中心"的社会财产创造模式的形成，离不开政治体制改革，离不开政府宏观调控机制的形成。只有转变政府职能，建立健全适应社会主义市场经济要求的宏观调控体系，深化财税、金融、投资以及计划经济体制改革，建立合理的收入分配制度，建立多层次的社会保障制度，才能有效促进经济建设的科学发展与和谐发展。[②]

本质地看，粗放型、外延式的经济增长方式，以及由此导致经济GDP主义等弊病的根本原因是，传统计划经济以及旧体制遗留。在高度集中统一的计划经济中，国家是资源的唯一支配主体，资源配置同行政权力相混合，经济增长成为单纯的经济目标。"立马见效"的粗放型、外延式的经济增长方式就成为唯一选择。经济增长方式长期难以转变，关键在于政府，在于政府管理的错位、越位和不到位，在于政府管得过多、管得过死，在于政府这只看得见的手过多和过细地支配、调控资源从而导致市场这只看不见的手的失效。政府主导资源配置的现象，违反市场的价值规律，造成了不计成本的高投入、高消耗，导致资源配置方式上的低效率甚至无效率。因此，打造"以人为本""以人民为中心"的财产创造模式，就需要转变传统行政对微观经济的过多干预，纠正政府职能上的错位和越位，发挥市场机制、实现资源优化配置。与此同时，政府的宏观调控也需要不断完善，改进政府管理经济的方式，纠正政府职能上的缺位和不到位问题，创造和维护公平竞争的环境。以下就更好地发挥政府作用，建设

---

① 《邓小平文选》第 3 卷，人民出版社 1993 年版，第 177 页，

② 史东明：《和谐的增长》，清华大学出版社 2007 年版，第 37 页。

"有限"政府和有效政府，打造"以人为本""以人民为中心"的财产创造模式做几点阐述。

第一，防范资源配置上的行政越位现象，使得市场在资源配置中起决定性作用。传统计划经济、有计划的商品经济等"双轨制"的一个重要缺陷就是，从供给到需求、从原材料到产品销售，往往不是通过市场机制进行配置，而是通过行政性的计划指令来实现。在资源配置上，行政权力越位，人为扭曲要素价格，导致资源浪费和误置。例如行政权力压低要素价格，土地、劳动力、资金和公共服务往往是无偿或低价供给产业部门；一线工人工资较低，原材料价格低，生产要素价格低，资本价格低，招商引资过程中人为压低地价现象，等等。这一问题解决不好，增长模式的转变就不会有实质性的推进。转变政府职能，就是要纠正政府对资源配置过分干预的问题，而只保留其对重要的、战略性的、关系国计民生的资源的配置权，形成反映资源稀缺程度的市场价格，从而使得市场在资源配置中起决定性作用。

第二，创造公平、有序的环境，为市场经济的良性发展创造条件。毋庸置疑，我国经济转轨、经济发展和经济改革具有政府主导的特点，所以作为政府来说，要更加注重如产权的保护、反垄断反歧视、竞争秩序的维系等，以为"以人为本""以人民为中心"的财产创造模式的形成提供更加优质的环境和条件。

与此同时，还要界定好市场机制与政府宏观调控的关系：转变政府职能，就是要求政府从经济的微观领域退出，从企业的项目、投资、开发等经济性管制中退出，转向安全、环保、技术性标准制定等服务性管制上，转向统一开放竞争有序的市场环境的培育上。因此，转变政府职能、完善市场机制应该是同一过程的两个方面。"政府应该是'有限'的，提供公共产品，而不处理企业的微观事务；在市场上没有自己的利益，而是给市场提供秩序和条件。"① 相对于个人自治优先、市场优先和自律机制优先的前提，政府实行事后监督的行政管理方式（《行政许可法》，2004 年），通过总量手段保持宏观经济的稳定，为低收入群体提供基本的社会保障和维护社会公平，在市场失灵条件下酌情使用经济手段、法律手段、行政手段加以弥补。至于微观领域，则应当由个人、企业和市场作为主导因素和

① 吴敬琏：《实现经济发展模式的转变》，《中国改革》2008 年第 11 期。

核心机制。政府宏观调控机制在引导经济结构转轨过程中的导向作用，主要体现在通过税收、信贷、征费等经济手段和法律手段，引导市场和企业自愿升级换代，转变经济增长方式。

第三，加大对基础教育、职业培训、技能提高等公共产品的供给和服务，为向"以人为本""以人民为中心"模式的转变提供可能性与现实性。"以人为本""以人民为中心"的财产创造模式，把经济发展的决定性因素视为人力资本，实现要素投入增长型到人力创新型经济增长，其核心在于人才、技能、教育。如果说物资主要指机器、设备、资本和土地，那么人力主要包括人们受教育的水平、新发明、新创造以及劳动者所受的培训①。因此，人的现代化、人的教育问题就成为重要的问题。"一个社会，它的成员的教育程度较高，它提供的基础结构较大，它的经济制度较好，能鼓励现代技术的学习与运用，它才能认为是较发达的社会。"②

要看到，目前，教育、卫生等公共服务还存在许多不尽如人意的地方，如东中西地域差别明显，城乡教育、就业和医保的"歧视性"差别存在。正如有学者所指出的："实现学术繁荣和技术进步，问题是改变行政化、官本位的教育、科研和技术开发体制，实现有利于学术繁荣和技术进步的激励机制的制度化。"③应对教育和科研问题的关键在于形成独立和自律的研究氛围，树立严格的学术规范。政府在教育、职业培训、医疗卫生、社会保障领域提供基本的公共服务，既是提高劳动者素质、增强创新能力、改善发展环境的关键，也是让全体民众共享改革发展成果的体现。对政府来说，它的责任就是提供基础性教育，保障公平的教育，加大教育投入，以为全民接受高质量的教育和基本的技能提高提供可能性。

第四，培育有利于创新的制度和政策环境。在促进经济发展、财产增长方面，制度重于技术。产权制度（也就是财产制度）发生重大变化，

---

① ［美］E. 赫尔普曼：《经济增长的秘密》，王世华等译，中国人民大学出版社 2007 年版，第 9—10 页。

② ［澳］海因茨·阿恩特：《经济发展思想史》，唐宇华、吴良健译，商务印书馆 1999 年版，第 201 页。

③ 吴敬琏：《十一五规划与中国经济增长模式的转变》，《上海交通大学学报（哲学社会科学版）》2006 年第 3 期。

集体所有制向农户经济的转变，大一统的公有经济向公有经济、私有经济等多种财产制度的转化，是中国的市场化进程不断加快和深入的一个根本的制度性因素。从改革开放的历程来看，1978年农村土地制度改革标志着在制度层面消除效率瓶颈的开端。80年代农业和农村经济发展，主要是家庭联产承包责任制这一体制变革所产生的激励作用，在机制和预期保证之间建立了密切的逻辑关系。1992年市场经济体制的确立、外资大举进入、邓小平南方讲话以及证券市场合法化地位的确立，标志着消除资本效率瓶颈的开端。目前方兴未艾的以人才、技术创新为核心的"以人为本""以人民为中心"的社会财产创造模式的生成，同样离不开有利于创新的制度和政策环境的形成。

如果说，40年前改革开放之初，我们存在劳动力比较优势、自然资源比较优势、引进技术优势、人口红利优势、环境比较优势，那么时至今日，我国已经到了必须依靠创新和技术进步、依靠人力资本来推动经济发展的阶段。问题的关键不在于人们是否就"以人为本""以人民为中心"模式达成共识，而在于如何才能形成有效推进创新的制度架构。政府的宏观调控必须是以立法的形式在法律框架内落实。这种有利于创新的制度不是朝令夕改，而是要立意于高瞻远瞩，立意于长期性和稳定性。创新活动能够得到政府财政政策、风险基金的支持，创新成果可得到有效和严格的保护。这样，创新活动才有足够的激励和保障。如此，人们才乐于创新、主动愿意创新，愿意进行几年、十几年才见效果的创新活动。显而易见，现有的制度架构和政策环境离创新性经济还存在差距，甚至打着创新的幌子行争资金、争政策、争扶持、争优惠等争名夺利之举。

综上所述，"以人为本""以人民为中心"的财产创造模式的形成需要克服的困难和需要解决的问题还很多，但如果以上几个问题解决得比较好，"以人为本""以人民为中心"模式的生成将会取得实质性进展。但遗憾的是，其中任何一个问题的解决都不是轻而易举的事，这也是已经就"以人为本""以人民为中心"模式达成共识的情况下却难以有效落实的原因之所在，这也是中国改革"知易行难"的老问题所在。因此，与科学发展、和谐发展、新发展理念相适应的"以人为本""以人民为中心"的财产创造模式的形成，依旧任重而道远，需要勇于面对并下大力气克服困难。

第五节　当代中国财产收入差距治理研究

　　财产问题是古今中外人们共同关注的一个核心问题。古人云："有恒产者有恒心""有国有家者，不患寡而患不均"①。今人曰："人类奋斗所争取的一切，都与他们的利益有关""按照传统的观点，经济学关心效率和平等，且更强调前者。然而，经济学不只要研究总产出水平，而且还要研究有关资源如何配置和财富分配的广泛程度。"② 俗语说："人为财死，鸟为食亡"。这既表明财产的创造与财产利益关系的协调是经济学研究的两个核心问题，也昭示着我们，解决财产问题不仅事关民众的消费和生活水平的改善（这是财产创造的最终目的），而且事关社会的和谐稳定。

　　财产分化问题自古有之。在财富呈算数级数增长和人口呈几何级数增长的古代中国，财产的丰裕与匮乏伴随王朝更替循环的始终。"有恒产者有恒心，无恒产者无恒心"③。这可以看作古代人对财产、财产公平分配、安居乐业、社会和谐之间关系的朴素理解。曾经，在"一大二公""财产与'阶级'成分关联"的"革命而褊狭"年代里，人们所拥有的财产数量上极度贫乏、种类上格外单一（只限于维系生活的日常必需品）、收益上几乎不可能，财产收入差距其实不大，财产分化问题被人为消灭；但在改革开放和中国特色社会主义市场经济体制逐步确立的进程中，财产观念、财产权能、财产收益的变革使得人们拥有的财产数量不断增加、种类多元（物权、债权、股权、知识产权）、权能不断扩大、收益不断增加，"无产"到"有产"、"有产"到"财产分化不断加剧"遂又成为不争的事实。在我们这个时代，"先定挣一个亿的小目标"与"部分民众看不起病、住不起房"的讽刺性混搭图景，深深刺痛着国民的心灵，进而不断引起财产道义问题。财产分化问题绝不仅仅是一个局域性问题。一个不容忽视的事实是，"现在世界基尼系数已经达到 0.7 左右，

---

① 《论语·季氏》。
② ［英］尼古拉·巴尔等主编《福利经济学前沿问题》，贺晓波、王艺译，中国税务出版社 2000 年版，第 123 页。
③ 《孟子·滕文公上》。

超过了公认的 0.6 '危险线'"[1]。特别是在虚拟经济、信息经济时代，在"产业空心化"、财产主体"脱实向虚""财产性收入增长大大超过工资性收入增长"的信用经济（金融及其衍生品）时代，在科技含金量大幅提升、"智慧财富"暴涨的知识经济时代，在全要素生产率特别是管理、技能、创意、品牌不断优化的时代，市场化、信息化、信用化、智能化、全球化多因素相互叠加、相互渗透、相互借力，以及在"加息""缩表""降税""技术移民""投资移民"等技术性财富延揽手段下，基尼系数所警示的世界财产分化一路拉升、失控，凸显出财产分化的世界性难题。

财产利益关系的和谐问题是马克思主义财产理论的应有之义。对收入差距状况特别是对财产利益协调的探讨，是马克思主义财产理论学说的主旨。在马克思那里，不仅财产概念（财产，从现象上看是物或人与物之间的关系，但本质是与物有关的人与人之间的关系），而且财产理论（探讨在何种财产关系下，有利于财富的创造）都涉及社会财富问题与社会贫困问题。作为马克思主义中国化成果之一的邓小平理论，在分析社会主义本质的时候，已经指出发展生产与共同富裕是社会主义的基本原则。同样，作为马克思主义中国化成果之一的和谐社会理论，也深入探讨了发展生产与保障社会公平正义对于构建和谐社会的重要意义。由此可见，财产的公平分配，以及财产利益关系的协调，对于建构社会和谐的重要性自不待言。同样，市场经济的社会主义性质与公有制经济基础、按劳分配的主体地位，构成了社会主义社会财产利益关系协调的坚实基础。因此，坚持走中国特色社会主义道路，不断深化改革，协调财产利益关系，有效地处理好收入差距问题与收入差距不断扩大问题，就一定能够在物质财富快速增长的基础上实现人与人之间的和谐相处。本书旨在考察当代中国财产收入差距现状，并对其做深刻的元哲学思考，以便有效规避收入差距困境，促进利益协调、社会安定有序。

一、当前我国居民收入现状：从平均主义到拉开差距

从新中国成立到改革开放之前的 20 多年时间里，中国是一个高度均

---

[1] 习近平总书记在 2017 年二十国集团杭州峰会上的讲话。

等化的社会。从衡量居民收入差距的基尼系数来看，改革前夕城镇内部的基尼系数大约为 0.16，农村内部的基尼系数为 0.22 左右。这一基尼系数体现了我国分配领域的高度平均化特征，远远低于同期世界上大多数发展中国家的基尼系数（0.34—0.43）[1]。就当时高度均等化分配的成因来看：其一，单一的生产资料公有制形式，以及由此导致的居民无"产"状况（居民只有少量的储蓄的利息收入），决定了分配形式的单一化——唯一的按劳分配方式。其二，绝对平均主义的分配政策。把"劳"与"酬"结合在一起的按劳分配政策，本来也是应该存在收入差距的，但是我国从社会公平与社会主义建设时期应该多积累少消费的观念出发，在这 20 多年里基本停止了晋级、增资工作，冻结了正常的工资调整，这一偏重均等的分配机制引致了严重的平均主义分配结果。

当然，我们并不否认，在这一高度平均主义的现象背后隐藏着很多不平等现象，特别是城乡居民的工资收入和福利享受存在较大差距，以及身份和等级造成实际差距。首先，城乡之间、工农之间存在一定的收入差距。为了积累工业化所需资金，我国长期实行城乡二元化经济结构、工农业产品价格的剪刀差，造成了城乡之间较为严重的收入差距——城镇人均收入大致为农村人均收入的 2.4 倍。如果再考虑到城镇居民事实上享受到较为丰厚的实物补贴，那么城乡居民之间的收入差距就更大。其次，因身份与等级的差异而形成的收入差距。改革开放前相当长的一段时间内，我国事实上一直存在身份或等级差异，存在着城市户口与农村户口、干部与工人、城镇居民和职工、临时工和正式工等身份区别。这种身份与等级直接与居民的工资待遇、福利享受等"隐性收入"相挂钩。例如，粮棉油等基本生活消费品按照平均主义原则进行分配，但是住房、汽车、电话等特殊消费品则是与身份和等级直接挂钩。很长一段时间内，实现"农转非"、吃上"国库粮"成为农村居民梦寐以求的目标。但总体上来看，我国当时城镇居民的数量较少，农村居民内部、城市居民内部的收入差距不大，因此改革之前的中国社会可以说是一个高度均等化的社会。

但是，改革开放之前的这种绝对平均主义存在着严重弊端。重公平轻效率的平均主义原则，忽视了能力与收入之间相关联的公正性要求，忽视了付出、获得之间的激励效应，由此抑制了我国经济的快速发展与社会财

---

① 赵人伟、李实：《中国居民收入差距的扩大及其原因》，《经济研究》1997 年第 9 期。

富的大量增加，导致了经济的低效率和人们生活的贫困化。毋庸置疑，我们的改革开放就是在"效率优先、兼顾公平"的观念主导下，力图通过使人们的付出与报酬相结合的方式，打破这种较为严重的平均主义分配格局，在"让一部分人先富起来"的基础上实现"共同富裕"。由此不难看出，从高度平均主义到拉开收入差距（适度的从而保持在人们可承受范围内的差距），是改革过去不合理的分配制度的初衷和我们要达到的目的之一，这也正是其积极意义之所在。在这里，我们从理论层面和经验层面对拉开差距的收入分配作一简单考察。

从理论设计和改革追求的目标来看，这种适度差距包括两个层面的问题。在微观层面（在初次分配中），既存在按劳分配，也存在按技术、资本、管理等要素投入数量及其产出的效率进行分配的方式。分配方式上的多样化，以及个人的能力、体力、智力差异，必然造成一定的收入差距。正是存在"能"与"绩"相联系的收入差距，才激发了人们从事财富创造的积极性与热情，实现了蛋糕做大和做强[1]。在宏观层面，经过调节，可以保障整个社会范围内收入差距不会过大，即保持在社会承受能力范围内，以免引起社会冲突对立等问题。

从经验层面来看，收入明显拉开了差距。从反映收入差距的基尼系数来看，1995 年农村居民的基尼系数为 0.34，比 1978 年的 0.21 上升了 13 个百分点，同期城镇居民的基尼系数为 0.28，比 1978 年的 0.16 上升了 12 个百分点[2]。基尼系数的变化表明了改革以来我国收入差距呈现不断扩大的趋势。同时，出现了财产收入差距这一新问题[3]。改革开放 40 年来，

---

[1] 当然我们也一定要注意到一个问题：随着科学技术在现代工业生产中作用的日益增强，按劳分配的"劳"不仅在质上无足轻重，而且在量上也日益微不足道；换言之，随着传统农业经济转变为现代工业经济，现代工业经济随着产业结构升级也要不断转变为新型工业经济（知识经济），自然而然传统意义上农业劳动的价值下降，人力资本价值上升。

[2] 赵人伟、李实：《中国居民收入差距的扩大及其原因》，《经济研究》1997 年第 9 期。

[3] 财产收入是指居民通过如住房租金、利息、红利等资产增值获得的收入。如果把收入看作单位时间内的流量，把财产看作一个时点上的存量、剩余的财富积累的话，那么收入与财产存在着密切关系：过去的流量直接影响着现在的存量，现在的财产必然不断增加今后的收入。因此，财产的构成和分配的变动会对收入的构成和变动产生重大影响。如果形成财产性分配与财产性收入之间的良性互动，那么，扩大群众财产性收入不失为一个较好的政策安排。财产分配与收入分配之间的关系：从一般意义上来说，收入分配就是财产分配与劳动力所产生的收入之和；从马克思财产理论的角度来看——马克思把劳动力也看作一种财产、一种给他人带来收入的财产，收入与财产性收入相等同。这里我们主要遵循前一种观点：财产分配与收入之间是一种正相关关系。

我国居民财产分布与财产收入发生了显著变化：从无"产"到有"产"、从部分人有"产"到全体居民有"财产"、从较少"财产性收入"到扩大群众性财产收入。随着居民财产高速积累集中和财产分化现象加剧，财产分布以及财产性收入逐渐成为影响收入差距的一个重要因素。换言之，财产作为剩余财产的积累产生的收入相当于固定资产的收入，因而基数越大对收入影响越大。这种影响加深了城乡之间的差距和城市内部的差距："2002 年全国总财富分布的基尼系数已经达到 0.550，既高于同年收入分配的基尼系数（0.454），又高于同年城乡分别计算的财产分布的基尼系数（城市为 0.4751，农村为 0.399）。"[①] 因此，在当下我国社会财富总量快速增长与经济总量跃居世界第二的大背景下，关注财产分配与财产性收入问题，对于再调控从而实现缩小收入差距具有重要意义。

综上所述，改革开放 40 年以来，我们打破了绝对平均主义的束缚，在市场竞争与"劳""酬"相统一中合理拉开了收入差距，实现了从高度均等化到明显拉开收入差距的转变。就收入分配的整体状况而言，我国已经从一个高度均等化的国家转变为收入明显拉开差距的国家，并且这种收入差距呈现出不断扩大的趋势。这一现象集中体现在城镇内部、农村内部和城乡之间的收入差距上。

二、理性看待收入差距问题

改革开放以来，衡量我国社会居民收入公平程度的基尼系数不断攀升，从 20 世纪 70 年代末和 80 年代初的 0.28 飙升至 2001 年的 0.447[②]，这表明我国社会居民收入差距正在逐步拉大。对此，学界已经形成共识。但是问题的关键在于，如何理性看待收入差距现象，以及判断我国收入差距是否已经突破了警戒线。总的来看，学界对收入差距的成因等关键性问题争论较多，分歧较大。以下我们把收入差距现象划分为合理与无序两

---

① 赵人伟：《我国居民收入分配和财产分布问题分析》，《当代财经》2007 年第 7 期。

② UNU，*WIDER*（2005），世界银行（2005）。转引自《收入分配与公共政策：中国改革与发展报告 2005》，上海远东出版社 2005 年版，第 1 页。一个值得注意的现象是，2012 年 12 月初，西南财经大学中国家庭金融调查在京发布的报告显示，2010 年中国家庭的基尼系数为 0.61，大大高于 0.44 的全球平均水平。2013 年国家统计局局长马建堂公布了过去十年中国基尼系数，2012 年中国为 0.474。系数差距之大和系数导向意义引发关注。

种，进而分别探讨它们的成因。

（一）理性看待"适度的"财产收入差距

改革开放之前的绝对平均主义严重抑制了经济效率和社会财富的快速增长，我们改革的目的就是要打破这种较为严重的平均主义，在市场竞争中，在"劳"与"酬"相统一中激励经济效率和劳动积极性，促进财富的增长和改善人们的生活水准。由此可见，收入拉开一定差距，这本身就是改革开放 40 年来的一个重要成果。对于公平与合理的收入分配，我们要克服把"公平"理解为"平均""均等""均贫富"的错误认识。平均主义的分配方式忽视了能力与效率之间正相关的合理性要求，当然也就不是公平的分配，因而也不会为人们所认可。公平的分配方式不是作为结果的平均主义的分配，而是依据劳动和要素投入生产的多少作尺度的分配，是有一定差别的财产分配和占有。

改革开放以来的这种收入差距扩大化现象，是经济转型、结构转轨等体制机制性因素共同作用的结果。始于 1978 年的经济转型和结构转轨，即从计划经济到市场经济、从农业经济到工业经济的转变以及由此而来的城镇化进程，这一转变方兴未艾，并且将成为我国下一阶段拉动内需从而促进经济发展的一个主动轮。通过改变个人收入决定机制和收入方式两个方面，这一转型影响了收入分配，并且在事实上也造成了收入差距。

通过从计划经济到市场经济的转型，我国实现了从单一的公有制经济，到公有制经济为主体、多种经济成分（包括私营经济和个体经济）为补充的并存局面。经济体制改革推动了私营经济和个体经济的快速发展。多种经济成分的出现及其快速发展，决定了收入分配形式的多样化：既有传统按劳分配中劳动产生的工资性收入形式，也有资本的收入、经营风险的收入、技术性收入和管理性收入等按贡献（要素参与贡献）参与分配的新型分配形式。总之，社会主义初级阶段基本国情的重新界定，计划经济到市场经济的转型，以及随之而来的资本收入、经营风险收入和管理收入在颠覆传统收入观念的同时，也在事实上"拉开了'有产者'和'无产者'之间的收入差距"[1]。此外，在市场化进程中，非公有经济的发展与壮大，以及由此产生的各独立经济单位之间的激烈竞争，既带来部分企业的高效益和高收入，又导致部分管理落后、激励不足、产权不清、经

---

[1] 赵人伟等主编《中国居民收入分配再研究》，中国财政经济出版社 1999 年版，第 112 页。

营不善的企业出现亏损、停产、破产现象。可见，市场经济的内在竞争机制，是导致经营效益不同的企业员工之间拉开收入差距的一个重要原因。

此外，我国还存在着从二元经济向一元经济的转变，存在着从农业经济与工业经济并存向工业经济的转变，以及工业经济产业结构的调整和升级。我国从传统低效率的农业经济向现代高效率的工业经济的转变，以及随之而来的"农民工"和城镇化进程，造成了低效率的农业经济从业人员与高效率的工业经济的从业人员之间的收入差距。从农村收入差距来看，因土地的平均化分配，纯粹务农人员之间的收入差距不大，收入差距主要表现为农业劳动力流动，特别是农业劳动力流向城镇后所造成的收入差距。从粗放式工业经济向新型工业经济或知识经济转变，"中国的工业化进程在城镇内部更多地表现为产业升级过程"①。在产业升级过程中，除工资性收入之外，还获得技术收入、管理收入、智识性收入等其他收入的人，与单纯依靠工资的非技术工人的收入差距拉大。从工业化向新型工业化特别是信息经济和知识经济的转变过程来看，产业结构的转型升级造成了不同行业的收入差距②。

综上所述，经济转型、结构转轨等体制机制因素，必然带来收入差距扩大化现象，导致城乡之间、行业之间、地区之间出现不同程度的收入差距。当然，我们要注意到，只要这一差距保持在人们可承受的和可控的范围内，就属于能够激发人们创造财富积极性的收入差距，就属于"效率优先、兼顾公平"的收入差距变化，因而就属于有序的、良性的与合理的收入变化。这种良性的、合理的、有序的收入差距及其扩大，"从某种意义上说，是我国收入分配体制转轨过程中取得的一个最为重要的进展"③。这显示了个人的教育收益率、人力资本的回报率、技术收入的提高等人为智力性收入不断增长和突出的趋势，因而是一种向着良性循环转化的趋势。

（二）警惕无序性财产收入差距

市场化改革及其深化在产生居民收入差距和导致收入差距拉大的同

---

① 赵人伟等主编《中国居民收入分配再研究》，中国财政经济出版社 1999 年版，第 112 页。

② 人口因素也是影响收入分配以及中国经济进一步增长的一个核心因素，过去的经济增长与人口红利之间的密切联系，直接促进了中国制造的形成，"农村劳动力的流动在缓解城乡收入差距扩大的同时，也在缓解着地区之间，特别是农村内部地区之间的收入差距的扩大"。（赵人伟等主编《中国居民收入分配再研究》，中国财政经济出版社 1999 年版，第 114 页）

③ 赵人伟等主编《中国居民收入分配再研究》，中国财政经济出版社 1999 年版，第 125 页。

时，也带来了贫富差距以及后续的诸如贫困、社会冲突、低收入者享受不到改革开放的成果等一系列负面后果。因此，作为整个市场经济体制一个组成部分的收入分配与收入差距问题，不仅事关人们的经济利益，而且事关社会稳定与社会和谐。

我们认为，收入差距及其扩大化现象，有其合理性的一面，因为这正是改革的取向与目的之所在。唯此，才能提高经济效率和实现财富增加。在乐观派学者看来，从计划经济到市场经济，从农业经济到工业经济的转变过程中，"中国居民的正常收入的差别虽然持续扩大，但仍然大致适当，没有发生两极分化，无论是绝对的还是相对的都不存在"[①]。

但是不应该否认，在市场经济合法收入之外，在通过自己的天赋、才能、勤奋等富起来的合理合法形式之外，还存在着大量非法非正常经济行为：腐败收入、内部人控制、权力寻租、垄断性收入、集团消费转化为个人消费、偷税漏税、走私贩私、制假贩假等。这些非法非正常经济行为游离于市场经济的灰色地带，导致了我国居民无序的、非正常扩大的收入差距，带来了诸如贫困、社会冲突、阶层分化、低收入者享受不到改革开放的成果等一系列后果，甚至使人们怀疑改革的正当性。我们对此要保持充分的警惕：利用制度缺陷，以及市场化运作中非市场化因素所导致的机会不平等或起点不公平、股份制改造过程中制度规范之后所导致的垄断和腐败行为，利益再分配不透明，等等，这些非法非正常收入既是导致我国居民收入差距无序和非正常扩大的根本因素，也是引起人们怀疑改革的正当性甚至产生社会冲突的核心因素。

当下中国各种非法非正常收入现象大量滋生，不能将其成因简单归结为经济体制改革本身，而是改革不到位、不完善的结果。经济体制改革过程中的制度缺陷才是转轨时期非法非正常收入大量滋长的根源，甚至在某种意义上可以说这种无序变化是改革所要付出的代价。这种制度缺陷主要表现在两个方面：一是在转轨时期二元体制运行上，旧体制的错位和越位现象。虽然我们确立了市场导向的资源配置方式，但有时在资源配置方式中计划手段、行政方式的调控作用过大，这就使得新旧体制之间难免出现错位与越位现象。甚至在行政权力对资源进行强制调控

[①]　陈宗胜、周云波：《非法非正常收入对居民收入差别的影响及其经济学解释》，载高培勇主编《收入分配：经济学界如是说》，经济科学出版社2002年版，第56页。

过程中，出现权力与资本联姻、经济与政治结盟等权钱交易；在促进国有企业保值增值过程中，出现国有资产流失、利益受损等非法非正常现象。二是新体制不到位现象。市场经济的一个核心机制就是竞争机制，但是我国转轨过程中各种垄断行为、既得利益行为依旧大量存在，一些人通过垄断方式和人为造租活动，谋取大量不道德不合法利益。三是与社会主义市场经济体制相适应的配套体系的缺失与不完善。社会主义市场经济体制的建构是一个系统性工程。它不仅包括计划经济向市场经济的经济体制转型，而且包括农业经济到工业经济、工业经济向知识经济的转型，还包括社会福利制度转型、法治型经济治理转型，等等。但是，与之相适应的配套体系是缺失的和不完善的，如社会保障体系、法制体系等还不健全不完善，体制转轨造成下岗、失业等弱势群体产生，高收入阶层交税偏低，隐性收入与灰色收入大量存在，等等。这就使得部分居民不但享受不到改革开放的成果，而且还要承担额外的改革开放的成本，导致财产占有分化加剧，导致部分社会成员仇富、仇官等心理失衡，从而给和谐社会的构建埋下隐患。

由此可见，改革开放以来，权力设租寻租、垄断行业造租、权钱交易下的腐败行为等成为滋生非法非正常收入的温床，既引起社会强烈反应，也成为社会收入出现无序差距的一个根本性因素。随着非法非正常收入数量的增长，以及这种非法非正常收入只是集中于少数高收入阶层，其对居民收入差别的影响日益扩大。

总而言之，我们既要理性看待改革开放以及由此而来的合理的收入差距现象，又要警惕当下无序的收入差距问题："对于大多数人来说，其所仇的其实并不是富起来的目标与内涵（内容），而是富起来的途径与手段（形式）。"[①] 这些非法非正常收入既是导致我国居民收入差距无序和非正常扩大的根本因素，也是引起人们怀疑改革的正当性甚至产生社会冲突的核心因素。在来源形式上，这些非法非正常收入为人们所深恶痛绝。同时，随着非法非正常收入数量的增长及其集中在少数人手中，这不仅使居民收入差距进一步拉大，而且容易引起社会阶层分化、社会矛盾等不和谐问题。

---

① 刘荣军：《财富、人与历史》，人民出版社 2009 年版，第 477 页。

三、收入差距无序化治理的出路分析

我国市场经济导向的经济体制改革，决定了收入分配差距存在的长期性。但是，只有保持适度的收入差距，才能促进竞争、提高效率，从而实现经济的快速发展和社会财富的快速增加。反之，收入差距过大，特别是超过了人们的承受能力、引起民众心理失衡失序严重不满时，这种因非法非正常收入导致的收入差距拉大，会带来诸如两极分化、社会冲突、贫者更贫等一系列后果，严重时甚至会引发社会动荡等严峻问题。所以，我们在注重"效率优先"从而做大蛋糕的基础上，应更加"兼顾公平"，从而在全面建成小康社会决胜阶段、中国特色社会主义进入新时代之际确保"小康路上一个都不能掉队"。

首先，公平是社会主义应有之义。邓小平指出："社会主义的本质，是解放生产力，发展生产力，消灭剥削，消除两极分化，最终达到共同富裕。"[①] 这实际上就概括了社会主义的两个基本原则：发展生产与共同富裕。这两个原则是基础和目的的关系。发展生产与创造财富，是从生产力的角度提出的一种功能性要求，表明社会生产效率的提高和物质财富的丰裕，它构成了共同富裕的本质前提；共同富裕与财富的公平分配问题，侧重于从生产关系角度对财富生产提出合理分配的合法性要求，反映了社会成员对社会财产的共同占有方式，它构成发展生产力的目的和归宿。

胡锦涛对邓小平的阐述做了进一步发挥："要通过发展增加社会物质财富、不断改善人民生活，又要通过发展保障社会公平正义、不断促进社会和谐。"[②] 这就告诉我们，没有社会生产力的发展和物质财富的丰裕，就不可能实现社会主义，也不可能最终实现社会主义本质所要求的公正与和谐；不随着生产力的发展和物质财富的充裕而适时推动社会公平与公正，就无法调动人们从事生产和创造财富的积极性与热情，也就不可能实现生产力的发展。因此，中国特色社会主义理论体系本身就包含了关于和谐社会的财富创造与财产利益关系的协调之间的辩证关系问题，它从原则

---

① 《邓小平文选》第 3 卷，人民出版社 1993 年版，第 373 页。

② 中共中央文献研究室编《改革开放三十年重要文献选编》下，人民出版社 2008 年版，第 1721 页。

高度为财产利益关系的协调指明了方向。

社会主义社会公平分配和"共同富裕"的目标，主要体现在我国经济关系中公有制和按劳分配的主体地位上，也就是市场经济的社会主义性质上。如果说，市场经济中非公经济以及按要素分配方式，主要发挥着在市场竞争与"劳""酬"相统一中合理拉开收入差距的作用，那么，公有制经济与按劳分配的主要功能之一就是保证社会公平和共同富裕，进而发挥缩小收入差距的重要作用①。因此，我国公有制经济在国民经济中的绝对优势（50%以上），就为全体社会成员共享改革发展成果提供了坚实的物质基础；我国按劳分配法律主体地位的确定和为大多数社会成员所接受的事实，既保障了"按劳分配、多劳多得"的合法收入共识，也取缔了非法非正常收入的社会生长土壤。

其次，在收入差距问题上我们要纠正两个错误性认识：其一，收入差距与收入差距扩大问题系改革之过，因此我们要重走"老路"——绝对平均主义。其二，收入差距与收入差距扩大问题系制度使然，因此我们要走"邪路"——西方私有化之路。针对过去平均主义的"老路"，邓小平曾经深刻指出其弊病："搞平均主义，吃'大锅饭'，人民生活永远改善不了，积极性永远调动不起来。"② 同样，针对中国走资本主义"邪路"的危害，邓小平也一针见血地提出："在中国现在落后的状态下，走什么道路才能发展生产力，才能改善人民生活？……如果走资本主义道路，可以使中国百分之几的人富裕起来，但是绝对解决不了百分之九十几的人生活富裕的问题。""如果产生了什么新的资产阶级，那我们就真是走了邪路了。"③

事实上，通过对收入差距及其扩大化问题成因的阐述，我们已经批驳了这两种错误观点，也表明了我们的观点：收入差距及其扩大化问题不是改革之过，而是改革不到位甚至缺位所带来的"副产品"。从各国市场化道路转变必然存在一定成本的角度来看，我国自然也不可避免，问题的关

---

① 但遗憾的是，某些作为共和国长子的国有企业（全民所有制形式的财产），事实上并未承担起这一重要作用，或者在改制过程中出现了"内部人控制"，或者亏损止跌破产资不抵债，如国棉厂、染织厂等粗放型企业，在市场经济竞争大潮中纷纷改制失败，从而难以实现上交国税、共同富裕的"初心"。

② 《邓小平文选》第3卷，人民出版社1993年版，第157页。

③ 《邓小平文选》第3卷，人民出版社1993年版，第64、111页。

键不在于需不需要付出成本，而在于成本付出的代价应该有多大，以及应该怎样尽可能缩小或减轻这些成本。因此，我们需要坚持全面深化改革，不断解放和发展生产力，从而形成解决发展中出现的问题的物质基础的同时，不断完善中国特色社会主义市场经济和更好发挥政府作用，加强法治型市场经济建设，"建立起既有市场机制的基础作用，又有政府有效宏观调控的经济，收入差距就可以逐步走向合理化"[①]。

最后，针对收入分配不公现象及成因，笔者提出以下可供批判性借鉴的操作性措施。

一是继续深化改革。改革中出现的收入差距问题与收入差距扩大化，不是改革本身的问题，而是改革不到位的问题。我们既不能否定改革，也不能"只摸石头不过河"，而要继续深化改革，完善改革。这就要求我们，既加快社会主义市场经济体制的建立和健全，又加快二元经济向工业经济和新型工业经济的转变，同时进行与之相适应的全方位改革。

二是促进经济快速发展，从而形成解决发展中出现的问题的物质基础。从我国收入差距主要体现为城乡收入差距来看，我们需要特别注重农村的经济发展，注重农业经济向工业经济的转变，尤其是要注重农村劳动力问题：农村劳动力的自由流动问题，提供机会均等的前提，以及农村劳动力的廉价问题，适时提高基础教育投资和人力资本建设。当然，经济发展与贫困、收入差距之间存在着辩证关系。其一，经济快速增长，分配状况恶化，以致经济增长的作用无法抵消分配带来的负面作用。如拉美就属于这种情况：经济快速增长，分配状况却格外糟糕。其二，经济快速增长，分配状况良好，城市农村都有了相同程度的快速发展。例如中国台湾就属于这种情况，目前台湾城市和农村收入之比为 1.5∶1，位居世界收入差距最小地区行列。

三是一系列政策措施的调整与改革。例如积极推进财政税收政策改革，通过税收调节过高收入，缩小高收入与低收入阶层之间的收入差距，完善社会保障体制。这样才能解决市场经济导致的失业下岗、天灾人祸导致的疾病衰老、天生缺陷等因素导致的贫困等问题。除此之外，与市场化经济取向不相适应的许多政策也都需要调整。比如"逆向再分配"政策，就是经济越发达地区政府的基础设施建设等投资越大，城市高福利高补贴，

---

① 赵人伟等主编《中国居民收入分配再研究》，中国财政经济出版社 1999 年版，第 67 页。

农村低福利低补贴，等等，这种"抽瘦增肥"政策的结果是扩大了收入的差距。

四是加强法治型市场经济建设，取缔非法非正常收入。市场经济既为人们致富提供了诸多途径，也为非法非正常收入开启了一扇大门，而这也正是引起民众不满、造成社会不和谐的主要原因。因此，加强法治建设，杜绝权力与资本、资源联姻，拒斥垄断和既得利益行为，才能实现市场经济的积极、良性运作。

总之，当今中国分配领域出现了收入差距，甚至出现了差距扩大化的现象。对此，我们既要理性看待改革进程中收入差距的合理性，看到部分收入差距的扩大是合理的和有序的，是改革开放和市场化进程的必然产物；同时，也要注意"部分的收入差距扩大是无序的，是与市场化改革进程相悖的，需要通过包括政治改革在内的改革深化来纠正的"[1]。显然，部分收入差距以及不断扩大化的现象是不合理的和无序的，是改革开放和市场化进程的副产品。对于改革进程中出现的收入差距与扩大现象，只有从经济发展、体制转轨、政策调整、收入再分配等几个方面入手，继续深入推进体制改革，不断完善社会主义市场经济体制以及与之相适应的政策措施，创设机会均等、公平竞争、合理调节收入差距的体制与机制。唯此，才能在不断改革中解决非法非正常的收入差距问题，在不断发展中解决发展进程中出现的收入差距扩大化问题。

---

① 赵人伟等主编《中国居民收入分配再研究》，中国财政经济出版社 1999 年版，第 126 页。

参考文献

著作类

[1] 《马克思恩格斯全集》第 1—50 卷，人民出版社 1956—1985 年版。

[2] 白暴力：《劳动创造价值论》，中国人民大学出版社 2004 年版。

[3] 曹钢：《产权经济学新论》，经济科学出版社 2001 年版。

[4] 曹天矛主编《劳动产权与中国模式》，社会科学文献出版社 2006 年版。

[5] 黄和新：《马克思所有权思想研究》，南京师范大学出版社 2005 年版。

[6] 李建立：《经济分析的伦理基础》，云南大学出版社 2008 年版。

[7] 刘金海：《产权与政治》，中国社会科学出版社 2006 年版。

[8] 刘诗白：《主体产权论》，经济科学出版社 1998 年版。

[9] 刘伟：《经济改革与发展的产权制度解释》，首都经济贸易大学出版社 2000 年版。

[10] 刘亚建：《马克思主义所有制理论探析》，云南大学出版社 2005 年版。

[11] 刘志国：《政府权力与产权制度变迁》，中国财政经济出版社 2007 年版。

[12] 鲁照旺：《产权制度与企业治理》，中国政法大学出版社 2006 年版。

[13] 彭诚信：《主体性与私权制度研究》，中国人民大学出版社 2005 年版。

[14] 周一良：《世界全史——新编世界经济史》，光明日报出版社 2001 年版。

[15] 苏小方、程保平：《马克思企业产权结构模式及应用研究》，经济科学出版社 2006 年版。

[16] 汪利娜：《中国城市土地产权制度研究》，社会科学文献出版社 2006 年版。

[17] 魏小萍：《追寻马克思》，人民出版社 2005 年版。

［18］吴晓明：《马克思早期思想的逻辑发展》，云南人民出版社1993年版。

［19］徐亦让：《人类财产发展史》，社会科学出版社1998年版。

［20］岳福斌：《现代产权制度研究》，中央编译出版社2007年版。

［21］张世贤：《西方经济思想史》，经济管理出版社2009年版。

［22］朱春燕：《〈资本论〉产权思想研究》，中国社会科学出版社2008年版。

［23］［英］埃里克·罗尔：《经济思想史》，商务印书馆1987年版。

［24］［法］艾蒂安·巴利巴尔：《马克思的哲学》，中国人民大学出版社2007年版。

［25］［美］艾里克·拉斯缪森：《博弈与信息：博弈论概论》，北京大学出版社2003年版。

［26］［美］艾瑞克·菲吕博顿：《新制度经济学》，上海财经大学出版社1998年版。

［27］［美］安德鲁·肖特：《社会制度的经济理论》，上海财经大学出版社2003年版。

［28］［德］彼得·科斯洛夫斯基：《伦理经济学原理》，中国社会科学出版社1987年版。

［29］［英］彼得·甘西：《反思财产：从古代到革命时代》，陈高华译，北京大学出版社2011年版。

［30］［德］弗里德里希·卡尔·冯·萨维尼：《论立法与法学的当代使命》，中国法制出版社2001年版。

［31］［英］弗朗西斯·惠恩：《马克思〈资本论〉传》，中央编译出版社2009年版。

［32］［英］葛德文：《论财产》，河清新译，商务印书馆1959年版。

［33］［澳］海因茨·沃尔夫冈·阿恩特：《经济发展思想史》，商务印书馆1997年版。

［34］［德］海因里希·罗门：《自然法的观念史和哲学》，姚中秋译，上海三联书店2007年版。

［35］［德］黑格尔：《法哲学原理》，商务印书馆1961年版。

［36］［德］拉德布鲁赫：《法哲学》，法律出版社1999年版。

［37］［法］拉法格：《财产及其起源》，王子野译，三联书店1962年版。

［38］［美］理查德·派普斯：《财产论》，经济科学出版社2003年版。

［39］［法］路易·阿尔都塞：《读〈资本论〉》，中央编译出版社2001年版。

［40］［美］罗伯特·考特、托马斯·尤伦：《法和经济学》，上海三联出版社 1991 年版。

［41］［美］罗纳德·德沃金：《认真对待权利》，信春鹰、吴玉章译，中国大百科全书出版社 1998 年版。

［42］［英］洛克：《政府论》，叶启芳、瞿菊农译，商务印书馆 2009 年版。

［43］［美］诺思：《经济史中的结构与变迁》，上海三联书店 1991 年版。

［44］［美］R. 科斯等：《财产权利与制度变迁》，上海三联书店、上海人民出版社 1994 年版。

［45］［美］斯蒂芬·芒泽：《财产理论》，北京大学出版社 2006 年版。

［46］［美］斯塔夫里阿诺斯：《全球通史》，北京大学出版社 2005 年版。

［47］［美］斯坦利·布鲁：《经济思想史》，机械工业出版社 2003 年版。

［48］［南］斯韦托扎尔·平乔维奇：《产权经济学》，蒋琳琦译，经济科学出版社 1999 年版。

［49］［德］乌尔里希·杜赫罗、弗朗兹·J. 欣克拉麦特：《资本全球化》，社会科学文献出版社 2005 年版。

［50］［爱尔兰］约翰·莫里斯·凯利：《西方法律思想简史》，王笑红译，法律出版社 2010 年版。

［51］［英］约翰·穆勒：《功利主义》，上海人民出版社 2008 年版。

［52］［美］詹姆斯·布坎南：《财产与自由》，中国社会科学出版社 2002 年版。

［53］Georg Simmel, *The Philosophy of Money*, London：Routledged & Kegan Paul Ltd. , 1978.

［54］Jeremy Waldron, *The Right to Private Property*, Oxford：Oxford University Press, 1988.

［55］J. W. Harris, *Property and Justice*, Oxford：Claredon Press, 1996.

［56］Marx Weber, *Economy and Society*, Berkeley：University of California Press, 1978.

［57］Svetozar Pejovich, *The Economics of Property Rights：Towards a Theory of Comparative System*, Klumer Academic Publishers B. V. , 1990.

［58］Y. Barzel, *An Economic Analysis of Property Rights*, Cambridge：Cambridge University Press, 1989.

期刊文章

［1］ 蔡宝刚：《法律与经济：马克思论财产关系及其经济意义》，《南京社会科学》2003 年第 7 期。

［2］ 陈实：《国家职能与财产关系——马克思恩格斯和现代产权理论》，《马克思主义研究》1989 年第 3 期。

［3］ 陈晓枫：《马克思论资本主义社会财产性收入》，《福建师范大学学报（哲学社会科学版）》2010 年第 1 期。

［4］ 程言君：《马克思产权理论与我国多种产权形态体系的构建》，《生产力研究》2005 年第 5 期。

［5］ 丁任重、杨慧珍：《马克思的产权理论及其现实意义》，《宏观经济研究》2004 年第 4 期。

［6］ 董君：《马克思产权理论的国内研究综述——兼与现代西方产权理论的比较》，《内蒙古财经学院学报》2010 年第 3 期。

［7］ 何凡、杨立升：《论马克思产权理论的形态、过程及体系》，《四川理工学院学报（社会科学版）》2008 年第 8 期。

［8］ 黄莹、林金忠：《产权制度变迁动因理论的比较研究——马克思产权理论与西方产权学派》，《江苏社会科学》2009 年第 2 期。

［9］ 家鲁：《马克思产权理论研究的几个问题》，《贵州师范大学学报（社会科学版）》1997 年第 1 期。

［10］ 柯宗瑞：《马克思的财产关系理论与技术入股》，《湖南大学学报》1997 年第 1 期。

［11］ 李怀：《产权福利安排、产权替代效率的理论比较和制度启示——基于马克思产权理论和新制度经济学产权理论》，《广东商学院学报》2009 年第 1 期。

［12］ 李惠斌：《谈谈财产性收入问题——从十七大报告到马克思的"重建个人所有制"理论》，《马克思主义与现实》2007 年第 6 期。

［13］ 李杰：《试论马克思的产权理论与现代西方产权理论的主要分歧》，《四川大学学报（哲学社会科学版）》2001 年第 5 期。

［14］ 李强：《马克思的财产起源理论及其意义》，《贵州社会科学》2009 年第 5 期。

［15］林岗、张宇：《产权分析的两种范式》，《中国社会科学》2000 年第 1 期。

［16］倪娜：《私有财产与人类解放——重读马克思〈1844 年经济学哲学手稿〉》，《社会科学辑刊》2010 年第 5 期。

［17］牛德生：《马克思产权理论的思考与回望》，《经济问题》1996 年第 3 期。

［18］彭五堂：《论马克思产权理论的形成过程》，《生产力研究》2006 年第 3 期。

［19］时珍、韦奇：《马克思的产权理论是社会主义产权理论的源头》，《财经研究》1994 年第 10 期。

［20］孙飞：《解析马克思产权理论的三个关键点》，《经济纵横》2010 年第 2 期。

［21］谭芝灵：《财产、产权与所有权辨析——从马克思价值理论视域》，《理论探讨》2008 年第 1 期。

［22］王三兴：《论新制度经济学派产权理论与马克思产权理论的异同》，《石家庄经济学院学报》2006 年第 6 期。

［23］王振平：《对马克思产权理论的思考》，《财经科学》1997 年第 4 期。

［24］魏明：《自由与财产：权利主体的主要面向》，《法律与社会》2006 年第 10 期。

［25］魏小萍：《"所有制"与"财产"：关系概念与实体概念的不同——马克思和恩格斯原文阅读带来的初步释疑》，《哲学动态》2007 年第 10 期。

［26］魏小萍：《私有财产与异化现象的关系——对马克思早期关注问题的辨析》，《马克思主义研究》1998 年第 5 期。

［27］魏小萍：《外化、异化与私有财产：并非产生于翻译的概念理解研究——〈马克思恩格斯全集〉历史考证版 MEGA2 概念背后的理论问题研究》，《哲学动态》2005 年第 8 期。

［28］吴易风：《马克思的产权理论与国有企业产权改革》，《中国社会科学》1995 年第 1 期。

［29］吴振球：《马克思产权理论与西方产权理论比较——基于私有产权起源和产权制度演进动力视角》，《经济问题》2007 年第 11 期。

［30］徐启智、朱旗：《关于马克思产权理论若干问题的研究》，《财经研究》

1992 年第 3 期。

[31] 徐永平：《关于私有财产的历史作用——读马克思〈1844 年经济学哲学手稿〉》，《内蒙古民族大学学报（社会科学版）》2010 年第 9 期。

[32] 杨波：《产权思想到马克思产权理论的嬗变：条件、过程与启示》，《改革与战略》2008 年第 6 期。

[33] 杨慧珍：《马克思的产权理论》，《思茅师范高等专科学校学报》2001 年第 6 期。

[34] 杨秋宝：《马克思的产权理论论纲》，《马克思主义研究》1998 年第 3 期。

[35] 杨瑞龙、陈放鸣：《论马克思产权观与现代产权体系的渊源》，《中国特色社会主义研究》2000 年第 2 期。

[36] 姚德利：《论财产权利及其社会本质》，《求索》2010 年第 8 期。

[37] 叶险明：《马克思哲学的话语革命与中国哲学的话语危机——兼论"中国问题意识"》，《哲学研究》2012 年第 12 期。

[38] 叶险明：《世界历史的"双重结构"与当代中国的全球发展路径》，《中国社会科学》2012 年第 6 期。

[39] 叶祥松：《论马克思的产权理论》，《经济经纬》2000 年第 4 期。

[40] 禹国峰、高加军：《异化劳动和私有财产——对马克思学说一项争论的考察》，《绥化学院学报》2009 年第 10 期。

[41] 院合宽：《马克思对私有财产的科学分析及启示意义》，《理论导刊》2007 年第 11 期。

[42] 张艳、王新安：《股份制财产是"社会财产"——试论马克思恩格斯有关股份制的论述》，《西北大学学报（哲学社会科学版）》2005 年第 4 期。

[43] 张燕喜：《马克思"产权"理论的争论及其相关问题研究综述》，《理论前沿》2007 年第 15 期。

[44] 张英洪：《财产权利、个人自由与国家繁荣》，《湖南公安高等专科学校学报》2009 年第 2 期。

[45] 张宗新：《对马克思产权理论的几点探讨》，《长白学刊》1997 年第 3 期。

[46] 钟建勤、罗裕才：《马克思产权理论与国有资本经营研究》，《江汉论坛》1997 年第 4 期。

［47］ 周嘉昕：《从私有财产批判到生产方式分析——论马克思对"市民社会"理论的超越》，《学习与探索》2010 年第 2 期。

［48］ 朱春燕：《马克思产权理论研究综述》，《思想理论教育导刊》2006 年第 6 期。

［49］ Corey Venning, "Hume on Property, Commerce, and Empire in the Good Society: The Role of Historical Necessity," *Journal of the History of Ideas*, Vol. 37, No. 1 (Jan. -Mar. , 1976).

［50］ G. E. Aylmer, "The Meaning and Definition of 'Property' in Seventeenth-century England," *Past & Present*, No. 86 (Feb. , 1980).

［51］ Harold Demselz, "Toward a Theory of Property Rights," *American Economic Review*, May 1967.

［52］ John E. Roemer, "Property Relations VS. Surplus Value in Marxian Exploitation," *Philosophy & Public Affairs*, 11 (1982).

［53］ Shannon C. Stimson, Murray Milgate, "Utility, Property, and Political Participation: James Mill on Democratic Reform," *The American Political Science Review*, Vol. 87, No. 4 (Dec. , 1993).

索 引

后　记

　　本书是在我的博士论文的基础上修改完成的，初稿 2013 年春季完成，5 月份顺利通过论文答辩。其后历经 5 载不断修订、补充、完善。

　　值此稿件再次修改完稿之际，端坐灯下，一时思绪万千……

　　感谢首都师范大学政法学院为我提供的良好的学习环境和科研氛围。

　　特别感谢我的导师叶险明教授。2010 年，我有幸成为导师门下的学生。叶老师学识渊博，思想深邃，视野开阔，治学严谨。本课题从选题立意到谋篇布局，从写作主题到研究方法，从理论分析到文字表述，从行文润色到标点符号，字里行间无不凝聚着叶老师的心血。在此谨向尊敬的叶老师致以最真挚的谢意！

　　也要感谢政法学院的杨生平教授、范燕宁教授、陈新夏教授、程广云教授，感谢云南师范大学李建立教授。各位老师对我的论文选题、写作思路、架构完善、学术规范等都给予了富有洞见的点拨、提出了深有见地的宝贵意见，在此表示深深的感谢！感谢博士论文评审专家梁树发教授、丰子义教授、张曙光教授、李凯林教授，他们中肯的建议、深入的点拨，令文章起色多多。感谢论文付梓过程中点拨到位建议中肯的杨奎研究员、刘荣军教授、张守奎教授、刘春晓副教授、魏海香副教授！

　　感谢我的同学和朋友王跃如、刘传启、张忠利、刘永启、陈治国、向征、刘元成、王福雷、汪琼枝、贺炜炜、蒋乐志等，他们对我撰写论文提供了很多帮助。感谢社会科学文献出版社编辑王小艳和各位参与人员。感谢中国博士后基金以及诸位评审专家。

　　此外，要特别感谢我的夫人张峰女士和女儿刘怡然。第二次踏入象牙塔，源于她们热情的鼓励和无私的支持，特别是我的夫人张峰，承担起了抚养女儿、赡养老人、照顾家庭的重任，从而解除了我的后顾之忧。我重新踏入学术殿堂的第一天，也是女儿踏入小学的第一天，在尚不知离别愁滋味的目光中，我从女儿的学校转身踏上我的硕士研究生求学之路。硕士4年、博士3年、博士后两年半的漫长时间里，九年的求学路上，女儿从懵懂之年成长到入读高中，九年的求学之路即是夫人无怨无悔照顾家庭的时光。一路走来，夫人毫无怨言，女儿茁壮成长，时至今日，博士学位论文出版之际，由衷感谢她们提供给我的良好生活、工作氛围！

本课题进行过程中查阅和参考了大量国内外有关文献，在此也向这些文献的作者表示衷心感谢！

最后需要特别指出的一点是，限于本人的知识结构、学术积淀，本书在各方面都存在疏漏和不妥之处，需要在以后的研究中进一步充实和完善。

刘长军
2018 年 8 月 10 日于北京清河

征稿函附件：

<table>
<tr><td colspan="4" align="center">第七批《中国社会科学博士后文库》专家推荐表1</td></tr>
<tr><td>推荐专家姓名</td><td>杨生平教授</td><td>行政职务</td><td>首都师范大学出版社总编辑</td></tr>
<tr><td>研究专长</td><td>马克思主义哲学</td><td>电　话</td><td>13621040005</td></tr>
<tr><td>工作单位</td><td>首都师范大学政法学院</td><td>邮　编</td><td>100048</td></tr>
<tr><td>推荐成果名称</td><td colspan="3" align="center">《财产与风险：马克思财产理论的逻辑与方法论自觉》</td></tr>
<tr><td>成果作者姓名</td><td colspan="3" align="center">刘长军</td></tr>
</table>

（对书稿的学术创新、理论价值、现实意义、政治理论倾向及是否达到出版水平等方面做出全面评价，并指出其缺点或不足）

　　该书稿内容翔实，视野宏阔，观点鲜明，论证有力，有一定的创新性。该项目研究意义重大，从财产与风险的视角透析马克思财产理论的逻辑与方法论。这在国内外理论界并没有得到充分、系统的讨论，研究还比较薄弱。本课题研究成果对于揭示当代中国社会财产问题实质，树立科学的财产观，防控社会风险，实现当代中国财产问题的有效治理等具有重要的方法论启示。

　　从文章提纲展开和总体思路来看，既要把马克思放在共产主义史中来考察，也要把马克思放在西方财产史中去考察，还要把马克思放在中国财产史中来观照，这样，才能更充分地提升马克思的历史地位与马克思财产理论研究的意义；其次，从马克思财产概念的切入看，书稿还应在法哲学的总体视野下来观照不同的财产切入视角（例如经济学的、社会学的、人类学的等），最后再落脚在当代考察。当然，这是对未来的进一步展望。

　　鉴于以上情况，我认为该书稿达到出版水平，建议给予支持，以推动该项目尽快实施完成。

签字：杨生平

2017 年 12 月 20 日

说明：该推荐表由具有正高职称的同行专家填写。一旦推荐书稿入选《博士后文库》，推荐专家姓名及推荐意见将印入著作。

第七批《中国社会科学博士后文库》专家推荐表 2

推荐专家姓名	叶险明教授	行政职务	
研究专长	马克思主义哲学	电　话	13522735482
工作单位	内蒙古大学	邮　编	010021
推荐成果名称	《财产与风险：马克思财产理论的逻辑与方法论自觉》		
成果作者姓名	刘长军		

（对书稿的学术创新、理论价值、现实意义、政治理论倾向及是否达到出版水平等方面做出全面评价，并指出其缺点或不足）

　　该书稿基于对围绕西欧现代财产问题产生的各种思潮的批判性考察，勾勒了马克思对西欧财产现实与理论的双重批判与超越的逻辑，阐释了马克思财产理论的当代价值，昭示了财产一般和市场经济一般与社会主义的关系，并据此认为，可以把财产与风险的逻辑关系，作为我们深化理解、有效防控社会风险和应对当代中国财产问题的镜鉴。

　　该书稿的选题是当前马克思主义财产理论中国化研究比较薄弱且迫切需要解决的重大问题。作者在这方面下了很大的功夫并取得了一定的成果，但以后仍然需要从两个相互关联的维度进一步展开财产问题的研究：一是法哲学、政治哲学和政治经济学跨学科批判维度。马克思关于财产关系"只是生产关系的法律用语"的科学论断，内在地包含着法哲学、社会政治哲学与政治经济学批判关系的维度。从目前来看，从这一维度对马克思财产理论进行深入的探讨，还任重道远。二是财产与财富关系的哲学蕴含的维度。财产主要与主体利益相关，财富则主要与主体本质相关。共产主义最终应该完成从"求财产"到"求财富"的历史转变。现代社会作为为"求财产"转变到"求财富"创造条件的社会，其历史使命就在于从资本逻辑中淬炼并提升出一种共享文明！但何以可能？这是需要进行长期的系统研究的。

　　总之，该书稿逻辑结构严谨，层次条理清楚，资料翔实，行文规范，论证有力，其选题和研究成果具有重要理论与现实意义，表现出作者具有很好的研究基础和功底。鉴于此，我认为该书稿达到出版水平，并愿意给予课题申请方案以全力的支持和推荐。

签字：叶险明

2017 年 12 月 24 日

说明：该推荐表由具有正高职称的同行专家填写。一旦推荐书稿入选《博士后文库》，推荐专家姓名及推荐意见将印入著作。